大运河传奇

京杭大运河与中华优秀传统文化

周竞风　谢世诚　编著

上海科学技术文献出版社
Shanghai Scientific and Technological Literature Press

图书在版编目（CIP）数据

大运河传奇：京杭大运河与中华优秀传统文化 / 周竞风，谢世诚编著. —上海：上海科学技术文献出版社，2021
 ISBN 978-7-5439-8298-7

Ⅰ.①大… Ⅱ.①周… ②谢… Ⅲ.①大运河…文化研究 Ⅳ.① K928.42

中国版本图书馆 CIP 数据核字 (2021) 第 051145 号

选题策划：张　树
责任编辑：姜　曼
封面设计：留白文化

大运河传奇：京杭大运河与中华优秀传统文化
DAYUNHE CHUANQI: JINGHANG DAYUNHE YU ZHONGHUA YOUXIU CHUANTONG WENHUA
周竞风　谢世诚　编著
出版发行：上海科学技术文献出版社
地　　址：上海市长乐路 746 号
邮政编码：200040
经　　销：全国新华书店
印　　刷：昆山市亭林印刷有限责任公司
开　　本：720mm×1000mm　1/16
印　　张：24
字　　数：391 000
版　　次：2021 年 4 月第 1 版　2021 年 4 月第 1 次印刷
书　　号：ISBN 978-7-5439-8298-7
定　　价：148.00 元
http://www.sstlp.com

目录

前　言　1

第一章　大运河与古代诗文　1
第二章　大运河与明清小说　36
第三章　大运河与中国传统戏曲　61
第四章　大运河与曲艺　106
第五章　大运河与中国古代水利科技　147
第六章　大运河与中华南北文化交流　170
第七章　大运河与中外文化交流　224
第八章　大运河与中华南北城市（江北城市）　255
第九章　大运河与中华南北城市（江南城市）　309

后　记　372

前　言

　　一道碧水，千年国脉，京杭大运河是世界上开凿最早、里程最长的人工运河，中国古代人民创造的伟大奇迹之一，她的历史最早可追溯到春秋时期。公元前486年，吴王夫差为军事征战之需修筑邗城（在今江苏扬州），并以邗城为起点，开凿一条至古末口（今江苏淮安）的河道，取名"邗沟"，第一次沟通长江、淮河两大水系，此乃我国历史上第一条有明确记载的人工运河。"邗沟"即为京杭大运河之滥觞，从此一直流淌在随后的历史风云中，迄今已历经2500多年沧桑。

　　隋朝建立，随着国家经济重心不断南移，南北运输在社会生活中愈发重要。因此，隋炀帝在即位当年——605年，即下令征发河南诸郡民工百余万，开通了一条从洛阳西苑到淮河南岸山阳（今江苏淮安）的"通济渠"（汴渠、汴河），从洛阳引谷水、洛水入黄河，再引黄河水入淮河；同时又征发"淮南民十余万"整治包括疏通、凿深、加宽古"邗沟"。608年，隋炀帝又征发河

京杭大运河古邗沟遗址

京杭大运河江苏段古末口遗址

隋炀帝杨广的云锦画像

北民工数百万开通从洛阳黄河北岸到涿郡（今北京）的"永济渠"。在江南地区，则投入大量人力、物力整治从京口（今江苏镇江）到余杭（今浙江杭州）之间的水道，形成了一条长八百余里、广十余丈的"江南河"。这样，历时六载，隋朝最终修建成一条以洛阳为中心，北至涿郡，南到余杭，贯通海河、黄河、淮河、长江、钱塘江五大水系，全长2700多千米的全国运河体系，宛如一个大写的"人"字的南北交通大动脉。

元初仍沿用隋唐运河旧道。但因河道年久壅塞，且经运河输运的漕粮等物资均须绕道洛阳，耗时费力。为解决这一问题，并进一步加强南北联系，元朝建立后即组织对大运河的大规模整治和新的修

位于扬州市邗江区槐泗镇槐二村的隋炀帝陵墓

凿。从至元十九年（1282）起，元政府先后组织人力新辟了山东境内的济州河、通州河、会通河等运河水道。至元二十八年（1291），在元朝著名科学家、水利学家郭守敬主持下，又组织开凿到通县（今北京市通州区）的通惠河，引京西昌平诸水，直通大都（今北京）的积水潭。由此，大运河截弯取直，不再走河南境内，逐渐形成以大都为中心、纵贯南北1794千米的水运体系，与隋唐相比，距离上缩短了900多千米。

明清时期又对大运河进行多次改造、疏浚和修缮。如明成祖朱棣迁都北京后，重新开通会通河，将元朝的海运改为漕运，并建立起一系列漕运管理制度。到了清朝，清政府每年筹拨大量物资、巨额资金用于大运河修缮。为了保障漕运安全运行，明、清两朝还设立专门的管理机构——总督漕运部院，驻节淮安府城（今江苏省淮安市楚州区），最高长官为漕运总督，为从一品或正二品官员，下辖各省粮储道（简称粮道）及押运、领运诸官，管理此1500千米

隋唐大运河洛阳段走势图

千载悠悠的京杭大运河

的运河全部漕运以及一部分相关地方事务。

大运河经历元、明辉煌之后，在清代逐渐走向衰微。清中叶以后，随着南北海运兴起，以及天津至南京之间的津浦铁路通车，特别是咸丰五年（1855）黄河溃堤北徙，夺大清河入渤海，致使山东境内河道多被淤塞，南北断航，大运河作用缩减，在很长时间内只能在若干区段断续通航，宛如被淤堵的血脉，直至民国年间。

1949年后，京杭大运河进入一个新的历史发展时期。1958年国家成立大运河建设委员会，着手进行大运河的整治和修复。经过近半个世纪的治理，特别是改革开放以后的大规模整治，大运河破败衰落的态势得到很好的扭转，逐步重现出往日的生机和活力。2014年6月22日，在

元朝著名水利学家郭守敬

京杭大运河的美丽风光

第38届世界遗产大会上，中国京杭大运河获准列入世界遗产名录。成功申遗使大运河进入了新的历史起点，得到进一步保护和开发，开始再次焕发蓬勃青春。

大运河开凿以后，在漫长的历史岁月中，在政治、经济、军事、文化、中外交流等方面都做出了不可磨灭的伟大贡献，影响极其深远。

大运河是古代封建统治者加强中央集权、维系大一统格局的重要纽带。隋唐以降，随着统治中心东进北移，经济重心南迁，大运河成为历朝统治者驾驭南北、总揽全国的重要纽带。从政治来看，凭借此贯通南北的一泓碧水织成的巨网，将统治中心与各地紧密联系，形成一个联合体。从经济来看，隋唐以后历朝统治者都仰赖运河输送广袤而富庶的南方地区的丰饶物资，维系国家财赋的有效运转。如唐朝，"赋取所资，漕挽所出，军国大计，仰于江淮"。[1] 北宋通过运河漕运，解决了几十万大军粮秣供应以及庞大的政府开支。元朝更通过

---

[1] 权德舆撰，董诰、阮元等编，《全唐书》（卷486），《论江淮水灾上疏》，中华书局1983年版，第2547页。

大运河将漕粮、军饷和各种宫廷糜费所需源源不断运抵大都甚至宫城前。明清之际，运河漕运所起的作用更加突出，所谓"半天下之财赋，悉由此路而进"，"漕粮为军国重务，白粮系天庾玉粒"，并造就了中国古代的漕运体系及相关仓储制度。千余年来，国家始终维系牢不可破的大一统状况，分裂（如五代）也只是"弹指一挥间"，大运河在其中发挥的作用不容忽视。在千百年历史风云中，始终回响着大运河的涛声。

大运河极大地促进了沿途经济的发展和繁荣。

首先是农耕经济的发展，因为大运河既是一条南北交通要道，同时也是一项巨型水利工程，具有灌溉、抗旱、防洪的综合效用，对运河沿岸农作物的稳产、丰产、增产，改善生产环境和生态环境，减少减轻自然灾害皆起到了积极作用，并使沿途许多荒废的土地被开垦为肥田沃土，不断扩大农业耕地面积，还促进南北地区农业生产技术的交流、农作物品种的相互移植与栽培，显著提高运河区域乃至整个国家的农业生产力。

大运河促进商品经济繁荣。运河开通以后，一改陆路车载人挽之艰辛，南北各地物产交流和经济交流凭借水力轻松输送而日趋频繁、紧密，"商旅往返，船乘不绝"。沿运河运输的商品、货物琳琅满目，不胜枚举。农副产品、土特产品方面，南船北上载运有大米、茶叶、药材、各式南方水果。如每年菊黄蟹肥时，整船大闸蟹要速运京师供达官贵人、风雅文士品尝。南返载运的则有麦豆、花生、棉花等。手工业产品方面，沿河北上的有瓷器、布匹、铁器、纸张、金银首饰等，顺河南下则有煤炭、食盐、陶器、毛货、皮货、麻织品等。各处特别是大运河沿岸数不清的"南北货店"，见证了每年通过大运河辗转运送数以万亿计物资的盛况，大运河真正成为一条经济大动脉。

大运河促进沿岸城市的发展和繁荣。它宛如一条锦线，将沿岸城市穿成璀璨的项链。其中既有原有的城市，更包括通州、天津、临清、济宁、峄县等因运河而悄然兴起者。这些城市多因作为运河沿岸的商品集散地、货物中转地而繁荣兴盛，其中杭州、苏州、扬州、淮安、济宁、临清、天津、沧州、德州等渐渐成长为区域性政治、经济、交通、文化中心。当时全国著名的工商业较发达的30多个大中城市中，运河城市就占据一半。大运河南北两端的大都（北京）和杭州及附近一些城市在很长一段时间中分别成为当时世界上最为著名的都邑：北京素有"漂来的城市"之说，漕运行船的终点北京积水潭，"舳舻蔽水，盛况空前"；苏州自古就有"天下四聚"之称，乾隆时期，苏州的一些运河码头如胥门、阊门被称为"天下第一码头"；江苏扬州地处大运河与长江交汇处，是古运河肇始之地，历来就兼漕、盐、河三者之利；运河的开通，扬州一跃而成为全国最重要的水陆交通中心之一，南来北往的人、货，多在此集散，被誉为"东南大都会"；江苏淮安地处黄河、淮河、泗水等众河交汇之地，大运河就在诸河间巧妙穿行，从而成为南来北往重要的交通枢纽，每年数以万计的商船、漕船云集码头。明清两朝专门在淮安设置管理漕运事务的最高行政机关——漕运总督衙门暨大型粮仓。"四方富商大贾，鳞集麇至，侨户寄居不下数十万。"另一个代表性城市天津，同样因地处河、海、漕运的交通枢纽，到元朝时即成为京师之门户，时人描绘天津"晓日三岔口，连樯集万艘"①，将其誉为"小扬州"，足见其繁华富庶。山东临清作为大运河北段的重要枢纽和漕运码头，也是因运河而兴盛，成为粮食年吞吐量达千万石的北方最大的粮食市场，大小商店千余家。商业的兴盛又带动了手工业的发展。临清的制砖、毛皮业十分发达，砖窑达380余个，工匠近万名。意大利传教士利玛窦曾在书中描绘说："临清是一个大城市，很少有别的城市在商业上超过它。不仅本省的货物，而且还有大量来自全国的货物，都在这里买卖，因而经常有大量旅客经过这里。"②

然而，京杭大运河不仅是一条漕运之河，也是一条文化之河。大运河滋养了两岸世代华夏子孙，孕育了灿烂的运河文明。

汩汩流淌、千年不歇的大运河之水，构建了独具特色的运河文化。

首先，大运河本身就是绝好的图画。它所穿越的五大水系、东部数省的地区，原本风光秀丽，大运河的嵌入，给这些美景锦上添花——广袤的原野上碧波荡漾，帆樯点点，莺飞鱼跃，渔樵互唱，好一幅浓墨重彩的山水画卷！

其次，大运河既凭借自身的财富为创造两岸千姿百态的雅文化和俗文化（甚至黑色亚文化）奠定了雄厚的物质经济基础，又将中华南北东西地区的不同文化汇总交融，而从中创造出新的文化，既包括建筑如会馆、河埠、码头、桥梁、船闸、漕运衙门、园林、诗歌、绘画、小说、戏剧等高雅文化，也包括

---

① 谢安良编，《行走大运河·天津》，宁波出版社2015年版，第13页。
② 利玛窦等撰，何高济等译，《利玛窦中国札记》，中华书局2010年版，第366页。

生活习俗、仪式、衣食住行、民歌民谣、曲艺等俗文化。毫无疑问，流淌千年的大运河已经不单是一条河流，而是中华文明的"博物馆""民俗陈列室""历代文化长廊"，是流动着的历史文化。

大运河还是一条中外文化交流之河。中华文化通过大运河而向异域远播。运河沿岸许多城镇都是文化输出的重要起点。从唐到清前期，朝鲜、日本以及东南亚、南亚甚至欧洲的客商、文化使者都经过运河沿岸城市到达当时的京城。特别是在元朝以后，大运河成为东南亚诸国以及朝鲜、日本朝贡的首选路径。不少外国使者如马可·波罗、利玛窦、崔溥、尼古拉·斯博达鲁·米列斯库等都曾乘船运河之上，目睹了运河沿岸的繁华与富庶，并将所见所闻赋之笔墨。同样，外来文化、西方文明也通过运河传入华夏。如唐朝时，长安与运河流域的胡乐、胡舞、胡服就曾风靡一时，与中原文化交相呼应。元朝以藏传佛教为国教，因而运河两岸非本土的宗教文化景观如寺庙、佛塔、雕塑等层出不穷，兴盛发达，运河沿岸不少城市成为佛教的传播中心。明代后期，传教士利玛窦数次通过运河至北京通州的张家湾登岸进京，并把西方自然科学成就介绍到中国来。大运河文化的特点正如联合国教科文组织所概括的："它代表了人类的迁徙和流动，代表了多维度的商品、思想、知识和价值的互惠和持续不断的交流，并代表了因此产生的文化在时间和空间上的交流与相互滋养，这些滋养长期以来通过物质和非物质遗产不断得到体现。"

就让我们来大致领略大运河的文化魅力吧。

第一章
大运河与古代诗文

大运河千年汩汩碧波，哺育了不朽的文化艺术。历代，无论是贩夫走卒，抑或骚人墨客，行走在这条千里交通命脉，都或因之感叹命运无常，或情不自禁为之陶醉、震撼，他们所留下的围绕着大运河的诗词歌赋，成为一颗颗璀璨明珠。

一、千古兴亡多少事，不尽运河滚滚流

大运河的悠远历史，常引发后人感慨。西晋陆机（261—303）的《行思赋》中描述隋唐大运河的前身"通济渠"（亦称汴渠）说："背洛浦之遥遥，浮黄川之裔裔。遵河曲以悠远，观通流之所会。启石门而东萦，沿汴渠其如带。托飘风之习习，冒沉云之霭霭。……挥清波以濯羽，翳绿叶而弄音。"① 其中的"石门"，乃指建于汉灵帝建宁四年（171年）的古汴渠首控引黄河水的一座石闸，位于河南荥阳。

大运河阅尽人间的春秋。千古兴亡多少事，不尽运河滚滚流。围绕着大运河畔的兴亡之事，常成为文人墨客的咏诵热点。其中最著名者当数南朝鲍照的《芜城赋》。到南北朝时，大运河的邗沟段虽局部有所湮毁，但仍不失为南北交通重要通道，控运、枕江、傍海的扬州（时称南兖州，正处在长江入海口）战略位置极其重要，空前发达繁华，因之也屡遭劫难。特别是南朝宋元嘉、大明年间的两次兵燹，更使之遭到毁灭性破坏。元嘉二十七年（450年），宋文帝刘义隆令王玄谟提兵北伐，企图匡复中原，结果事与愿违，大败而归，北魏太武帝拓跋焘乘势领师追击，所到之处势如破竹，亦如数百年后辛弃疾撰词《永

---

① 汪绍楹校，欧阳询撰，《艺文类聚》（卷27），《行旅》，上海古籍出版社1982年版，第490—491页。

南朝宋著名文学家、诗人鲍照像

遇乐·京口北固亭怀古》所述，"元嘉草草，封狼居胥，赢得仓皇北顾。"扬州城随即被攻破，鲜卑铁骑将居民屠戮殆尽，全城屋宇全部夷如白地，连南归燕子都因无屋可栖而建巢树上。① 9年后，大明三年（459年），镇守扬州的竟陵王刘诞被宋孝武帝刘骏派大将沈庆之剿灭，扬州城再次沦为地狱——身高五尺以上的百姓皆被屠戮，全城再度惨遭毁灭。②

十年之内扬州两遭浩劫，由原来的繁华之都变成了荒芜之地。这一惨剧常令人唏嘘不已。其后南朝宋著名的文人鲍照来扬州游历时，面对劫后惨景，写下了著名的《芜城赋》，以深沉而优美隽永的语言，寄托了他深切的情感。

《芜城赋》对比了大运河之珠扬州的繁盛与衰亡。

首先，描述依运河而兴盛的扬州昔日的繁华："沵迤平原，南驰苍梧涨海，北走紫塞雁门。柂以漕渠，轴以昆岗。重关复江之隩，四会五达之庄。当昔全盛之时，车挂轊，人驾肩。廛闬扑地，歌吹沸天。孳货盐田，铲利铜山。才力雄富，士马精妍。故能侈秦法，佚周令，划崇墉，刳浚洫，图修世以休命。是以板筑雉堞之殷，井干烽橹之勤，格高五岳，袤广三坟，崪若断岸，矗似长云。制磁石以御冲，糊赪壤以飞文。观基扃之固护，将万祀而一君。"

然而，由于国家分裂，"出入三代，五百余载，竟瓜剖而豆分"。经历了北魏和南宋的统治者在十年中这两次屠毁，昔日锦绣之地沦为荒芜鬼蜮。《芜城赋》下部即描写了这种惨景："泽葵依井，荒葛冒涂。坛罗虺蜮，阶斗麏鼯。木魅山鬼，野鼠城狐。风嗥雨啸，昏见晨趋。饥鹰厉吻，寒鸱吓雏。伏虣藏虎，乳血飡肤。崩榛塞路，峥嵘古馗。白杨早落，塞草前衰。棱棱霜气，蔌蔌

---

① 司马光，《资治通鉴》（卷九），《宋纪七》，中华书局1956年版，第3958页。
② 司马光，《资治通鉴》（卷九），《宋纪十一》，中华书局1956年版，第4048页。

风威。孤蓬自振，惊砂坐飞。灌莽杳而无际，丛薄纷其相依。通池既已夷，峻隅又以颓。直视千里外，唯见起黄埃。凝思寂听，心伤已摧。"

鲍照不胜感慨地由此进一步进行具体的对照："若夫藻扃黼帐，歌堂舞阁之基，璇渊碧树，弋林钓渚之馆，吴蔡齐秦之声，鱼龙爵马之玩，皆薰歇烬灭，光沉响绝。东都妙姬，南国佳人，蕙心纨质，玉貌绛唇，莫不埋魂幽石，委骨穷尘，岂忆同舆之愉乐，离宫之苦辛哉？"真是"天道如何，吞恨者多。"所以，他乃为之作"芜城之歌"："边风急兮城上寒，井径灭兮丘陇残。千龄兮万代，共尽兮何言。"① 这些感慨，道尽人间所欲之言，以致"芜城"此后成了扬州及其他令人伤心之地的代名词。

二、挽龙舟歌覆水调，隋堤柳色倾迷楼

隋文帝开皇九年（589年），杨广率军灭陈，中国结束了两百多年的分裂，重新统一。大业元年（605年）杨广即位，是为隋炀帝，随即全面整治大运河，先后开挖、疏浚通济渠（汴河、汴渠）、邗沟、永济渠等，构成完整意义上的大运河。然而，自其诞生起，也就开始了围绕着对它的评价。各种评价同样反映在有关文学作品中。

对大运河，隋炀帝充满期盼，建成开通后，更是心满意足，率先乘龙舟浮运河从东都洛阳游幸江南。为此他还创作了关于大运河的颂歌《水调》。唐刘𫗧的《隋唐嘉话》称："炀帝筑汴河，自制《水调歌》。"②《脞说》也说："《水调》《河传》，炀帝将幸江都时自制，声韵悲切，帝喜之。乐工王令言谓其弟子曰：'不返矣，《水调》《河传》但有去声。'"③ 杜牧的《扬州》诗："炀帝雷塘土，迷藏有旧楼。谁家唱水调，明月满扬州。"对"谁家唱水调"句他自注亦说："炀帝凿汴河成，自造《水调》。"④ 虽然《水调》是开凿汴河前还是以后所制各家说法不一，但为炀帝自制则当无异辞。

《水调》诞生后，便历代传唱不休。到唐朝更衍化为"大曲""小曲"。大

---

① 鲍照，《鲍参军集注》（卷1），上海古籍出版社1960年版，第13页。
② 刘𫗧，《隋唐嘉话》，中华书局1979年版，第4页。
③ 王灼撰，岳珍校正，《碧鸡漫志校正》（卷4），《水调》，巴蜀书社2000年版，第178页。
④ 杜牧，《樊川诗集注》（卷3），上海古籍出版社1962年版，第194页。

曲十一叠，前五叠多填五言词，声韵幽怨，后几叠则多填七言，词调慷慨激越。如《乐府诗集》中所收的《水调歌》中一首是："猛将关西意气多，能骑骏马弄雕戈。金鞍宝铰精神出，笛倚新翻水调歌。"① 开元、天宝时还出了以善唱《水调》著称的宫廷歌女许和子（永新），她深得玄宗宠幸，因为玄宗也异常喜爱《水调》。据李德裕《次柳氏旧闻》称：天宝十四年（755年）安史之乱时，"上欲迁幸，复登楼置酒，四顾凄怆……时美人善歌从者三人，使其中一人歌《水调》。毕奏，上将去复留眷眷，因使视楼下有工歌而善《水调》者乎？一少年心悟上意，自言颇工歌，亦善《水调》。使之登楼且歌……"所唱为："山川满月泪沾衣，富贵荣华能几时？不见只今汾水上，唯有年年秋雁飞。""上闻之，潸然出涕。"② 在"仓皇辞庙"之际还对《水调》念念不忘，痴迷程度不亚于炀帝，也足见《水调》的艺术魅力。前述的永新在乱中逃出宫廷教坊后，辗转流落扬州，以卖唱谋生。而喜好音乐、是永新歌迷的金吾将军韦青此时也"避地广陵"，某月夜凭栏于小河之上，忽然听到舟中传出《水调》，立即判断是永新在演唱，随即登舟，与永新相对而泣，恍如梦中，成为又一段千古传奇佳话，《水调》则是传奇中割不断的红丝线。

盛唐以降，《水调》仍然如大运河之水汩汩流淌，并成为词牌《水调歌头》的来源。苏轼的一阕中秋抒怀的《水调歌头》，"明月几时有？把酒问青天，不知天上宫阙，今夕是何年。我欲乘风归去，又恐琼楼玉宇，高处不胜寒。起舞弄清影，何似在人间"，成为千古绝唱。历代之人在咏诵这不朽佳句时，实际也是在默诵《水调》。直到明末清初，《水调》仍为诗人们念念不忘。钱谦益《十月朔日抵广陵》称："旧事明月空在眼，新愁水调欲沾衣。"纳兰容若《浣溪沙·红桥怀古》："无恙年年汴水流，一声水调短亭秋。旧时明月照扬州。"③

隋炀帝此番下江南的目的地是扬州，即位前他曾驻此地任江都总管，对这颗大运河畔的明珠由衷喜爱，所以除《水调》外，他还创作了《乐府江都宫乐歌》："扬州旧处可淹留，台榭高明复好游。风亭芳树迎早夏，长皋麦陇送

---

① 郭茂倩编，《乐府诗集》（卷79），中华书局1979年版，第953页。
② 李德裕，《次柳氏旧闻》，上海古籍出版社2012年版，第9页。
③ 纳兰性德撰，赵秀亭、冯统一校笺，《饮水词校笺》，中华书局2015年版，第145页。

余秋。渌潭桂楫浮青雀，果下金鞍驾紫骝。绿舫素蚁流霞饮，长袖清歌乐戏州。"洋洋自得，溢于言表。而"长袖清歌"则绝非空言，据记载，炀帝在扬州建了迷楼、长阜苑、上林苑、江都宫等行宫，其中又有众多金碧辉煌的宫殿，仅长阜苑中就有归雁、回流、松林、枫林、大雷、小雷、春草、九华、光汾、九里十个宫殿。迷楼更是千门万户，迷幻莫测，故有是名。各宫殿皆

一代文豪北宋著名文学家、词人东坡居士

广纳美女，江都宫水精殿"令宫人戴通天百叶冠子，插瑟瑟钿朵，皆垂珠翠，披紫罗帔，把半月雉尾扇子，靸瑞鸠头履子，谓之'仙飞'"。还在迷楼"选燕赵之女，吴越之姬……列笙簧，吐清歌，呈妙舞"。① 这些"清歌"肯定少不了《水调》和《乐府江都宫乐歌》这些"御制诗"。直到各地民众、豪杰纷纷揭竿，神州大地烽烟四起，他还对宫人留别诗称："我梦江都好，征辽亦偶然。"② 可见，在其心目中，开大运河、游幸扬州乃是超越一切的头等大事和政绩，实乃至死不悔。

隋炀帝从大运河中所获可谓乐极，而当时的百姓则为之苦极。

历史唯物主义告诉我们，人民群众是物质财富和精神财富的创造者。然而，在封建制度统治下，这种创造是被强迫并常常是被奴役中产生的，创造的成果首先是统治者享用，而创造过程中的种种苦难，则皆由劳动者来承受，大运河的修建更是一个典型例子：当年隋炀帝动用百万民众开挖大运河时，沿线役死者白骨如莽，负责工程的麻叔谋以残暴著称，不仅视开河民工如草芥，并有喜食小儿的恶习，以至至今在江淮一带吓唬小孩儿的话仍是"马乌子来

---

① 罗隐撰，潘慧惠校注，《罗隐集校注》(修订本)，《谗书》(卷五)《迷楼赋》，浙江古籍出版社2011年版，第419—420页。
② 司马光，《资治通鉴》(卷8)，《炀皇帝下》，中华书局1956年版，第5705页。

了!""马乌子"者,"麻胡子"——麻叔谋多髯之讹称也!

所以,当隋炀帝穷奢极欲享受大运河之利,由衷赞美大运河和相关区域种种神奇、美丽之时,劳动民众对此河发出的多是哀怨之声。隋炀帝时《挽舟者歌》就是其中代表之作。它控诉道:"我兄征辽东,饿死青山下。今我挽龙舟,又困隋堤道。方今天下饥,路粮无些小。前去三千程,此身安可保!寒骨枕荒沙,幽魂泣烟草。悲损门内妻,望断吾家老。安得义男儿,焚此无主尸。引其孤魂回,负其白骨归!"① 可谓一字一泪!

时光荏苒,然而人们对大运河及其主持修建者的历史功过的评价和由此抒发的情感,从未停止。持对炀帝批判态度者仍呈压倒之势,作为其后期重要活动舞台的大运河也因之吃挂落,唐朝的诗人们此类作品尤多:

如胡曾的《咏史诗·汴水》:"千里长河一旦开,亡隋波浪九天来。锦帆未落干戈起,惆怅龙舟更不回。"②

罗邺的《汴河》:"炀帝开河鬼亦悲,生民不独力空疲。至今呜咽东流水,似向清平怨昔时。"③

最著名的当数白居易所写的《隋堤柳》:"隋堤柳,岁久年深尽衰朽。风飘飘兮雨萧萧,三株两株汴河口。老枝病叶愁杀人,曾经大业年中春。大业年中炀天子,种柳成行夹流水。西自黄河东至淮,绿影一千三百里。大业末年春暮月,柳色如烟絮如雪。南幸江都恣佚游,应将此柳系龙舟。紫髯郎将护锦缆,青娥御史直迷楼。海内财力此时竭,舟中歌笑何日休?上荒下困势不久,

唐朝著名诗人白居易雕像

---

① 党银平、段承校编著,《隋唐五代歌谣集》,南京师范大学出版社 2014 年版,第 174 页。
② 《全唐诗》(卷 654),中华书局 1960 年版,第 91 首。
③ 同上书,第 7522 页。

宗社之危如缀旒。炀天子,自言福祚长无穷,岂知皇子封鄡公。龙舟未过彭城阁,义旗已入长安宫。萧墙祸生人事变,晏驾不得归秦中。土坟数尺何处葬,吴公台下多悲风。二百年来汴河路,沙草和烟朝复暮。后王何以鉴前王?请看隋堤亡国树。"①

还有李商隐的《隋宫》也同样脍炙人口:"紫泉宫殿锁烟霞,欲取芜城作帝家。玉玺不缘归日角,锦帆应是到天涯。于今腐草无萤火,终古垂杨有暮鸦。地下若逢陈后主,岂宜重问后庭花?"②将其与为自己亲手所灭的昏君陈叔宝相提并论,成为走向反面的活生生的典型,可谓深刻之极。

唐朝诗人李商隐铜像

又如李益的《汴河曲》:"汴水东流无限春,隋家宫阙已成尘。行人莫上长堤望,风起杨花愁杀人。"③吴融的《隋堤》:"搔首隋堤落日斜,已无余柳可藏鸦。岸傍昔道牵龙舰,河底今来走犊车。"④秦韬玉的《隋堤》:"种柳开河为胜游,堤前常使路人愁。阴埋野色万条思,翠束寒声千里秋。西日至今悲兔苑,东波终不反龙舟。远山应见繁华事,不语青青对水流。"⑤晚唐、五代的江为《隋堤柳》:"锦缆龙舟万里来,醉乡繁盛忽尘埃。空余两岸千株柳,雨叶风花作恨媒。"

述及对隋炀帝从大运河游幸江都的荒诞行径予以深刻抨击者,无法忽略晚唐的罗隐。罗隐(833—909),本名横,字昭谏,新城(今浙江杭州市富阳区新登镇)人。少有诗名,因爱议论时政、讥刺公卿,十考进士而不中,遂改名

---

① 朱金城,《白居易集笺注》,上海古籍出版社1988年版,第252页。
② 李商隐撰,朱鹤龄笺注,《李商隐诗集》,上海古籍出版社2015年版,第76页。
③ 《全唐诗》(卷283),中华书局1960年版,第9册,第3224页。
④ 《全唐诗》(卷687),中华书局1960年版,第20册,第7904页。
⑤ 《全唐诗》(卷670),中华书局1960年版,第20册,第7659页。

扬州观音山为迷楼遗址所在地

为隐。后在吴越王钱镠处做过钱塘令、节度判官、著作佐郎等。因长期受打击，难得志，并接近下层人民，其诗文多对晚唐的黑暗政治有所讽刺批判，对人民疾苦则多有同情，《汴河》诗即是一例："当时天子是闲游，今日行人特地愁。柳色纵饶妆故国，水声何忍到扬州。乾坤有意终难会，黎庶无情岂自由。应笑秦皇用心错，谩驱神鬼海东头。"[①]

罗隐更撰写了蜚声千古的名作《迷楼赋》。

首先，罗隐交代了写作背景："岁在甲申，余不幸于春官兮，凭羸车以东驱。"即唐懿宗咸通五年（864年）因又一次科考下第，他东游遣闷，来到扬州，"得随家之故都"。不禁感慨兴亡："乔木拱立以不语兮，繄今昔之自离。"而最吸引其目光的则是迷楼："慨余基之未平兮，曰迷楼而在斯。"随后，他对炀帝建迷楼之举感慨道："迷楼者何？炀帝所制。炀袭文后，天下无事。谓春物繁好，不足以开吾视。谓春风懒慢，不足以欣吾志。斯志既炽，斯楼乃峙。楩楠沈檀，栋梁杞梓。"迷楼建成，炀帝遂与外隔绝："将使乎旁不通乎日月，外不见乎天地。然后朝奏于此，寝食于此。君王欲左右有粉黛，君王欲左右有郑卫。君王欲问乎百姓，曰百姓有相。君王欲问乎四方，曰四方有将。于是相

---

① 《全唐诗》（卷655），中华书局1960年版，第19册，第7532页。

秉君恩，将侮君权。百姓庶位，万户千门。"

文章最后对迷楼究竟有何魅力致使炀帝如是目眩神迷做了一番探析："且不知隋炀帝迷于楼乎？迷于人乎？若迷于楼，则楼本土木，亦无亲属，纵有所迷，何爽君德？"他的结论是奸佞惑主："吾意隋炀帝非迷于楼，而人迷炀帝于此。故曰'迷楼'，然后见生灵意。"称炀帝是被人迷惑，当然有减轻其罪责之意，但将原因归咎于人而非物，则是有道理的。①

无独有偶，两百余年后，北宋的李纲又作了同名的《迷楼赋》，再次借迷楼抒发兴亡之慨，总结历史经验。李纲（1083—1140），字伯纪，号梁溪先生，常州无锡人，祖籍福建邵武，为两宋之际抗金名臣。李纲能诗文，写有不少爱国篇章。其咏史之作，形象鲜明生动，风格沉雄劲健，《迷楼赋》应是其中的名篇。

此篇有序："炀帝作迷楼于江都，钟鼓嫔嫱不移而具，迄今旧址存焉。因读杜牧之《阿房宫赋》，感其事作赋以吊之。"即是仿效《阿房宫赋》，咏史而鉴今。

文章开篇说明迷楼修建肇始渊源，并对大运河的恢宏气势和隋炀帝乘龙舟下扬州的奢侈做派也进行了描绘，可谓栩栩如生："隋室方隆，削平万国。侈心一开，弗安厥宅。凿为汴渠，导河之流。曲折千里，放于淮陬。凤盖霓旌，锦帆龙舟。决意东幸，江都是游。穷奢肆欲，乃建迷楼。"

随后，文章对迷楼进行概述："维楼之制，众巧所聚。凌烟摘星，飞云宿雾。玉柱金楹，千门万户。复道连绵，洞房回互，翠华庋止，杳不知其何所。"虽着墨不多，但言简意赅。

再对炀帝荒淫生活进行一番重点描述："于是选夫燕赵之女、吴越之姬，明眸皓齿，丰颊秀眉，娥媌曼睩，窈窕融怡。被阿锡，曳齐纨，粉白黛绿，鸣佩锵环者充牣乎其间。列箎虡，罗钟鼓，吐清歌，呈妙舞以乐之。彼桃李妍芳，耀新妆也；蕙兰芬馥，泛天香也；云舒霞卷，秀袿裳也；燕语莺啼，舌笙簧也；振木飞尘，歌声扬也；回风流雪，舞袖翔也；雷霆间作，金奏锵也。日日荐玉食，旦旦献玉衣。随意所往，恩幸则移。"简直是在美女簇拥中昏天黑

---

① 罗隐撰，潘慧惠校注，《罗隐集校注》（修订本），《谗书》（卷五）《迷楼赋》，浙江古籍出版社 2011 年版，第 419—420 页。

地，禽兽一般苟活，演绎动物本能而已。

结果，炀帝完全脱离了实际，直至国亡身死："昼夜寒暑，高下东西，漠然不分，茫然不知。矧群臣之贤否，庶政之是非，生民之利病，天下之安危。盗贼斥乎寰宇，锋镝及乎宫闱，身死人手，虽悔何追。"

李纲更对照当年炀帝灭陈时与此时的前后迥然相异的所作所为："呜呼噫嘻！方其虏陈后主，戮张丽华，诛三佞人以谢大下，一何壮也！"称赞他能果断地将同样摄其心魂的陈后主的宠妃等处决，而不是留己享用，显示了能管住自己、克制情欲的果敢，挟重弃私、杀伐决断的魄力。然而，很快又重步陈后主后尘且尤甚："及其师丧辽东，祸肇元感，荒淫不返，卒以弑陨，又何悫也！"而迷楼的遗址，见证了这一悲剧："芜城之侧，故址犹存，狐兔之所窟穴，鼪鼯之所呻吟。霜露梗莽，风凄日曝。过而览之者，莫不踌躇而悲辛。与夫琼室丧夏，鹿台亡商，吴之姑苏，秦之阿房，足以

两宋抗金名臣李纲

致乱于当年，而垂戒于万世者，盖同出于一辙也。"

李纲最后再次表明此作的目的："我作斯赋，以吊千古之非，而为后来者说也。"① 即希望宋统治者应吸取隋炀帝教训，不要沉耽享乐，重蹈亡国覆辙。

两宋内忧外患深重，士大夫忧患意识强烈。李纲的《迷楼赋》正是这种意识的杰出代表。此外，众多诗文也无一不是如此。如石介的《汴渠》："隋帝荒宴游，厚地刳为沟。万舸东南行，四海困横流。义旗举晋阳，锦帆入扬州。扬州竟不返，京邑为墟丘。吁哉汴渠水，至今病不瘳。世言汴水利，我为汴水忧。"② 许庭的《临江仙·柳》："不见隋河堤上柳，绿荫流水依依。龙舟东下

---

① 李纲撰，王瑞明点校，《李纲全集》，岳麓书社2004年版，第12页。
② 《全宋诗》（第5册），北京大学出版社1988年版，第3403页。

疾于飞，千条万叶，浓翠染旌旗。记得当年春去也，锦帆不见西归。故抛轻絮点人衣，如将亡国恨，说与路人知。"① 南宋韩元吉的《行汴渠中》："东海桑田未可期，隋河高岸已锄犁。楼船锦缆知无地，枯柳黄尘但古堤。"②

代宋而立的元朝，在许多士人心目中是异族统治，借古喻今、抒发兴亡之慨仍是常态。苏大年的《雷塘》就继续批判隋炀帝，"雷塘春雨绿波浓，古冢寒烟蔓草空。斜日欲沉山色近，行人无处问隋宫"（转引《江南通志》）。此后历经明、清，持此论调者仍居多，如现代学者王鸿也在一首歌词中写道，扬州"引得帝王抛江山，朝拜琼花盖迷楼"，在颂扬扬州及琼花的魅力的同时也对隋炀帝的荒诞行径予以抨击，真可谓众口一词。

然而，随着时间的推移，历史的尘埃慢慢消散、落定，越往后，事物的本质逐步显现，前人的功过是非也慢慢清晰，后人的认知也会以冷静的视角，持客观公正态度。这同样体现在诗文中。

如唐朝诗人皮日休写有《汴河怀古二首》。第一首："万艘龙舸绿丝间，载到扬州尽不还。应是天教开汴水，一千余里地无山。"这一首还对炀帝所为有所嘲讽针砭。第二首则写道："尽道隋亡为此河，至今千里赖通波。若无水殿龙舟事，共禹论功不较多。"③ 此首则全面阐述了炀帝此举的得失，特别是基本肯定了其正面业绩。在皮日休看来，隋炀帝对开凿大运河的历史贡献功不可没，如果不是因为修龙舟巡幸江都这种招致民怨沸腾之事，其功劳可与大禹治水比肩，将开运河与享乐切割开来。皮日修还在《汴河铭》中进一步阐发道："隋之疏淇、汴，凿太行，在隋之民，不胜其害也；在唐之民，不胜其利也。今自九河外复有淇、汴，北通涿郡之渔商，南运江都之转输，其为利也，博哉！"④ 唐朝诗人李敬芳也在《汴河直进船》中说："汴河通淮利最多，生人为害亦相和。东南四十三州地，取尽膏腴是此河。"⑤ 但批判锋芒主要不是大运河本身，而是针对炀帝的荒诞行径。宋朝韦骧的《汴河》："通济名渠古到今，当时疏导用功深。源高直接黄河泻，流去遥归碧海浔。护冢尚存芳草乱，隋舟

---

① 唐圭章编《全宋词》（第2册），中华书局1965年版，第1746—1747页。
② 《南涧甲乙稿》（卷6），《全宋诗》第38册，第23689页。
③ 《全唐诗》（卷615），中华书局1960年版，第18册，第7099页。
④ 皮日修，《皮子文薮》（卷4），《四库全书》第1083册，第184页。
⑤ 《全唐诗》（卷508），第34首，中华书局1960年版。

安在绿杨阴。年年漕运无穷已，谁谓东南力不任。"①这些诗篇也与皮日休观点异曲同工，皆旨在清除隋炀帝抛洒大运河中的垃圾、浮泛其上的肮脏泡沫，将大运河的自身伟大价值予以厘剔展示，充分肯定，还其一泓碧波，这种观点应是实事求是的，是历史的进步性的表现。

值得注意的是明末清初的大学者王夫之的观点。他是从学理上更为深入分析者。他在不朽名著《读通鉴论》中的态度值得玩味：在"炀帝"篇中对其修大运河之事只字不提，只在"隋文帝"篇泛泛而提及开河之事。

王夫之认为事情总会有利有弊。他在"隋文帝"篇中说道："开河以转漕，置仓以递运，二者孰利？事固有因时因地而各宜，不能守一说以为独得者，然其大概，则亦有一定之得失焉。"②

而评判利弊，要看大小、长久度。汉武帝通西域，开辟西北、西南疆域，当时劳民伤财，但这些行为"以一时之利害言之，则病天下；通古今而计之，则利大而圣道以弘。"③同样，"隋沿河置仓，避其险，取其夷，唐仍之，宋又仍之，至政和而始废，其利之可久见矣。"④

他更分析人的活动动机与效果的辩证关系，他认为秦始皇废封建、设郡县，是出于企图子孙万世家天下的私心，但由于郡县制有利于国家的统一，符合历史发展的规律，所以两千年延续而无法改变，"秦以私天下之心而罢侯置守，而天下假其私以行其大公，存乎神者之不测，有如是夫！"⑤汉武帝通西域最初动机"闻善马而远求耳"及邀击匈奴等考量，但同样沟通了中原与西域间迫切需要的内在联系，也是功莫大焉。

更可贵的是，他还进一步认为，使统治者的恶、自利等行为转化为"大利"的根本动力是"道"，包括上述的立郡县、通西域、开疆土，在客观上却顺应了、实践了"道"即历史发展要求和规律，"郡县之制，垂二千年而弗能改矣，合古今上下皆安之，势之所趋，岂非理而能然哉？"⑥汉武所为，"此天也，非人之所可强也。天欲开之，圣人成之；圣人不作，则假手于时君及智力

---

① 《全宋诗》（第13册），北京大学出版社1998年版，第8446页。
②④ 《读通鉴论》（卷十九），王夫之著，舒士彦点校，中华书局2013年3月版，第525页。
③ 《读通鉴论》（卷三），王夫之著，舒士彦点校，中华书局2013年3月版，第59页。
⑤ 《读通鉴论》（卷一），王夫之著，舒士彦点校，中华书局2013年3月版，第2页。
⑥ 同上书，第1页。

之士以启其渐",① 促进了此后社会的发展进步。这种见解不仅深刻,而且也符合历史唯物主义的观点。

所以,从王夫之的上述观点来看,他对大运河是持基本肯定态度。他必然认为隋炀帝的开河之"恶",与秦皇汉武一样在为历史发展开辟前进道路。

三、臣心一片磁针石,不指南方不肯休

反映大运河畔所发生的云诡波谲的历史风云,抒发千古兴亡胸臆的诗文中,南宋文天祥所作两度沿运河北行的系列诗歌应为翘楚。

南宋德佑二年(元至元十四年,1277年)正月,元军兵临临安,文天祥奉命前往谈判,被扣俘。不久,被胁挟北上,从临安沿大运河经苏州、无锡、常州达京口(镇江),乘机得脱,经瓜洲,奔真州(仪征)、扬州趋高邮等处,兴师抗元。其《指南录》中诗文对此段大运河之行多有记述。如《渡瓜洲》第一首:"跨江半壁阅千帆,虎在深山龙在潭。当日本为南制北,如今翻被北持南。"②

文天祥此时必定"别有一番滋味在心头"。一百多年前,绍兴三十一年(1161年),金帝完颜亮率军六十万,兵分四路进抵南宋长江防线,其中路大军一举攻占瓜洲,并拟以此为跳板渡江南进。但在南京附近的采石矶被名将虞允文击败,进而引发其部下哗变,完颜亮就在瓜洲附近被部将杀死,金兵全线溃退,南宋得以保全半壁江山百余年。而此时用以"南制北"的瓜洲一变而为"北制南"

南宋著名文学家、
爱国诗人、抗元名臣文天祥

---

① 王夫之著,舒士彦点校,《读通鉴论》(卷三),中华书局2013年3月版,第59页。
② 《文天祥全集》(卷13),中国书店出版社1985年版,第322页。

的抓手,《出真州》之一更无奈道出当时的窘况:"瓜洲相望隔山椒,烟树光中扬子桥。夜静衔枚莫轻语,草间唯恐有鸥鹭。"① 怎能不令其感慨万千?

在高邮城外的文天祥所作《发高沙》,同样延续了这种心态。其中两首写道:"晓发高沙卧一航,平沙漠漠水茫茫。舟人为指荒烟岸,南北今年几战场。""城子河边委乱尸,河阴血肉更稀微。大行南北燕山外,多少游魂逐马蹄。"② 随后又辗转渡江赴临安,所写《扬子江》:"几日随风北海游,回从扬子大江头。臣心一片磁针石,不指南方不肯休。"③ 坚贞不屈的孤臣气节,力透纸背。

两年后,祥兴二年(元至元十六年,1279 年),南宋朝廷在广东崖山被元军最后消灭。此前一年,祥兴元年二月再度被俘的文天祥目睹了亡国惨状后,被押解往大都。此行路线先从广东由古驿道入江西,渡鄱阳湖入长江,顺流而东至建康(今南京)。他将此段行程所作诗文编为《指南后录》(第一卷)。八月二十四日从建康启程,沿江东下至真州(今仪征),从仪扬运河入扬州,转从大运河北上,此段行程皆由运河乘舟而行。他将渡江入淮后的诗文编为《指南后录》(卷之二),依次有《江行有感》(二十五日)、《真州驿》(二十七日)、《望扬州》、《维扬驿》、《过邵伯镇》(二十八日)、《高邮怀旧》(二十九日)、《发高邮》(三十日)、《宝应道中》、《淮安军》(九月一日)、《过淮河宿阚石有感》等篇。头枕运河的波涛,目睹已易色的大好河山,他写下了一首首抒发亡国之痛,表明忠贞爱国、宁死不屈的诗篇。

如《维扬驿》:"三年别淮水,一夕宿扬州。南极山川古,北风江海秋。昭君愁出塞,王粲怕登楼。千载英雄泪,如今况楚囚。"④

从扬州北上,经邵伯湖、高邮湖而入高邮。《过邵伯镇》记述道:"今朝车马地,昔日战争场。我有扬州鹤,谁存邵伯棠。一湾流水小,数亩故城荒。回首江南路,青山断夕阳。"⑤ 对高邮,文天祥不陌生。如前所述,三年前他在此地兴兵未成,此时他怀着一种复杂的情感又作《高邮怀旧》:"借问曾游处,高沙第几山。潜行鹰攫道,直上虎当关。一命虚空里,三年瞬息间。自怜今死

---

① 《文天祥全集》(卷13),中国书店出版社 1985 年版,第 331 页。
②③ 同上书,第 338 页。
④⑤ 《文天祥全集》(卷14),中国书店出版社 1985 年版,第 360 页。

晚，何复望生还。"①恨未得一死报国。离开高邮北上，又作有《发高邮》："初出高沙门，轻舫绕城楼。一水何曲折，百年此绸缪。北望渺无际，飞鸟翔平畴。寒芜入荒落，日薄行人愁。行行行湖曲，万顷涵清秋。大风吹樯倒，如荡彭蠡舟。欲寄故乡泪，使入长江流。篙人为我言，此水通淮头。前与黄河合，同作沧海沤。踟蹰忽失意，拭泪泪不收。吴会日已远，回首重悠悠。驰驱梁赵郊，壮士何离忧。吾道久矣东，陆沈古神州。我今载南冠，何异有北投。不能裂肝脑，直气摩斗牛。但愿光岳合，休明复商周。不使殊方魄，终为异物羞。"②其中"不能裂肝脑"是指他一直谋自杀殉国，但皆被制止，实属求死不能。

继续北上，从淮安军楚州城外渡过淮河后，文天祥一行向西北沿古泗水入淮的通道（亦即此后京杭运河的中运河段）前行。此段因河道淤塞、变迁，多为陆行。其沿途诗作有《发淮安》（九月二日）、《小清口》（初三日）、《桃源道中》（初四日）、《桃源县》、《崔镇驿》、《发崔镇》（初五日）、《发宿迁县》、《中原》、《望邳州》（初六日）、《邳州哭母小祥》、《徐州道中》（初七日）、《彭城行》《燕子楼》、《戏马台》、《发彭城》等。此时他感慨尤多。首先是自然景观的改变——淮北风光迥异江南，一片衰败景象，如《发淮安》："九月初二日，车马发淮安。行行重行行，天地何不宽。烟火无一家，荒草青漫漫。恍如泛沧海，身坐玻璃盘。"③《崔镇驿》："万里中原役，北风天正凉。黄沙漫道路，苍耳满衣裳。野阔人声小，日斜驹影长。解鞍身似梦，游子意茫茫。"④《发崔镇》："高雁空秋兴，寒螀破晓眠。淡烟白似海，野水碧于天。"⑤九月初七日行至徐州道中，所见是由于黄河夺泗、夺淮后，黄泛区风沙弥漫的凄凉："彭城古官道，日中十马驰。咫尺不见人，扑面黄尘飞。"⑥虽然作为军事重镇的徐州地理形势依然险要，"连山四围合，吕梁贯其中……西望睢阳城，只与汴水通"，但"遗民死欲尽，莽然狐兔丛……故河蓄潢潦，荒城翳秋蓬……如此独醒何，悲风逐征鸿。"⑦

而社会环境的变化更使他感受强烈：此时此处的故国山河已充斥一派异

---

①②《文天祥全集》（卷14），中国书店出版社1985年版，第360页。
③④⑤ 同上书，第361页。
⑥《徐州道》，《文天祥全集》（卷14），中国书店出版社1985年版，第362页。
⑦《彭城行》，《文天祥全集》（卷14），中国书店出版社1985年版，第362页。

族、异国统治的情调:"漠漠地千里,垂垂天四周。隔溪胡骑过,傍草野鸡飞",①"时时逢北人,什伍扶征鞍。云我戍江南,当军身属官。北人适吴楚,所忧地少寒。江南有游子,风雪上燕山",②"兴废嗟何及,行藏信自然。南人乍骑马,北客半乘船"。③ 由楚州至崔镇不过百余里,目睹两淮地区的故国山河这种仿佛悄然"换了人间"的风光,文天祥不禁悲从心来。

当其进入徐州后,文天祥又借燕子楼的历史典故抒发胸臆。燕子楼最初建于唐朝,是镇守徐州的节度使张愔为爱妾关盼盼所建。张愔死后,关盼盼为其守节,拒绝了众多的求婚者,在燕子楼上度过了寂寞孤独的后半生。文天祥写了《燕子楼》,通过颂扬关盼盼此举,表述自己要为南宋尽忠的严正立场:"自别张公子,婵娟不下楼。遂令楼上燕,百岁称风流。我游彭城门,来吊楚王阙。问楼在何处,城东草如雪。蛾眉代不乏,埋没安足论。因何张家妾,名与山川存。自古皆有死,忠义长不没。但传美人心,不说美人色。"④ 正与其前撰另一首《满江红·燕子楼中》相呼应。该词自序称是"和王夫人《满江红》韵,以庶几后山妾薄命之意",全篇以凄凉的词句,充分表述自己悲怆的情怀:"燕子楼中,又捱过几番秋色。相思处青年如梦,乘鸾仙阙。肌玉暗消衣带缓,泪珠斜透花钿侧。最无端蕉影上窗纱,青灯歇。/曲池合,高台灭。人间事,何堪说!向南阳阡上,满襟清血。世态便如翻覆雨,妾身元是分明月。笑乐昌一段好风流,菱花缺。"⑤

从徐州继续北行,进入山东。其到山东陵州(今山东德州)的行程,也是陆行,而与此后开通的京杭运河山东段会通河的走向基本一致。其沿途诗作有:《沛歌》(山东藤山沛县,初十日)、《歌风台》、《固陵道中三首》、《发鱼台》(十二日)、《自叹》、《远游》、《六歌》、《发潭口》(十三日)、《新济州》、《汶阳道中》(东平路汶阳县,十四日)、《汶阳馆》、《自汶阳至郓》(十五日)、《来平馆》、《发郓州喜晴》、《发东阿》(十七日)、《宿高唐州》(博州)、《平原》(十八日)、《发陵州》等。他同样以诗对所见一片更加残破的景象进行了记录。

---

① 《桃园道中》,《文天祥全集》(卷14),中国书店出版社1985年版,第361页。
② 《发淮安》,《文天祥全集》(卷14),中国书店出版社1985年版,第361页。
③ 《发崔镇》,《文天祥全集》(卷14),中国书店出版社1985年版,第361页。
④ 《文天祥全集》(卷14),中国书店出版社1985年版,第362页。
⑤ 同上书,第357页。

如《新济州》对济宁的描写："垂云阴万里,平原望不极。百草尽枯死,黄花自秋色。时时见桑树,青青杂阡陌。路上无人行,烟火渺萧瑟。车辙分纵横,过者临岐泣。积潦流交衢,霜蹄破丛棘。"并与江南对比:"江南寒未深,铜炉兽花赤。为知行路人,铁冷衣裳湿。"① 有感于国破家亡的切肤之痛,他又仿杜甫《同谷七歌》,作《效同谷歌体六歌》诗,叹述自己的妻妾、妹妹、女儿、儿子以及自身的遭遇:

一歌:"有妻有妻出糟糠,自少结发不下堂。乱离中道逢虎狼,凤飞翩翩失其凰。将雏一二去何方,岂料国破家亦亡。不忍舍君罗襦裳,天长地久终茫茫,牛女夜夜遥相望。呜呼一歌兮歌正长,悲风北来起彷徨。"

二歌:"有妹有妹家流离,良人去后携诸儿。北风吹沙塞草凄,穷猿惨淡将安归?去年哭母南海湄,三男一女同嘘唏。惟汝不在割我肌,汝家零落母不知,母知岂有瞑目时。呜呼再歌兮歌孔悲,鹡鸰在原我何为。"

三歌:"有女有女婉清扬,大者学帖临钟王,小者读字声琅琅。朔风吹衣白日黄,一双白璧委道旁。雁儿啄啄秋无粱,随母北首谁人将?呜呼三歌兮歌愈伤,非为儿女泪淋浪。"

四歌:"有子有子风骨殊,释氏抱送徐卿雏。四月八日摩尼珠,榴花犀钱络绣襦。兰汤百沸香似酥,欻随飞电飘泥涂。汝兄十二骑鲸鱼,汝今知在三岁无。呜呼四歌兮歌以吁,灯前老我明月孤。"

五歌:"有妾有妾今何如?大者手将玉蟾蜍,次者亲抱汗血驹。晨妆靓服临西湖,英英雁落飘璚琚,风花飞坠鸟呜呼,金茎沉滏浮污渠。天摧地裂龙凤殂,美人尘土何代无。呜呼五歌兮歌郁纡,为尔邀风立斯须。"

六歌:"我生我生何不辰?孤根不识桃李春。天寒日短重愁人,北风随我铁马尘。初怜骨肉钟奇祸,而今骨肉相怜我。汝在北兮婴我怀,我死谁当收我骸?人生百年何丑好,黄粱得丧俱草草。呜呼六歌兮勿复道,出门一笑天地老。"②

另一方面,文天祥更在家国情怀中抒发忠贞之气,《平原》中,他讴歌唐安史之乱时坚守山东陵县的颜真卿和堂兄颜杲卿的功绩和宁死不屈的精神:

---

① 《文天祥全集》(卷14),中国书店出版社1985年版,第365页。
② 同上书,第364—365页。

文天祥名诗《过零丁洋》名句"人生自古谁无死，留取丹心照汗青"

"平原太守颜真卿，长安天子不知名。一朝渔阳动鼙鼓，大河以北无坚城。公家兄弟奋戈起，一十七郡连夏盟。贼闻失色分兵还，不敢长驱入咸京。明皇父子将西狩，由是灵武起义兵。唐家再造李郭力，若论牵制公威灵。哀哉常山惨钩舌，心归朝廷气不慑。"同时鞭挞构陷他们弟兄的佞臣，"当年幸脱安禄山，白首竟陷李希烈。希烈安能遽杀公，宰相卢杞欺日月"。他坚信，历史会做出公正评判："乱臣贼子归何处？茫茫烟草中原土。公死于今六百年，忠精赫赫雷行天。"① 文天祥对卢杞等人的鞭挞，也是对当年南宋朝廷中奸佞的批判。

出山东，入河北，同样是依此后疏浚、开通的大运河御河段而行。文天祥所作诗篇更表明已将生死置之度外。"反身以自观，须弥纳一芥。以此处生死，超然万形内。"② "空有丹心贯碧霄，泮水亡国不崇朝。小臣万死无遗慨，曾见天家十八朝。"③

十月初一，文天祥被押解到目的地——大运河的北端大都。文天祥在《感

---

① 《文天祥全集》(卷14)，中国书店出版社1985年版，第366页。
② 《献州道中》，《文天祥全集》(卷14)，中国书店出版社1985年版，第367页。
③ 《文天祥全集》(卷14)，中国书店出版社1985年版，第367页。

怀》诗小序中总结说:"己卯八月二十四日,予以楚囚发金陵,十月一日至燕。越五日,罹狴犴。"① 一个多月行程中他感到"江淮我分地,我欲投沧浪。沧浪却不受,中原行路长。初登项籍宫,次览刘季邦。涉足河与济,回首嵩与恒。下车抚梁门,上马指楼桑。戴星渡一水,惨淡天微茫。行人为我言,宋辽此分疆。悬知公死处,为公出涕滂。恨不持束刍,徘徊官道傍。我死还在燕,烈烈同肝肠。今我为公哀,后来谁我伤。"文天祥慨然回答:"天地垂日月,斯人未云亡。文武道不坠,我辈终堂堂。"② 在大都被囚禁三年,直至至元十九年(1282年)十二月初九引颈就戮,从容尽义,实践了其"孔曰成仁,孟曰取义。唯其义尽,所以仁至。而今而后,庶几无愧"的铮铮誓言。

"诗言志"。所以,文天祥的两次特别是第二次大运河之旅所留下的诗文,同样是对"留取丹心照汗青"不朽精神的写照,借景抒情的典范。

四、丰功天地同朽灭,尚祈万世不为灾

历史在流逝中拂去浮尘不断前进,当大运河的修建活动早已渐行渐远,而这条人间仙河却穿越时空巍然客观存在时,人们关注的焦点开始悄然改变:不再囿于对当年发端肇兴修建运河隋炀帝的评论、大运河畔的刀光剑影、兴废风云的咏叹,更多的则将大运河视为中国古代人民征服自然、改造自然、对中华民族发展居功至伟的伟大创举,视为人间仙境,从而引古往今来无数下里巴人和骚人墨客竞相折腰,诵咏撰写优美诗文淋漓尽致予以讴歌赞誉。

有些诗文是对与大运河修建有功之人的评价与赞美。

唐高宗时,沧州境内无棣河自隋末起堵塞,滞碍船行,刺史薛大鼎遂奏请重新修浚,从而极大地便利了交通运输物资往来,并减少了水患灾害,因而百姓以歌咏之:"新河得通舟楫利,直达沧海鱼盐至。昔日徒行今骋驷,美哉薛公德滂被。"③ 又如唐朝润州(今江苏镇江)刺史齐浣开伊娄河于扬州南瓜洲浦,为邗沟增添了一个新的运口,既保证了行船安全,又节省了时间和运费。史书记载:"开伊娄河二十五里即达扬子县,自是免漂损之患,岁减脚钱

---

① 《文天祥全集》(卷15),中国书店出版社1985年版,第393页。
② 《文天祥全集》(卷14),中国书店出版社1985年版,第368页。
③ 佚名,《沧州百姓歌》。

数十万，迄今利济焉"。① 对此，李白在《题瓜州新河饯族叔舍人贲》一诗中盛赞道："齐公凿新河，万古流不绝。丰功利生人，天地同朽灭。两桥对双阁，芳树有行列。爱此如甘棠，谁云敢攀折。吴关倚此固，天险自兹设。海水落斗门，湖平见沙汭。/ 我行送季父，弭棹徒流悦。杨花满江来，疑是龙山雪。惜此林下兴，怆为山阳别。瞻望清路尘，归来空寂灭。"② 直认这条新筑运河使后人受惠，此项丰功伟绩将与天地同在，万古长流不绝，评价可谓高矣！

明朝的欧大任和清朝的夏之蓉则赞誉邵伯埭。欧大任的《邵伯堰》："谢公镇广陵，甘棠人勿剪。君见东山云，何似邵伯堰？"夏之蓉的《邵伯埭》："谢公昔时埭，筑远名亦古。功高千金堨，永利在扬楚。……回思保障功，临风一延伫。"③

黄庭坚之父黄庶的《汴河》诗高度评价汴河对宋朝安危的战略意义，诗称："汴都峨峨在平地，宋恃其德为金汤。先帝始初有深意，不使子孙生息荒。万艘北来食京师，汴水遂作东南吭。甲兵百万以为命，千里天下之腑肠。人心爱惜此流水，不啻布帛与稻粱。"④ 刘子翚（1101—1143）生于北宋，后入南宋，曾写有《汴京纪事二十首》，其中第五首是："联翩漕舸入神州，梁主经营授宋休。一自胡儿来饮马，春波唯见断冰流。"同样颂扬了大运河的战略意义。

人们对大运河上所建闸坝等设施，也多有颂扬。北宋苏舜钦《观放闸》："沉沉沧淮口，植木限众流。启闭固有时，出纳千万舟。"⑤ 王安石七律《和吴御史临淮感事》前四句："栅锁城扉晓一开，柁牙车轴转成雷。黄尘欲碍龟山出，白浪空分汴水来。"⑥ 元明两代山东境内会通河上建闸众多，号称"闸河"。康熙南巡回銮时，写《过八闸》赞誉道："宛转河形一线通，潴流叠石赖人工。天庾岁岁关飞挽，全在随时启闭中。"⑦ 所谓"八闸"，是指以南旺分水

---

① 刘昫等撰，《旧唐书·玄宗纪·齐浣传》（卷190），中华书局1975年版，第5039页。
② 《全唐诗》（卷184），第6册，第1874页。
③ 《江南通志》，《文渊阁四库全书》，上海古籍出版社2009年版。
④ 《全宋诗》（第8册），北京大学出版社1998年版，第5495页。
⑤ 苏舜卿撰，沈文倬校点，《苏舜钦集》，上海古籍出版社1981年版，第45页。
⑥ 王安石撰，李壁笺注，《王荆公诗笺注》，上海古籍出版社2020年版，第213页。
⑦ 《圣祖仁皇帝御制文集》第2集（卷50），《文渊阁四库全书》第1298册，上海古籍出版社2009年版，第780页。

龙王庙为起点的（韩庄闸、台庄闸、侯迁闸、顿庄闸、丁庙闸、万年闸、张庄闸、德胜闸）"南八闸"，又称"山东南八闸""韩庄八闸""台庄八闸"等。

文天祥北行之后，元政府全面疏浚大运河，包括至元十九年（1282年）在山东新开南起济州（济宁）、北达须城（山东东平）的济州河，至元二十六年（1289年）再从济宁向北至临清开挖会通河（与济州河共称此名，济州河原称不用）。至元二十八年（1291年），在元朝著名科学家、水利学家郭守敬主持下，又组织开凿到通县（今通州区）的通惠河，同时新修、疏浚蓟运河，至元三十年（1293年）秋南北大运河完全贯通，比绕行洛阳的隋唐大运河缩短了900多千米，极大便利通行。当时许多文人对此赞誉不已。如王恽的《通漕引》赞誉道："安流取直民力省，积水浮纲才两闸。自昔河防争横议，祇办薪刍不胜计。宣防瓠子至今悲，以彼方兹功极细。役徒三万期可毕，一动虽劳终古利。裹粮荷锸去莫迟，行看连艚东过蓟。"①傅与砺《远将归》也称："远将归，恨归晚。通州河头有船雇。行人将归不言远。"②陈孚沿大运河北上，舟行在新开的济州河时，也感慨道："十日淮沂上，今朝渡济河。龟蒙秋烧阔，凫峄夕阳多。古寺云笼塔，长亭柳映波。鲁邦无孔子，何处听弦歌。"清政府继续整修大运河，如康熙二十六年（1687年）开中运河后，康熙四十二年（1703年）继建杨家庄运口，对保障漕运安全起了很大作用。康熙遂在第四次南巡时作《杨家庄新开中河得顺风观民居漫咏二首》："春雨初开弄柳丝，渔舟唱晚寸阴移。庙堂时注淮黄事，今日安澜天下知。"③

然而，囿于时代条件限制，古代的大运河仍有诸多窳陋，险工众多。这些也在历代诗文中有所反映。宋朝刘攽《汴上二首》之二即述道："客从江湖来，风水畏难测。行行汳渠上，牵挽意不适。惊湍卷前弯，怒浪潜乱石。至柔动必刚，况使相推激。随波叹异心，枉道复退尺。"④如大运河徐州段有著名的

---

① 《秋涧集》（卷10），《文渊阁四库全书》（第1200册），上海古籍出版社2009年版，第116页。
② 《傅与砺诗集》（卷3），《文渊阁四库全书》（第1213册），上海古籍出版社2009年版，第218页。
③ 《圣祖仁皇帝御制文集》（第3集卷49），《文渊阁四库全书》（第1299册），上海古籍出版社2009年版，第362页。
④ 《全宋诗》（第11册），北京大学出版社1998年版，第7098页。

"吕梁洪""百步洪"等险峻。元陈孚描写吕梁洪:"势与石斗不肯降,半天卷起千尺龙。怒声日夜相搉撞,有如万骑腾骊龙。"百步洪则"大山如飞虹,小山如伏牛。天河横空来,声撼山骨浮。我偶石上眠,梦惊霹雳怒。急起扶瘦筇,恐山亦流去。"在明朝杨士奇笔下:"吕梁洪,截流巉岩立巨石,森若虎豹蹲欹侧。洪波中射势怒激,鸣声喧豗万鼓击。自昔疏凿出神力,侧身望之皆辟易,蜀江瞿塘险莫敌。百丈牵船载牛轭,棹夫操篙捷贯的。君不见,北来南去皆安流,未若人心不可测。"《夜过徐州》又述:"怒涛翻河乱石横,牵船上洪初月明。夜中不辨黄楼处,惟听层城钟鼓声。"虽然,大运河上建有闸坝,对保持水位等多有便益,但又增添了船只通过时的困难。南宋绍熙元年(1190年)杨万里迎送金国使者从泗州乘船南返,在古洪泽镇待闸时诗《至洪泽》:"早潮已落水入淮,晚潮不来闸不开。细问晚潮何时来,更待玉虫缀金钗。"①

更严重的是,大运河各段也时时容易发生水患。中国的知识分子从来就有关注民生、同情弱者的家国情怀,所以,他们不仅赞美大运河的美景,也常会对大运河水患所带来的苦难多有描述。蒲松龄游幕宝应、高邮时,记述了所见当地遭遇水灾惨景。记叙康熙八年(1669年)八月八日高邮清水潭决口的《清水潭决口》称:"河水连天天欲湿,平湖万顷琉璃黑。波山直压帆樯倾,百万强弩射不息。东南溅溅鱼头生,沧海桑田但顷刻。岁岁滥没水衡钱,撑突波涛填泽国。"他哀叹:"朝廷百计何难哉?唯有平河千古无长才。"期盼"谁能负山作长堤,雷吼电掣不能开?民不竭力,国不竭财,官不苦累吏不催。蔀屋缓输天子乐,千秋万世不为灾。"②

清夏之蓉《纪灾》写洪泽湖水灾道:"洪湖水漫漫,复为黄水胁。奔腾注下流,直与淮扬接。建瓴势易崩,其祸在眉睫。云胡治河者,坚闭不启牌。上河已在惊涛中,茫茫一望成蛟宫。蒸云老雨不肯住,更兼西北号长风。断木架高阁,数钱买行灶。势若累卵危,夜半人语噪。有司作计良周章,四门遍塞增保障。忽闻上游坏堤防,饥不暇食心皇皇。到此五坝同时泄,洪波滚滚恣荡潏。可怜下游人不知,顷刻沟中作鱼鳖。道旁白骨相撑排,扶羸载瘠

---

① 辛更儒,《杨万里集笺校》(卷30),中华书局2007年版,第1525页。
② 蒲松龄撰,赵蔚芝笺注,《聊斋诗集笺注》,山东大学出版社2006年版,第144页。

吁可哀。榆糜作食息残喘,竹筐低挂啼婴孩。籍非仁圣协尧禹,委弃岂有余黎哉。民依轸念恤疮痍,不惜仓储发流水。负薪槎石与更始,愿锁支祁海门底。"自注写其背景:"刘家堡、稽家闸同日决,盐城、兴化诸邑饥民相望于道。"①

清刘中柱也同样写此湖水灾肆虐道:"盲风吹浪高于山,洪泽东下翻狂澜。蛟龙鼓鬣走万顷,尽驱平地如海宽。河伯仗剑排云下,雷师弯弓四面射。下士作孽天降诛,湖村不使留片厦。银沟集上屋压屋,金钗涧里无人哭。艾塘庙接吕梁桥,家家裹束波间宿。可怜命忽伤黄泉,昨日湖边炊晚烟。扬帆打鼓官船来,犹望船头呼报灾。"

清徐源描述嘉庆十年(1805年)的《乙丑水灾乐府八章》(选一)称:"秧青苗黄乙丑夏,湖高河满复开坝。坝下之水,未溃江海,先没田禾,更飘漂庐舍。死者随波去,生者宿无处。老羸废疾哭一家,鸠男鹄妇绷儿褓女哭一路。哭一家,灶蝉蛙。哭一路,衣无裤。"

清夏实晋《避水词》描述咸丰十年(1860年)运河开坝的惨状:"一夜飞符开五坝,朝来屋上已牵船。田舍飘沉已可哀,中流往往见残骸。"②

清廷也高度关注这一带的水患。康熙、乾隆各六次南巡,皆视察河工,曾躬历清河、杨庄、武墩、高家堰、蒋坝、归仁堤诸险要处实地考察谋划,忧虑水患,表达轸念民生之意。

康熙二十三年(1684年),康熙第一次南巡时作《高邮湖》诗记述道:"淮扬罹水灾,流波常浩浩。龙舰偶经过,一望类洲岛。田亩尽沉沦,舍庐半倾倒。茕茕赤子民,栖栖卧深潦。对之心惕然,无策施襁褓。夹岸罗黔黎,跽陈进耆老。咨诹不厌烦,利弊细探讨。饥寒或有由,良惭奉苍颢。古人念一夫,何况睹枯槁。凛凛夜不寐,忧勤悬如捣。亟图浚治功,拯济须及早。会当复故业,咸令乐怀保。"③并由此告诫要警惕追求奢华而忘国的教训,进入扬州后写道:"又驻塔湾见物华,先存蔀屋重桑麻。惠风徧拂维扬市,沛泽均

---

① 夏之蓉,《半舫斋诗文集》,清刻本,第26页。
② 夏实晋,《冬生草堂诗录》,清刻本,第69页。
③ 《圣祖仁皇帝御制文集》(卷40),《文渊阁四库全书》(第1298册),上海古籍出版社2009年版,第318页。

沾吴越家。作鉴道君开艮岳，常嘘炀帝溺琼花。浇胸经史安邦用，莫遣争能纵欲奢。"①

喜欢刻意模仿康熙的乾隆也在六次南巡时也写过若干类似诗篇，且好大喜功的天性，其数量远多于圣祖。如《过高邮湖》："淮南古泽国，高邮更巨浸。诸湖率汇兹，万顷波容任。洒火含阴精，孕珠符祥谶。堤岸高于屋，民居疑地窨。喈我水乡民，生计惟罟罤。菱芡佐饔飧，舴艋待佣赁。其乐实未见，其艰亦已甚。"不过其文采远逊康熙。如《运河行》："运河之水东南流，催漕风向西北递。风水胡乃太相口，造物节宣有妙意。顺水行舟南者欣，顺风扬帆北者遂。是谓天地之大公，往来无不资利济。顺风复希顺水人，不知足矣听斯议。"《邵伯湖》，"东西南北四湖通，谢傅遗休拟召公。我适乘舟经泽国，修防宜蓄虑何穷"，②类似打油，水平实不敢恭维。而《过瓜洲镇》："瓜字原为江里洲，闸成潮不到扬州。从来记载多迁就，各报见闻滋怨尤。无暇因他考古迹，有心惟是切民谋。甲申忆被坍沙后，重睹闾阎奠以稠。"自注："甲申六月，高晋奏瓜洲江水长发丈余，回澜坝岸坍啮，至七月汛平，加砮碎石，江塘复完，十余年来颇为安巩。今阅视民居，较之前巡益觉稠密矣。"③虽然不无兴利念民生之意，但其认为是瓜洲建闸导致扬子潮消的主观看法，更显示其刚愎自用的劣性。当然，无论康熙还是乾隆，阅河之后在江南繁华之地恣意享乐时，这些轸怀也就抛之脑后矣。

对在大运河上、河畔辛劳作业、艰难谋生的普通劳动民众，许多士人也予以深切的关注。如：

大运河的若干地段须人力牵挽。唐朝王建深深同情这些纤夫，特别是无偿或少偿的驿站纤夫，其《水夫谣》写道："苦哉生长当驿边，官家使我牵驿船。辛苦日多乐日少，水宿沙行如海鸟。逆风上水万斛重，前驿迢迢后森森。半夜缘堤雪和雨，受他驱遣还复去。夜寒衣湿披短蓑，臆穿足裂忍痛何？到明辛苦无处说，齐声腾踏牵船歌。一间茅屋何所值，父母之乡去不得。我愿此水作平

---

① 《圣祖仁皇帝御制文集》（第3集卷49），《文渊阁四库全书》（第1299册），上海古籍出版社2009年版，第363页。
② 弘历，《乾隆御制诗文全集》，中国人民大学出版社2013年版，第411页。
③ 同上书，第413页。

田，长使水夫不怨天。"① 诗中不仅叙述了纤夫的艰辛，更写了纤夫希望毁弃运河的愿望。这当然是一种不可能实现的一厢情愿。

到清代，中国封建制度行将就木，大运河湮塞更甚，更多地段要依仗人力牵挽勉强通航。蒲松龄在宝应时所作《挽船行》写道："箫鼓楼船帆十幅，百夫牵挽过茅屋。屋中男妇饥不餐，船上猎鹰饱食肉。屋中男妇少完衣，船上健儿贱绮縠。但闻船上箫鼓声，莫听屋中男妇哭。"② 吴嘉纪同名的《挽船行》则直描苏北一带运河上牵挽之艰难："疲困驾船人，人船双趑趄。老姑起把柁，新妇为纤夫。尚存异乡息，自憎薄命躯。夏日悬中天，灼死岸旁树。缠头苦无巾，裹足犹有布。数罢商人钱，拭泪盼官路。路长纤绳短，挽船不敢缓。"诗中描写炎炎夏日中，驾、牵船的父子力竭难任，婆媳只得双双替代，以挣得一点血汗钱。重读这些数百年前的诗句，人们仍然要为当时大运河畔民生的艰难和诗人的情怀而感动。

为防汛和整治运河，官府常驱使民众筑堤，在当时生产力、技术水平低下，主要依靠手工、人力作业的条件下，服役者负担沉重，环境险恶，待遇极差。清陶澄《筑堤苦》反映说："筑堤苦，五日筑成三丈土，束薪为楗土为辅。千人畚锸百人杵，半日长饥力几许。努力向前各俯偻，不尔恐遭上官怒。昨宵并筑临河洲，纷纷筑者当前头。须臾再决不可收，饥魄弱魂沉中流。沉中流，筑堤苦，新堤不成还责汝。我心忧伤泪如雨。"③

五、汴水春花邗沟月，脉脉常含万古情

当然，更多的诗词还是诵咏大运河自身的美景：它的春花秋月，它的冬雪夏雨，它的千帆竞渡、百舸争流，它的袅袅炊烟、晚唱渔歌，它的亭台楼阁，如诗如梦的幻境……从古至今，这类作品可谓汗牛充栋。大体来看，唐宋时，骚人墨客对汴河和邗沟咏诵多，元代大运河改道直趋北京后，全景式的歌颂远迈前代。

唐朝名人宦游汴河之上者众多，他们多留下了讴歌美景的诗文。

---

① 《全唐诗》（卷198），第37首，中华书局1960年版。
② 蒲松龄撰，赵蔚芝笺注，《聊斋诗集笺注》，山东大学出版社2006年版，第162页。
③ 见《舟车集》《湖边草堂集》，清刻本，第77页。

王建《汴路即事》："千里河烟直，青槐夹岸长。天涯同此路，人语各殊方。草市迎江货，津桥税海商。回看故宫柳，憔悴不成行。"①形象点明了汴河对人、物的交流所起的大动脉作用。

白居易安史之乱前后皆曾从汴河往返，记载了不同的观感。在《汴河路有感》："三十年前路，孤舟重往还。绕身新眷属，举目旧乡关。事去唯留水，人非但见山。啼襟与愁鬓，此日成两斑。"《茅城驿》写道："汴河无景思，秋日又凄凄。地薄桑麻瘦，村贫屋舍低。早苗多间草，浊水半和泥。最是萧条处，茅城驿向西。"②对比今昔，感慨良多。

王维《千塔主人》："逆旅逢佳节，征帆未可前。窗临汴河水，门渡楚人船。鸡犬散墟落，桑榆荫远田。所居人不见，枕席生云烟。"③此诗不仅禅意浓厚，"门渡楚人船"，也同样透漏出汴河承载的交流作用。

沈亚之《汴州船行赋岸傍所见》："古木晓苍苍，秋林拂岸香。露珠虫网细，金缕兔丝长。秋浪时回沫，惊鳞乍触航。蓬烟抬绿线，棘实缀红囊。乱穗摇鼯尾，出根垂凤肠。聊持一濯足，谁道比沧浪。"④陆畅《夜到泗州酬崔使君》："徐城洪尽到淮头，月里山河见泗州。闻道泗滨清庙磬，雅声今在谢家楼。"⑤皆对汴河风光做了出色的描摹。

入宋后依然如此。

秦观的《泗州东城晚望》应是千古名句："渺渺孤城白水环，舳舻人语夕霏间。林梢一抹青如画，应是淮流转处山。"⑥当时黄河尚未夺淮入海，大运河正借淮北上，这几句诗句，宛如勾勒了一幅淮、运交汇处的动人淡墨山水画。

曾巩写过汴河边重要城镇灵璧的著名景点和氏园亭："梨枣累累正熟时，粟田鹑兔亦争肥。园亭尽日追寻遍，只欠厌厌醉始归。""汴水溶溶带雨流，黄花艳艳亦迎秋。看花引水园林主，应笑行人易白头。""秫地成来多酿酒，杏林

---

① 《全唐诗》（卷299），第6首，中华书局1960年版。
② 《全唐诗》（卷446），第50首，中华书局1960年版。
③ 《全唐诗》（卷126），第75首，中华书局1960年版。
④ 《全唐诗》（卷493），第15册，中华书局1960年版，第5579页。
⑤ 《全唐诗》（卷478），中华书局1960年版，第5444页。
⑥ 徐培均，《淮海集笺注》（卷10），上海古籍出版社1994年版，第422页。

熟后亦留钱。不须置驿迎宾客，直到门前系画船。"① 这些诗句不仅描写了汴河一带的旖旎风光，也点明了河上南来北往的繁忙交通。

同样，李纲《谒告迎奉亲闻闻有醴泉之除不胜庆抃作诗寄叔易季言二弟》："晓出通津门，轻舫泛汴渠。莺花已烂漫，榆柳正扶疏。"② 韩子苍《夜泊宁陵》："汴水日驰三百里，扁舟东下更开帆。旦辞杞国风微北，夜泊宁陵月正南。老树挟霜鸣窣窣，寒花垂露落毵毵。茫然不悟身何处，水色天光共蔚蓝。"③ 米芾《题泗滨南山石壁曰第一山》："京洛风沙千里还，船头出汴翠屏间。莫论衡霍冲星斗，且是东南第一山。"④ 孔平仲《发青阳驿》："悠悠驱马汴河湾，几处邮亭略解鞍。春尽榆钱堆狭路，晓阴花雨作轻寒。山川相背图中画，日月双移坂上丸。行役渐多身渐老，诗题聊寄旅程难。"⑤ 也皆不仅写一地一时之景，着眼点更在运河带来的空间流动上。

流动往往意味着离别。描写汴河离别的诗词中，当以周邦彦《尉迟杯·离恨》上半阕为代表："隋堤路，渐日晚，密霭生深树。阴阴淡月笼沙，还宿河桥深处。无情画舸都不管，烟波隔南浦。等行人醉拥重衾，载将离恨归去。"⑥

邗沟的历史比汴河更悠久，所以咏诵也更早，如南朝宋谢灵运《西征赋》："发津潭而迥迈，逗白马以憩舲。贯射阳而望邗沟，济通淮而薄角城。"⑦ 此后各代的咏诵作品也更多。先看唐朝：

崔颢的《维扬送友还苏州》："长安南下几程途，得到邗沟吊绿芜。渚畔鲈鱼舟上钓，羡君归老向东吴。"⑧ 其意境并不比其名作《黄鹤楼》逊色。

万齐融的《送陈七还广陵》："落花馥河道，垂杨拂水窗。海潮与春梦，朝夕广陵江。"⑨ 是将邗沟、扬子江、海（当时扬州近海）浓缩在这短短数句中。

---

① 曾巩撰，陈杏珍点校，《曾巩集》，中华书局 1984 年版，第 136 页。
② 王瑞明点校，《李纲全集》（卷 5），岳麓书社 2004 年版，第 25 页。
③ 《全宋诗》（第 25 册），北京大学出版社 1988 年版，第 16615 页。
④ 《宝晋英光集》（卷 4），《四库全书》第 1116 册，第 114 页。
⑤ 《全宋诗》（第 16 册），北京大学出版社 1988 年版，第 10927 页。
⑥ 周邦彦撰，吴则虞点校，《清真词》，中华书局 1981 年版。
⑦ 谢灵运，《谢灵运集》，岳麓书社 1999 年版。
⑧ 《全唐诗》（卷 130），中华书局 1960 年版，第 4 册，第 1330 页。
⑨ 《全唐诗》（卷 117），中华书局 1960 年版，第 4 册，第 1183 页。

白居易著名的《长相思》:"汴水流,泗水流,流到瓜洲古渡头。吴山点点愁。/思悠悠,恨悠悠,恨到归时方始休。月明人倚楼。"①将汴河景与邗沟景沟通、结合起来。

宋人对邗沟的情感同样很深,所留诗篇也更优美。

秦观故乡是高邮,从小在邗沟边成长,所以他咏诵邗沟诗特多。在《秋日三首》之一中即生动描绘古邗沟的动人景色:"霜落邗沟积水清,寒星无数傍船明。菰蒲深处疑无地,忽有人家笑语声。"其《和孙莘老题召伯斗野亭》:"淮海破冬仲,雪霜滋不平。菱荷枯折尽,积水寒更清。辍棹得佳观,湖天绕朱甍。信美无与娱,浊醪聊自倾。北眺桑梓国,悠然白云生。南望古邗沟,沧波带芜城。村墟翳茅竹,孤烟起晨烹。檐间鸟声落,客子念当行。揽衣视日景,薄阴漏微明。何时复来游,春风发鲜荣。"《次韵子由召伯埭见别三首》之一写道:"孤蓬短榜溯河流,无赖寒侵紫绮裘。召伯埭南春欲尽,为公重赋畔牢愁。"②这些诗句,也构成了一幅幅邗沟山水画,达到"诗中有画"的境界。

范仲淹《射阳湖》:"渺渺指平湖,烟波极望初。纵横皆钓者,何处得嘉鱼?"③显示出与湖光同样冷峻的意态。

杨万里《过高邮》:"解缆维扬欲夕阳,过舟覆盎已晨光。夹河渔屋都编荻,背日船篷尚满霜。城外城中四通水,堤南堤北万垂杨。一州斗大君休笑,国士秦郎此故乡。"④短短几句中不忘对秦观的思念和调侃。

入元后,对邗沟咏诵仍未停息。

何中的《维扬道中二绝》:"香霏满棹渡长沟,浓著秋光浅著愁。"此长沟就是邗沟。而"多情唯有邗沟水,长送江南过客船"⑤则呈现出一种惆怅。

萨都剌作为著名诗人,所写邗沟诗一如其风格。《夜过白马湖》:"春水满湖芦苇青,鲤鱼吹浪水风腥。舟行未见初更月,一点渔灯落远汀。"《题界首驿》:"清气扑人湖面水,幽声到耳树头风。人家蚕老樱桃过,恰似淮南四月

---

① 白居易撰,朱金城笺校,《白居易集笺校》,上海古籍出版社1988年版。
② 秦观撰,徐培钧笺注,《淮海集笺注》,上海古籍出版社1994年版,第441页。
③ 范仲淹撰,李勇先等校点,《范仲淹全集》,四川大学出版社2007年版,第314页。
④ 吴之振,吕留良等编,《宋诗钞》,中华书局1986年版,第427页。
⑤ 顾嗣立编《元诗选》(二集卷8),张豫章等编《御选宋金元明四朝诗》(卷70),《文渊阁四库全书》(第1441册),上海古籍出版社2009年版,第3578页。

中。"《邵伯舟中》："惊鱼时出浪花雪,短鬓凉吹水面风。远客行船秋色里,谁家吹笛月明中。"① 这三首诗分别表现了邗沟春、夏、秋不同的美。

明朝时,张萱的《邗沟怀古》:"不尽邗沟水,微茫日夜流。潮连扬子渡,烟接海门秋。"② 同样将河、江、海联系起来。

清朝毛奇龄的《渡瓜洲次宿明到高邮将达淮先呈朱禹锡明府》:"北涉芜城路,前逾瓜步州。晚云移古驿,明日到高邮。湖鹳翔烟淼,风鳞蹙浪流。椐榆村埂阔,粳稻水乡浮。露重沾窗幔,烽多闲戍楼。捞鱼童子罶,卖藕女郎舟。莲渚翻黄梗,芦花辨白头。劳歌增客思,土语乱方愁。茂宰安淮服,神君动楚讴。横琴鸣素节,深阁卧高秋。地以玼珠重,人因桂树留。登台林下友,乞食汉时侯。余亦千秋士,来从八子游。凉飙衰柳内,谁识过邗沟。"③ 这是描写湖畔的田园风光。而康熙在扬州所赋《天宁寺》:"小艇沿流画桨轻,庐园钟磬有余清。门前一带邗沟水,脉脉常含万古情。"④ 身处豪华的行宫中,却念念不忘邗沟。

元代整修大运河后,大都至通州的运河通惠河(又称潞河),成为进出京城的捷径。三百多年后,康熙所作《潞河三首》:"潋滟春波散碧漪,白苹初叶麦初岐。潞河三月桃花水,正是乘舟荐鲔时。""画鹢中流起棹歌,参差荇藻漾晴波。泽梁虽设曾无禁,斜日鱼罾两岸多。""东风吹雨晓来晴,春水高低五闸声。兰桨乍移明镜里,绿杨深处坐闻莺。"⑤ 舟行该河,以帝王之心审视沿河景色,也颇有一番诗情画意。

六、银针蜿蜒缀锦绣,大珠小珠铺玉盘

当然,留存传世还有很多是赞美大运河所造就的城市繁华与经济富庶的诗歌。

---

① 萨都剌,《雁门集》,上海古籍出版社 1982 年版,第 294 页。
② 朱彝尊,《明诗综》,中华书局 2007 年版,第 2711 页。
③ 《西河集》(卷150),《文渊阁四库全书》第 1321 册,上海古籍出版社 2009 年版,第 559 页。
④ 《圣祖仁皇帝御制文集》(卷40),《文渊阁四库全书》第 1298 册,上海古籍出版社 2009 年版,第 315 页。
⑤ 《圣祖仁皇帝御制文集》,《文渊阁四库全书》第 1298 册,上海古籍出版社 2009 年版,第 317 页。

扬州是大运河南北交通的咽喉之地，隋唐大运河的开凿，成就了扬州的繁盛。早在唐朝，扬州就有"杨一益二"之说，即扬州的富庶天下第一。诗人杜牧在扬州长期留居，诗酒风流，这座城市给他留下了极美好的印象，《寄扬州韩绰判官》写道："青山隐隐水迢迢，秋尽江南草未凋。二十四桥明月夜，玉人何处教吹箫。"《赠别》则写："娉娉袅袅十三余，豆蔻梢头二月初。春风十里扬州路，卷上珠帘总不如。"《遣怀》又写："落魄江南载酒行，楚腰纤细掌中轻。十年一觉扬州梦，赢得青楼薄幸名。"① 无限留恋，一往情深，凝练在这些诗句之中。元朝汤式的散曲《(双调) 天香引·忆维扬》则写道："羡江都自古神州，天上人间，楚尾吴头。十万家画栋朱帘，百数曲红桥绿沼，三千里锦缆龙舟。/柳招摇，花掩映，春风紫骝。玉玎珰，珠络索，夜月香兜。歌舞都休，光景难留。富贵随落日西沉，繁华逐逝水东流。"② 既不胜艳羡，也充满历史的沧桑感。

到明清之际，扬州工商业更加发达，经济更加繁华，清朝著名戏剧家孔尚任寻访南明遗迹时特别赋诗道："东南繁华扬州起，水陆物力盛罗绮。朱橘黄橙香若缘，蔗仙糖狮如茨比。"③ 盛赞了清代扬州的物华天宝。

扬州周边也是文人雅士心仪和讴歌之处。王士桢的《真州绝句》："江干多是钓人居，柳陌菱塘一带疏。好是日斜风定后，半江红树卖鲈鱼。"④ 郑燮（郑板桥）的《渔家》："卖得鲜鱼百二钱，米粮炊饭放归船。拔来湿苇难烧着，晒在垂杨古岸边。"⑤ 都描写了仪征、兴化一带的渔家生活。

号称"江北第一雄镇""汉时沙洲、唐时津渡、宋时帆舸、明清漕艘"的瓜洲，作为大运河的扬州南部入口，与江南运河北入口镇江隔江相望，"瞰京口，接建康，际沧海，襟大江，实七省咽喉，全扬保障也。"⑥ 长期以来"日出千杆旗，日落万盏灯，帆樯林立，笙歌达旦"的繁华之处，咏诵它们的诗歌同样千古流传。其中唐朝张祜的两首咏诵瓜洲的诗极其有名。《瓜洲闻晓角》：

---

① 杜牧撰，冯集梧注，《樊川诗集注》，上海古籍出版社 1978 年版。
② 舒頔撰，见顾嗣立编，《元诗选》，中华书局 2002 年版，第 4752 页。
③ 孔尚任撰，徐振贵编，《孔尚任全集辑校注评》，齐鲁书社 2004 年版，第 366 页。
④ 上海古籍出版社编，《古诗观止》，上海古籍出版社 1993 年版，第 830 页。
⑤ 郑板桥撰，《郑板桥集》，中华书局 1962 年版，第 96 页。
⑥ 冯锦等编，《嘉庆瓜州志》，广陵书社 2018 年版，第 17 页。

"寒耿稀星照碧霄，月楼吹角夜江遥。五更人起烟霜静，一曲残声遍落潮。"①《题金陵渡》："金陵津渡小山楼，一宿行人自可愁。潮落夜江斜月里，两三星火是瓜洲。"②而宋代王安石的《泊船瓜洲》："京口瓜洲一水间，钟山只隔数重山。春风又绿江南岸，明月何时照我还？"③更是活画出瓜洲、镇江、南京一带的春风引绿的美景，成千秋绝唱。忧国忧民的陆游"楼船夜雪瓜洲渡，铁马秋风大散关"，④则描绘出瓜洲的军事地位；南宋张辑"英雄恨，古今泪，水东流。唯有渔竿，月明上瓜洲"⑤，故作闲态之中充满了对兴亡、对南宋势若累卵的命运的悬念。入元后萨都喇的一句"睡到瓜洲始渡江"，⑥闲适否？无奈否？

　　大运河进入长江以南亦即狭义的江南地区，其所滋润的大地更成了世间福地。对此段长期安流稳行的运河的歌颂，多深蕴于对江南的歌颂中。早在秦汉时期，就有歌谣《江南》讴歌道："江南可采莲，莲叶何田田，鱼戏莲叶间。鱼戏莲叶东，鱼戏莲叶西，鱼戏莲叶南，鱼戏莲叶北。"⑦南北朝时期陆凯的《赠范晔》则将春色与江南联系在一起："折花逢驿使，寄与陇头人。江南无所有，聊赠一枝春。"⑧白居易的《忆江南》更是脍炙人口："江南好，风景旧曾谙。日出江花红胜火，春来江水绿如蓝。能不忆江南？"⑨

　　对于江南运河最北端镇江，王湾的《次北固山下》："客路青山下，行舟绿水前。潮平两岸阔，风正一帆悬。海日生残夜，江春入旧年。乡书何处达？归雁洛阳边。"⑩王昌龄在镇江芙蓉楼送辛渐南下，写道："寒雨连江夜入吴，平明送客楚山孤。洛阳亲友如相问，一片冰心在玉壶。"⑪不同于对江南繁盛

---

① 《全唐诗》（第511卷），第66首，中华书局1960年版。
② 《全唐诗》（第511卷），第128首，中华书局1960年版。
③ 上海古籍出版社编，《古诗观止》，上海古籍出版社1993年版，第575页。
④ 上海古籍出版社编，《古诗观止》，《陆游·书愤》，上海古籍出版社1993年版，第647页。
⑤ 张辑撰，包杰编，《宋词意译新探》，学林出版社2008年版，第165页。
⑥ 萨都刺，《雁门集·过江后书寄成居竹》，上海古籍出版社1982年版，第33页。
⑦ 上海古籍出版社编，《古诗观止》，上海古籍出版社1993年版，第52页。
⑧ 上海古籍出版社编，《古诗观止》，上海古籍出版社1993年版，第148页。
⑨ 《全唐诗》（第28卷），第37首，中华书局1960年版。
⑩ 《全唐诗》（第115卷），第12首，中华书局1960年版。
⑪ 《全唐诗》（第143卷），第43首，中华书局1960年版。

的描写，而洋溢着别股清正之气。

苏州和杭州号称人间天堂。这两处同样留下了众多诗篇，如张继所作著名的《枫桥夜泊》："月落乌啼霜满天，江枫渔火对愁眠。姑苏城外寒山寺，夜半钟声到客船。"① 杜荀鹤的《送人游吴》："君到姑苏见，人家尽枕河。古宫闲地少，水港小桥多。夜市卖菱藕，春船载绮罗。遥知未眠月，乡思在渔歌。"② 苏州的特色（包括"小桥、流水、人家"的水乡与繁华巧妙结合的特色）从中一览无遗。

而杭州，更因有西湖而被反复吟咏不休。这在宋朝尤为突出。欧阳修的《采桑子》："轻舟短棹西湖好，绿水逶迤，芳草长堤，隐隐笙歌处处随。无风水面琉璃滑，不觉船移，微动涟漪，惊起沙禽掠岸飞。"③ 苏轼的《饮酒湖上初晴后雨》："水光潋滟晴方好，山色空蒙雨亦奇。若将西湖比西子，淡妆浓抹总相宜。"④ 杨万里的《晓出净慈寺送林子方》："毕竟西湖六月中，风光不与四时同。接天莲叶无穷碧，映日荷花别样红。"⑤ 徐元杰的《湖上》咏杭州西湖："花开红树乱莺啼，草长平湖白鹭飞。风日晴和人意好，夕阳箫鼓几船归。"⑥ 这些诗从不同的视角描绘了和平盛世杭州西湖的富贵风流。然而靖康之难后，中原沦陷，宋室南渡，杭州成为"临安"。爱国诗人们的咏诵抹上了浓郁的乡愁和炽热的爱国情怀。如陆游的《临安春雨初霁》："世味年来薄似纱，谁令骑马客京华？小楼一夜听春雨，深巷明朝卖杏花。矮纸斜行闲作草，晴窗细乳戏分茶。素衣莫起风尘叹，犹及清明可到家。"⑦ 而林升的《题临安邸》："山外青山楼外楼，西湖歌舞几时休！暖风熏得游人醉，直把杭州作汴州。"⑧ 这是对仍然醉生梦死的南宋统治者和麻木不仁的士大夫们的沉痛警告。

明末清初钱谦益的《西湖杂感》不仅是咏颂西湖即景，更通过对比杭

---

① 《全唐诗》（第242卷），第19首，中华书局1960年版。
② 《全唐诗》（第691卷），第3首，中华书局1960年版。
③ 陈邦炎编，《词林观止》，上海古籍出版社1994年版，第232页。
④ 上海古籍出版社编，《古诗观止》，上海古籍出版社1993年版，第594页。
⑤ 同上书，第657页。
⑥ 徐元杰，《梅野集》，《文渊阁四库全书》（第1181册），上海古籍出版社2009年版，第227页。
⑦ 陆游撰，钱仲联校注，《剑南诗稿校注》，上海古籍出版社1985年版，第141页。
⑧ 奚柳芳选，《宋诗三百首》，上海画报出版社2003年版，第255页。

州、扬州和南京这几个与运河密切关联的点,抒发当时的亡国情感。其中包括:"建业余杭古帝丘,六朝南渡尽风流。白公妓可如安石,苏小湖应并莫愁。""戎马南来皆故国,江山北望总神州。行都宫阙荒烟里,禾黍丛残似石头。""冬青树老六陵秋,恸哭遗民总白头。即渡衣冠非故国,西湖烟水是清流。"① 乾隆将其列入"贰臣"行列,看来也不无道理。

以苏杭为中心,环绕着大运河支脉滋润的大小城镇和景点,我们的先辈同样对它们予以赞美。

唐朝张志和的《渔歌子》歌颂了浙江湖州的西塞山风光:"西塞山前白鹭飞,桃花流水鳜鱼肥。青箬笠,绿蓑衣,斜风细雨不须归。"② 戴叔伦的《兰溪棹歌》赞美了兰溪山水:"凉月如眉挂柳湾,越中山色镜中看。兰溪三日桃花雨,半夜鲤鱼来上滩。"③

南宋蒋捷的《一剪梅·舟过吴江》也是活画出这座江南小城的春末夏初景象:"一片春愁待酒浇。江上舟摇,楼上帘招。秋娘渡与泰娘桥,风又飘飘,雨又萧萧。何日归家洗客袍?银字笙调,心字香烧。流光容易把人抛,红了樱桃,绿了芭蕉。"④ 时值宋末元初,临安被元军所破,诗人们多开始流浪生活,正与春光流逝相应。所以,尽管有樱桃红衬映芭蕉绿,也冲减不了通篇的惆怅基调。

明朝王穉登的《黄浦夜泊》描写的是上海风光:"黄浦滩头水拍天,寒城如雾柳如烟。月沉未沉鱼触网,潮来欲来人放船。"⑤

清朝纪昀的《富春至严陵山水甚佳》:"沿江无数好山迎,才出杭州眼便明。两岸蒙蒙空翠合,琉璃镜里一帆行。""浓似春云淡似烟,参差绿到大江边。斜阳流水推篷坐,翠色随人欲上船。"⑥ 也似一幅富春江图。

阮元的《吴兴杂诗》:"交流四水抱城斜,散作千溪遍万家。深处种菱浅

---

① 钱谦益撰,朱惠国选,《元明清诗词文》,上海人民出版社2007年版,第170页。
② 陈邦炎编,《词林观止》,上海古籍出版社1994年版,第10页。
③ 《全唐诗》(第274卷),第62首,中华书局1960年版。
④ 陈邦炎编,《词林观止》,上海古籍出版社1994年版,第732页。
⑤ 王穉登撰,上海松江方志编委会编,《云间风物诗歌集》,上海文艺出版社2009年版,第177页。
⑥ 纪昀撰,孙致中校点,《纪晓岚集》(卷13)《南行杂咏》,河北教育出版社1995年版,第587页。

种稻,不深不浅种荷花。"①形象展示了吴兴的多水柔美。

蓟运河上的天津作为河、海交汇的枢纽,一跃成为京师门户,新兴商业中心,元代诗人张翥曾以"晓日三汊口,连樯集万艘"②诗句描绘了该处的壮观景象。清代诗人崔旭则在《津门百咏》(又名《天津竹枝词》)中赞叹道:"天津城在海西头,沽水滔滔入海流。沽上人家千万户,繁华风景小扬州"③,将天津比作"小扬州",足见其繁华。位于通州与直沽间的河西务素为水路咽喉,经济繁华。元朝王懋德的《过河西务》:"霜满平堤柳渐凋,月移凡影过东桥。卧听柔橹鸣秋水,绝胜邻鸡报早朝。"④而其运河口岸码头杨柳青,同样出名而被咏诵。这一地名,较早出现在元朝著名诗人揭傒斯(1274—1344)的《杨柳青谣》:"杨柳青青河水黄,河流两岸苇篱长。河东女嫁河西郎,河西烧烛河东光。日日相迎苇檐下,朝朝相送苇篱傍。河边病叟长回首,送儿北去还南走。昨日临清卖苇回,今日贩鱼桃花口。连年水旱更无蚕,丁力夫徭百不堪。唯有河边守坟墓,数株高树晓相参。"⑤元末明初宋讷(1311—1390)的《舟过杨柳青》则以白描形式写出杨柳青的民居、市情:"杨柳青枯异昔年,人家犹有住河边。缚芦厚覆低低屋,把竹轻撑小小船。半列霜禾喧鸟雀,轻烧烟树立鸥鸢。眼前莫究兴亡事,万里舆图自一天。"⑥

可以说,每一座运河城市都存有大量赞叹的经典诗词,大运河这根"锦线",将沿河颗颗熠熠生辉的城镇"珍珠"串成了一条宝光四溅的华美项链,而这也恰恰是大运河的文化魅力之一。

如果说,前述作品主要侧重于对大运河的相关节点的咏诵,那么,也曾有诗人从南至北、从北至南穿行过整个大运河。继文天祥当年的悲怆之旅后,元朝至元二十三年(1286年),诗人陈孚(1259—1309)从家乡浙江临海乘船沿大运河北上(部分行程),写下反映越、苏、淮、鲁、冀各区域的诗篇;明朝

---

① 阮元撰,《历代山水诗选》,江西人民出版社1991年版,第234页。
② 张翥撰,杨镰编,《全元诗》,第34册,中华书局2013年版,第4527页。
③ 崔旭,《津门百咏》,清刻本,第27页。
④ 王懋德撰,丁成泉编,《中国山水田园诗集成·元明》,湖北教育出版社2003年版,第2882页。
⑤ 揭傒斯撰,章荑荪选,《辽金元诗选》,古典文学出版社1958年版,第170页。
⑥ 《西隐集》(卷3),《文渊阁四库全书》第1225册,上海古籍出版社2009年版,第835页。

杨士奇（1366—1444）也曾两次沿大运河南北往返，同样写有大运河的若干诗文。永乐十九年（1421年）明成祖朱棣将都城从南京辽到北京，张得中随同赴京就职，从宁波乘船出发，途经杭州、苏州、扬州、徐州、德州，最后抵达北京，历经三十六地，七十二座大型水闸，总计航程约1850千米，历时两个月，饱览运河沿岸风光。他们皆将途中感兴付之笔端，以诗文展现了大运河流域的整个面貌，对贯穿南北整个流域、点面结合的描写，别有特色，好似一幅《大运河上行乐图》。

特别是张得中的《南京水路歌》和《北京水路歌》这《两京水路歌》，与多人纪行不同的是，着重精细描绘了运河两岸各段——绍兴段、杭州段、苏州段、扬州段、徐州段、德州段、通州段的美景。如描写起始的绍兴段运河美景："水驿一程车厩远，舜江楼头横石杠。新中二坝相连接，上虞港内还通楫。梁湖曹娥潮易枯，大舟小舠重难涉。东关渐近樊江来，熏风廿里芙蕖开。贺监湖光净如练，绕门山色浓如苔。绍兴城，水如碧，橹声摇过蓬莱驿。柯桥远抵钱清湾，刘公庙食居其间。新林白鹤路迢递，日斜始得瞻萧山。梦笔桥高对江寺，双塔亭亭各相峙。古碑无字草芊芊，犹羡文通好才思。西陵古号今西兴，越山隔岸吴山青。"终结的通州段则是："明朝涉砖河，顺入长芦滩。乾宁兴济青县关，河流静海杨青站，直沽杨村吹便帆。河西务，河合县，潞县相将迥城域。张家湾上趋通州，半肩行李惟书籍。"① 公正地说这些诗多是纪实，词句也并不典雅，大有"天然去粉雕"之状，但所展现的大运河"碧水一脉牵南北，燕岭苍茫越山青"的意境，却是隽永独步的。

---

① 余永麟，《北窗琐语》，中华书局1985年版，第59—60页。

第二章
大运河与明清小说

明清时期，中国小说创作空前繁荣，《三国演义》《水浒传》《西游记》《红楼梦》《聊斋志异》《金瓶梅》等问世，呈现出前所未有的巅峰状况。而这又与大运河密切相关：正是大运河哺育、催生了这批中国明清时期最重要的小说，几乎可以说，没有大运河就没有这些小说的面世。道理很简单：高峰必须建立在高原上，大运河就是催生这些艺术巅峰形成的高原。

第一，马克思主义的历史唯物主义告诉我们，作为上层建筑的文化，是建立在经济基础之上的。大运河为明清社会带来空前的经济繁荣，为文化发展提供了丰富的物质基础。大运河流淌到哪里，城市就兴起到哪里，工商业就繁荣到哪里，与之相应，文化就向那里集聚，在那里成长。

物华天宝、地杰人灵，富庶的大运河地区历来崇文重教，仁深泽厚，文化高度发达，钟灵毓秀，所谓"南方的才子北方的将，陕西的黄土埋皇上"，从中成长出杰出人物和产生辉煌成果乃必然之事。

第二，文学创作的真正来源是生活。当时大运河地区人烟稠密，商品经济的发展在不断突破传统生活方式的藩篱，人们的交往更加频繁多样，所谓"市井"之气与礼法既同生共荣又抵牾冲突，丰富多彩的生活实践，为小说创作提供了不竭的源泉。许多作品充满市井、烟火之气，不同程度地反映了当时、当地的现实生活。

第三，大运河贯通南北，是思想、信息、文化交流大动脉，极有助于文化的创作与传播。绚丽多姿的运河文化本身，又为小说注入了灵性，而深厚长期的文化积淀，也成为创作的深稳的"流"，如宋、元话本即为"三言两拍"提供了若干素材。

一、甘乳育文豪

可以说，《三国演义》《水浒传》《西游记》《红楼梦》这四大名著都诞生于运河城市。四大名著作者的生活都曾与运河息息相关,有的更生长于斯,游伴于斯。

《三国演义》的作者罗贯中是东原人,即大运河流经的重要城市山东东平。他曾沿浙东运河到慈溪,后又回到杭州,明洪武初年,在淮安完成了《三国演义》。

"襟吴带楚客多游,壮丽东南第一州。"① 这是描写漕运之都江苏淮安鼎盛时期的状况。《西游记》的作者吴承恩长期生活在淮安,故居位于淮安千年古镇河下镇打铜巷一个古朴典雅的青砖小院,晚年在此完成《西游记》创作。期间以淮安为中心,多次到大运河流域的云台山、海州、陈家港、灌河等处游览考察,所见所闻,随后多植入《西游记》中。

施耐庵是江苏兴化人(一说是苏州人,后客居兴化白驹场),曾与盐贩首领张士诚同学,参加过张士诚领导的反元起义,任幕僚。该军主要由盐民组成,活跃在江淮、苏南一带,大运河通过的区域。在元末群雄逐鹿中张士诚被朱元璋消灭,逃脱网罗的施耐庵遂长期隐居于山阳即今天的淮安。其间,他把亲历亲闻的张士诚农军活动史实与大运河沿线流传的水浒故事加以糅合、整理、串联、演绎,最终撰成了《水浒传》这部伟大的小说。

《红楼梦》作者曹雪芹生平际遇也与大运河有着密切的关系。其曾祖曹玺、

名著《三国演义》的情景画《桃园三结义》

---

① 姚广孝,《淮安览古》,《道余录》,《丛书集成续编》第87册,上海书店出版社1994年版,第95页。

名著《西游记》作者
吴承恩雕像

吴承恩在江苏淮安的故居

祖父曹寅、父亲曹颙、曾姑父李煦相继担任江宁织造或苏州织造达65年之久，活动于南京、扬州、苏州、杭州等地，通过大运河南来北往于江苏、浙江、山东、直隶（河北）、天津、北京。曹雪芹青少年时期曾流连于此。雍正、乾隆朝曹家迭遭变故后，曹雪芹随家从南京迁徙回北京，先后在通州运河边的三教庙、西山落脚。其间又曾短暂回南京谋生，来去走的都是大运河。可以说作者曹雪芹就是运河之子。

"三言"作者冯梦龙，出生在苏州长洲县（今苏州市），崇祯四年58岁时出任镇江丹徒县（今为丹徒区）训导。"二拍"作者凌濛初，是江苏省苏州湖州乌程县东晟舍铺（今湖州织里镇）人，长期居住在南京。天启三年（1623年）、天启七年（1627年）、崇祯九年（1636年）数次赴北京应试，皆失利而返宁，直至崇祯十二年（1639年）60岁时再次乡试又落榜，以副贡选为上海县丞，任内代理县令8个月，因办理漕运得力，崇祯十五年（1642年）升任徐州通判，职责之一即是治理在该地交汇的黄河与大运河。

名著《红楼梦》作者曹雪芹雕像

位于江苏南京的江宁织造博物馆

　　《聊斋志异》作者蒲松龄与大运河甚有交结。蒲松龄出生于山东淄川洪山镇蒲家庄，19岁时即考中了秀才，但随后仕途淹滞。清康熙九年（1670年）庚戌仲秋八月，其命运开始与大运河多有交接。当时他年已31岁，两次乡试皆未中，因"家贫不足自给"，① 遂应同乡、同学、好友江苏宝应知县孙蕙之邀，至宝应县衙做幕宾。翌年孙蕙调署高邮知州，仍兼任宝应知县。蒲松龄乃

---

① 路大荒：《蒲松龄年谱》，齐鲁书社出版社1980年版，第17页。

陪孙蕙往返于宝应、高邮这两座大运河畔小城之间协理公务。① 是年秋因不满官场生活，毅然辞幕返归山东故里。他这一段在江苏省宝应、高邮两县当幕僚的经历，其间所遇到的很多稀奇古怪的案例，听到的各种怪异传闻、故事，直接刺激了聊斋故事的产生。

《老残游记》作者刘鹗，祖籍江苏丹徒，清咸丰七年（1857年）出生在六合，光绪二年（1876年），时年20岁，即随其父刘成忠从河南南汝光道解任迁居淮安。中年又在扬州行医，后安家镇江。进行洋务活动时则往返于南京、淮扬、上海、苏州、北京等地，生活、事业始终未离大运河畔。

所以，这些文学巨匠都喝过大运河之水，与京杭大运河有着不解之缘。

二、宏著漾河波

这些小说本身则无不闪烁着大运河的文化基因，反映着大运河的时代因素。

江淮孕灵根——大运河与《西游记》

《西游记》充分汲取了大运河"漕运之都"淮安的"营养"，在《西游记》中多处出现以淮安为蓝本的山水景物。如：

第一回《灵根育孕源流出，心性修持大道生》中描写傲来国"国近大海，海中有一座名山，唤为花果山"。花果山"势镇汪洋，威宁瑶海。……丹崖怪石，削壁奇峰。……峰头时听锦鸡鸣，石窟每观龙出入。林中有寿鹿仙狐，树上有灵禽玄鹤。瑶草奇花不谢，青松翠柏长春。仙桃常结果，修竹每留云。一条涧壑藤萝密，四面原堤草色新。正是百川会处擎天柱，万劫无移大地根"。② 水帘洞前瀑布"一派白虹起，千寻雪浪飞。海风吹不断，江月照还依。冷气分青嶂，余流润翠微。潺湲名瀑布，真似挂帘帷"。孙悟空来到南赡部洲上岸后，"只见海边有人捕鱼、打雁、挖蛤、淘盐"。③

第六回《观音赴会问原因，小圣施威降大圣》描写孙悟空来到"灌江口，摇身一变，变作二郎爷爷（二郎神）模样，按下云头，径入庙里"。此处"灌江"，乃是淮北的灌河。灌河入海口的陈家港曾建有"二圣庙"亦称"二神庙"。④

---

①②③ 吴承恩：《西游记》，人民文学出版社1980年版，第3、4页。
④ 吴承恩：《西游记》，人民文学出版社1980年版，第9页。

第六十六回是综合描写泗州、楚州的名胜：孙悟空来到盱眙山，"真是好去处""南近江津，北临淮水。东通海峤，西接封浮。山顶上有楼观峥嵘，山坳里有涧泉若涌。嵯峨怪石，槃秀乔松。百般果品应时新，千样花枝迎日放。人如蚁阵往来多，船似雁行归去广。上边有瑞岩观、东岳宫、五显祠、龟山寺，钟韵香烟冲碧汉；又有玻璃泉、五塔峪、八仙台、杏花园，山光树色映蟆城。白云横不度，幽鸟倦还鸣。说甚泰嵩衡华秀，此间仙景若蓬瀛。"① 阅读这些文字，宛如沿着大运河进行了一番淮南、淮北游。

运波腾蛟龙——大运河与《水浒传》

《水浒传》是在一定程度上反映了北宋至元末明初的运河文化。实际上，在《水浒传》问世之前，"水浒戏"早已是元杂剧的重要组成部分。元杂剧的三个创作和演出中心分别是元大都（北京）、东平、杭州。水浒故事借助大运河通航的人员往来、艺术交流，在运河两岸广为传播。而《水浒传》所写的众多故事，与大运河紧密联系。

水浒英雄活动的中心和主要舞台水泊梁山、东平及周边，皆属于大运河水系。大运河自元初改行山东境内，经过梁山一带，借用南清河水道，串起汶水、济水诸水，加之黄河泛滥而至之水，汇为梁山泊这一沟通东西、连接南北的巨浸。顾祖禹在《读史方舆纪要》指出："梁山泊在梁山南，汶水西南流，与济水会于梁山，东北汇合而成泊。"第十一回"朱贵水亭施号箭，林冲雪夜上梁山"描绘了水泊梁山："林冲看时，见那八百里梁山水泊，果然是个陷入去处！但见山排巨浪，水接摇天。乱芦攒万队刀枪，怪树列千层剑戟……阻挡官军，有无限

名著《水浒传》作者施耐庵石像

---

① 吴承恩，《西游记》，人民文学出版社1980年版，第844页。

断头港陌；遮拦盗贼，是许多绝径林峦。鹅卵石叠叠如山，苦竹枪森森如雨。断金亭上愁云起，聚义厅前杀气生。"①

北宋昏君徽宗的一大弊政是通过大运河专门为其运送南方奇花异石，名曰"花石纲"。《水浒传》对此事多有反映，第十二回"梁山泊林冲落草，汴京城杨志卖刀"中杨志在答王伦等人所问时说道：自己"时乖运蹇，押着那花石纲，来到黄河里，遭风打翻了船，失陷了花石纲，不能回京赴任，逃去他处避难"。② 宋代汴河有较长一段是借道黄河，才有在黄河翻船之事。

书中的不少军事活动在运河畔进行。第六十九回"东平府误陷九纹龙，宋公明义释双枪将"，写宋江打东平府的部署是"水军头领三员，李俊、童威、童猛，领水军驾船接应"。第七十回"没羽箭飞石打英雄，宋公明弃粮擒壮士"描写卢俊义攻打东昌府："却教鲁智深、武松、孙立、黄信、李立，尽数引领水军，安排车仗船只，水陆并进，船骑相连。"张清与城内太守则派人侦看到："寨后西北上，不知哪里许多粮米，有百十辆车子，河内又有粮草船，大小有五百余只。水陆并进，船马同来。"③ 同是第六十九回："宋江领兵前到东平府，离城四十里，地名安山镇，扎住军马。"第七十三回"黑旋风巧捉鬼，梁山泊双献头"："（燕青、李逵）两个因宽转梁山泊北，到寨尚有七八十里，巴不到山，离荆门镇不远。"④ 安山镇是会通河的源头，荆门镇则是会通河流经并且建有水闸，都和运河有密切关系。

梁山人马接受招安后，奉命北上抗辽，也是沿着北宋时期的运河进军。第八十三回"宋公明奉诏破大辽，陈桥驿滴泪斩小卒"写道："水军头领三阮、李俊、张横、张顺带领童威、童猛、孟康、王定六并水手头目人等，撑驾战船，自蔡河内出黄河，投北进发。"⑤ 此处所述蔡河，位于开封东南。建隆元年（960年）北宋开国伊始，太祖赵匡胤即开浚蔡河自都城开封至通许镇，并设斗门以节水流。此后，蔡河成为大运河延伸出的一条重要交通水道。

抗辽胜利后，宋江又奉诏率梁山军征讨方腊起义军，向江南进兵，其行

---

① 施耐庵，《水浒全传》，岳麓书社2002年8月版，第138页。
② 同上书，第145页。
③ 同上书，第863—864页。
④ 同上书，第898页。
⑤ 同上书，第1016页。

军路线基本是沿汴河下淮扬运河,"水军头领已把战船从泗水入淮河,望淮安军坝,俱到扬州取齐"。① 第一百一十一回"张顺夜伏金山寺,宋江智取润州城"写道:"此时先锋使宋江兵马战船,水陆并进,已到淮安了,约至扬州取齐。"② 随后,沿江南运河自北而南依次攻城,从打下润州开始,连续攻打湖州、德清,一直到攻入杭州。

书中对运河沿途的城市多有着墨,如借潜入杭州为内应的张顺之见,对杭州的富庶、美丽、历史沿革做了详细、准确地描写:"当晚,张顺身边藏了一把蓼叶尖刀,饱吃了一顿酒食,来到西湖岸边,看见那三面青山,一湖绿水,远望城郭,四座禁门,临着湖岸。那四座门:钱塘门、涌金门、清波门、钱湖门。看官听说,原来这杭州旧宋以前,唤作清河镇。钱王手里,改为杭州宁海军,设立十座城门:东有菜市门、荐桥门;南有候潮门、嘉会门;西有钱湖门、清波门、涌金门、钱塘门;北有北关门、艮山门。高宗车驾南渡之后,建都于此,唤作花花临安府,又添了三座城门。目今方腊占据时,还是钱王旧都,城子方圆八十里,虽不比南渡以后,安排得十分的富贵,从来江山秀丽,人物奢华,所以相传道'上有天堂,下有苏杭'。怎见得:江浙昔时都会,钱塘自古繁华。休言城内风光,且说西湖景物:有一万顷碧澄澄掩映琉璃,列三千面青娜娜参差翡翠。春风湖上,艳桃秾李如描;夏日池中,绿盖红莲似画。秋云涵茹,看南国嫩菊堆金;冬雪纷飞,观北岭寒梅破玉。九里松青烟细细,六桥水碧响泠泠。晓霞连映三天竺,暮云深锁二高峰。风生在猿呼洞口,雨飞来龙井山头。三贤堂畔,一条鳌背侵天;四圣观前,百丈祥云缭绕。苏公堤东坡古迹,孤山路和靖旧居。访友客投灵隐去,簪花人逐净慈来。平昔只闻三岛远,岂知湖上胜蓬莱?"③ 这番描述,堪称当时的杭州"导游词"。

征完方腊,宋江等人的回程亦是走运河水路。第一百一十九回"鲁智深浙江坐化,宋公明衣锦还乡"中写道:"再说宋江与同诸将,离了杭州,望京师进发","宋兵人马,迤逦前进,比及行至苏州城外","再说宋江等诸将一行军马,在路无话,复过常州、润州相战去处,宋江无不伤感。军马渡江,十存

---

① 施耐庵,《水浒全传》,岳麓书社 2002 年 8 月版,第 1283 页。
② 同上书,第 1287 页。
③ 同上书,第 1328 页、1335 页。

二三。过扬州,进淮安,望京师不远了"。①

《水浒传》也完结于运河边,宋江的最后归宿之地"蓼儿洼"是楚州即运河重镇淮安城外的一片水泊。第一百二十回"宋公明神聚蓼儿洼,徽宗帝梦游梁山泊"写道:"且说宋公明自从到楚州为安抚,兼管总领兵马。到任之后,惜军爱民,百姓敬之如父母,军校仰之若神明。讼庭肃然,六事俱备,人心既服,军民钦敬。宋江赴任之后,时常出郭游玩。原来楚州南门外,有个去处,地名唤做蓼儿洼。其山四面都是水港,中有高山一座。其山秀丽,松柏森然,甚有风水,和梁山泊无异。虽然是个小去处,其内山峰环绕,龙虎踞盘,曲折峰峦,陂阶台砌,四围港汊,前后湖荡,俨然似水浒寨一般。宋江看了,心中甚喜。"②最终宋江亡在楚州,葬于蓼儿洼。

而《水浒传》中众多的市井人物,如武大郎、潘金莲、王婆、西门庆、郓哥、阎婆惜、唐牛儿的活动,无一不流露出明代大运河地区市民生活的痕迹。

可见,《水浒传》也堪称一部典型的"运河小说"。

江南烟雨"梦"红楼——大运河与《红楼梦》

《红楼梦》的内容更是与大运河密不可分。实际上,《红楼梦》所写主要是作者在南、北两京以及运河名城苏州、扬州等地的经历见闻,从某种意义上说,是大运河成就了《红楼梦》,或者说,没有大运河就没有《红楼梦》。

《红楼梦》大量描写了江南的运河城市。第一回"甄士隐梦幻识通灵,贾雨村风尘怀闺秀"提到的就是苏州,"按那石书上云:当日地陷东南,这东南有个姑苏城,城中阊门,最是红尘中一二等富贵风流之地"。③第二回"贾夫人仙逝扬州城,冷子兴演说荣国府",介绍林黛玉父亲林如海,"姓林名海,表字如海,乃是前科的探花,今已升兰台寺大夫,本贯姑苏人士,今钦点为巡盐御史,到任未久"(同前,第15页)引出了扬州这又一座著名的运河城市。耐人寻味的是紧接着对扬州风景的一段描写:贾雨村"这一日偶至郊外,意欲赏鉴那村野风光,信步至一山环水旋、茂林修竹之处,隐隐有座庙宇,门巷倾颓,墙垣剥落,有额题曰'智通寺'。门旁又有一副破旧的对联云:'身后有

---

① 施耐庵,《水浒全传》,岳麓书社2002年8月版,第1393页。
② 同上书,第1405页。
③ 曹雪芹,《红楼梦》,人民文学出版社1957年版,第4页。

余忘缩手,眼前无路想回头'"。①
这段描写是有虚有实,虚实相间:
智通寺实指一字之别的"智禅寺",
又名"上方寺""竹西寺",旧址在
扬州城东北角,原为隋炀帝的行
宫,后改建为寺。唐文宗时杜牧弟
弟因患眼疾寄居智禅寺,杜牧前去
探望时写下了《题扬州智禅寺》一
诗。门旁有副破旧的对联,即是本
回所记"身后有余忘缩手,眼前无
路想回头",一字不差。将实在的
智禅寺名改一字移入书中,可谓欲盖弥彰。

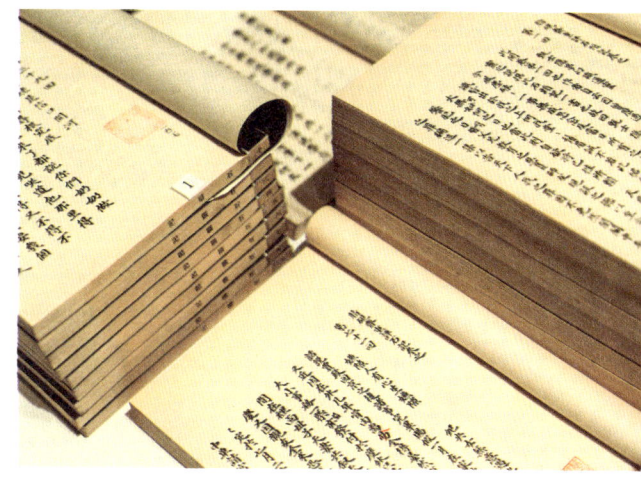

曹雪芹作品清刻本《红楼梦》

第十六回写道为迎接元妃省亲"下姑苏聘请教习,采买女孩子,置办乐器行头"。②为此所建的第十七回所描述的大观园,多有扬州、苏州、杭州园林的影子。第四十八回写薛蟠遭柳湘云殴打后无颜见人,干脆外出经商一段时间以遮羞。第六十七回写其从江南回京后,带给薛宝钗的一箱礼物"却是些笔、墨、纸、砚,各色笺纸,香袋、香珠、扇子、扇坠、花粉、胭脂等物;外有虎丘带来的自行人,酒令儿,水银灌的打金斗小小子,沙子灯,一出一出的泥人儿戏,用青纱罩的匣子装着",这些都是苏州等地的特产。还特别提到了苏州的泥塑绝活:"又有虎丘山上泥捏的薛蟠的小像,与薛蟠毫无相差。"出神入化,逗得薛宝钗直笑。③

第五十一回薛小妹新编怀古诗,内有《淮阴怀古》《广陵怀古》咏诵的皆是这些江南的运河之畔名城。而《赤壁怀古》《钟山怀古》《桃叶渡怀古》所述地方也都与运河息息相关。④

《红楼梦》中的人物,不断沿着大运河来来去去。第三回"托内兄如海荐

---

① 曹雪芹,《红楼梦》,人民文学出版社 1957 年版,第 16 页。
② 同上书,第 182 页。
③ 同上书,第 867 页。
④ 同上书,第 633—634 页。

西宾，接外孙贾母惜孤女"写林黛玉是从扬州"登舟而去"，沿着运河去投靠贾府的。贾雨村"另有船只，带了两个小童，依附黛玉而行"。① 第四回"薄命女偏逢薄命郎，葫芦僧乱判葫芦案"，写贾雨村复任金陵应天府，徇私放过犯下命案的薛蟠，使之大摇大摆进京。第十二回又写道"这年冬底，林如海因为身染重疾，写书来接黛玉回去。……作速择了日期，贾琏同着黛玉辞别了众人，带领仆从，登舟往扬州去了"。② 随后贾、林送林如海棺柩回苏州，无疑也是走运河水路。③ 第十六回写道贾琏、林黛玉和进京引见的贾雨村乘舟昼夜兼程回到北京。④ 第五十七回写紫娟哄骗贾宝玉称，林黛玉家要接其南返苏州，吓得贾宝玉精神错乱，"一时宝玉又一眼看见了十锦格子上陈设的一只西洋自行船，便指着乱说：'那不是接他们来的船来了？湾在哪里呢！'贾母忙命人拿下来。袭人忙拿下来。宝玉伸手要，袭人递过去，宝玉便掖在被中，笑道：'这可去不成了！'"⑤ 反映京城、江南来往主要依靠从运河乘船，已是当时主要方式。

《红楼梦》中的另一悲剧人物妙玉，按曹雪芹原先安排，结局也在大运河畔的"江北第一雄镇"瓜洲。第四十一回叙写妙玉奉茶，靖藏本《红楼梦》上的脂砚斋眉批道："妙玉偏僻处。此所谓'过洁世同嫌'也。他日瓜洲渡口劝惩不衰哉！"红学家周汝昌先生将此后半段校读为："他日瓜洲渡口，各示劝惩，红颜固（不）能屈从枯骨，（岂）不哀哉！"不管此解读是否完全符合原文，但原意基本无讹：妙玉的悲剧谢幕离不开瓜洲渡！

《红楼梦》还记述了与大运河相关的一系列往事。第十六回中赵姥姥说："哎哟！那可是千载难逢的！那时候我才记事儿。咱们贾府正在姑苏扬州一带监造海船，修理海塘，只预备接驾一次，把银子花的像淌海水似的！""如今还有现在江南的甄家，哎哟！好势派！独他们家接驾四次，要不是我们亲眼看见，告诉谁也不信的。别讲银子成了粪土，凭世上有的，没有不堆山积海的。'罪过、可惜'四个字竟顾不得了！"当然这"也不过拿着皇帝家的银子往皇

---

① 曹雪芹，《红楼梦》，人民文学出版社1957年版，第26页。
② 同上书，第143页。
③ 同上书，第160页。
④ 同上书，第176页。
⑤ 同上书，第729页。

帝身上使罢了！谁家有那些钱买这个虚热闹去？"①王熙凤也说道，她爷爷那时在金陵"专管各国进贡朝贺的事，凡有外国人来，都是我们家养活。粤、闽、滇、浙所有的洋船货物都是我们家的"。所以遂有"东海少了白玉床，龙王请来金陵王"的说法。② 这段话透漏的信息有：康熙南巡；清朝海外贸易、朝贡体系；苏州、扬州的造船业皆是围绕着大运河进行的。第四十二回谈及黛玉读《牡丹亭》《西厢记》，也是多先在江南流行，再逐步沿大运河传到北方包括北京的。第二十六回写道，五月初三薛蟠生日，其手下凑趣"不知哪里寻了来的，这么粗，这么长，粉脆的鲜藕；这么大的西瓜；这么长、这么大的暹罗国进贡的灵柏香薰的暹罗猪、鱼"。③ 这些稀罕物品绝非当时京城能有，特别是暹罗（今泰国）进贡的猪、鱼，都应是从运河运载而来的。

由此可进一步看到《红楼梦》中的饮食也多与大运河有关联。如书中知名度最高、引起刘姥姥感慨万分念佛"不知要用多少鸡"才得制成的菜"茄鲞"，据邓云乡先生在《红楼风俗名物谭》中考证，应该是从当时行于路途中所食用的"路菜"衍变而来，特点是香而多油，稍咸、不腻，无汁水，可像鱼鲞一样久存。鲞在北京很少人见到，但曹家久任织造职，常驻江苏，为皇家在江南采办生活用品，要时时从大运河往返于江南和北京两地，这时就需要用到"路菜"。贵族的享用岂能等同寻常百姓的"粗制滥造"，必然创造出诸多"精致玩意儿"并保留下来、移植到府邸生活，从而铭刻在从小锦衣玉食的曹雪芹的记忆深处，再在困窘中移之笔端，端上了大观园的宴席。④

再如书中所说，贾府厨房春天供应南京时兴吃的芦蒿和枸杞芽儿，秋天有盛产江淮的螃蟹、水红菱、桂花糕和鸡头米。史湘云未搬来贾府前，袭人按宝玉吩咐送给湘云的一盒食物是新鲜的红菱和鸡头，桂花糖蒸新栗粉糕。此处所述红菱也叫水红菱，是太湖特产，苏州东郊的尤其出名；所谓"鸡头"乃是苏州"水八仙"之一的鸡头米，据说以葑门外南塘所产最为优质，遂有"南塘鸡头大塘藕"之说。这些时鲜食物，当年是靠大运河从千里之外赶运而至，对当时的北方来说，已是奢侈至极。可见，贾府，乃至北京、北方的贵族，何能离得开大运河！

---

① ② 曹雪芹，《红楼梦》，人民文学出版社1957年版，第181—182页。
③ 同上书，第309页。
④ 参见闻佳、艾格吃饱了著，《红楼飨宴》，中信出版集团2018年6月版。

同时亦可见，《红楼梦》也离不开大运河。如抽去上述所涉大运河的情节，《红楼梦》何能如此丰满、灵动而成为一部封建末世的百科全书！

新燕穿雨先探春——"三言""二拍"

明末诞生的"三言""二拍"，常被誉为中国市民小说的先声。而它们更与大运河密切相关，仿佛最先盘旋在大运河上的新燕，向人们报告新春即将来临。这个"新春"，即是一个将要"天崩地裂"后诞生的新社会——自明朝中叶以后特别是明末，中国封建社会母体中旧的封建主义生产方式日益衰败，而新的生产方式即资本主义的生产方式正在孕育和悄悄生长。大运河为这种新的社会萌动输送了强大的动力，在其流经的区域特别是江南地区，更呈现出繁忙景象：商品经济发达，市镇稠密富庶，人文昌盛，一派生气勃勃。这一切，皆被表现在"三言""二拍"中。

两书的内容多取材于运河沿线城市。

如《白娘子永镇雷峰塔》①故事是在杭州、苏州、镇江三地次第展开；《乔彦杰一妾破家》②故事发生在东京和杭州；《王娇鸾百年长恨》③故事发生在吴江；《况太守断死孩儿》④发生在扬州仪征；《蒋淑真刎颈鸳鸯会》⑤发生在杭州。

轻戏剧式的《钱秀才错占凤凰俦》⑥背景又是苏州和太湖。太湖西山的财主高赞一心要选一个文秀佳婿，吴江县其貌不扬的颜俊让其表弟才貌双全的秀才钱青冒名迎娶，却因天气变坏、交通阻隔而无法当日返程，钱青只能在岳父家中洞房花烛，继续冒充了三日新郎，但每夜和衣而卧，严守了柳下惠式的道德底线。天气转好回吴江后自然引发一场风波，最后经县令审断，钱青成了真女婿。

《卖油郎独占花魁》⑦则写的是从开封避逃金兵、流落杭州的名妓王美娘与卖油小贩秦重之间离奇曲折的爱情故事。文中对杭州的环境、市井生活都做了

---

① 冯梦龙，《警世通言》，人民文学出版社1956年1月版，第290页起。
② 同上书，第349页起。
③ 同上书，第360页起。
④ 同上书，第375页起。
⑤ 同上书，第402页起。
⑥ 同上书，第89页起。
⑦ 同上书，第22页起。

生动详细的描写，但实际上是明代的语境。

《顾阿秀喜舍檀那物，崔俊臣巧会芙蓉屏》①故事又是发生在苏州至杭州间：叙述了赴浙江永嘉履任的县尉夫妇崔俊臣在苏州水道遇盗劫，历经苦难和曲折，夫妇最终得以重逢的传奇。

《唐解元一笑姻缘》②，即民间长传的"唐白虎点秋香"故事，也全部发生在苏州。所以20世纪香港摄制的电影《三笑》，全用江苏民歌、民乐，可谓原汁原味。

这些小说又多深刻反映明末大运河区域商品经济迅速发展的情况。

《转运汉遇巧洞庭红，波斯胡指破鼍龙壳》③的主人公文实，是苏州阊门外人，开始"下海"经商时连连失败，被嘲笑为"倒运汉"。因偶然机会搭附朋友的海船到海外（应是东南亚地区）贸易，在某国港口无意中将携带的太湖洞庭山所产红橘贩卖给当地土人，小赚了一笔。随后，又在一座荒岛上捡得一只鼍龙壳，不顾同人嘲笑带回了福建，被识货的波斯商人玛保哈相中（看出壳中藏有二十四颗夜明珠），卖了五万两白银，顿成富翁，遂在福建安家。透过这一离奇故事，可以看出以下信息：苏州、江南地区明末商品经济包括海外贸易已十分兴盛。而贸易都要依托大运河，出海贸易更必须要经运河，或从浏河，或从宁波等处入海，总之，离不开大运河。

《徐老仆义愤成家》④故事发生地点在浙江淳安县。徐家败落后，老义仆阿寄决心帮助主母渡难关，采取了小本经商的方法牟取利润来贴补、维持家用。他善于根据市场行情投资，第一次贩运生漆到苏州，又从苏州贩米运到杭州，再贩生漆到杭州，几番倒腾，赚了五六倍利润；第二次又贩生漆到福建兴化，再从此处贩米到杭州，如此往返，利润更加可观，终于使衰败家业得以重新振兴。

小说更深刻揭示在商品经济发展的背景下，这些地区人与人的关系也在悄然变化。

---

① 凌濛初，《初刻拍案惊奇》，岳麓书社1988年9月版，第320页起。
② 冯梦龙，《警世通言》，人民文学出版社1956年1月版，第275页起。
③ 凌濛初，《初刻拍案惊奇》，岳麓书社1988年9月版，第1页起。
④ 冯梦龙，《醒世恒言》，人民文学出版社1956年7月版，第543页起。

一方面，突破阶级、阶层的畛域，如《玉堂春落难逢夫》①《杜十娘怒沉百宝箱》②中男主人公都是公子、富绅，女方则皆是妓女；《赵春儿重旺曹家庄》③主角同样如此：扬州曹家庄的曹可成，败尽了家资后，六亲无靠，亏得原先结识的妓女赵春儿为其收拾残破，又助其捐纳入仕，在福建、广东做了三任牧民官，获得宦资数千，此时他依听赵春儿的话，急流勇退，见好就收，遂得以回籍重振家业。

另一方面，在此经济大潮下，传统道德进一步受到剧烈的冲击和破坏，所谓"礼崩乐坏"的"现实版"。《杜十娘怒沉百宝箱》主人公李甲，浙江绍兴人，为捐纳监生来到北京，得以结识当地名妓杜十娘。两人相爱后，李甲为杜十娘赎身，带其从潞河乘船沿大运河南下回籍。但行至长江北岸运河与长江交汇的瓜洲渡口时，李甲在扬州盐商孙富的诱惑下，见利忘义，以千金代价转卖杜十娘给孙富。杜十娘怨恨交加，将所携带、原作为拜见李甲父母的宝物投于江中，随后沉江自尽，演绎了真情与虚伪、金钱与道德、封建传统礼法与挣脱网罗的多层面冲突。又是大运河将千里之外素昧平生的两人联系在一起，更是大运河见证并终结了两人的悲剧。

《宋小官团圆破毡笠》④主人公宋金生于苏州昆山，随官员赴浙江江山上任途中，先在杭州被赶下船，又为父亲朋友、船户刘有才收留船上，招为女婿，但因病又被势利的刘氏夫妇视为累赘而抛弃在安徽池州江滩。他又设法搭船到瓜洲转南京，靠在池州意外得到的强盗藏匿的资财成为财主。一年多后来到昆山，雇乘刘有才船回南京，对岳父母羞辱一番出胸中恶气后，与忠于爱情、抵制父母逼迫改嫁主张、一直等待自己归来的妻子重新团圆。

当然，这些小说中也继续充斥传统礼教的内容。《玉堂春落难逢夫》⑤写明朝正德年间，南京公子王景隆在北京与名妓玉堂春真诚相爱之事，王景隆在妓院耗尽钱财、被鸨母逐出后，在玉堂春的暗中资助下回到南京家中发愤读书，得以中举，进京会试（从运河乘船到济宁走旱路，当时大运河已不能全线通

---

① 冯梦龙，《警世通言》，人民文学出版社1956年1月版，第232页起。
② 同上书，第337页起。
③ 同上书，第328页起。
④ 同上书，第210页起。
⑤ 同上书，第232页起。

航），考中进士，分发刑部任真定府理刑官。成为朝廷命官的他不顾家庭反对，对玉堂春仍一往情深，玉堂春虽身不由己被卖至山西，也仍对王景隆念念不忘，一年后王景隆升陕西巡按，开释了在山西蒙冤被押的玉堂春，夫妇团圆，荣归南京。

《桂员外途穷忏悔》[1]则讲述元末苏州桂富五得到施济的接济发财，来到浙江绍兴当了财主后，忘恩负义，拒绝帮助家道中落的施家儿子，但到北京谋官被骗，而施家则重新振兴。小说除鞭挞这种忘恩负义行为外，还宣扬了一番因果报应的道德观。

此外，有些小说还存在封建迷信、色情等内容，应属糟粕。

这些小说描绘的是封建末世芸芸众生的群像，反映的多为红尘市井阶层的喜怒哀乐，迎合的是小市民的趣味。实际暗示大运河地区将率先从传统的封建社会向新的社会嬗变。然而，由于各种历史原因，这一嬗变当时未能实现。但数百年后，还是在这一带率先迈开了向现代化前进的步伐，这也同样与大运河的滋养分不开。

魑魅魍魉何处来？——大运河与《聊斋志异》

蒲松龄创作的清代著名的志怪小说《聊斋志异》，塑造了琳琅满目的鬼、怪、仙艺术形象。这些魑魅魍魉来自何处？从某种意义上说，是从大运河"爬"出来的。换句话说，《聊斋志异》的诞生，同样也离不开大运河。

如前所述，蒲松龄曾在大运河畔的高邮、宝应任幕僚，帮助幕主知县孙蕙往返于此两座小城之间协理公务。大运河畔这一年多时间，对蒲松龄后来的文学创作产生了十分重要的影响，特别为他创作小说《聊斋志异》提供了大量写作素材。

蒲松龄实际领略了大运河的野性和暴力。高邮城郊马棚湾的清水潭一带是大运河最危险的地段之一。康熙帝六次南巡皆来到马棚湾视察。蒲松龄来高邮的当年夏天，清水潭再次决口，他和孙蕙组织官民成功抢险，其间写下了《清水潭记》等诗文，表达了要像"精卫衔石"一样把决口堵修好，从此"千秋万世不为灾"[2]的愿望。

---

[1] 冯梦龙，《警世通言》，人民文学出版社1956年1月版，第259页起。
[2] 蒲松龄撰，殷梦伦等选，《聊斋诗词选》，齐鲁书社1983年版，第9页。

《聊斋志异》作者蒲松龄雕像

宝应近一年的生活，对蒲翁文学创作影响最大的应该是那里的民间故事和文学底蕴。宝应境内湖荡草滩众多，其上墓冢累累，特别是县城北郊的"松冈"，又称芦松墩，该处是墓地和刑场，夜晚时时能见"鬼火"（磷火）飘荡，狐、兔出没，故而当地民间谈狐说鬼习以为常，流传着许许多多、形形色色的狐精与鬼怪的故事。蒲松龄公务之余常与社会各阶层人士接触，收集这些异事奇闻，积累了这一带的大量民间故事、传说的资料。如将1930年新编《宝应县县志》《宝应历代县志类编》等典籍所记载的传说与《聊斋志异》有关篇章相对照，可

蒲松龄和他的"聊斋"

《聊斋志异》的情景画《画皮》

以发现不少内容和情节皆似曾相识、大同小异，足以说明这是《聊斋志异》的"流"。

而《聊斋志异》的"源"主要又是他在这两地亲历亲睹的清代官场黑暗，吏治腐败的现实，仕途险恶，社会黑暗，民生困苦，所见所闻，促使其不断思考。康熙十年（1671年）早春二月，在宝应县衙内宅他曾对从淄川老家亲朋说过：自南来宝应以后，涉足官场，亲眼所见如骨鲠在喉，不吐不快，正有许多文章要写！但其卑微的社会地位、清代文字狱的严酷环境不允许他秉笔直书，所以只能写成各种神魔鬼怪的短篇小说，将官场和社会的现实移到了纸上，《席方平》《鄂都御史》《伍秋月》《娇娜》《秦桧》《聂小倩》《梦狼》等小说，均带有当时高邮、宝应社会背景的烙印和黎民百姓生活的痕迹。

《聊斋志异》中还有不少内容涉及爱情。这也与蒲松龄在大运河的"艳遇"经历有关——在高邮期间，蒲松龄邂逅孙蕙新纳的小妾顾青霞这位妙龄少妇，不仅被她的年轻貌美，更为其善良温柔、能歌善舞、多才多艺的不凡气质所深深吸引，但恪于道德、地位而可望不可即，只能藏于胸臆，付诸笔端，化作《聊斋志异》作品中一系列善良美丽女性鬼怪形象，人们在《连城》《宦娘》《绿衣女》等名篇中都可以看到顾青霞的影子。

这些现实经历，都与《聊斋志异》里揭示生活中的真实矛盾，歌颂真善美、鞭挞假恶丑的思想特色完全一致，足以证明蒲松龄从大运河畔获得了相当多的艺术滋养。

回到山东后，蒲松龄也未远离大运河。他曾数次到大运河边上的"江北水城"东昌府聊城继续撷取创作素材。城内的东昌湖风光旖旎，也是著名的城市名湖，相传《胭脂》就是用湖边所得素材写成的，"东昌卞氏，业牛医者，有女小字胭脂，才姿惠丽"，①东昌湖此后遂有"胭脂湖"的别称。

《聊斋志异》还有不少作品反映了当时运河沿岸临清、德州、济宁等城镇的繁荣景象。如《任秀》写任秀随张姓表叔从大运河水路进京，当来到著名的运河码头临清时，看到了一派繁华景象："时盐航舣集，帆樯如林。卧后，闻水声人声，聒耳不寐。"②若干作品又涉及17世纪明末清初南来北往商业经济活动的情景，如《黄英》写道："马子才，顺天人。世好菊，至才尤甚，闻有佳种必购之，千里不惮。一日，有金陵客寓其家，自言其中表亲有一二种，为北方所无。马欣动，即刻治装，从客至金陵。客多方为之营求，得两芽，裹藏如宝。"③《张老相公》一文中则写道："张老相公，晋人。适将嫁女，携眷至江南，躬市奁妆。舟抵金山，张先渡江，嘱家人在舟，勿爆膻腥。"④从山西到江南的路线必然要走大运河。买嫁妆到江南，更说明当时江南商品经济的发达，天下闻名。

《聊斋志异》中的《司文郎》则反映了明清时期科举中南北士子的恩怨情结：来北京乡试的余杭生看不起山西平阳的同考士子王平子；与王平子在报国寺比屋居住，对王前去拜访傲不回礼，"朝夕遇之，多无状"，攻诘"山左、右，并无一字通者"，这一自鸣得意、贬损北方士子的行径，被盲僧戏弄——嗅其所焚推荐的文章的味道作呕、放屁；被自称山东登州（蓬莱）人的宋姓游魂抑郁："北人固少通者，而不通者未必是小生；南人固多通者，然通者亦未必是足下。"若干年后，王平子乡试、会试得捷，赴南京途中遇见了余杭生，此时余杭生则谦逊多了。蒲松龄意犹未尽地在故事后说："异史氏曰：'余杭生

---

① 蒲松龄，《聊斋志异》，凤凰出版社 2012 年版，第 561 页。
② 同上书，第 609 页。
③ 同上书，第 596 页。
④ 同上书，第 70 页。

公然自诩,意其为文未必尽无可观,而骄诈之意态颜色,遂使人顷刻不可复忍。天人之厌弃已久,故鬼神皆玩弄之。脱能增修厥德,则帘内之刺鼻棘心者,遇之正易,何所遭之仅也。"① 这种恩怨由来已久,明清时更加尖锐,但大运河滋养的江南地区士子一直在科举中独领风骚,常占鳌头,则也是无法否定的客观事实。

清、淮水润"金瓶"之"梅"——大运河与《金瓶梅》

另一部一直也被誉为"奇书"的《金瓶梅》,同样与大运河密切相关。虽说标榜是讲述宋代故事,实际上"借宋写明"——它的主要背景地是江苏淮安和山东临清,书中多处显现的是明代两座漕运发达、南北交汇、商业兴旺、店铺林立、繁荣昌盛的大运河重镇,反映当时当地芸芸众生的市井生活。所以,实际上是临清、淮安的"清""淮"之水,浇灌出"金瓶"之"梅",这朵艺术奇葩。

书中的背景地点首先主要在"清河",但完全可以肯定,此"清河"绝不是直隶清河这一普通的北方县城,而是借"宋代之旧事",描述、反映雄踞淮河、大运河交汇的咽喉之地、掌控天下漕运、素有"壮丽东南第一州"美誉的江苏淮安。

书中出现了大量的淮安地方性元素。除"淮安""河下""清江浦"等地名外,还有淮安一带专有的地标。如"清河"旁边有一条通南达北的河道。第六十八回在人物对话中说到"清河"河道上的十多个码头:"瓜州、南旺、沽头、鱼台、徐、沛、吕梁、安陵、济宁、宿迁、临清、新河"。这些码头存在于明朝京杭大运河上,除了瓜州,宋朝的运河都不通过这些码头。第六十五回中写:"朝廷如今营建艮岳,敕旨令太尉朱勔,往江南湖湘采取花石纲,运船陆续打河道中来,头一运将次到淮上。又钦差殿前六黄太尉来迎取卿云万态奇峰",再由运河继续北上。这段话清楚地说明,六黄太尉是通过大运河来迎取"卿云万态奇峰",随后所写的清河县西门庆亲自出面接待,这就充分说明六黄太尉和主角西门庆活动的清河县就在京杭运河边上的淮安周边地方。

书中隐约提及的徐州也证明了此点。由淮安沿大运河北上,与其相距不远的另一座大运河与黄河交汇的重要城市是徐州。书中也多处出现徐州的元素。

---

① 张友鹤选注,《聊斋志异选》,人民文学出版社1956年12月版,第260—264页。

特别是第四十七回写苗员外从扬州坐船来到"徐州洪",被船上艄公杀死。随行的安童被打落水中后,被人救起。紧接着,第四十八回描写安童在新河口发现了所乘贼船的二船艄,即到"清河"提刑院报案,将二船艄捉拿归案;后来又在新河口发现了苗员外的尸体。这些描写都说明:新河口离徐州洪不远;"清河"离新河口和徐州洪不远。而徐州洪确有其地,又名"百步洪",就在当时徐州城东南约1千米处(今徐州市内的故黄河显红岛附近)。书中十余次写到"新河口",显然这个"新河口"也只能是徐州附近的新河口,此地名也确实存在。总之,书中"清河"只能指淮安府治下的淮阴——此地一直存在的别称,绝非是千里之遥的河北清河县。所以,著名作家张爱玲在《"嗄"?》文中引用了全校本《金瓶梅词话》的校勘者的观点:"书中的清河,当是运河沿岸的一个城镇,生活场景较近南清河(今淮安清浦区)。《金瓶梅》评话最初大概就由'打谈的'在淮安、临清、扬州等运河大码头上说唱,听众多为客商、船夫和手艺人。"① 此说应是正确的。

而书中大量有关淮上场景的细致描述,如时时出现的"运河""漕运""漕运总兵官""兖州知府凌云翼""淮盐""瓮城""卫所"等围绕着大运河的专有名词,又展现了一幅明代中后期鲜活的淮安一带的世情,包括政治、经济、民众生活等,成为明代淮安社会现实的写照。

从职官制度来看,书中屡屡出现的"东南统制兼督理漕运总兵官",如第七十八回写荆都监"新升东南统制兼督理漕运总兵官",这是明朝的职官:洪熙元年(1425年),明廷命漕运总兵开府淮安,并加"镇守淮安"的职衔,所以又称"镇守淮安总兵"。"东南统制"的称谓则是因为:淮安素有"壮丽东南第一州"之美誉,明代时漕运总兵官和漕运总督又兼有巡抚地方的权力,所以淮安总兵兼负有巡抚"凤阳""淮安""扬州""庐州"四府及"徐州""滁州""和州"三州的职能。所以,荆都监升任此官后虽是在淮安驻节,但权力远及东南江淮。第七十九回又写荆统制"往淮上催攒粮运去",则又表明荆统制督理漕运的职能。又如第六十五回写西门庆在接待奉钦差之命来接取朝廷兴建宫苑用奇石的殿前六黄太尉时,巡抚、巡按御史、布按三司、八府知府、统制、守御、都监、团练各官全都到齐。这"八府知府"里就有"兖州知府凌云

---

① 张爱玲撰,来凤仪选编,《张爱玲散文》,浙江文艺出版社2000年版,403页。

翼",明朝历史上凌云翼实有其人,但未做过兖州知府,而是在淮安任过漕运总督,其间颇有建树,包括开挖了永济河这一显赫的政绩。书中将真实人物凌云翼的真实官职换为"兖州知府",是作者采取虚实结合的方法,透漏当时现实的信息。

再如第四十回描写蔡御史放了两淮巡盐,西门庆接待蔡御史并伺机递帖,上写道:"商人来保、崔本,旧派淮盐三万引,乞到日早掣。"蔡御史便答道:"我到扬州,你等径来察院见我,我比别的商人早掣取你盐一个月。"因为盐引早掣,西门庆因此也发了一笔财。这是写淮盐专卖的有关制度。这一制度定型于明代,一直延续到晚清,扬州、淮安是淮盐输运、集散地,淮、扬两地的繁华皆与之相关。"淮盐""两淮巡盐""盐引""掣引"等是明代才有的词。可见,书中所透漏的淮盐信息,无疑也表明发生地点是在淮扬,绝非与淮盐无多大关系的直隶"清河"。

从语言的角度来看,《金瓶梅词话》中大量使用淮扬方言。张爱玲也在《嗄"?》一文中专门指出了这一点。如"下饭"兼用作名词与形容词,现代江南与淮扬一带仍在使用。屡次出现的"嚣"也是淮扬地区方言,"嚣"实际是古代丝织品"绡"的民间按音转写或误写,有时也写为"枵",原指生丝织成的绸子,通常极薄,甚至薄得透明,因此称"绡"或"嚣",就是极言其薄。迄今在这一带,民间语言中仍留此含义,如"薄嚣(枵)嚣(枵)的","嚣(枵)薄薄的","嚣(枵)纱片子",并将"嚣(枵)薄"引申为悭吝和刻薄如"此人极其嚣(枵)薄",扬州评话中这些词即经常出现。

如前所述,《金瓶梅》的另一个背景地是大运河与漳卫河交汇处的临清。就城市的政治经济地位看,明代的临清因扼守大运河要津而成为北方军事重镇;也因大运河带来了商业、手工业发达、经济繁荣而成为又一商业都会,而素有"小天津"之誉。

《金瓶梅》从第五十八回开始到第一百回的42回中,有25处直接写到临清,临清州、临清码头、临清钞关、临清闸、临清晏公庙、临清市上等不时出现。第五十八回、七十七回、八十一回都提到赴扬州、杭州、湖州等地贩货驾货船回到临清。第九十二回则称"往临清贩布去。""这临清市上是个热闹繁华大马(码)头去处,商贾往来船只聚会之所,车辆辐辏之地。有三十二条花柳巷,七十二座管弦楼。"第九十八回的标题是:"陈敬济临清逢旧识,韩爱姐翠馆遇情郎"。第三十三回写要在狮子街开绒线铺,《临清州志》记载街名的来历说,此街源于建于明隆庆元年(1567年)的狮子桥,狮子桥的南北街一直称"狮子桥街"。第四十七回写苗青船"至临清马(码)头上,钞关过了"。钞关即税关,明清一直如此称谓。由于临清是各种货物的集散地,南粮北调的总中转站和粮食储存中心,故而临清钞关所收的商税曾居全国八大钞关之首,迄今钞关码头仍有遗址可考。第五十一回提到的"手帕巷",第九十二回提到的"临清第一座酒楼""谢家酒楼",第九十三回提到的"晏公庙",这些地方明代确实存在,在临清的方志中也均有记载。

书中还多处反映了临清手工业发达,如以手工业命名的街巷众多,第三十五回、六十一回皆提及临清的砖厂及其产品、制作工序(如指烧制过程中用布作衬的"金"),等等。而临清所制砖更有强烈的政治意义:砖厂多建于明永乐初,系适应成祖朱棣迁都北京之需。明清时期的紫禁城、十三陵、东陵、西陵的建筑用砖称为"金砖",大都是临清烧制,故此砖驰名天下。

书中所述许多风俗特产,也与临清吻合。第七回述及"黄米面枣糕",乃是临清的名食,至今如此。第五十四回记西门庆进观音庵后,"王姑子捧出茶来,又拿些点心饼馓之物摆在桌上"招待,馓子是临清风味小吃中的佼佼者,而这又是淮安地方的特产。两地若干渊源在此零食中隐约可见。

最有趣的是书中关于"狮子猫"的记载。如第五十九回写道:"潘金莲房中养的一只白狮猫儿,浑身纯白,只额头上带龟背一道黑,名唤'雪里送炭',又名'雪狮子',又善会衔汗巾子、拾扇儿。"此是当时当地风俗的反映。《临清县志》记载:此处多养狮子猫,"狮猫比寻常者较大,长毛拖地,色白如雪,以鸳鸯眼者为贵。最佳者每对价值百元,北街回民多畜"。[1] 而此风则大有来历。首先是由于明朝宫廷喜欢养猫,许多皇帝是铁杆"猫奴",甚至不惜降尊纡贵甘当"铲屎官"。上风下草,因此养猫之风在明朝曾风行一时,南来北往频繁的临清自然会得风气之先;这些猫的"血统"更是高贵来自遥远的异域:元末至明中叶嘉靖年间,京杭大运河再度逐次全线贯通后,从大运河泛舟来临清经商的西亚、中东一带的商人常因友谊、捷行等原因将携带的著名的"波斯猫"留下。这些来自"一带一路"上的"洋喵星"与当地"土

---

[1] 高志超编,《运河名城临》,山东友谊出版社1990年版,第140页。

著"鲁西猫耳鬓厮磨,日久生情至两情相悦,从而诞生出这种具有杂交优势的"临清狮猫"。《金瓶梅》中潘金莲的狮子猫,则把历史的真实移入小说中。

从语言上看,书中同样有不少临清及周边的方言土语,不少如今仍活跃在民间,被继续使用。如第一回讲潘金莲嫌弃武大郎,"常与他合气","合气",是生口角、闹别扭之意。第二回叙述武松劝武大郎别再外出做买卖,在家安身歇息,"盘缠兄弟自差人送与你";潘金莲在武大郎出门"就在门前帘下站立。约莫将及他归来时分,便下了帘子,自去房内坐的"。"盘缠"临清话系指日常生活所需的花费。"约莫"临清方言读作(yāo mo),是估计、大约的意思。第八回写潘金莲"还做了一笼裹馅肉角儿","坐在小杌子上"等西门庆,还有"达达""妮子"等词。"角儿"就是饺子,临清方言读"角"为"饺"。"杌子"系指小方凳。"达达",父亲。"妮子",女儿。皆是临清的称呼。第十回写胡医生家后院里大胖丫头"走来毛厮里净手","毛厮"临清话读作"茅子",就是厕所,至今临清民间仍把上厕所叫"上茅子"。第十七回"把蒋竹山倒踏门招进来,成其夫妻。"临清民间将男到女家成婚称为"倒踏门"(江淮一带也有此种说法)。第九十八回关月娘给西门庆上坟,请关大舅和大妗子"老公母二人同去。""老公母"也是临清民间对于老夫妻的称谓。值得注意的是,临清的这些方言,又与江淮一带的方言相同或相近,如"倒踏门"江淮一带也有此种说法。这又与大运河促进人口流动,息息相关。所以,淮扬、临清的地方元素,连接两地的大运河的影子,在《金瓶梅》中时时闪现,支撑了这一奇书。

明清小说中提及大运河元素的比比皆是。试再举一例。自从明永乐年间大运河开始逐步重新贯通后,所经的德州也成为水陆交通要道,日渐繁华。清中叶后流行的《儿女英雄传》第二十二回描写道:"这德州地方,是个南北通衢,人烟辐辏的地方……那运河的风气,但是官船靠住,便有些村妇赶到岸边,提个篮,作装些零星东西来卖,如麻绳、棉线、零布带子,以及鸭蛋、烧酒、豆腐干、小鱼子之类都有,也为图些微利。"[①] 而另一部常被诟病的《品花宝鉴》

---

① 文康,《儿女英雄传》,北京十月文艺出版社 2004 年版,第 155 页。

第五十回则描写通州运河码头的热闹场面:"那些卖西瓜的与卖桃子的,还有卖牛肉的,卖小菜、卖豆腐的,挤来挤去,地下还有些拆字摊子,还有那些缝穷婆,面前放下个筐子,坐在小凳上与人缝补。"[1] 可见,大运河对明清小说的繁荣所起的作用,无可替代,也无可置疑。

---

[1] 陈森,《品花宝鉴》,中国言实出版社 2002 年版,第 272 页。

第三章
大运河与中国传统戏曲

一、催生

京杭大运河对戏曲的发展和繁荣,特别是对明清戏曲的发展和繁荣,起着举足轻重的作用。

戏剧艺术作为一种文化,一种上层建筑,其产生、发展,需要具备一定的社会条件,包括经济相对发展,民众生活相对安定,有一定的文化素养和艺术追求,等等。但仔细看来,戏曲的发展离不开一个"水"字——正是"水",使上述要求得以综合满足。

在传统戏曲界,向来有"水路传播""商路即戏路""水路即戏路"之说,因为古代中国交通运输主要是依靠水路,文化艺术常伴随商业的发展而兴盛、传播。明朝中叶以来,随着山西、陕西商人的行旅,秦腔随之流布。尔后徽商兴起,二黄腔也随其足迹流传开来,就是明证。水路常是商路的最佳载体。而所谓"水路"亦并非仅指一条普通的河流,它实际上是指重要的水道交通及与之紧密相关,被其带动兴起的经济、文化带及戏曲欣赏人群的聚集区。这种区域,一般要具备这样的条件:必须有在全国或区域中占有重要地位的黄金水道和中心城市;必须有沿此水道、环绕上述中心城市分布的大大小小、经济与文化水平上都有相当地位与影响力的市镇。只有如此,这条"水路"才能成为戏曲获得生存与发展的"戏路"。从唐开始到明清、近代以前,能符合如此条件的"水路",应首推京杭大运河。大运河作为中国古代的经济大动脉,沿线城镇最为众多、繁华,正是戏班子"跑码头"的最佳选择。所以,在这一漫长的历史时期,大运河都与主要戏曲活动关联,为中国戏曲的产生、发展、繁荣、流播特别是南北交融,提供了的雄厚物质基础,铸就了大运河沿岸戏剧"百花齐放"的风貌。

当然,戏曲艺术在中国同样源远流长。唐代的参军戏,北宋的杂剧,南宋的南戏，金代的院本，都是发展过程中的闪光成果。其中，南戏则是戏曲发展中承前启后的重要环节。南戏是南宋至元初发源于温州永嘉地区，用南曲、南方语言演唱而流行于南方的戏曲。始于宋词与温州歌谣相结合，故又有"温州杂剧""永嘉杂剧""鹘伶声嗽""南曲戏文"等别称。由演员扮演剧中人，兼有唱、白和表演，呈现出戏剧的雏形。早期作品多表现爱情婚姻和家庭生活。曲调为传统的宫、商、角、徵、羽五声，相异于北方曲调的七声音阶，以箫笛伴奏，声腔委婉，是为"南曲"，作为一种重要的戏曲声腔系统，成为明清以来多种南方戏曲的"基调"。然而这一切，皆与当时疆域态势密切相关：金灭北宋，南宋偏安东南半壁，愈发依赖境内包括大运河南部（包括浙江运河）在内的水道。而从南宋绍兴初年开始的六十多年里，温州是对外贸易的通商口岸之一。正是经济的繁荣，为地方戏的繁荣提供了丰富的营养，催生了南戏这类地方戏曲的生长。

南戏诞生不久即进入更加繁华的南宋都城"临安"，再随大运河及各商路向南宋各地流播。在流传中不断与各地方言和民间音乐相结合，衍生、发展出多种不同风格的地方戏曲，在主要流行区域形成了海盐腔（浙江）、余姚腔（浙江）、弋阳腔（江西）和昆山腔（江苏）这四大声腔。

入元后，虽因统治者喜好、提倡而产生了杂剧，涌现出关汉卿、王实甫、马致远、白朴等词曲家和剧作家，但南戏仍继续存在。元至正（1341—1368）年间，温州瑞安人高则成根据南宋流传的《赵贞女蔡二郎》创作了被凌濛初誉为"世人推为南戏之祖"的名作《琵琶记》，继又出现《荆钗记》《刘知远白兔记》《拜月亭记》《杀狗记》这四大南戏，从而使南戏树立了自己的历史地位。同时，杂剧、南戏也通过大运河不断交流碰撞，将中国古典戏曲带入绚烂绽放的繁盛新阶段。

明清时期是中国古代戏曲的一个繁荣与发展时期。这同样与当时社会政治、经济的发展分不开。特别是清代明后，经济恢复发展，社会稳定，商业兴盛，促进了城市的繁荣，交通运输的发展。这是戏曲兴盛、传播、交流、提高不可缺少的社会物质条件，因为人们只有在相对安宁、物质生活得到保障和提高后才会追求文化生活，内乱外患、动荡不定的环境是无法很好地开展戏曲活动的。戏曲的提高，还依赖各种地方戏曲的交流。繁荣的城市应是这种交流的最重要场所。因为一个发达的城市是政治、经济、文化的中心，戏曲艺人入城

大运河扬州段的美丽风光

后才得以开阔眼界,丰富知识,且城市人口集中,演出和生活得到保障,竞争激烈,驱使他们钻研表演艺术,使戏曲表演水平得到提高。

而此时,大运河的便利交通以及由此伴生出的富裕经济保障,使得运河沿岸城市如济宁、扬州、南京、苏州、杭州成为戏曲种类最为丰富和戏曲演出活动最繁荣的区域。清乾隆以来,扬州、北京更分别成了南北两大戏剧演出中心。北京作为政治、经济、文化中心,首善之区,统治者、达官贵人的喜好通过权力和资源吸引戏曲积聚自不必说,扬州(其实还有苏州)这座城市之所以能成为戏曲活动的重镇,关键是得益于京杭大运河带来的经济繁盛,商人、士绅以及文人的大量聚集。

扬州处于长江与大运河的交汇点,东西、南北两大水运动脉的十字中心,地理位置得天独厚,交通发达、便捷,经济、文化自然非常发达。特别是清代"康乾盛世"扬州作为全国产量最高、行销区域最广、税收占全国盐税银的62%的两淮盐业管理中心,全国最发达的盐生产、运输、销售的集散地与中转地,空前繁荣,各业兴盛,成为富甲天下的两淮盐商聚居地。商业的成功引发了文化消费欲望的高涨,财力雄厚的盐商,生活奢华,追求畸形物质享受,尽享荣华富贵的同时更附庸风雅,文化生活上也竭尽铺张之能事,演剧听戏便成为其一大时尚嗜好、身份的"标配",为此不惜一掷千金,大建园林、戏台,蓄养戏班，追捧名角，扶持各种戏剧。《扬州画舫录》所举名角，多出自盐商家戏班。雍正即指斥过："俳优伎乐，恒舞酗歌，宴会嬉游，殆无虚日……骄奢淫逸，相习成风，各处盐商皆然，而维扬尤甚。"①

扬州的官员也爱好与倡导戏剧，如江宁织造曹寅，不仅自备家庭戏班，而且还从事戏曲创作，《虎口余生》即为其所作。嘉庆时两淮巡盐御史阿克当阿"非国忌，鲜不演剧"。官府也定期公事演戏，主要是在每年的"祝厘"（喜庆）之日演出。据《扬州画舫录》卷五记载："天宁寺本官商士民祝厘之地，殿上敬设经坛，殿前盖松棚为戏台，演仙佛、麟凤、太平击壤之剧，谓之大戏，事竣拆卸。迨重宁寺构大戏台，遂移大戏于此。"演出的任务由两淮盐务衙门负责。

而清帝南巡又极大促进了扬州戏剧的繁荣。康熙、乾隆皆多次南巡驻跸此地，他们都是戏迷，南巡时，沿途掀起了"供应戏剧献演之风"。扬州官员和盐商为接驾而卖力准备声色歌舞，召集各地戏班，准备丰富、精彩的各地、各种声腔、戏剧、曲艺节目供皇帝观赏娱乐，博其一笑。如李斗言："两淮盐务例蓄花、雅两部以备大戏。雅部即昆山腔，花部为京腔、秦腔、弋阳腔、梆子腔、罗罗腔、二黄腔，统谓之'乱弹'。"钱泳也说："梨园演戏，高宗南巡时为最盛，而两淮盐务中尤为绝出。"②

在君主、官员的示范下，流风所及，一些著名文士，如孔尚任、王士禛、赵翼、梁章钜等，每到扬州的一项重要活动即是看戏，"又入扬州梦一场，红灯绿酒奏霓裳。经年不听游仙曲，又为云英一断肠"。扬州普通民众也都嗜好戏剧，形成了一种社会的风气。而大运河为轴心的发达的交通运输也极大地便利各种戏剧在此融汇交流。于是，以雄厚的经济支持与文化消费需求为主要动力，戏曲在扬州的兴盛也成为水到渠成的事情。

二、百"花"盛开

这种兴盛首先是扬州传统戏剧此时茁壮生长。扬州民间历来就有丰富多彩的音乐、舞蹈、曲艺、杂耍等表演艺术。有的与戏曲有密切关系，有的包含

---

① 李斗，《扬州画舫录》(卷五)，扬州广陵古籍刻印社 1984 年 10 月版，第 103 页。
② 钱泳，《履园丛话》(卷十二)，陕西人民出版社 1998 年版，第 197 页。

戏曲因素，有的正向戏曲衍变。香火戏、花鼓戏，就是其中最有代表性的佼佼者。

扬州香火戏，亦称"大开口"，源于"香火"，又称"童子""端公"，实际上是傩戏。

傩文化在中国历史悠久，唐代就有"香火"之说。清宣瘦梅曾考证道："巫之一教，流传已久，曰'端公'，曰'香火'，曰'童子'，名虽不一，总不外乎乡傩之遗意。"①

唐时号称"扬一益二"的扬州傩文化当然也由来已久，民间专司祈神驱鬼活动的神坛就俗称"香火堂子"。《扬州画舫录》说："傩在平时，谓之'香火'"。在漫长的历史过程中，傩的宗教仪式逐步向娱乐的方向发展。宣瘦梅即指出："古之巫也，仅仅逐疫疠，御旱潦，近则愈幻愈奇：击腰鼓，吹画角，口吐秦腔，弟子鸣钲相和，跳舞若狂，更有搭台演戏若优伶，瞑目过阳若亡者。"②清初宗梅岑《同内人送腊》注中记述扬州傩舞表演状况是"谚云：'腊鼓鸣，春草生'。村人并击细腰鼓、戴假面，作金刚力士以逐疫"。晚清黄鼎铭《望江南百调》更直接描绘了扬州傩舞的戏曲化倾向："扬州好，百礼有乡傩。面目乔装神鬼态，衣裙跳唱女娘歌。逐疫竟如何？"③

于是，原本神秘、肃穆的宗教仪式变成了民众大联欢，宣瘦梅描述道："乡愚不知其谬，每秋万宝告成后，辄斩豕刳羊，延若辈来跳神，数昼夜不为倦，丁男、子妇环坐听唱《九郎歌》《水母娘娘》各故事，然后饱啖神胙，不醉无归。"成于同治三年（1864年）的《海陵竹枝词》描述扬州治下的泰州傩歌舞说，"村部平安时作会，巫觋歌舞历万年。敲钲伐鼓都卢语，聒得居人夜不眠"。④

傩歌舞进一步的发展就是傩戏。据考证，傩戏系受南戏、杂剧的影响，约于南宋时期形成。扬州的香火延长发展即是一个代表。清代扬州香火演唱内容上已不仅是简单的"神祭词"，而是往往在祭神驱鬼的仪式后以锣鼓伴奏，演唱《魏徵斩龙》《秦始皇赶山塞海》等具有神话色彩的民间故事和民间传说。

---

①② 宣鼎，《夜雨秋灯录》（卷六）《巫仙》，时代文艺出版社1987年版，第280页。
③ 黄鼎铭撰，陈恒和刻，《扬州丛刻》，第十二册，《望江南百调》，1930年刻本，第145页。
④ 康发祥，《海陵竹枝词》，清同治刻本，第27页。

由此进一步发展成傩戏，乾隆甲辰（1784年）傩戏神书《张郎休妻》，同治神书《陈光蕊》，皆成为扬州香火戏的范本。李斗《扬州画舫录》称："本地'乱弹'，只行于祷祀，谓之'台戏'"，焦循之子焦廷琥《先府君事略》记载："湖村二、八月间，赛神演剧，铙鼓喧阗"，① 皆证明此点。

扬州花鼓戏，一称"小开口"源于扬州民间舞蹈花鼓。扬州花鼓据传始于元代末年，盛行于清代。清初费轩《扬州梦香词》："扬州好，灯节唱秧歌。一朵花依人面好，九条龙赛月明多。打鼓慢筛锣"。② 主要道具有手帕、莲湘、花鼓、夹板、钱串、纸扇、镗锣等。演唱曲调则为扬州民间流传的花鼓调。流传至今有江都花鼓、邗江花鼓等。

民间花鼓舞兴盛的同时也开始向戏曲化衍变。《扬州画舫录》记载："吾乡佳丽，在唐为然，国初官妓，谓之乐户。土风，立春前一日，太守迎春于城东之蕃釐观，令官妓扮社火，春梦婆一、春姐二、春吏一、皂隶二、春官一。次日打春官，给身钱二十七，另赏春官通书十本。是役观前里正司之。至康熙间裁乐户，遂无官妓，以灯节花鼓中色目替之。扬州花鼓扮昭君、渔婆之类，皆男子为之。"这说明迟至清代，花鼓已产生了"色目"、人物角色等专门的分工。所谓"色目"出自《礼记·王制》，"凡执技以事上者，祝、史、射、御、医、卜及百工"皆叫"色目"。③ 从而具备戏曲的雏形，随后正式衍化为扬州花鼓戏，一直在扬州民间流行，晚清时又与扬州清曲结合发展为"维扬文戏"，近代初维扬文戏与维扬大班合流形成维扬戏，成为扬州地方戏兴起的一块基石。当然，除这些"原创"艺术外，如前所述，扬州更多的是吸纳各地的各种戏剧。

而早就有"人间天堂"之誉的苏州地区，则产生了蜚声海内外的昆曲。昆曲，又常称昆腔、昆剧。它承继并发展了南曲的神韵，以近乎完美的艺术形式在戏剧舞台上留下了无可替代的地位。

昆山腔发源于元朝末年。

宋元之间中原流行的弋阳腔、余姚腔、海盐腔，除弋阳腔外，海盐、余姚

---

① 焦廷琥，《先府君事略》，《焦氏丛书》（本卷首），道光八年刊本，第3页。
② 费轩，《扬州梦香词》，清刻本，第133页。
③ 王文锦，《礼记译解》，中华书局2001年版，第167页。

二腔都产生在运河附近地区。到元朝末年又形成了在昆山一带流行的民间戏曲腔调"昆山腔",成为与前三腔并列、驰名于元末明初的南戏四大声腔之一。其历史也十分久远。明魏良辅在《南词引正》中说,昆山腔"乃唐玄宗时黄幡绰所传"。据宋孝宗时昆山人龚明之在《中吴纪闻》卷五记载,昆山西乡的绰墩,"故老传云,此乃黄幡绰之墓"。① 唐人段安节《乐府杂录》说黄幡绰在宫中擅演参军戏,甚得唐玄宗的喜爱,由此推测,其是在安史之乱时流落到昆山,传艺于乡民,死后所葬之地,乡人即以"绰墩"称之。随后,元朝的顾坚又发展了昆山腔。"元朝有顾坚者,虽离昆山三十里,居千墩,精于南词,善作古赋。扩廓帖木儿闻其善歌,屡招不屈。与杨铁笛、顾阿瑛、倪元镇为友,自号'风月散人'。其著有《陶真野集》(十卷)、《风月散人乐府》(八卷)行于世。善发南曲之奥,故国初(明初)有'昆山腔'之称。"② 被称为"正声"。这又与当时昆山的地位密切联系。元代江浙行省的昆山州商业经济兴旺发达,其浏河口(娄江东入长江处)是国际贸易的海运中心,建有海运仓,号称"六国码头",太仓只是隶属于昆山的一个乡镇。到了明孝宗弘治十年(1497年)才分割昆山县东境另建太仓州。此时苏州已取代昆山、太仓成为商业重心,昆腔根据地也随之转移到了苏州。嘉靖十年(1531年)魏良辅在张野塘、谢林泉等帮助下,总结北曲演唱艺术的成就,吸收海盐、弋阳诸腔的长处,糅合当地民间曲调,对昆山腔加以改良,总结出一系列唱曲理论,从而建立了曲调舒徐婉转,细腻悠扬,号称"水磨调"的唱腔体系。相应地又总结舞台艺术经验,采用笛、箫、笙、琵琶以及鼓、板、锣等伴奏,加强表演的舞蹈性,动作优美舒展,形成了特有的江南风格。嘉靖末年,昆山人梁辰鱼又继承魏良辅成就,对昆山腔进一步研究改革,编出第一部昆山腔传奇《浣纱记》,开其演唱传奇剧本为主的先河,创造了我国古代完整的民族戏曲表演体系。昆曲发展成为完整意义上的戏剧昆剧,迅即风靡三吴、江南,其中心苏州更是"剪彩镂丝制饰云,风浪男子着红裙。家歌户唱寻常事,三岁孩童识戏文"。③

昆山腔出现并逐渐演变成著名声腔,除自宋元以来这里有较好的戏曲传统

---

① 龚明之,《历代笔记小说大观》,《中吴纪闻》,上海古籍出版社2012年版,第312页。
② 魏良辅,《南词引正》(明刻本),北京图书馆出版社2002年影印版,第6页。
③ 章法(瓶园子)等,《苏州竹枝词》,《艳苏州》,清抄本,第56页。

昆曲人物形象插画

外,同样还有与扬州相同的因素:经济发达,贸易兴旺,百姓生活富庶,文化昌盛,欣赏与创作群体力量雄厚,群居于苏州的士大夫与文人对戏曲有更高雅、更艺术化的要求,从而成为昆山腔的重要观众和改革的坚定支持者、创作提高的基本力量。以此为基础,魏良辅等人才能得以借鉴各地戏曲艺术,对传统昆山腔进行了系统广泛的改革,使之由"率平直无意致"①的"讹陋"声腔,提高与雅化为"清柔而婉折"的艺术②。正是由于这种改革,昆山腔才得以脱颖而出,由一种只限于吴中一隅的声腔,迅速扩大影响,最终成为居诸腔之冠的剧种。

昆曲在晚明和清中叶艺术成就达到了一个新的高峰,诞生了汤显祖的《牡丹亭》、洪昇的《长生殿》、孔尚任的《桃花扇》等一批经典作品。以《长生殿》和《桃花扇》为例。

《长生殿》的作者洪昇,生于清初动荡之年,"累叶清华"的仕宦之家。从小深受其师明季殉节忠臣陆培之子陆繁绍的影响,反清意识强烈。仕途蹇滞,康熙七年(1668年)24岁北京国子监肄业至二十九年46岁未能得职,乃转向创作,于康熙二十七年写成昆曲《长生殿》。该剧特点在于:

借古讽今抒发汉族遗民的家国情怀。全剧虽以李隆基、杨玉环的爱情故事为线索,如洪昇所声明是"专写钗盒情缘"③,但实际是用艺术方法诠释、鞭挞昏君佞臣统治下朝纲败坏、引发叛乱导致异族入侵、生灵涂炭的政治局面,

---

① 张潮编,余怀撰,《虞初新志》,《寄畅园闻歌记》,上海古籍出版社2014年版,第77页。
② 顾起元,《客座赘语》(卷九),《文渊阁四库全书》(卷143),子部53,上海古籍出版社2009年版,第348页。
③ 洪昇撰,李保民点校,《长生殿》,上海古籍出版社2017年版,《例言》第1页。

借此抒发兴亡之感，宣泄对异族统治的愤懑。许多唱词含沙射影，《骂贼》一出抨击安禄山"恨子恨泼腥膻莽将龙座淹，癞蛤蟆妄想天鹅啖"；① 讥讽变节投靠的朝臣"平日价张着口将忠孝谈，到临危翻着脸把富贵贪。早一齐儿摇尾受新衔，把一个君亲仇敌当作恩人感。咱，只问你蒙面可羞惭？"② 这些话都是皮里阳秋，实际在影射满族入侵、鞭挞降清的明朝"贰臣"。剧中最终写郭子仪完成了"再造唐家社稷，重睹汉官威仪"③ 的大业，大概也寄托其"复明"的憧憬。

与主题深刻相配应的是高超的艺术表现形式：文辞典雅优美。如第二出李隆基、杨玉环的一段对唱："下金堂，笼灯就月细端相，庭花不及娇模样。轻俍低傍，这鬓影衣光，掩映出丰姿千状。此夕欢娱，风清月朗，笑他梦雨暗高唐。追游宴赏，幸从今得侍君王。瑶阶小立，春生天语，香萦仙仗，玉露沾裳。还凝望，重重金殿宿鸳鸯。"④ 最独特的是每一出结束下场词皆为集前人名句。如第二出："胧生明月照花枝（元稹），始是新承恩泽时（白居易）。长倚玉人心自醉（雍陶），年年岁岁乐于斯（赵彦照）。"第四出："倚槛繁花带露开（罗虬），将相游戏绕池台（孟浩然）。新歌一曲令人艳（万楚），只待相如奉诏来（李商隐）"曲律严整。洪昇本就精通音律，又得到昆曲音律家徐麟的校订打磨，前后五十出所用曲牌无一重复，文字、音乐两者配合极为协调。

艺术的巨大成功产生了轰动效应和强烈的社会反响，"一时梨园子弟相传搬演。关目既巧，装饰复新，观者堵墙，莫不俯仰称善"。⑤ "朱门绮席，酒社歌楼，非此曲不奏，缠头为之增价"的局面，"爱文者喜其词，知音者赏其律，以是传闻益远。蓄家乐者攒笔竞写，转相教习，优伶能是，升价什佰"⑥ 并流入宫廷府邸。但康熙等在欣赏该剧的同时，敏锐地嗅觉其异端气味，遂借康熙二十八年（1689年）职业昆剧团内聚班在皇后丧葬期间为洪昇专场演出是"非时演唱"的"大不敬"，洪昇因此被国子监除名，其友侍读学士朱典等被罢

---

①② 洪昇撰，李保民点校，《长生殿》，上海古籍出版社2017年版，《骂贼》，第88页。
③ 同上书，《剿寇》，第96页。
④ 同上书，《定情》，第3—4页。
⑤ 同上书，《长生殿序·西堂老人尤侗》，第1页。
⑥ 同上书，《长生殿序·吴人舒凫题》，第8页。

职，时称"可怜一出《长生殿》，断送功名到白头"。①

《桃花扇》作者孔尚任是孔子六十四世孙，早年在曲阜北的山中读书。康熙二十三年（1684年）康熙南巡曲阜祭孔，孔尚任因御前讲经受到赏识，被"不拘定例，额外试用"，破格提拔为国子监博士。康熙二十五年和康熙二十八年孔尚任两次随工部侍郎孙在丰至淮扬一带赈灾期间，到扬州、南京等地寻访明朝遗老，搜集逸闻野史，凭吊历史遗踪，对明朝特别是南明的兴亡有了更深刻的感受，经十年努力，于康熙三十八年（1699年）写成《桃花扇》剧本并搬上舞台，继《长生殿》后再次轰动北京。

相比《长生殿》，该剧更贴近清代明的现实。通过描写明末崇祯年间"四公子"之一侯方域和南京秦淮名妓李香君的爱情故事，以此为主线，将明季政潮、复社活动穿插其间，艺术地总结了明朝覆灭的历史原因。如剧前《小引》直接点明："《桃花扇》一剧皆南朝新事，父老犹有存者。场上歌舞，局外指点，知三百年之基业隳于何人？败于何事？消于何年？歇于何地？不独令观者感慨涕零，亦可惩创人心，为末世之一救矣。"②第四十出借张薇之口说，"你看国在哪里，家在哪里，君在哪里，父在哪里"③，更是直抒亡国之恨了。

同样，与思想性相应，其词句典雅优美匀称，风格与感情高度一致，"词意明亮"，达到他所主张的"一首成一首之文章，一句成一句之文章"，"信手拈来，不露饾饤堆砌之痕"的要求，④而其犀利深刻性与《长生殿》有过之而无不及。如第十三出"哭主"："养文臣帷幄无谋，豢武夫疆场不猛。到今日山残水剩，对大江月明浪明，满楼头呼声哭声。"⑤第二十一出"孤吟"："当年真是戏，今日戏如真。两度旁观者，天留冷眼人。"⑥第二十五出"选优"："恨不能腮描粉墨，也情愿怀抱琵琶。但博得歌筵前垂一顾，舞裀边收寸赏，御

---

① 徐珂，《清稗类钞》，《演长生殿传奇》条，商务印书馆1917年版，第345页。
② 孔尚任撰，李保民点校，《桃花扇》，上海古籍出版社2016年版，《桃花扇小引》，第1页。
③ 同上书，《入道》，第170页。
④ 同上书，《桃花扇凡例》，第2页。
⑤ 同上书，《哭主》，第54页。
⑥ 同上书，《孤吟》，第84页。

酒龙茶，三生侥幸，万世荣华。"①第四十出"入道"："白骨青灰长艾萧，桃花扇底送南朝。不因重做兴亡梦，儿女浓情何处消。"②续四十出"余韵"："六代兴亡，几点清弹千古慨；半生江湖，一声高歌万山惊"③等皆优美隽永，扣人心弦。再配之以严整的曲律，使得全剧更是珠联璧合，达到了完臻的高度。

正因为有如此深刻的思想性和高度的艺术性，故在当时引起了观众、社会强烈的反响："长安之演《桃花扇》，岁无虚日……笙歌靡丽之中，或有掩袂独坐者，则故臣遗老也，灯炧酒阑，唏嘘而散"。④遂有"南洪（昇）北孔"的盛名，如《桃花扇》所记："两家乐府声康熙，进御昀叨天子知。纵使元人多院本，勾栏争唱孔洪词。"但其异端倾向同样引起嗅觉灵敏的统治者警觉，康熙三十九年（1700年）孔尚任刚晋升广东清吏司援外郎，不久即被罢官。

然而这些昆曲经典，自诞生起一直传唱，始终是人们喜闻乐见的传统剧目，堪称具有"永久的魅力"，极大拓展了昆曲的发展空间。

三、流播

大运河更是一条最重要的戏曲传播通道，中国戏曲水路传播的活化石。

中国古代文化传播与交通状况密不可分。中华大地因特有的地形地貌，造成了南北艺术交流困难这一现象。不管隋炀帝开凿大运河的动机如何，但开通后的大运河对中国南北艺术的交流起到了非常重要的作用，这是不争的事实。就中国古代戏曲而言，至少有数次重要的传播现象与大运河密切相关。

这一传播是双向的。既由北而南，也由南而北，然而，在明清以前，主要是由北而南，明清开始，则多是由南而北。这是由当时的经济、政治、文化重心的移变所决定的。（重点为作者所加）

北宋时，大运河促成了洛阳的繁荣，成为汴京杂剧向洛阳传播的一个重要

---

① 孔尚任撰，李保民点校，《桃花扇》，上海古籍出版社2016年版，《选优》，第104页。
② 同上书，《入道》，第171页。
③ 同上书，《余韵》，第174页。
④ 金埴，《墼门诗带》（卷六），《题阙里孔稼部尚任东塘〈桃花扇〉传奇卷后》，南京图书馆藏清刻本，第23页。

诱因。

汴京杂剧在中国戏曲史上具有特殊地位，它首次被冠以"杂剧"名称，标志着中国戏曲演出开始从歌舞表演和优人戏弄中超越出来。汴京杂剧形成之后的一个重要传播方向是向洛阳发展。洛阳作为北宋王朝的陪都，是当时仅次于东京汴梁的第二大都市，而洛阳的繁荣源于大业元年（605年）隋炀帝将由长安迁都洛阳；调民工百万开凿以洛阳为中心的大运河永济渠。洛阳由此成为中转南方财粮的枢纽，成为所谓"运河之心"。隋之后，唐宋两朝永济渠继续充当朝廷东南漕运的生命线。至宋代，汴、洛沿途已经十分热闹，"自江淮达于河洛，舟车辐辏"，"民多致富"。① 这种丰厚的经济文化基础和水运交通为汴京杂剧传播提供了适宜的土壤。二十世纪七八十年代，先后在汴洛沿途发现了荥阳绍圣三年石棺杂剧图，偃师县酒流沟水库发现了宋墓杂剧雕砖，偃师县丁都赛雕砖，都是汴京杂剧向洛阳传播的痕迹。

元初，大运河又成为元杂剧创作中心南移的载体。

元世祖至元十三年（1276年），元军南下占领南宋都城临安，在杭州设立了两浙都督府，至元二十一年设立江浙行省，以杭州为省治。这期间，北人大批南下。据《元史·崔彧传》记载，到1283年，南徙的人口便已达到了15万户，超过了当时北方人口的1/10。兴盛于北方的元杂剧也伴随着南征大军和南徙的人口来到了南方。徐渭的《南词叙录》中记载了这一现象："元初，北方杂剧流入南徼，一时靡然向风。"② 南下的传播路径，除随军南下，主要是南方平定后沿水陆逐渐进入江南，而水路又是主要途径——元统一全国后，为便于江南财物运送至北方的大都，于至元二十六年（1289年）开凿会通河，二十八年开通惠河，将宋金以来淤积而阻隔的南北航道重新沟通，使南北船只能在杭州至大都间直接通航，北方杂剧的南移正是在这一背景下得以完成。王国维对《录鬼簿》所记载元杂剧作家统计之后，发现元中叶以后作家以杭州人居多，其他皆北方流寓浙江者，从而得出结论"盖杂剧之根本地，已移至南方"。③ 据记载，作为元杂剧作家代表的关汉卿在元统一后曾到

---

① 刘昫等，《旧唐书》，卷190，《齐瀚传》，中华书局1975年版，第452页。
② 徐渭撰，李俊勇疏证，《南词叙录疏证》，江西教育出版社2015年版，第6页。
③ 王国维，《宋元戏曲史》，上海世纪出版集团1998年版，第94页。

南方游历，其足迹到达过扬州、杭州等地。关汉卿之后，马致远、尚忠贤、戴善夫等人也都曾驻足江南地区，并出任过江浙行省官职，他们的很多作品正是在南方撰写和流传的。元中叶，郑光祖、乔吉、宫天挺、秦简夫等人虽是北人，但其创作活动也主要在南方。除作家外，许多北方著名的女艺人此时也陆续南来，如元代夏庭芝的《青楼集》里记载："姝孙氏，京师名妓也，尝至松江……有招饮者，酒酣则自起舞，唱《青天歌》，女童亦舞而和之，真仙音也。"[1]

元杂剧的南播，大量的北方作家、艺人来到江南，与劫后孑存的江南文人、艺人交流，饱受摧残的江南文化因之得以恢复，更惠及了运河沿岸城市，使之再次成长为当时中国文化艺术的中心地带，各种戏曲艺术、各种声腔以及地方小戏都在这里交流融合，改变了元人燕南芝庵《唱论》所谓"南人不曲，北人不歌"[2]的状况，出现了戏曲唱腔的"南北腔合调"，形成新的种类，从而开创了这些区域戏曲百花齐放的局面，给中国戏曲艺术的发展带来了深远影响。

这种现象在元时南戏作品中也开始出现，如《宦门子弟错立身》《小孙屠》里都出现了北曲曲牌。随后又催生了大量运用南曲创作的杂剧。随着南北曲、剧进一步交融，至明中期产生了完全用南曲写作的杂剧作品，形成了戏曲史上的"南杂剧"现象。到明成化、弘治年间，南戏因兼用南曲和北曲，衍变成为"传奇"，从而进一步发展。浙江右参政陆容《菽园杂记》记叙南戏在浙江流行情况："嘉兴之海盐，绍兴之余姚，宁波之慈溪，台州之黄岩，温州之永嘉皆有习为优者，名曰'戏文子弟'，虽良家子亦不耻为之。"[3]中国众多传统戏曲的声腔或剧种，如弋阳腔也开始和各地方言相结合，从而在从康熙末到乾隆中叶的四五十年中在各地涌现出如梆子腔、乱弹腔、襄阳腔、吹腔、二黄调、罗罗腔、巫娘腔等十几种地方戏，形成诸腔遍地开花的局面。

一般而言，当某一地域产生了一个新的戏曲声腔，并在当地获得成功后，

---

[1] 夏庭芝撰，虫天子辑，《青楼集》，《香艳丛书》，人民文学出版社1992年版，第135页。
[2] 燕南芝庵撰，龙建国疏证，《唱论疏证》，江西教育出版社2015年版，第270页。
[3] 陆容，《菽园杂记》，中华书局1985年版，第46页。

为扩大影响和演出市场，都会转赴外地，其目标，一般会走向商业贸易发达、生活富庶、最能聚集人气、具备经济条件与闲暇时间观看戏曲的观众最多的地方。由于运河沿线特别是南方一线这种城市与市镇众多，所以，明清时期，京杭大运河沿岸城市成为各地、各种戏曲声腔与剧种的吸纳、聚集之地。这成为当时一种重要的文化现象。

清代的扬州就是一个典型。如前所述，此地当时除本地的传统戏曲外，曾聚集了全国各种戏曲，如产生于秦陇（陕西、甘肃）一带的秦腔，入北京后又南下，扬州曾因秦腔名角魏长生的到来出现如谢榕生在《扬州画舫录》的《序》所形容的"到处笙箫，尽唱魏三之句"的热潮。各戏种琳琅满目，应有尽有，使扬州成为全国除北京外的戏曲中心，显示了非凡的经济实力与文化容纳力。

这些戏剧，之所以分为"雅部"和"花部"两类，首先由于负责此事的两淮盐务官员为便于管理，而其深层则寓褒贬之意。

焦循《花部农谭》说："梨园共尚吴音。花部者，其曲文俚直，共称为'乱弹'者也。"①《扬州画舫录》卷五又指出："郡城花部，谓之'本地乱弹'，此土班也。"至城外邵伯、宜陵等处之人"自集成班，戏文亦间用元人百种，而音节服饰极俚，谓之'草台戏'，此又土班之甚者也。若郡城演唱，皆重昆腔，谓之'堂戏'。本地乱弹祇行之祷祀，谓之'台戏'。迨五月昆腔散班，乱弹不散，谓之'火班'。后句容有以梆子腔来者、安庆有以二黄调来者、弋阳有以高腔来者、湖广有以罗罗腔来者，始行之城外四乡，继或于暑月入城，谓之'赶火班'。""吾乡本地乱弹小丑……然终止于土音乡谈，取悦于乡人而已，终不能通官话。"②

李斗、焦循所说"本地乱弹""郡城花部"即是由当地人参与演出、使用扬州方言、曲调演唱与道白的前述的香火戏、花鼓戏和各种外来土戏。所以，"花"、"雅"的提出与划分，肇始于扬州，是其将各地戏曲聚集在一地的结果，反映了清代中期各地、各种戏曲繁荣和沿大运河流动积聚的状况。由此也可

---

① 焦循，《花部农谭》，中国戏曲研究院编《中国古代戏曲论著·集成》(八)，中国戏剧出版社1960年版，第16页。
② 李斗，《扬州画舫录》(卷五)，扬州广陵古籍刻印社1984年10月版，第103页。

见,"雅部"意为雅乐正声,具有正规、标准、高尚之意,故以雅见长,婉转清柔,腔多字少,颇有南国柔丽之风被清廷推崇为"雅戏"的昆曲(昆山腔、昆腔)当此莫属;"花部"意为花杂不纯、混乱、杂乱、零乱、粗俗的意思,又称"乱弹",泛指除雅部外的一切地方戏曲。"花""雅"称谓,起始于拥趸主流意识形态、听惯"阳春白雪"——文雅端庄的昆曲的官僚士大夫等上层社会人士,听不惯浅显粗俗的"下里巴人"——从乡镇初来城市地方戏曲,从而产生的偏见和贬义。

同样,大运河畔的"天堂"苏州和杭州也成为南北戏曲、音乐的交汇点。如产生于山东的柳子戏(东柳)曾沿着运河传播到苏州,留下"吴下传来补破缸,低低打打柳枝腔"①的诗句。《燕兰小谱》系成于乾隆年间。而民间更有调侃打油诗:"补大缸啊大补缸,王大娘的裤子大开裆。"

与北方戏曲沿大运河向南方传播相应,元末,南方戏曲也沿运河向北方传播。海盐腔产生之初,主要是在南运河及其附近传播,徐渭《南词叙录》中"称海盐腔者,嘉、湖、温、台用之"。② 在沿运河南下杭州、余姚的同时,一路北上,很快风行苏州、松江,随后更沿大运河北上,"杀进"镇江特别是重镇扬州后,在进京途中,约于明嘉靖后期,传到了运河重镇山东临清。于是在《金瓶梅》中就有了"海盐弟子扮演戏文"的记载与描写。万历三年(1575年),与汤显祖齐名的临川前四大才子之一帅机路过临清,留下了《舟次临清有感故乡梨园之音》,其中有"久羁北土裘应敝,乍听南音泪欲涟"之句。③ 反映此时海盐腔在临清盛行的情景。海盐腔最终沿运河传入北京。顾起元《客座赘语》中载:万历以前,公侯与缙绅及富家"大会则用南戏","海盐多官语,两京人用之"。④ 沈德符《万历野获编补遗》中也记载道:"至今上(明神宗)始设诸剧于玉熙宫,以习外戏,为弋阳、海盐、昆山诸家俱有之",⑤

---

① 吴长元(太初),《燕兰小谱》(五卷),清乾隆刻本,第 6 页。
② 徐渭撰,李俊勇疏证,《南词叙录疏证》,江西教育出版社 2015 年版,第 33 页。
③ 帅机,《阳秋馆集》(卷四),清刻本,第 166 页。
④ 顾起元,《客座赘语》(卷九)《戏剧》,《历代笔记史料丛刊·元明》,中华书局 1987 年版,第 204 页。
⑤ 沈德符,《万历野获编》,《历代笔记史料丛刊·元明》,中华书局 1959 年版,第 271 页。

可见到万历时，北京城中从社会、士大夫各阶层直至宫中，海盐腔一体盛行，成为一种时尚。

昆曲的传播更是与大运河密切相关。

昆山腔作为明初四大声腔之一，初始虽"止行于吴中"，但如《南词叙录疏证》所述因其"流丽悠远，出乎三腔之上，听之最足荡人"，隆庆后特别是万历年间，即以苏州为中心迅速向全国各地流播。万历三十八年王骥德在《方诸馆曲律》卷二《论腔调》中说："昆山之派，以太仓魏良辅为祖。今自苏州而太仓、松江，以及浙之杭、嘉、湖，声各小变，腔调略同。"[1] 其传播路径如实际是以苏州为大本营，以大运河为中轴，以大运河沿岸江南城市为核心，沿河次第向北、向南、向西拓展，从苏州向西经无锡、南京传到安徽、河南、山西，向北经山东、河北传到北京；向南由浙江经江西、湖南传到广东、云南、贵州、四川，慢慢扩展至全国，在此过程中与各地的方言和民间曲调相结合，不仅演变出多种不同的昆腔支派，形成地方化的昆腔如"北昆"等，更对许多地方戏曲剧种产生深远影响。在昆曲耀眼的光环下，其他剧种也多染上了昆曲的色彩，或成为当地剧种的腔调之一如川剧、婺剧等剧种中的昆腔，形成了一种广泛的声腔系统或兼演昆曲剧目，如徽班历来徽、昆兼演，京剧则保留昆戏更多。

具体来看，昆山腔首先是向江、浙各地传播辐射，并很快压倒当时流行的弋阳、海盐诸声腔，独占歌台舞场。据范濂《云间据目抄》载，明万历年间，与苏州相邻的大运河沿岸城市松江、常州、镇江地区和浙江的杭州、嘉兴等地率先出现"首尚苏州戏"现象，此时，"本地折子戏十无二矣"。[2] 稍后，运河周边的南京相继发展成为昆山腔活动的主要阵地。万历年间潘之恒《鸾啸小品》卷二中曾记载，其在万历十二年（1584年）、十三年（1585年）在南京观看演出百余场，绝大多数为昆曲，至天启、崇祯年间，南京成为继苏州后的另一个昆曲中心。

扬州则是昆曲北上、中转的极重要一站。

明代，昆曲即与扬州有了不解之缘。昆曲万历年间从苏州传入扬州，迅

---

[1] 王骥德撰，陈多、叶长海注，《王骥德曲律》，湖南人民出版社1983年版，第68页。
[2] 范濂，《云间据目抄》，《笔记小说大观》铅印版，第17页。

明代戏曲大家、文学家汤显祖雕像

即在此生根开花,产生了专业昆班如张永年、袁天游(泰州)、李长倩(兴化)等昆班。汪季玄是寓居扬州的徽州人,喜爱并精通昆曲,家养昆班,造诣极高,万历三十九年(1611年)潘之恒在汪家观看家班演出十几天后赞扬道:"浓淡烦简,折衷合度,所以未能胜吴语者,一间耳。"①

昆曲大家汤显祖也与扬州有密切关系,在诗文中留下许多扬州印记。如写有《广陵偶题二首》,所作传奇《南柯记》写的是唐代扬州故事,据说其中第二出所提及的古槐树至今仍在扬州驼岭巷。其名作《牡丹亭》第三十一出也提及:"边海一边江,隔不断胡尘涨。维扬新筑两城墙,酾酒临江上。"②据传他更有一段"扬州缘":扬州女子金凤钿读《牡丹亭》成癖,由癖生情,遂给汤显祖寄信示爱。书信几经辗转才到达汤显祖手中。但汤显祖正忙于功名而未能前往相会,会试报捷后即赶赴扬州,不料金凤钿已因相思而死,临终留下遗言,"汤相公非常贫贱者,今科贵后,倘见我书,必来见访。唯我命薄,不得一见才人,虽死目难瞑。我死,须以《牡丹亭》曲殉,无违我志也"。③汤显

---

① 潘之恒,《亘史钞》,《文渊阁四库全书》(卷138),子部48,上海古籍出版社2009年版,第59页。
② 汤显祖撰,李保民点校,《牡丹亭》,《缮备》,上海古籍出版社2016年版,第96页。
③ 徐扶明编著,《牡丹亭研究资料考释》,上海古籍出版社1987年版,第27页。

祖阅后悲从中来，亲自为之营葬，守墓一月有余。虽是传说，但也反映了昆曲在扬州的影响和明末"礼崩乐坏"局面的悄然出现——与《牡丹亭》宣扬的追求爱情导向完全契合。

清代，当社会安定经济复苏后，扬州的昆曲又很快繁盛起来。这仍是各种因素综合的结果：在具有悠久的戏曲传统、广纳百川各种戏剧在此皆能立足的扬州，昆剧这一时髦艺术更会受到欢迎；财力雄厚的盐商们仍是昆剧的坚定拥趸者，为此不惜一掷千金。《扬州画舫录》记载称："昆腔之胜，始于商人徐尚志征苏州名优为'老徐班'，而黄元德、张大安、汪启源、程谦德各有班。洪充实为'大洪班'，江广达（即江春）为'德音班'，伏征花部为'春台班'，自是德音为内江班，春台为外江班。"又因当地乱弹无名角，故江春征聘四方名旦，如苏州杨八官、安庆郝天秀加入春台班。而杨八官、郝天秀又博采四川魏长生之秦腔和京腔中之优秀部分。这样，春台班中演员既擅京、秦、二黄，又擅昆腔，他们既能扮演雅部戏，又能扮演花部戏。扬州为南北戏曲名流集中之地。乾隆时盐商蓄养的家庭昆班即有"七大内班"。曾有盐商为演《长生殿》《桃花扇》竟分别花十六万两银、四十万两银置办服装道具；各六次南巡，驻跸扬州的康熙、乾隆都喜爱昆曲，"接驾"的地方官员和盐商更要精心准备昆曲演出，所以除盐商家班外，官府也办起维扬院宪内班、扬州恒府班、仪征张府班，并刺激商业性的维扬广德太平班、百福班、双清班、集秀扬部、聚友班和扬州老洪班等兴起。一时苏班名戏维扬聚。呈三足鼎立之势，戏班的规模小型的三四十人，大型的上百人；清政府也重视扶持昆曲，乾隆四十五年（1780年）巡盐御史伊龄阿奉旨在扬州设立"词曲局""修改曲剧"，总计修改校阅主要由苏州织造局提供的剧本一千一百零四种（包括一部分花部剧目），一时扬州成了研究、编辑昆曲剧本的大本营。

扬州在清中叶乾隆年间堪称昆曲的第二故乡。凡昆剧的各种风习规则，全部"拷贝"苏州传统。城内有街即称"苏唱街"，又因昆曲老家在昆山故又称"苏昆街"。扬州第一个昆腔班"老徐班"即成立于此，梨园总局设于此街的"老郎堂"。戏班入城先要在老郎堂祷祀，称"挂牌"，然后再到司徒庙演唱，称"挂衣"。每年五月散班，七月团班，团班人称"班揽头"。

但相比苏州，扬州公共演出不多。演出特别是内班演出首先是"御前承应",地点常在重宁寺大戏台和乾隆时各处行宫的戏台、戏厅。其次是为官僚出演的"应差"。再次轮到赴一般宅第演出的"堂戏"。公开出演传统场所主要在天宁寺、报丰祠、慧因寺、司徒庙等处。扬州昆班的艺人虽多来自苏州,但也产生了一些本地昆曲表演艺术家。如乔莱家班名伶管六郎,康熙二十八年(1689年)御前主演《耆英会记》,大受赞赏,被赐银项圈。乔家来班因此自称"赐金班"。与刘赶三齐名、同列"同光十三绝"的昆丑杨鸣玉,其故后,民间盛传"杨三已死无昆丑"的联语。但另一方面,昆剧也打上了扬州的烙印,除韵白、苏白外,还出现了始终念扬州白的戏,如《绣襦记·教歌》中的扬州阿二、《儿孙福·势僧》中的和尚、《红梨记·醉皂》中的陆凤萱诸角色,都是一口令人捧腹的扬州土话。扬州昆剧有了"扬州化"的迹象。

山东临清是昆曲沿大运河北上的又一驿站。《金瓶梅词话》中所描写的西门庆让两个年轻戏子演唱昆山腔的情节证明昆曲当时已经传入临清。

南方新兴诸声腔包括弋阳、海盐、昆山诸腔从由嘉靖朝开始先后传入北京,袁中道曾于万历三十八年(1610年)至四十四年(1616年)间在北京见过昆山腔戏班演出《八义记》《义侠记》等。经民间流行,于万历年间特别是后期进入宫廷,万历以后有"玉熙宫"和"四斋"之设和近侍习外戏之举,改变了宫廷演戏仅以院本、北杂剧承应的情况。随后,更快速崛起,地位步步上升,到明末竟达到了更高的地位,被称为"官腔"。天启、崇祯时期,文人诗文及野事史传闻中记载了宫廷演出昆曲的情况。如《天启宫词》:"驻跸回龙六角亭,海棠花下有歌声。葵黄云字猩红辫,天子更装踏雪行。"自注称:"回龙观多植海棠,旁有六角亭。每岁花发时,上临幸矣。常于庭中自妆宋太祖,同高永寿(伶人)辈演《雪野访赵普》之戏。""美人眉黛月同弯,侍驾登高薄暮还。共诧洛阳桥下曲,年年声绕兔儿山。"注:"兔儿山即旋磨山,乙丑(1625年)重阳圣驾幸临。钟鼓司掌印邱执板唱《洛阳桥记》'攒眉黛锁不开'一阕,次年复如之。宫人知书者相顾疑怪,语意实近不祥也。不期月而鼎湖龙逝矣。"[①]崇祯的周皇后、田贵妃分别为苏州人、扬州人,江南文化宫中受到推崇乃是必然。王誉昌《崇祯宫词》:"宵旰殷忧旦暂开,新呈歌舞自苏台。

---

① 秦徵兰,天启宫词一百首,《明宫词》,北京古籍出版社1987年版,第29页。

梧垣柏府今寥落，只有承乾谏草来。"注："苏州织造局进女乐，帝颇惑之。田贵妃疏谏云：'当今中外多事，非皇上燕乐之秋。'批答云：'久不见卿，学问大进。但先朝有之，既非朕始，卿虑焉'。"①

达官贵人、豪绅富商同样还蓄养了不少昆曲家班，聚会、晏集，必唱昆曲。如田贵妃的父亲田弘遇在京养有家班。民间会馆、庙台也有昆班演出，出现了"今京师所尚戏曲，一以昆腔为贵"②的情形。甚至出现《万历野获编》所记载"衍圣公"到北京也公然"出票拘集教坊妓女侍觞"唱昆曲的现象，实令人大跌眼镜。

上风下草，明末昆曲已流布到全国，南到广东、云南，西到甘肃、陕西，东到山东，东北则到关外满洲等地，很多高质量的佳作出现。

清代明后，这种状况未改变。

早在入关之前，满族人就很喜欢昆曲，皇帝也登场演戏。张煌言《建夷宫词》第六首："十部梨园奏上方，穹庐天子亦登场。缠头岂惜千斤费，学得吴歈醉一觞。"③经过清初消沉，康熙年间昆曲又兴盛起来，其时宫廷设立归内务府管辖的"南府"选太监习戏，称"内学"，地址在南长街南口，并从江南挑选昆曲伶人入南府充当教习。与之相对应，又另招收民间子弟习戏，称"外学"，安置于景山西北隅观德殿后群房白余间内，俗称"苏州巷"。康熙、乾隆都很欢喜昆曲。康熙二十五年（1686年）第一次南巡刚到苏州即问"'这里有唱戏的吗？'工部曰：'有。立即传进三班去。'……随演《前访》《后访》《借茶》等二十出。"④康熙四十四年（1705年）第五次南巡时，老皇帝几乎非戏不宴，每日必戏。宫廷也常演昆剧，康熙二十二年（1683年）特发帑币一千两，在后宰门架高台，令教坊演《目连救母》传奇，用活虎、活象、真马上台。乾隆时此风更甚。昭梿记道："乾隆初，纯皇帝以海内升平，命张文敏制诸院本进呈以备乐部演习，各节令皆奏演。其时典故如屈子竞渡、子安题阁诸事无不谱入，谓之'月令承应'。其于内廷诸喜庆事、奏演祥征瑞应者，谓之'法官雅奏'。其于万寿令节前后奏演群仙神道添筹锡禧以及黄童白叟含哺鼓腹者，谓之'九九

---

① 王誉昌，《崇祯宫词一百八十六首》，《明宫词》，北京古籍出版社1987年版，第96页。
② 史玄，《旧京遗事》，《笔记小说大观》（9编8册），新兴书局1984年版，第87页。
③ 张煌言，《张苍水全集》，《奇零草》，宁波出版社2002年版，第12—13页。
④ 姚廷遴，《历年录》，《清代日记汇抄》，上海人民出版社1982年版，第214页。

大庆'。又演目连尊者救母事，析为十本，谓之'劝善金科'，于岁暮奏之，以其鬼魅杂出，以代古人傩祓之意。演唐玄奘西域取经事，谓之'升平宝筏'，于上元前后日奏之。其曲文皆文敏亲制，辞藻奇丽，引用内典经卷，大为超妙。其后又命庄恪亲王谱蜀汉《三国志》典故，谓之'鼎峙春秋'。又谱宋政和间梁山诸盗及宋金交兵、徽钦北狩诸事，谓之'忠义璇图'。其词皆出日下游客之手，惟能敷衍厂章。又抄袭元、明《水浒》《义侠》《西川图》诸院本曲文，远不逮文敏多矣。嘉庆癸酉上以教匪事特命罢演诸连台，上元日唯以'月令承应'代之。"① 这些戏多是十本二百四十出，需演十多天，每部戏需演员一百多人，有的费银几十万。苏州织造府也兼办为宫廷演剧机构选送江南艺人事务。宫廷还专门组织人员创作昆曲剧本，编撰宫廷大戏，皇帝常进行具体指导，懋勤殿旧藏"圣祖谕旨"即载有康熙对改编《西游记》的专门谕旨。② 乾隆六年（1741年）由庄恪亲王允禄领衔编纂而成的钦定《九宫大成南北词宫谱》，是一部用昆曲演唱南北曲的乐谱总集。

除皇室外，达官贵人也喜爱昆剧。崇彝《道咸以来朝野杂记》载："早年王公府第，多自养高腔班或昆腔班，有喜寿事，自在府中演戏。他府有喜寿事，亦可借用。"③ 张宸平《平圃杂记》："壬寅（康熙元年，1662年）冬，余奉使出都，相知聚会，止清席用单柬。及癸卯（康熙二年）冬还朝，则无席不梨园鼓吹，无招不全柬矣。梨园封赏初止青蚨一二百，今则千文以常矣，大老有至纹银一两者。统一席之费，率二十金。"④ 民间职业昆班也应运而生，究其来源，既有康熙、乾隆南巡带回来的昆腔班，也有江南的昆班进京演出。如号称"四大徽班"之一的四喜班于嘉庆六年（1801年）左右来京，班中多苏、扬名伶，徽、昆兼演，到京后则以擅演昆曲著称，有"四喜的曲子"之誉。嘉庆十八年（1813年）的《都门竹枝词》说："公会筵开白昼间，嘈嘈丝管动欢颜。新排一曲《桃花扇》，到处哄传四喜班。"⑤

---

① 昭梿，《啸亭续录》（卷一），《大戏节戏》，中华书局1980年版，第267页。
② 朱家溍，《清代内廷演戏情况杂谈》，《故宫博物院院刊》，1978年第2期。
③ 崇彝，《道咸以来朝野杂记》，北京古籍出版社1982年版，第24页。
④ 张宸平，《平圃杂记》，《丛书集成续编》，上海书店出版社2014年版，第17页。
⑤ 佚名，《都门竹枝词》，《清代北京竹枝词（十三种）》，北京古籍出版社1982年版，第87页。

北京上流社会对昆曲的痴迷，使得市井百姓也对昆曲产生极大热情。龙震《玉红草堂集·吴下口号》："索得姑苏钱，便买姑苏女。多少北京人，乱学姑苏语。"① 可见北京人学吴语唱昆曲已成时髦。到嘉庆朝，京中更流行"家家收拾起，户户不提防"的谚语，这源于昆曲名句。"收拾起"是昆曲《千忠戮·惨睹》中建文帝所唱名段"倾杯玉芙蓉"曲牌的第一句"收拾起大地山河一担装"；"不提防"则是昆曲《长生殿·弹词》中乐师李龟年的名段"一枝花"曲牌的第一句"不提防余年值乱"。以此两个昆曲名段的头三个字作谚语，生动反映了当时昆曲已家喻户晓的兴盛状况。

天津是北运河要津，又靠近北京，所以昆曲传入同样较早。《祁忠敏公（祁彪佳）·归南快录》记载，崇祯八年（1635年）四月十五日由南京归，船过天津时"吴期生相邀，乘别舟往彼命酌，观《白梅记》，内有《东坡梦》剧。"《白梅记》系明传奇，《东坡梦》为元杂剧。可见昆曲至迟于明朝末已在天津盛行。② 入清后，昆曲在天津进一步流行。查为仁《莲坡诗话》："商苍雨……乙卯（雍正十三年，1735年）入都，路经水西庄，余出歌者演剧"，所演为《长生殿》。乾隆中期"风流太守"吴念湖所著《珊瑚传奇》为天津创作昆曲脚本之始。③ 到清代中叶，天津的昆曲演出也开始走向民间。

昆曲传入大运河的终端北京后，并未终结传播，又通过北京传入山西，在清代更形成兴盛一时的"晋昆"，活跃在太原、上党、平阳地区。康熙四十六年（1707年）孔尚任参加《平阳府志》纂修，作《平阳竹枝词》五十首。其中《西昆词》之一写冠当地昆剧有感："太行西北尽边声，亦有昆山乐部名。扮作吴儿歌水调，申衙白相不分明"④，既予以赞扬，又不忘揶揄当地人学苏州话不地道一番。平阳东关亢家昆班全国闻名，时有"南季北亢"之称，王友亮《双佩斋文集》："康熙二十七年《长生殿》初出，命家伶演之，一切启用，费银四十万两。"⑤ 康乾时山西祭祀庙会大部分为晋昆承演。浦县东岳庙乾隆十七年碑记："士人每岁于春廿八日献乐报赛，相沿已久……至期必聘平郡

---

① 龙震，《玉红草堂集·吴下口号》，清刻本。
②③ 转引自《中国戏曲志·天津卷》，中国ISBN中心1999年版，第69页。
④ 孔尚任撰，李尤白编，《梨园诗词选》，三秦出版社1998年版，第137页。
⑤ 王友亮，《双佩斋文集》，清刻本，第7页。

苏腔，以朝诚敬，以和神人，意至虔也。"① 甚至乡试也要演昆剧，许多学子更粉墨登场。乾隆二十八年乡试毕，五百多学子聚会，才子顾昌如、李仰山粉墨登场，执板演唱《长生殿·闻铃》《红梨记·窥醉》全套，"众皆赞服"。次日晚又与当时被列为"贱民"的伶人同台合演，且"尽兴而终"，② 视为士林之怪异。

昆曲在北方也有一定流变。除"晋昆"等外，还出现昆腔和弋阳腔同班合演的"昆弋班"这种形式。乾隆后期若干喜欢昆弋腔的王府豪门出资自办这种戏班，如嘉庆、道光年间成王府的小祥瑞昆弋班，道光、咸丰年间豫王府昆弋班，同治至光绪初年醇王府三度兴办包括安庆班、恩庆班、小恩荣班在内、被称"王府新班"的昆弋班，皆名声卓著。他们除在府邸演唱外也在市井演出，从而对北方昆弋形成起了重要作用。如醇亲王奕譞所办安庆班昆弋兼办科班，招收京畿汉人、旗人子弟学艺，培养出高腔、昆腔兼擅的"庆"字辈十余人，成为北方昆弋较早的骨干力量。③

从以上昆山腔北上的扩布路径可以看出，昆山腔传播发展中的几大中继城市绝大多数是运河沿岸城市，昆山腔依靠大运河得以迅速传播，出现了"四方歌者，独宗吴门"的繁荣景象，在流入各地后又与各地的方言和民间音乐结合，保存腔调基本相同的前提下糅合各地声、腔、方言，衍生出众多的昆腔流派，如北昆、晋昆、徽昆等，形成了丰富多彩的昆腔系统。

同样值得注意的是，因为政治中心在北京，各地较为成熟的戏曲都有向其靠拢、传播的驱动力。南方戏曲很多情况下是沿着京杭大运河一路进发，来到北京的。这又有两种情况，一种是这种声腔或剧种产生在运河附近，就会顺势沿运河走向北京；一种是并不产生在运河附近的声腔或剧种，则多会先向运河附近靠拢，然后再沿运河北上入京。总之，大运河作为戏曲流徙的载体作用，无可替代。正是它促进了古代戏曲的南北交融，提供了戏曲繁荣的物质基础，奠定了运河沿岸戏曲"百花齐放"的面貌，将其称为"一条中国艺术发展的重要文化血脉"实不为过。

---

① 蒲县柏山东岳庙乾隆十七年碑文。
② 徐昆，《柳崖外编》，吉林大学出版社 1995 年版，第 56 页。
③ 参见侯玉山述，《北方昆弋渊源述略》，河北省文化厅编《河北戏曲资料汇编》第六辑，1985 年版，第 267 页。

四、"花"盛"雅"衰

然而,世间从无永恒之物,盛极而衰乃是常道。昆曲也是如此。这同样是在大运河畔发生、演绎。

清中叶,就在昆曲最辉煌时出现了"花雅之争",如前所述,"雅"指昆曲。"花"指地方戏。清代,昆曲虽长期执梨园牛耳,但其他戏曲也"芙蓉生在秋江上,不向东风怨未开"地顽强生长,那些当地原生态的戏剧继续深深扎根于民间,同时,受到压抑冷遇的弋阳腔也和各地方言相结合,从而在从康熙末到乾隆中叶的四五十年中,在各地涌现出如梆子腔、乱弹腔、襄阳腔、吹腔、二黄调、罗罗腔、巫娘腔等十几种地方戏,并日趋成熟,形成花部诸腔遍地开花的局面。以山东为例,齐鲁大地一直流行多种民间戏剧。

"山东梆子"又名"高调梆子",简称"高梆",是由山陕梆子经由河南开封一带传入山东境内,受到山东当地方言的影响,尔后逐渐衍变发展起来的。据有关史料记载,乾隆年间山东就有本地梆子存在,并有山东籍的梆子演员晋京演出,可见其在清初已相当盛行。主要流行在鲁西南的菏泽、济宁、泰安一带广大地区。

"柳子戏"又称"弦子戏",是流行在山东的古老剧种,目前尚在流行的中国戏曲古老声腔之一,系由元明以来的弦索系统衍变而来,和"大弦子戏""罗子戏""卷戏"等同出一源。以演唱用俗曲编成的剧目为主。其曲调为"柳子腔",亦称"柳枝腔",是由当时中原民间流行的俗曲小令山歌小曲如"黄莺儿""山坡羊""打枣杆"等所组成,后又吸收了高腔、青阳、乱弹、昆曲、罗罗、皮黄等剧种的唱腔、表演与剧目,以三弦作主奏乐器,笙、笛辅之,约在明朝首先产生在山东一带。据考证,"柳子"名称之由来,是因北方将唱叫"柳"(读"陆"音)。如将"唱大鼓"称作"柳海轰",柳即唱,海即大,轰即鼓。柳子腔的"子"即曲子,"柳子"即"唱曲子"。由于它容纳了通俗的七字说唱曲调"柳子",便以"柳子戏"命名。历史上曾有"东柳、西梆、南昆、北弋"之说,其中"东柳"即指山东柳子戏。形成后向外流传大江南北,成为一种戏曲声腔,活动地域甚广,跨有山东、河南、江苏、河北、安徽交界处三十多个县,北至黄河北岸的临清、馆陶、大名、濮阳,南至苏北、皖北的徐州、丰、沛、萧、砀等地。

"肘鼓子"，原为肘悬小鼓拍击节奏而名之，实际上它是从"姑娘腔"（也称巫娘腔）脱胎衍化而来的一种地方戏声腔，形成于清代康熙年间之前，在山东流传甚广，由于各地语言、风俗习惯不同，与当地生活方言、民间小调结合后产生了各种流派，分为东、西、北三路。茂腔属于肘鼓子系统的一个流派。嘉庆以后，各种类型的肘鼓子戏流传到诸（城）、高（密）、胶（州）一带，以当地民间秧歌小调"老拐调"为主体形成了具有本地特点的肘鼓子戏。后来从海州、赣榆及鲁中南传来一种用柳叶琴伴奏演唱的"冒肘鼓"调。

又如，作为戏剧总汇之地的扬州原本存在的香火戏和花鼓戏，仍在民间红红火火，紧邻扬州的淮安等地区，则是淮剧十分兴盛（见第八章）。

在各地特别是北京、扬州这两个戏曲中心，"花雅之争"尤为激烈。

在北京，乾隆帝共举行了四次祝寿活动分别在乾隆十六年（1751年）、二十六年、三十六年和五十五年，期间广征百戏，各地声腔云集京师，戏曲剧种有昆曲、高腔、秦腔、徽戏、山东柳子戏、丝弦戏、武安平调、哈哈腔、老调、豫剧等，出现诸腔杂陈局面。而竞争中，带有"野味"即民间艺术生命力的花部日渐获得观众喜爱，而昆剧则逐渐失宠。这一竞争先后经历三大回合。

第一次是昆曲与京腔的较量。京腔是弋阳腔传到北京后用北方方言演唱的新剧种。因唱腔高亢挺拔，又名"高腔"。乾隆时京腔迅速发展出现了"六大名班、九门轮转"的兴盛局面，呈现压倒昆曲的态势，宫廷大戏也多已采用昆曲和京腔合演的形式。

第二次是秦腔登上北京舞台。乾隆中期秦腔从关中传到全国，不少名演员汇集到京城。乾隆四十四年（1779年）著名的秦腔演员魏长生来到北京，以《滚楼》一剧轰动北京。京腔、昆曲同受打压。为维护昆曲"正声"地位，清政府动用行政手段以正风俗、禁淫之戏为名禁止秦腔戏班在京演出，魏长生被迫将秦腔戏班"双庆"改为京腔班"永庆"，凄然离京。其弟子另一著名秦腔演员陈银官改投"宜庆"京腔班演唱。

第三次是乾隆五十五年（1790年）浙江省官员和商人以送戏祝寿名义，由著名徽班艺人高郎亭率领"三庆班"来京演出。四喜班、春台班、和春班随后也相继进京。看惯昆曲和京腔的老皇帝对耳目一新的徽班演出甚感兴趣。热闹的场面、炽烈的武打不仅吸引了市井百姓，也吸引了包括达官贵人的其他阶层观众。徽班在花雅之争中取得胜利，并占领北京舞台。张漱石在乾隆时期成书的传奇《梦中缘》中谈到当时戏曲演出情况称:"长安梨园称盛,而所好惟秦声、罗、弋,厌听吴骚,闻歌昆曲辄哄然散去"。

在扬州,乾隆于十六年(1751年)、二十二年(1757年)、二十七年(1762年)、四十五年(1780年)、四十九年(1784年)六次南巡苏、扬等地。汇全国戏曲于一炉的扬州在历次"接驾"时,如前所述,"两淮盐务,例蓄'花''雅'两部,以备大戏",艺术储备充足,能随时满足皇帝的不同需要,因而诸腔云集,百调纷呈,各流派杂陈俱荟,盛况空前,戏曲舞台出现前所未有的繁荣,悄然成为"花部勃兴"的中心。"花雅之争"的结局同样如此:昆剧失利而居下风。如焦循称:"余忆幼时随先子观村剧,前一日演《双珠天打》(昆剧),观者视之漠然。明日演《清风亭》(民间戏剧),其始无不切齿,既而无不大快。铙鼓既歇,相视肃然,罔有戏色。归而称说,浃旬未已。彼谓花部不及昆腔者,鄙夫之见也。"①"天既炎热,田事余闲,群坐柳荫豆棚之下,佹谈故事,多不出花部所演。"焦循之子焦廷琥《先府君事略》也记载道:"湖村二、八月间,赛神演剧,铙鼓喧阗……花部演唱,村人就府君询问故事,府君略为解说,莫不鼓掌解颐。"②可见在观众心目中两者地位之高下,多数观众喜爱花部,趋花淡雅。

造成如此状况的原因在于,决定戏曲的兴衰、际遇最根本的因素在于它与广大人民群众的关系如何。昆曲自身此时脱离了民众,已难以满足民众的需要:过于求雅,文辞和声腔不通俗,内容庞大,动辄几十出,节奏缓慢,成本高昂,只适合士大夫庭院楼台演出。而花部却因为内容贴近生活,多满足惩恶扬善的心理,质朴粗犷,结构紧凑,剧本唱词浅显通俗易懂,唱腔清新活泼。在剧种增多、存在多种选择的情况下,观众当然会用脚投票,选择其听得懂、生动有趣的剧种。《花部农谭》即记载:"梨园共尚吴音。花部者,其曲文俚直,共称为'乱弹'者也。乃余独好之,盖吴音繁缛,其曲虽极谐于律,而听者使未睹本文,无不茫然不知所谓。其《琵琶》《杀狗》《邯郸梦》《一捧雪》十数本外,多男女猥亵,如《西楼》《红梨》之类,殊无足观。花部原本于元

---

① 焦循,《花部农谭》,中国戏曲研究院编《中国古代戏曲论著·集成》(八),中国戏剧出版社1960年版,第229页。
② 焦廷琥,《先府君事略》,《焦氏丛书》本卷首,道光八年刊本,第2页。

剧，其事多忠、孝、节、义，足以动人；其词直质，虽妇孺亦能解；其音慷慨，血气为之动荡。郭外各村于二八月间，递相演唱，农叟渔夫，聚以为欢，由来久矣。"简言之，一方面花部的新艺术形式、新编撰贴近生活的剧目、新的不拘一格的唱腔给观众全新感受，令人耳目一新；而剧本内容紧凑，演出成本较低，完全便于在市井剧场、乡村野台演出，这几点综合，结果赢得了民间观众青睐欢迎。另一方面，明末到清代中期昆曲成了宫廷主要戏曲声腔、官方"主流意识形态"的载体的同时也成了娇弱的"温室花朵"，艺术发展收滞，最明显之例是《长生殿》《桃花扇》之后未有多少创新剧目，比不上花部"接地气"，能在民间栉风沐雨而枝繁叶茂，所谓"城中桃李愁风雨，春在溪头荠菜花"是也。

两相较量，雅部昆曲竞争不过花部，乃必然趋势。

在花雅之争中，清统治者竭力维护昆曲，这既是保守，更是从意识形态考虑。因为花部诸腔天然存在民间乡野之气，许多剧目宣扬民间的是非标准和道德评判，不符合统治者思想规范。前述秦腔遭禁即是如此，"乾隆五十年议准，嗣后城外戏班除昆弋两腔仍听其演唱外，其秦腔戏班交步军统领五城出示禁止。现在本班戏子概令改归昆弋两腔。如不愿者听其另谋生理。倘有怙恶不遵者交该衙门查拏惩治，递解回籍。"① 嘉庆三年（1798年）三月清廷又颁谕查禁各花部戏曲："乱弹、梆子、弦索、秦腔等戏，声音既属淫靡，其所扮演者非狭邪即亵既怪诞悖乱之事，于风俗人心殊有关系。此等腔调虽起自秦、皖而各处辗转流传，况相仿效，即苏州、扬州向习昆腔，近有厌旧喜新，皆以乱弹等腔为新奇可喜，转将素习昆腔抛弃，流风日下，不可不严行禁止。嗣后除昆、弋仍照旧准其演唱，其外乱弹、梆子、弦索、秦腔等戏概不准再行演唱。所有京城地方着和珅严查饬禁，并着传谕江苏、安徽巡抚、苏州织造、两淮盐政一体严行查禁。"②

然而，"武器的批判"虽能奏一时之效，但思想是难以动用行政手段废、立的。受皇室呵护的雅部昆曲因民众否定而扶而难持。花部诸腔的地方戏曲由

---

① 《钦定大清会典事例》《钦定台规》，转引自李德生撰，《禁戏考》，百花文艺出版社2009年版，第5页。
② 《老郎庙碑记》，江苏博物馆编，《江苏省明清以客流量碑刻资料选集》，生活・读书・新知三联书店1959年版，第296页。

于它反映了时代和人民的斗争生活、思想情感，得到民众认同、喜爱，不会因禁令而停滞，仍旧暗中得到迅速发展，连原对花部戏曲持有异议的观众（包括达官贵胄）也逐步喜欢上花部戏曲。所以，虽然清统治者动用政权力量护雅抑花的效果几乎为零，根本无法阻挡雅衰、花盛的趋势。嘉庆八年（1803年）小铁笛道人称："迩来徽部迭兴，踵事增华，人浮于剧，联络五方之音合为一致，舞衣歌扇，风调又非卅年前矣。"① 道光年间徽班更盛。道光二十二年（1842年）蕊珠旧史称："戏庄演剧必徽班，戏园之大如广德楼、广和楼、三庆园、庆乐园亦必以徽班为主。下此，则徽班、小班、西班相杂适均矣。"② 加之嘉庆时期随着国力减衰，宫廷演出大为缩减（也与嘉庆较节俭有关），官员蓄养家班也遭禁止，也大大压缩了昆曲的空间。到了晚清，昆曲状况更为凄惨，演出市场更趋没落，"昆曲曲高和寡，不适于俗，皮黄崛起，夺其席而风靡雄视，其势力至伟。"③ 甚至成了"利尿剂"的代名词："道光朝京都剧场犹以昆剧、乱弹相互奏演，然唱昆曲时观者辄除外小遗，故当时有以'车前子'讥昆剧者。（注：中药车前子利尿）……自乱弹兴而昆剧渐废。"④ 甚至在昆曲发源地苏州，号称"大调"的昆曲也在与扬州小调的竞争中一败涂地。

当然，也有青楼女子、士大夫坚守昆曲，但仿佛是前朝遗民，被视为食古不化者。

为了生存，昆曲演员反过来要搭三庆、四喜、春台等乱弹班演出："京师自尚乱弹，昆部顿衰，惟三庆、四喜、春台三部带演，日只一二出，多到三出，更蔑以加。曲高和寡，大抵然也。子弟教成歌舞将出应客，先输钱于菊部，安节出费，谓之'搭班'。……子弟无论学昆、黄，必隶三庆等三部。故昆曲之于三部藉延一线耳。"⑤ 光绪年间，三庆班等昆曲班社演出剧目也越来

---

① 小铁笛道人，《日下看花记》，张次溪编《清代燕都梨园史料》，中国戏剧出版社 1988 年版，第 55 页。
② 杨懋建（蕊珠旧史），《梦华琐簿》，张次溪编《清代燕都梨园史料》，中国戏剧出版社 1991 年版，第 349 页。
③ 张肖伧，《菊部丛谭·序》转自周传家、程炳达主编《北京戏剧通史·明清卷》，北京燕山出版社 2001 年版，第 383 页。
④ 徐珂，《清稗类钞》，中华书局 2010 年版，第 517 页。
⑤ 艺兰生，《侧帽余谈》，张次溪编《清代燕都梨园史料》，中国戏剧出版社 1988 年版，第 602 页。

越少,且夹在乱弹戏里演,几成恐龙的孑遗、活化石矣。

五、京剧的产生

昆衰花兴的又一重大结果是京剧的产生和盛行。

京剧,大体形成于清乾隆五十五年(1790年)至道光十年(1830年)间,腔调以西皮、二黄为主,用胡琴和锣鼓等伴奏,是中国五大戏曲剧种之一,被视为中国又一国粹。它的产生与流传,又与大运河密不可分。也正是牵阅古今的京杭大运河孕育滋养了京剧,给世界留下了这一文化绝响。

京剧的渊源,主要是徽戏(徽调)和汉戏(楚调)。

徽调是安徽省安庆一带历史悠久的地方戏曲,形成于明,流行于清。安庆作为安徽的省会首府,水陆交通枢纽,凭借着长江和大运河的便利,周边和南来北往的各种地方声腔戏曲,都在此留下了足迹,从而在此产生了以二黄(簧)腔为主,并包括昆山腔、吹腔、高拨子、四平调及民歌小调,声腔异常丰富的"徽调"。特别是清康熙、乾隆各六次南巡,陕西、四川、湖北、江西等地的戏班往扬州集中都路经安庆,徽调得以吸收各地戏曲声腔精华而更加丰富多彩。

"二黄(二簧)"名之由来,一说因其出自湖北的黄冈、黄陂两县;二说源于江西的"宜黄腔",因江浙人士读''二''宜'字音相近,"二"即"宜"之讹传(《二黄来源考》,《戏剧月刊》三卷八期);三说系由四平调发展而成,源于最初用两把唢呐伴奏,取其中两个簧管之意。总体看,徽调的腔调较二黄为低,但韵味确实颇似二黄。

徽调中之"高拨子",一说是秦腔流传到安徽桐城、结合当地曲调演变而成;一说"拨子"即"梆子"之讹音,因山西方言读"梆"近"拨"音;一说由弋阳腔演变而来(周贻白,《中国戏剧史长编》),因该调高亢,用"火不似"弹拨乐器伴奏,故名"高拨子";更有说源于江苏高淳渔民拨船的渔歌"拨子",从高淳向外传播,遂称"高拨子"。①

吹腔系明末清初从弋阳腔发展而来的四平调流传到安徽的枞阳、石牌一带

---

① 李元龙,《京剧琐话》,宏业书局1960年版,第53页。

后，受昆曲的影响而形成，与北曲也有关系。如《秦云撷英小谱》所说："弦索流于北部，安徽人歌之为'枞阳腔'，今名'石牌腔'，俗称'吹腔'。"弦索可能即是弋阳腔。

四平调亦称"平板二黄（簧）"，由吹腔演变而成。其源流，据说是枞阳之吹腔在安徽、江苏句容一带流传，除声腔变化外，又改用弦索伴奏，因句容东南有山名"四平"，所以称为"四平调"。四平调与吹腔声腔旋律极近似，两者差异只不过后来的四平调改用弦索伴奏，吹腔仍用笛子伴奏。四平调和吹腔，各有所长：四平调流畅舒展，吹腔凄楚婉转，徽班入京后这两种声腔一直沿用，成为京剧重要声腔之一。

另一来源汉戏，又称"楚调"，是在弋阳腔的支脉——清戏的基础上吸收西皮、二黄（簧）发展起来，形成此以西皮、二黄（簧）声腔为主，流行于湖北全省的地方戏曲。其源头弋阳腔又称"高腔"，如前所述，则是元末明初产生于江西弋阳一带的地方戏曲。明万历年间谭纶根据海盐腔对其进行过改革。明末清初与昆山腔同时称盛，曲调粗犷奔放，腔少字多，颇具高亢、激烈特点，与昆曲婉转轻柔、腔多字少正相映照。演唱时一人独唱，众人帮和，称"帮腔"。无音乐伴奏，只在一个唱句后加一打击乐（鼓、板、铙钹、锣等）以衬托气氛。其中还有"滚调"——以五字句或七字句的上、下句形式在有节奏的鼓板中进行富于音乐性的朗诵，从而使演出更加活泼动人，加强了表现能力，突破了曲牌在表达剧情和人物思想感情上的限制。西皮调则是秦腔流传到湖北襄阳一带经湖北艺人改造而成，故又称"襄阳调"。湖北土语称唱为"皮"，遂将源于陕、甘的这种腔调称"西皮"。西皮的声腔旋律保持了秦腔高亢激越的特色。演出的剧目多为民间集体创作或艺人所写，有反映民间生活的小戏，但以歌颂历史上英雄豪杰剧本为多，语言生动，通俗易懂。表演风格粗犷、夸张，讲究做工，重于武打技艺，富于生活气息。长期活跃于中小城镇，多演出于广场、草台。由于有深厚的群众基础，自形成后在民间迅速流传，遍及大江南北，如安徽、江苏、福建、湖南、湖北、广西、四川、北京、河北等，并与当地戏曲结合，演变为各种支脉，如川剧、湘剧、赣剧、桂剧、婺剧、徽戏等地方戏曲中的高腔部分就是弋阳腔的余绪。

同时，京剧也受到了其他各种地方戏曲的影响。在京剧形成前，当时的中国戏曲声腔曾分为"南昆、北弋、东柳、西梆"四类，形成"昆、高、梆、黄、柳"五大声腔系统。"昆"包括江南正宗的昆腔和流传到北京、高阳的北昆及川剧、湘剧、徽剧中的昆腔部分;"高"包括由弋阳腔发展演变的各种高腔如川剧高腔、湘剧高腔、绍剧高腔、婺剧高腔、京腔高腔等;"梆"包括陕西梆子、山西梆子、河南梆子、河北梆子、山东梆子等;"黄"即皮黄,包括徽戏皮黄、汉剧皮黄、京剧皮黄及粤剧、滇剧、桂剧中的皮黄部分;"柳"即柳子腔,包括由一些民歌小调发展而成的戏曲腔调。这些地方戏曲为京剧丰富了剧目、表演提供了相当多的营养,可谓撷各剧之萃而熔于一炉。其中影响较多者有以下几种。

罗罗腔。据说此腔亦来自湖北,如《扬州画舫录》记:"湖北有以罗罗腔来者",称湖北艺人樊二在演《思凡》时就使用此腔。罗罗腔用唢呐吹奏,唱如数板,大部分唱句不用乐器伴奏,每唱一句后由唢呐奏过门,曲调异常简洁,语言性强,活泼风趣。因此腔来自江南,北方人称为"南罗"。京剧《打面缸》《打杠子》《打皂王》《蔡家庄》等均用此腔。

柳子腔渊源见前述戏剧部分,京剧《小放牛》《锯大缸》中所用曲调仍用由山歌小曲演变而成的柳子腔。

勾腔。山西一种地方戏曲调,《赌棋山庄词话》称:"勾调,则山西腔也",①属梆子腔系统,颇具嘹亮、高亢特色。吴太初的《燕兰小谱》有诗描述称:"嘹喨京腔响碧空,勾音异曲不同工。雁门山上初飞雁,忆煞当歌盛小丛。"诗后批注则更进一步区别了其与昆腔、京腔的差异:"山西勾腔,似昆曲而音洪亮,介乎京腔之间",②并注明(乾隆年间)当时擅长此腔者有山西蒲州薛四儿。张亭甫道光初年所写《金台残泪记》:"雁门山上雁初飞,萧瑟勾音怨落晖。唱断秋风同法曲,小丛何处泪沾衣。"③

秦腔又称"西秦腔""甘肃腔""梆子腔""琴腔",是产生在陕西、甘肃一带的地方戏曲曲调。其形成亦受北曲的影响。在唐宋已出现。秦腔流传广,如山西梆子、山东梆子、莱芜梆子都源于秦腔。梆子腔高亢激烈,泼辣粗犷,演唱时用梆子(多为枣木制成)击打作节拍,颇具西北开阔豪放、慷慨激昂的

---

① 谢章铤撰,刘荣平校注,《赌棋山庄词话校注》,厦门大学出版社2013年版,第42页。
② 吴长元(太初),《燕兰小谱》(五卷),清乾隆刻本,第27页。
③ 转引自苏移,《京剧二百年概观》,北京燕山出版社1989年版,第14页。

特色。

当然京剧也少不了昆山腔影响，昆剧的许多剧目和程式、唱段，皆完整保存在京剧中，即是明证。

而这些剧种的交流融合，如前所述，一需要交通，二需要有合宜的场所。大运河不仅为各剧种的演出提供了便捷通道，也为之提供了展示的舞台：特别是它所滋润的北京、扬州两个当时的全国戏剧中心，大约从乾隆五年（1740年）到道光十年（1830年）这不到一百年的时间里，容纳"花部"诸腔得以在其中大展身手，彼此碰撞、切磋、相互汲取营养，从而成为各地方戏曲交流融合的大熔炉。

如前所述的秦腔名角魏长生，生于乾隆十四年（1749年），卒于嘉庆七年（1802年），字婉卿，四川金堂人，排行第三，人称"魏三"。幼年到山西学秦腔，演花旦，唱做兼能，武功亦佳，成艺后曾到扬州、苏州出演，在丰富的艺术实践中注重生活，不断创新，"演戏能随事自出新意"①，包括改旦角"包头"为"梳水头"，创造了"踩跷"技艺，又将秦腔的声腔加以改造，《燕兰小谱》称："蜀伶新出秦腔，即甘肃调，名'西秦腔'。其器不用笙笛，以胡琴为主，月琴副之。"声腔旋律虽仍属于"梆子腔"系统，但已非原汁原味的传统陕西的秦腔。这一系列创新引发轰动，"昔在双庆部以《滚楼》一出奔走豪儿，士大夫亦为心醉。……一时歌楼观者如堵。"被誉之为"伶中子都也。"《谐铎·南部》亦说其在南方的效应："自西蜀韦（魏）三儿来吴，淫声妖态，阑入歌台，乱弹部靡然效之，而昆班子弟亦有背师而学者。"②甚至动摇了昆曲的统治地位。如前所述，秦腔入京后的风行不仅使"京腔旧本置之高阁"，"六大班伶人失业，争附入秦班觅食，以免冻饿而已"，③也同样引发以"雅"自居的昆班子弟投奔。以至清廷将秦腔明令禁止。秦腔遭禁四年后在京处于地下状态而一蹶不振。乾隆五十四年（1789年），魏长生返回四川，嘉庆六年（1801年）复入京。次年夏，演《表大嫂背娃》下场后身亡，年54岁。

而徽调和徽戏的流播的媒介仍是大运河及徽商。

---

① 赵翼，《檐曝杂记》，梨园色艺条，上海古籍出版社2012年版，第74页。
② 沈起凤，《谐铎》（卷12），《南部》条，人民文学出版社2006年版，第153页。
③ 戴璐，《藤阴杂记》（卷5），《说库》丛书（第27册），上海文明书局1915年版，第4页。

自古以来,徽州就有子弟外出经商的传统,江南是其首选之地。到了清代,大量徽商来到运河之都扬州,凭借精明和努力而成为富甲一方的盐商主体,在当时的物质、文化消费中,"乡情""乡音"自然受到青睐,徽州艺人进入扬州谋生后得到了盐商的大力扶持而得以立足,徽调也在演唱实践中得到传播和发展。

同时,如前所述,盐商们在文化上多兼蓄并包,对各种戏曲也大体能一视同仁,最典型的是籍贯歙县的大盐商江春(江鹤亭),作为一位酷爱戏曲且品位极高的戏曲鉴赏家,家中常常演戏三四部,客人数百计。他更喜欢把各剧种名角聚在一起同台竞技,让不同声腔同台互补,这就使进入扬州异军突起的徽班具有了博采众长的条件。经过不断的艺术实践,通过与其他剧种频繁接触和交流,不断向其他声腔学习,得以广泛吸收了昆腔、罗罗腔等声腔、技艺,形成并不单纯只唱徽调,而是昆曲、乱弹竞技、"花部""雅部"同演的"胡闹台"格局,徽班艺术获得了大幅度提高,其唱腔、演出剧目、行当、武打做工、表情各个表演环节都已初步形成自身特点。所以,在扬州的徽班,经过自身的发展和学习借鉴,逐步成长成了能出演大戏的重要戏班。

名噪一时的"徽班"

徽戏最终走向京城，衍变为京剧，除因为扬州得天独厚的地理、经济、人文条件外，还与在大运河畔迎合清朝乾隆皇帝的两次关键性活动有着密不可分的关系。

一次是乾隆四十五年（1780年）。

清朝皇室、贵族多爱好戏曲，乾隆帝更是如此，在皇宫里总是观看高雅的昆剧，终于"雅"腻了，虽然如前述，在"花雅之争"中为维护"主流意识形态"曾发谕旨"扬雅禁花"，但私衷实对民间戏曲极感兴趣，对"花"心向往之。但在规矩森然的紫禁城里无法恣意"掐花"，而沿京杭大运河南巡应该说是"寻花"的好机会。乾隆六下江南都是沿大运河南下乘船，且都驻跸扬州。扬州的地方官员每次都虔诚隆重"接驾"，征召戏班演出，博其一笑。可是，前四次是打着"奉母览胜""问风俗，咨疾苦"的旗号——有皇太后在身边尚不敢过分造次。乾隆四十二年（1777年）皇太后病逝。三年后，四十五年正月，乾隆开始第五次南巡。没有了皇太后的约束，朝廷在筹备皇帝南巡事项时，即训令各省衙门征调地方戏曲班汇集扬州。各省接到指令迅速行动，备受压抑的"花部"各"乱弹"得到征召，更是鼓弦钹锣之声喧腾一片，光明正大、堂而皇之"奉旨"向扬州进发，南昆、北勾，东柳、西梆云集，昆、高、梆、簧、柳五腔齐聚，以餍足皇上的"花"心。乾隆抵达当晚，好戏即开锣。首场演出当然安排"样板戏"的"雅部"昆曲。接下来数天，在乾隆"雅俗共赏，与民同乐"的恩准下，"花部"各戏班大展身手，使尽浑身解数，轮番登台，场面之盛大、热闹，扬州为之沸腾，事后《扬州府志》用赞叹的笔调记述道："此次堂会，实乃空前未有之盛举。"[1]

对各剧种来说，这却是一次千载难逢的机遇：全国性的戏曲荟萃，各地方特色文化的集中展示和交流，使平日分散在各地的演员、活跃在乡村码头的"草台班"有了登上繁华都会进行学习交流的可能。

徽戏上演的《徐策跑马》，其"高拨子"腔令乾隆振奋异常，即询问陪侍的扬州官员此曲来历。扬州官员急忙召唤来徽戏班主回禀，称"高拨子"源于运河支脉边的江苏高淳县境，高淳县境多湖，湖中渔民在撑船过坝时会齐唱鼓劲，因此这种合唱腔调被称为"拨子"。此腔调传出高淳县后，人们遂又在

---

[1] 阿克当阿修，《嘉庆扬州府志》，广陵书社2006年版，第275页。

"拨子"前面加了一个"高"字。乾隆对"高拨子"的称赞让一干陪看官吏牢记在心，为日后徽班进京埋下了伏笔。

这次戏曲的盛会，在乾隆离开扬州后并未曲终人散，十数个来自全国各地的戏班并没有马上离开，而是继续留在扬州献艺，"锣鼓之声，无日不闻；冲僻之巷，无日不有"。①

十余天的演出之后，各戏班班主们又一致决定自扬州结伴晋京。他们怀着刚刚为皇帝御演的兴奋和激动，带着对京城的向往、渴望和对未来的期盼，将数十艘班船沿大运河一字排开，首尾相衔，浩浩荡荡，向北进发，每经过运河边的一个城镇，即拢船登岸，就地搭台演出，走一路演一路。十数种地方戏曲同在千里运河上进一步相互切磋，交融汇合，成为一次"文化之旅"。经过长达一年的盘桓，乾隆四十七年（1782年）春，这支荟萃了中国不同地方戏曲品种的浩荡队伍到达京城，在前门一带的太平园、四宜园、查家楼、月明楼、吉祥、中华、东安、丹桂、庆乐、中和等戏楼亮相时，出现了昆弋同班、"雅""花"杂陈的盛大场面，作为"花"中之重的徽戏，经历此番淬炼，此时更融进了二黄腔、昆曲、吹腔、高拨子等各类声腔，吸收了弋阳戏曲中精湛的武打做功；行当角色初步具备，原本地方色彩浓郁但显得单调的戏曲，无论是艺术内容、还是艺术形式、表演手段都更加丰富多彩，魅力横生。这也如同以水和面：大运河之水用它无可比拟的柔情和黏合力，将不同地域的文化融合在一起，使广集多种腔调于一体、博采众长于一身的京剧，慢慢开始孕育，不断成型丰满。

另一次是十年后，也是秦腔进京十年后，时在的乾隆五十五年（1790年）。此年为庆祝乾隆八十寿辰，清廷征召江南戏班进京演出，其中特别强调要有徽班。承办此事的扬州官商特别是两淮盐务官员和盐商自然受宠若惊，全力以赴。此次遂选定由江春在安庆组建、在南方享有盛名的"三庆班"的徽戏戏班，由艺人高朗亭率领，率先从运河进入北京共襄盛举，参加祝寿演出。这是第一个入京的徽班。该班以唱二黄调为主，兼唱昆曲、吹腔、梆子等，诸腔并奏。《扬州画舫录》载："高朗亭入京师，以安庆花部，合京、秦二腔，名其班曰'三庆'。"杨懋建在《梦华琐簿》中也说："而三庆又在四喜之

---

① 王植，《崇德堂稿》，清刻本，第27页。

先,乾隆五十五年庚戌,高宗八旬万寿入都祝厘,时称'三庆徽',是为徽班鼻祖。"

这次祝寿演出规模盛大,据当时统计,京城共有十七个戏班参加演出,其中纯粹昆腔班六个,秦腔班两个,徽州班三个。秦腔班也上演昆曲剧目,徽州班半数以上演出昆曲剧目。各剧纷呈,争奇斗艳,而在这场艺术竞赛中,第一次进京的三庆徽班凭借在扬州已经形成的特色、实力,在与其他声腔同台献艺、相互竞争中,崭露头角,脱颖而出。领班高朗亭时年30岁,更引人瞩目。高朗亭,号月官,祖籍扬州宝应,出生于安庆,自幼学徽腔,入"安庆班",在扬州、杭州等地演出,擅长二黄腔,工旦角,技艺精湛,《日下看花记》称其"体干丰厚,颜色老苍,一上氍毹,宛然巾帼,无分毫矫强。不必征歌,一颦一笑,一起一坐,描摹雌软神情,几乎化境"。① 嘉庆十五年(1810年)《听春新咏》又点评艺人莲官"得魏婉卿之风流,具高朗亭之神韵。"更对高朗亭注称:"朗亭名月官,三庆部,工《傻子成亲》剧。"② 据说高朗亭除演剧外亦

京剧表演

---

① 小铁笛道人,《日下看花记》,清刻本,第8页。
② 留春阁小史,《听春新咏》,清刻本,第18页。

善操行政,有"青蚨主妇"号,掌三庆班三十余年,将事业推向了鼎盛。

"三庆班"在北京的演出引起轰动,誉满九门,得以牢牢立足生根。而随后四喜、启秀、霓翠、和春、春台等班递进,使徽戏比秦腔更迅猛地占据了京师舞台。

回顾京剧形成的近百年中,北京舞台的各种地方戏曲盛衰无常,有的恰如流星闪现,迅即消失,有的则似松柏常馨。而发展最快、最受欢迎的则是徽戏。究其原因,则在于其具备了若干超乎流俗的特质。

其一,丰富优美的唱腔。徽班进京之初已融汇二黄、昆曲、吹腔、高拨子等多种声腔。所以曲调兼具高亢激越、浑厚深沉的特色,不仅拓展了音域的广度,增添了声乐的美感,也加强了声腔的表现力。入京后相比起京腔和昆曲的陈旧、平直简寡,更显示出丰富多彩、优美动听和强有力的表现力,从而给观众焕然一新之感。

其二,丰富的演出剧目,题材广阔、内容生动、语言通俗易懂的剧本。徽戏与其他戏曲交流中移植了大量剧本,从而剧目丰富,达两千多个,有《借靴》《卖胭脂》《一匹布》《打樱桃》等民间生活题材小戏;《闹花灯》《徐策跑城》《双待箭》《挡马》《昭君出塞》《蓝关度》《清风亭》《坐楼杀惜》《扫风下书》《戏风》等写社会政治斗争的正剧;《淤泥河》《长坂桥》《摔子惊曹》《醉打山门》《金莲戏叔》《狮子楼》《十字坡》《快活林》《蜈蚣岭》《花果山》《安天会》等根据历史传说、故事的剧本。多反映人民意愿,表达人民爱憎,如《借靴》讽刺地主伪善;《卖胭脂》歌颂男女相爱反封建;《闹花灯》赞扬反抗精神;《清风亭》鞭挞邪恶,据前引焦循称乡民观看《清风亭》的反应:"其始无不切齿,既而无不大快。铙鼓既歇,相视肃然,罔有戏色。归而称说,浃旬未已。彼谓花部不及昆腔者,鄙夫之见也。"原来,"无不切齿"是因表演张继保做官后不认曾养育他的张元秀夫妇,"无不大快",则是演至张继保被雷击毙命。可见情节之吸引观众,使其不知不觉随着剧情进展而"入戏"。这些剧本多属未经加工(至多粗加工)的"原生态",具有浓厚的生活气息。《侧帽余谭》称"时下盛尚"的黄腔"词意俚卑,皆若辈虽口诌成,不经文人笔墨,宜无当于大雅。其中亦具音节,使改窜稍为顺利,歌者转觉聱牙",通俗易懂,所以《花部农谭》称:"其词直质,虽妇孺亦能解……郭外各村于二、八月间递相演唱,农叟渔夫,聚以为欢,由来久矣。"相比文士化的昆曲,徽戏的大众化特点当然更引吸引观众。

其三，相当齐全的行当。事实上，入京时徽戏的行当已初步细化，有文戏、武戏、唱功戏、做工戏、靠把戏、短打戏之分。由此也带来了行当的角色的细化。所谓行当角色，即是性别、年龄、性格、职业等各种不同类型的角色在表演上的分工，此时逐步具备末、生、小生、外、旦、贴、夫、净、丑九门，各有独特的唱腔、道白、身段动作等。行当齐全、角色细化说明了舞台表演艺术在不断丰富和提高。

其四，重于做工，讲究表情，武技优长。"做"和"唱"是戏剧演出的两项最基本的表现方式。对一般观众而言，往往对"做工"更加注重。鲁迅的《社戏》所述孩童们盼看"铁头老生"连翻筋斗而厌恶老旦坐唱，就是绝好证明。徽戏则很注重做工。入京时搭班徽戏班演出的汉剧演员米应先（艺名米喜子）"自幼入班，席扮正生"，"以正生擅一时名"，其对表演"刻意求精，家设等身大镜，日夕对影徘徊，自习容止，积劳成疾，往往呕血"。据说一日，都老爷（御史）团拜，米喜子演《战长沙》，出场时用袖遮脸，走到台前，乍一撒袖，全场观众皆为之起立，都说仿佛真关公显圣一样，不觉离座。"每登场，声曲臻妙，而神情逼真，辄倾倒其坐。远近无不知有米喜子者，即高丽、琉球诸国之来朝贡或就学者，亦皆知而求识之。随徽班来京后，隶春台班。""道光十二年壬辰，年才四十余，病殁，人嗟惜之。春台班由是减色。"亦有说著名京剧演员程长庚是其学生，"程长庚演戏，专学米喜子"。① 做工中最拿手的是，精湛的武打，早在明末，就有对徽戏打演员"剽轻精悍、能扑跌打"之誉，最初只是作为剧目间调剂气氛的杂技式表演，后根据人物情节需要而作为戏剧情节安排和刻画人物的手段而着意发展。《长坂坡》的靠工、《十字坡》的短打、《花果山》的筋斗及《芦花荡》《醉打山门》《钟馗嫁妹》等剧中武功皆名重一时。这要比擅长表演纤细、文弱形象的昆剧绝对能吸引观众眼球。

徽戏的这些特点，使京师观众耳目一新。在随后十余年内，在嘉庆八年（1803年）后继三庆班又有四喜、启秀、霓翠、春台、和春、三和、嵩祝、金钰、大景和等徽班相继入京。其中以三庆、四喜、和春、春台四家名声最盛，

---

① 齐如山，《京剧之变迁》，辽宁教育出版社2008年版，第76页。

故有"四大徽班"之称。"四大徽班"各有所长，素有"三庆曰轴子，四喜曰曲子，和春曰把子，春台曰孩子"①之说，"轴子"指以演连台本大戏著称，"曲子"指擅长演唱昆曲，"把子"指以武戏取胜，"孩子"指以童伶见长。京城大戏园也多由徽班使用，《梦华琐簿》说："戏庄演习必徽班。西苑之大者如广德楼、广和楼、三庆园、庆乐园亦必以徽班为主。下此则徽班、小班、西班相杂适均矣。"

同时，徽班也能善待其他剧种。《扬州画舫录》称乾隆五十年（1785年）秦腔被禁后魏长生还四川，高朗亭乾隆五十五年（1790年）入京师，仍"以'安庆花部'和'京'、'秦'两腔"标榜，京腔、秦腔二剧也有一定地位，徽班、昆班、京班还呈鼎足之势，但徽盛昆衰的趋势则无法逆转。到道光十五年（1835年）后徽班即一路领先，昆班、京班只偶然出现在舞台。道光初成书的《金台残泪记》："今都下徽班皆习乱弹，偶演昆曲亦不佳。"②昆曲、京腔、秦腔一些演员因所在剧种衰弱也多搭入徽班时，徽班也广收博纳，从而实际变成一个诸腔具备的综合戏班，为立足京师奠定了重要的社会条件。

三庆、四喜、和春、春台四大徽班进京，一般将此作为京剧形成的标志，实际上京剧的形成是一个漫长过程。但徽班进京献艺，揭开了200多年波澜壮阔的中国京剧史序幕，也是不争的事实。在这种与其他声腔同台献艺、相互竞争、又相互包容的互动中，徽戏进一步吸收、融合了其他声腔的精华，更加提高了自身的艺术水平。道光二十年至咸丰十年间（1840—1860年），以徽戏为轴心，经徽戏、京腔、秦腔、汉调的深度融合，并借鉴吸收昆曲、京腔之长，在此基础上，逐渐形成了京剧。可以说，徽戏是京剧形成的最直接剧种。其间经历以下几个阶段。

第一阶段从乾隆五十五年（1790年）到嘉庆二年（1797年）徽班进京初期，开始进一步广泛地吸收、融合了北京舞台上一些戏曲的特长和精华，包括演出剧目、声腔曲调、表演动作、音乐伴奏、服装化装等，进一步提高了自身的艺术水平。

---

① 武占坤等编，《中华风土谚志·乡土风韵编》，地方掌故·历史烟尘第26条，中国经济出版社1997年版，第108页。

② 张际亮，《金台残泪记》，清刻本，第19页。

比如，如前所述秦腔被禁前，在京师独领风骚。又如京剧形成前在北京流行的"京腔"是在明末清初来京的弋阳腔基础上沿变而成。《新定十二律京腔谱》凡例："弋阳旧时浅陋猥琐，有识者已经改变久矣。……况盛行于京都者更为润色，其腔又与弋阳迥异。"①但仍保留弋阳腔的高昂激越特色，同样也受欢迎。《随园诗话》记录京腔演出情况是"脸涨筋红唱未全，后场锣鼓闹喧天。主人倾耳摇头赞，近日来听戏有缘"②。《宜黄戏神清源师庙记》："其节以鼓，其调喧。"京腔在京兴旺时出现六大名班在九门轮转的演出盛况。徽班认真汲取了京腔的字音，秦腔的富于声色，昆曲的身段动作、音乐伴奏、吐字发音等，为深度融合奠定了基础。

第二阶段从嘉庆三年（1798年）花部诸腔遭禁至嘉庆十年（1805年）。自徽戏班进入北京剧坛取得优势地位后，花部诸腔声誉日高，不仅在北京，且影响到外省市，连昆曲的出生地苏州也盛唱花部。如前所述，为"弘扬主流意识形态"，嘉庆三年（1798年）根据乾隆五十年（1785年）议准再次颁发诏谕禁止花部演出。禁令颁布后，徽班即采取改唱原先即有深厚底蕴的昆曲，将二黄适当改头换面如插在昆弋剧目中演出等方法应对，顽强生存下来，并不断发展壮大。

第三阶段是嘉庆十一年（1806年）到道光十二年（1832年）。

徽班进京之初多演民间小戏和单出折子戏，渐渐不能满足观众追求和演员演技的发挥，在这种需求的推动下，三庆等即根据《三国演义》《水浒传》《花蝴蝶》《三盗九龙杯》《武文华》及武侠小说，并参照昆曲本《鼎峙春秋》《忠义璇图》等编演连台本轴子戏。这类戏故事完整，情节繁复，人物众多，角色齐全，且多为男性，从而促进了老生、花脸一类的唱功、表演的发展，武戏演技提高，逐渐改变了舞台原有的专重旦色的状况，又推动京剧的"唱、念、做、打"四工日臻完善。从《都门纪略》所列三庆、春台、四喜、和春、嵩祝、新兴金钰、大景和七个班社的演出剧目可以看出一批具有京剧特点的剧目已经形成。七个班社演出的七十余出剧目（汰其重复者），除少数为昆曲、吹腔，绝大多数为皮黄戏，这说明以皮黄为主的京剧已在北京剧坛占优势地位。

---

① 王正祥，《新定十二律京腔谱》，《凡例》，清刻本，第4页。
② 袁枚，《随园诗话补遗》（卷5），第6条，人民文学出版社1982年版，第74页。

道光十年（1830年）左右汉戏演员进京，最初有余三胜、李六、王洪贵、谭志道等。徽、汉二戏在入京前就有频繁交往，无论在声腔曲调、演出剧本、表演动作等方面均有密切关系，艺术十分相近。二者演员早有合作。因徽班在京实力雄厚，所以汉戏进京后未单独成立班社，而是掺和到徽戏班中演出，进一步促进了北京皮、簧合奏局面的形成，更增加了徽班实力。在北京舞台出现徽、汉、秦合流局面，为京剧的最终形成奠定了基础。

第四阶段是道光十二年（1832年）至咸丰十年（1860年）间。徽、汉、秦的合流局面出现后，三种曲调特别是徽、汉二戏不断融洽变革，在声腔、剧目、舞台语言、表演、演员阵容都出现变化。此时徽班所用声腔不仅以西皮、二黄为主的声腔已确立，且在曲调、板式上也有很大发展，导板、原板、慢板、二六、快板、散板已发展较完善。

在此过程中，还有若干融合性变化，包括：

在唱白的字音和声调上逐步融入北方和北京的语言特点，创制京剧字音，如："十三辙"是按照北京语言的发音特点，在唱白韵脚上规定"中东""一七""言前""灰堆""梭拨""摇条""发花""人辰""由求""乜斜""姑苏""怀来""江阳"十三个辙韵；"四声"俗称"韵白"，就是根据徽、汉、昆三剧种的语言声调，同时参照北京语言声调特点加以融合变化，形成的北京观众能听得懂、富有音乐性而又具独特风格的舞台语言声调；"上口字"在京剧形成过程中某些地方戏字音的遗留；"尖""团"字是指某些字的读音方式。"尖"字指舌尖音，"团"字指舌面音，来自《中原音韵》，与河南方言极为相似。

"板腔体"亦即"主曲体"的音乐结构形式臻于完善，在安排全剧的唱腔时根据剧情、人物的需要自由安排各种板式、腔调，替代了昆曲的"曲牌体"，即"联曲体"格式，从而使音乐结构不受字、句限制，突破了每出戏由开端（头）"引子"、中间（腹）八支曲子，结束（尾）"尾声"构成的窠臼，并催生"分场"剧本形成，使演出不受套曲限制，可以根据剧情发展需要灵活安排场次数量、时间长短、人物数量、唱腔多少，突破了昆曲的"分出"形式拘束，如每戏由十几出或几十出组成，每出只能一个主要人物，都有头、腹、尾的套曲形式，对剧本题材拓展、人物形象塑造、戏曲音乐表现能力提升提供了保障。

在角色行当上，融合发展了徽、汉、昆的角色，形成了"老生""小生""武生""正旦""旦""武旦""老旦""净""丑"九门,保证了丰富多彩的表演内容的需要。很快,陆续诞生了如程长庚、余三胜、张二奎、杨鸣玉、刘赶三等一批名角。①

京剧最后诞生,当然离不开北京这片沃土,但同样也离不开徽班进京的出发地扬州这一母土。所以,身怀绝技的优伶们,出发前一定要到位于扬州苏唱街的梨园总局聚首,会商出发日程和演出剧目。没有大运河滋养着的"千家养女先教曲,十里栽花算种田"的扬州,就不会有十数种地方戏曲汇聚这里的堂会;没有这次堂会,就不会有之后它们沿京杭大运河北上;就不会有一年间各戏曲班子间的同习同研,就不会有后来它们同聚北京"九门轮转"演出中的借鉴、杂交、融合。所以,"徽班进京"是在扬州孕育。同时,在京剧形成过程中,还能看到这样一个有趣现象:早期的京剧艺人多系扬州、苏州一带人。他们大都从大运河进入北京,据《燕京杂记》记载:"优童大半是苏、扬小民,从粮艘至天津,老优买之,教歌舞以媚人者也。"②又《品花宝鉴》中说:"京里有个什么四大名班,请了一个教师到苏州买了十个孩子,都不过十四五岁,还有十二三岁的,用两个太平船,由水路进京……在运河里粮船拥挤,就走了四个多月。"③这说明,运河还曾是从南方向京城不断输送京剧艺人的一条重要通道。

所以,无论是在扬州和北京这大运河的腰、首,都是吮吸大运河带来的营养,而得以培育出的中华民族艺术瑰宝。

六、京剧南传

大运河不仅孕育了京剧,也在京剧的传播中发挥了无可替代的作用。

京剧形成后,随着商旅往来及戏班的流动演出而迅速传播。与其形成的路径恰恰相反:主要是借助大运河由北向南。大运河沿线的天津、临清、淮安、扬州、苏州等重镇名城,成为京剧最早的传播地区。而明清时期的淮(安)、扬(州)、苏(州)、杭(州)又因其经济文化的异常繁荣,被誉为运河沿线

---

① 周明泰述,《都门纪略中之戏曲史料》,光明印刷局1932年印,第27页。
② 佚名,《燕京杂记》,《旧京遗事 旧京琐记 燕京杂记》合印本,北京古籍出版社1986年版,第128页。
③ 陈森,《品花宝鉴》,第二回,中国言实出版社2002年版,第10页。

"四大都市"。就戏曲文化而言，这里戏曲演出场所最多、戏曲班社最多、名优名伶云集，是代表该时期戏曲文化水准的标杆性城市。

早在清嘉庆、道光年间，京剧就已经传入黄、淮、运河交汇处的"运河之都"淮安。当时淮安城及与其相隔15千米左右作为漕运总督与南河总督驻节之地的清江浦，号称"一城两督""官比民多"，相应成为经济与文化畸形高消费的城市，深受京师、宫廷观剧听戏的时尚熏染。特别是南河总督地位与漕督相当，但操控的利益胜过漕督。咸丰五年（1855年）黄河北徙前，清廷为维护此处漕运命脉、保障东南财赋，每年拨给南河的修防费用达四百万至六百余万两之多，遇有大水决溢等灾异，还另加拨专款。如此巨款，其实"河取其三，官取其七"。因此，河工大小吏员，"凡饮食衣服车马玩好之类，莫不斗奇竞巧，务极奢侈"。他们挥霍淫奢，使"脂膏流于街衢"，造成清江浦和淮安的畸形繁华。"街市之繁，食货之富，五方辐辏，肩摩毂击，甚盛也。曲廊高厦，食客盈门，细縠丰毛，山胾海馔，扬扬然意气自得也。青楼绮阁之中，鬓云朝飞，眉目夜朗，悲管清瑟，花烛通宵，一日之内，不知其几十百家也。梨园丽质，贡媚于后堂，琳宫缁流，抗颜为上客，长袖利屣，飒沓如云，不自觉其错杂而不伦也。"① 南河总督衙门长年供养高水平的徽班、昆班和京剧形成后的京班，不分昼夜轮流演出，"各厅署内，自元旦至除夕，无日不演剧。自黎明至夜分，虽观剧无人，而演员自若也"。②

南河总督、漕运总督、淮关监督、淮安知府各官更把互相邀请看戏作为往来应酬、增进宦谊的重要方式，为此都不惜花费重金，到扬州、苏州等运河沿线城市延聘著名戏班、名角来此专场演出，共享视听之娱。咸丰十年（1860年）二月，淮安知府恒廉，"知河帅（南河总督）之好酒嗜歌也，以千金召梨园于苏州而献之。河帅试之，名部也。大喜，延漕督、榷使（淮关监督）迭为宾主，宴饮累日"。其时正值捻军名将李大喜、张宗禹率二万主力由徐州附近南下，直扑苏北运河重镇清江浦。正在清江浦禹王台聚会一起观看京剧的南河总督庚长、漕运总督联英和淮关监督等仓皇逃跑，"漕督、榷使疾还署，河帅

---

① 黄钧宰，《金壶七墨》（卷1），上海古籍出版社2002年版，第28页。
② 薛福成撰，丁凤麟编，《薛福成选集》，《庸盦笔记》"河工奢侈之风"条，上海人民出版社1987年版，第571页。

仅以身免，日暮亦至郡城，呼于庆成之门（淮安旧城西门），门者不纳，虑其冒也，面而后入之。未几，权使继至，呼于北门，门者曰：'城无商，不须榷也'。遂去。贼既焚掠清江，南至湖嘴，而漕督欲行，行李辎重，自署前至于南门"，但也被"强项令"山阳知县顾思尧令士绅们锁闭城门，坚不放行，而怏怏作罢。①

风尚所及，淮安盐商家多包有戏班子，豪门贵族家来重要客人，必雇请戏班唱堂会、演折子戏。因官、商的合力推动，京剧在淮安风靡异常，成为京城以外京剧艺术传播和发展的重镇之一。

大运河对京剧艺术的影响还突出表现在南派京剧的形成和京剧艺术在江南地区的传布上。

京剧南来之前，徽戏已是上海地区较为盛行的剧种，这些徽班多来自苏北里下河地区（泛指扬州附近、大运河以东的高邮、兴华、盐城一带地势低洼的地区），多以安庆和扬州为中心，巡回演出于长江和运河中下游各城镇码头。同治年间，因战乱及战后重建等影响，里下河徽班纷纷沿大运河南下至江、浙、赣、闽等地演出，其中一些戏班艺人多进入上海，形成了一股热潮。清同治六年（1867年），上海新建的满庭芳戏园从天津约京班沿运河南来沪演出，受到观众欢迎。同年，丹桂茶园通过北京的三庆班又约来大批著名京剧演员。此后，进入上海的里下河徽班与来自北京的京剧班社联袂演出，经过这番"京、徽合演""皮、梆合演"，最终和京剧、直隶梆子融合，形成了独具特色的"南派京剧"。上海因而成为与北京并立的另一个京剧中心。

京剧在上海盛行后，又很快就流传到苏州、无锡、常州地区和杭州、嘉兴、湖州地区。

据《中国京剧史》载："其流传方式主要是大运河南段的水路班子，即用江南内河航运的乌篷船作交通工具，顺河流在乡镇间作巡回演出。"② 这类"水路戏班"一开始以演昆曲为主，至同光年间，纷纷改演京剧，最终形成"杭嘉湖水路京班"。"杭嘉湖水路京班"以嘉兴为中心，这和嘉兴地理区位优势紧密

---

① 黄钧宰，《金壶七墨》（卷3），上海古籍出版社2002年版，第56页。
② 北京市艺术研究所等编，《中国京剧史》，中国戏剧出版社1999年版，第27页。

关联。嘉兴市位于浙江省东北部、长江三角洲杭嘉湖平原腹心地带，东临大海，南倚钱塘江，北负太湖，西接天目之水，大运河纵贯境内，处于江、海、湖、河交会之位，与沪、杭、苏、湖等城市相距均不到百千米。河网发达，水运交通条件十分优越。

同时，在长江中下游及大运河南段的常州、无锡、苏州等江南水乡也频繁出现京剧艺人的身影。其中，苏州京剧的传入大约在光绪十六年（1890年），此后，周信芳、盖叫天、梅兰芳、马连良等都曾到苏州演出过。京剧流入常州的时间约在清光绪初年。那时来常州流动演出的除京派班社外，主要是海派京剧中的南派水路班子。其特点是：演出的剧目偏重于武戏与连台本戏；表演炽烈火爆，往往以真刀真枪上台，令人惊心动魄。在武进万绥东岳庙戏楼和武进礼嘉烈帝庙戏楼台口两侧的板壁上，至今还保留着光绪十五年（1889年）、二十四年（1898年）、二十六年（1900年）班社的演出剧目，如《邓家堡》《蜈蚣岭》《天水关》《虹霓关》《定军山》《长坂坡》《泗州城》等，都是以武功见长而蜚声于世。民国初年，水路班子中荆玉堂的庆升堂、姜银山的万胜堂，均落籍常州。

综上可知，没有大运河，就没有中国传统戏曲的繁盛。大运河在这个过程里是不可或缺的。没有运河，就没有戏班生存发展的经济基础，没有作为观众的广大市民，没有可供民间艺术发展壮大的城镇，更没有一条方便他们快速、方便地进行南北交流的交通要道。如果将一个个戏种看成一朵朵绽放的鲜花，大运河就是孕育它们的沃土，滋养它们的甘汁。

第四章
大运河与曲艺

相比较而言，曲艺是更接地气更为大众喜闻乐见、雅俗共赏的艺术形式。大运河则为这种艺术的产生、发展同样起到了难以替代的作用。

一、扬州曲艺与大运河

大运河哺育出的曲艺种类繁多，在这些精彩绝伦的曲艺中，扬州评话和扬州清曲是代表。

扬州评话又叫扬州评词、说书，是以扬州方言徒口讲说表演的传统曲艺。说者一人，基本只说不唱，表演中时以醒木（民间称作"惊堂木"）作道具，以时时强调重点，提醒观众，渲染气氛。传统书目以历史故事和武侠故事为主。扬州清曲俗称"唱小曲""小唱""扬州小唱""扬州小调"，扬州当地又名"广陵清曲""维扬清曲"，是一种采用淮扬方言、以当地民歌、小调为基础，融合各地俗曲而形成的民间坐唱艺术。

与各种艺术一样，评话等曲艺的产生发展，同样需要有土壤、条件。简言之，必须具备富庶的经济，丰富多彩的生活，发达和悠久的文化传承等条件。扬州在这几方面皆可谓得天独厚。

扬州雄踞江淮之间，很早就凭借大运河连接南北水系，扼守运河长江交通枢纽，集散天下人员、海内外商品，掌控国家经济命脉。汉代就以鱼米之乡、盐田铜山闻名，如时人所说，有即山铸钱、煮海为盐之利，长期是藩国都城，多位藩王多次分封于此。隋唐以后，国家政治、经济重心逐步东移，更加依赖大运河连接都城与东南，无论是隋、唐、宋的通济河、元明清的京杭大运河其枢纽都在扬州，一地握有黄河、淮河、长江、大运河三横一纵河运之关键，地位愈加显要，实属罕见。交通发达，商茂繁盛，人口密集，自身愈益繁华，隋唐时即有"扬一益二"①之称,"腰缠十万贯,骑鹤下扬州",②"烟花三月下扬州",③"春风十里扬州路",④"月明桥上看神仙",⑤"夜桥灯火连星汉,水郭帆樯近斗牛"⑥,都透露着扬州代代繁华的气息。正因得天独厚、无可替代的地理和经济条件,历史上扬州虽屡遭战乱,但一度衰败后却很容易恢复元气并很快超越前代。清朝代明、统治稳定后,扬州更加繁华空前。这得力于以大运河为腰膂、血脉的漕运、河工、盐务三业,康熙帝亲政后认定"漕运""河工""削藩"为国家三件大事,此三件大事的漕运、河工皆与扬州直接相关,削藩及平息"三藩之乱"所需庞大开支很大部分也是取之东南,而扬州又是收益占国家税赋之半的两淮盐业的中心,监察和管理盐务两个系统的巡盐御史和盐运使都长驻扬州。三业促成的扬州各业兴旺,远迈前代。

经济繁荣必然带来娱乐文化的发展。从汉代骄奢淫逸的藩王们始到清代凭借封建垄断而富有奢华的扬州盐商和盐务官员,无一不追逐享受,纸醉金迷成为常态。在上层引领、影响下,扬州民间、社会的娱乐风气也代代延续。这又与当时的人口构成密切相关。作为东西南北交通枢纽、商业城市、盐业中心,繁忙无比的大运河码头见证了各类商人、工匠、漕运水手、盐丁、工匠、仆役、三教九流川流不息涌入流出,形成了一个庞大的市民阶层,成为娱乐的主要接受载体,各地方言、各种通俗娱乐形式,包括多种"花部"戏、香火戏、花鼓戏、弦词、清曲、道情、口技、淮书也随之而来,且都可以立足,受到欢迎,本地与外来、各外来之间的各种通俗文艺形式又相互交融、演变、发展起来。

扬州评话

评话、说唱这类通俗艺术奇葩历史久远,历来都是官民娱乐的重要选项。作为一座文化底蕴深厚的城市,扬州自古就不乏这类艺术。

---

① 司马光,《资治通鉴》(卷259),唐昭宗景福元年,中华书局1956年版,第8430—8431页。
② (南朝宋)殷芸,《小说》中,引俗语。
③ 李白撰,上海古籍出版社编,《黄鹤楼送孟浩然之广陵》,《古诗观止》,上海古籍出版社1993年版,第326页。
④ 杜牧,《赠别二首》,《全唐诗》(卷523),第69首,中华书局1960年版。
⑤ 张祜,《纵游淮南》,《全唐诗》(卷511),第130首,中华书局1960年版。
⑥ 李绅,《宿扬州》,《全唐诗》(卷481),第4首,中华书局1960年版。

扬州城郊西汉墓葬曾出土过"说话"木俑，笑容可掬，形神俱备，仿佛手舞足蹈地讲述一段精彩的故事，演唱一段当时流行歌曲，这足以证明汉代扬州便有了"说话""说唱"艺术。

隋代应是这一艺术发展的又一重要时期。隋炀帝杨广从开皇十年任扬州总管到返回京师，在扬州生活了九年时间。即位当年大业元年（605年）及六年、十二年三次下扬州（江都），直到大业十四年春死在扬州。如前所述，还在扬州大建包括江都宫、临江宫、迷楼、放萤苑等大小宫苑，形成了一股追求享乐、追求刺激、追求新奇的畸形、奢靡娱乐风气。据记载，其间他因更喜爱所谓南朝"淫声"和百戏而从东都洛阳带来了大批百戏艺人。当其身死国灭，天下动乱，大量倡优艺人即滞留扬州。唐朝诗人为此又写过赞美扬州娱乐文化之发达的大量诗歌，如"夜市千灯照碧云，高楼红袖客纷纷"①，"二十四桥明月夜，玉人何处教吹箫"②，"十里长街市井连，月明桥上看神仙"③，"天下三分明月夜，二分无赖在扬州"④，流风余韵，则长存这一热土。"说话"即是其中之一。

实际上，隋时"说话"艺术在宫廷已很流行。《隋书》记载，侯白即擅长此技。其人"好学有急才，性滑稽"，"好俳优杂说，人多爱狎之，观者如市。"⑤《太平广记》卷248引侯白作《启颜录》称："白在散官，隶属杨素。爱其能剧谈，每上番日，即令谈戏弄，或从旦至晚始得归。才出省门即逢素子玄感，乃云：'侯秀才，可以玄感说一个好话。'白流连不获已，乃云：'有一大虫欲向野中觅肉，见一刺猬仰卧，谓是肉脔，欲衔之。忽被猬卷着鼻，惊走。直至山中，困乏，不觉昏睡，刺猬乃放鼻而去。大虫忽起欢喜，走至橡树下，低头见橡斗，乃侧身语云：但求遭见贤尊，愿郎君且避道。'"⑥他能即兴编出故事，同时风趣地以"旦来遭见贤尊，愿郎君且避道"作为请求脱身的双关语，这与后来的扬州评话的噱头何等相似。

---

① 王建，《夜看扬州市》，《全唐诗》（卷301），第72首，中华书局1960年版。
② 杜牧，《寄扬州韩绰判官》，《全唐诗》（卷523），第30首，中华书局1960年版。
③ 张祜，《纵游淮南》，《全唐诗》（卷511），第130首，中华书局1960年版。
④ 徐凝，《忆扬州》，《全唐诗》（卷474），第26首，中华书局1960年版。
⑤ 魏徵编，《隋书》卷58，《陆爽传》附侯白，中华书局1973年版，第1246页。
⑥ 李昉等编，《太平广记》（卷248），中华书局1961年版，第785页。

唐时"说话"已相当职业化、专业化，并以市民为听众对象。从段成式的《酉阳杂俎续集》四《贬误》记载可知其已广泛演出于民间。在敦煌藏经洞的大量说唱写本中也若干话本，如《韩擒虎话本》《庐山远公话》《唐太宗入冥记》《秋胡话本》《叶净能诗》《伍子胥》《搜神记》等，内容多为佛教、民间故事。

宋朝经济发展，商品贸易发达，市民阶层扩大，为适应经济发展和民众消费需求，供人娱乐艺人固定卖艺市场"瓦舍""瓦肆""勾栏"纷纷兴起，说话则已成为民间艺人讲故事的专称。以说话为职业的人称为"说话人"，他们所用的说话底本称为"话本"。流传至今的宋元话本《京本通俗小说》《清平山堂话本》《古今小说》《西湖老人繁盛录》《新编五代史平话》《大宋宣和遗事》《全相平话五种》等包含各种故事、传奇、公案。元朝统治中原90多年中，说话艺术也得到继承和一定发展。

明统治者朱元璋等在明朝建立之初，即认识到民间说唱等艺术形式对强化其意识形态统治的作用，遂利用之作为宣传工具。朱元璋对分封的亲王必赐之1700本词曲。成祖朱棣主持的《永乐大典》也收录评话话本26卷。① 说书成为明代最流行的说唱艺术，说三国、水浒故事已成时尚，还有讲述明朝开国史的《英烈传》《三宝太监下西洋》和各种传奇，大放异彩的小说《三国演义》《水浒传》《西游记》、"三言""二拍"的成书，多与此相关。

在历史的长河中，经济、文化始终发达、传承有素的扬州，评书艺术自然不会中辍，而是在历史风云嬗变中得到长足发展，继续引领潮流。特别到明末清初，更开启了扬州评话数百年的辉煌时代，其时的代表人物首推柳敬亭。

柳敬亭（1587—1670），本名曹永昌，字葵宇，江苏泰州人，祖籍南通余西场。少年时强悍不驯，15岁犯法获罪，幸得泰州府尹立三才为之开脱，从此流落江湖，在盱眙落脚定居，在常听南来北往艺人说书中无师自通学得此艺。18岁正式从艺，后在云间（今上海松江）说书时受遇业余说书大家莫后光指点。学成后，到扬州、苏州、杭州等地献艺，遂成名家。长于表演英雄传奇故事，说书技艺精湛，书中所刻画人物栩栩如生，所铺情节曲折奇妙，所到之处万人空巷，将扬州评话发展到一个比较成熟的阶段。晚年收徒居辅臣，师徒二人为扬州评话发展奠定了坚实的基础。

---

① 《中国曲艺志·江苏卷》，中国ISBN出版中心1996年版，第29页。

至清中叶乾隆、嘉庆年间，扬州评话盛极一时，达到鼎盛阶段。

"康乾盛世"中，纸醉金迷、娱乐盛行的扬州，亦是全国曲艺中心之一。清人小说《风月梦》里描写道光年间扬州各种杂艺演出的情景说："一班杂耍：八角鼓、隔壁象声、冰盘珠棒、大小戏法、扇子戏。"① 与这些娱乐方式并行的当然少不了扬州评话。而且，这些众多艺术品种对扬州评话的成长都有积极的作用。其时昆曲、京腔、秦腔、梆子腔等各地方剧种及曲艺云集扬州以及扬州当地的戏曲兴盛，皆为扬州评话艺人提供了学习借鉴的机会。一些评话表演家艺术家善于集众家之长，为己所用，不少人会唱昆剧，能说多种方言。《邗江竹枝词》"三国名公王景山，练成戏派学曹奸"，② 即指评话演员把戏曲表演技巧和程式溶于评话表演，从而极大地丰富了扬州评话表演艺术。

康熙时费轩《扬州梦香词》即有"扬州好，评话晚开场，略说从前增感慨，未知去后费思量，野史记兴亡"之句，并具体记述道："评话每于午后登场，设高座，列茶具，先打'引子'，说杂家小说一段，开场者为之敛钱。然后敷说如《列国志》《封神榜》《东西汉》《南北宋》《五代》《说唐》《西游记》《金瓶梅》种种，各有专家，名曰'正书'。煞尾每云：'未知去后如何，且听下回分解'"。③ 乾隆五年董伟业所撰、郑板桥为之作序、反映康熙后期到乾隆初年扬州风俗的《扬州竹枝词》，其中一首说道："书词到处说《隋唐》，英雄好汉各一方。诸葛花园疏理道，弥陀寺巷斗鸡场"，④ 描述当时扬州说书艺人之多和书场之密的状况（从扬州东关街到彩衣街短短一条路就有诸葛花园、疏理道、弥陀巷、斗鸡场四处说书场）。这一时期成为扬州评话发展包括演员队伍的扩大，书目的丰富和表演艺术水平的提高的承上启下的关键时期。成书于乾隆六十年（1795年）李斗的《扬州画舫录》卷十一中对当时扬州评话的流行状况又有如下记载："评话盛于江南，如柳敬亭、孔云霄、韩圭湖

---

① 邗上蒙人，《风月梦》，第十三回，山西人民出版社1993年版，第129页。
② 佚名，《邗江竹枝词》，清仪征函璞集英书屋刻本，第7页。
③ 费轩，《扬州梦香词》，清刻本，另见陆苏华主编，《扬州首批非物质文化遗产概览》，广陵书社2008年版，第6页。
④ 林苏门、董伟业、林溥，《邗江三百吟·扬州竹枝词·扬州西山小志》，广陵书社2003年版，另见扬州评话研究小组编，《扬州评话选·扬州评话概述》，上海文艺出版社1962年版，第357页。

诸人……郡中称绝技者,吴天绪《三国志》,徐广如《东汉》,王德山《水浒记》,高晋公《五美图》,浦天玉《清风闸》,房山年《玉蜻蜓》,曹天衡《善恶图》,顾进章《靖难故事》,邹必显《飞跎传》,谎陈四《扬州话》,皆独步一时。"还特别提到吴天绪的演艺:"吴天绪效张翼德据水断桥,先作欲叱咤之状,众倾耳听之,则唯张口努目,以手作势,不出一声,而满室中如雷霆喧于耳矣。"

扬州评话不仅市面流行,还引入内宅。《扬州竹枝词》其中一首说:"磨砖宅地赛比邻,乳母年轻看不嗔。深巷重门能引入,一声声鼓说书人。"嘉庆十三年,阮元舅父、业师林苏门刊刻《邗江三百吟》,描述了乾隆后期到嘉庆年间扬州风俗,其卷八《适性余闲门》中《书场》小序称:"扬俗无论大小人家,凡遇喜庆事及设席宴赏,必择著名评词、弦词者叫来伺候一日,劳以三五钱、一二两不等。"

嘉庆、道光之际,因漕运改道,盐政改革,扬州昔日的繁华逐步褪色,扬州评话也因之有所式微。特别是咸丰三年(1853年)太平军占领扬州,此后扬州多年成为江北军事前哨,人口、经济、文化损失惨重,扬州评话当然六亲同运,无法生存。同治三年(1864年)太平天国失败后,扬州经济有所恢复,社会趋于安定,战乱中逃往外地谋生的一批评话艺人返回扬州,扬州评话又出现了新的繁荣局面。同治、光绪年间说《水浒》《三国》的评话艺人就有近百人。其时著名艺人有金国灿、龚午亭、邓光斗、宋承章、李国辉、蓝玉春等。民间流传着"要听金国灿,不要吃中饭;要听龚午亭,吃饭莫打停"的俚语。龚午亭以善说《清风闸》著称于世。朱黄《龚午亭传》说:"春秋佳日,都人冶游,苟无午亭,则座客为之不欢。""上自公卿大夫,下至村妇牧竖莫不知有午亭,其名声流布海内,道过扬州者归其乡,人必问之:'闻午亭《清风闸》否?'或无以应,则诽笑之,以为怪事。"①

晚清至民国初扬州评话的发展又进入一高峰时期。这一时期,评话艺人队伍又一次增加。当时在各地说书的艺人有300人左右。书目更加丰富,其中讲史类的书目有《水浒》《三国》《东汉》《西汉》《隋唐》;公案侠义类的有《八

---

① 董玉书,《芜城怀旧录补录》,上海建国书店1948年铅印版,另见扬州评话研究小组编,《扬州评话选·扬州评话概述》,上海文艺出版社1962年版,第362页。

窍珠》《九莲灯》《绿牡丹》《施公案》《七侠五义》《小五义》等；神话鬼怪类的有《封神榜》《西游记》《济公传》《平妖传》；市井类的《清风闸》，等等。为争夺自己的衣食——听众，评话艺人开展激烈竞争，不断更新书目内容，提高技艺，在书词中大量补充社会生活内容，增加各色市井人物，在说书艺术上努力创新，形成自己的艺术特色，书坛出现了"名家辈出，流派纷呈"的繁荣局面。《三国》继任德成、孙玉良、孙玉华、李国辉等名家之后，又出现了以蓝玉春为代表的"蓝派"，以康国华、康又华为代表的"康派"。《水浒》则继邓光斗、宋承章等名家之后，出现了以王玉堂、王少堂为代表的"王派"，以马汉章、马凤章为代表的"马派"。《清风闸》在龚午亭之后分两路流传：一路在扬州、镇江一带，名家有张捷三、蓝松堂、程月秋等，一路在里下河一带，名家有丁寿亭、夏寿春、余少春等，两路艺术风格各异，实际上也形成两派。这些流派迭经民国风雨，流韵传承至今。

  在长期的发展过程中，经代代艺人辛勤耕耘，不断丰富、加工，扬州评话形成了自己独特的精深细透艺术风格，产生了隽永的艺术魅力，被老舍先生誉为"通俗史诗"。

  一是借古讽今，皮里阳秋。《三国》《水浒》《清风闸》表面讲的是汉、宋年间史事、故事，但无一不是反映清代社会特别是扬州一带的现实：官员贪污，胥吏违法，官绅勾结，恶霸横行……如王派《水浒》说阳谷县知县史文奎"在此地做官，声名还不错，虽然要几个钱，还不穷凶极恶。"① 西门庆则"家财偌大，府县衙门推门而进，有财有势，人都称他西门大官人""他有了钱，也就有了势了。进出县府衙门，倚官仗势，就格外的恶了，没得哪个百姓不怕他"。② 当武松控告西门庆毒杀其兄恶行时，史文奎因受过西门庆巨额贿赂，借故不予受理，准备"晚上悄悄地把西门庆约到衙门里头来。我跟他对面私人谈话，我就卖人情把他啦。哎！西门兄啊！你晓得有人告了你啦。就是我身边士兵都头武松呀。如此情形的命案，案情很重啦！打官话说呀，要换个别的人，我当时不但准他的状子，还要出差抓人啦，三言两语，就要把你下监啦。因为你我的私交，好不容易想的法子，把他状子甩下去啦。……就这个样子，

---

① 王少堂，《武松》，江苏人民出版社1959年版，第27页。
② 同上书，第77页。

我就算关顾足了你阁下啦！喉下这句话：你那个几千两啦，就算勾掉了吧。"①书吏陈洪为武松脱罪，先将呈报单"武松仇杀西门庆"的"仇杀"改为"斗杀"，以减其轻罪责；接着又向史文奎行贿，公文最终定为"见奸杀奸，杀奸赶散，追奸杀奸，故而尸分两地，又兼替兄报仇"，②终使武松免于死刑。又如《清风闸》，入木三分三分地刻画出当时人情枉薄、势利、尔虞我诈的社会现实。就是《西游记》中谈妖说魔时，也不忘影射、讽刺那些神仙包括玉皇大帝的颟顸、贪婪等丑态。

二是人物形象生动。塑造鲜明的人物性格是扬州评话一大艺术特色。扬州评话塑造了一系列光彩照人、栩栩如生、呼之欲出的人物形象。这些形象的思想性、性格表现、行为动作都能引起欣赏者的共鸣，产生很强的艺术感染力。如武松疾恶如仇、以力行善、以力除恶、以力取胜；宋江既是一个乐善好施、济贫扶困、痛恨邪恶、结纳豪杰、侠肝义胆的英雄义士，又是一个顾全名节、心存幻想、委曲求全、终于导致悲剧结局的绅士懦夫；又如《清风闸》，塑造了在各地特别是江淮地区家喻户晓的主人公皮五"皮五辣子"，展示了其既无赖，又机智、幽默、疾恶如仇的双重性，迄今仍是"无赖""讹诈"的代名词，可见影响深远。在扬州评话中，除了英雄豪杰，还可以看到社会的芸芸众生：假文酸醋的小文人，尖刻、势利的商人，油嘴滑舌的店小二，凶恶、贪婪的差役，心机深邃诡计多端的书吏，惯于敲诈勒索的各式市井无赖……真可谓洋洋大观。

扬州评话更善于利用各种表现手法描绘各式人物，精细地刻画人物的行动过程和具体环境，上述各种角色中，无论是主角，还是小人物，在评话家的口述中都有血有肉，具有鲜明个性。如这样描写西门庆请来的一名16岁的年轻打手一味狂妄自大，不知天高地厚，说他"相貌并不丑呀，眉清目秀的，他却硬做成那副样子。眼睛半睁半闭，鼻子纠着，嘴咧着，头歪着，肩头抗着，左手扠住腰杆，右手大拇指头翘着，坐在席上，就这个劲儿。他这个样子做啥？他以为他是个狠人，狠人要有个狠相"。他连名满天下的打虎英雄武松是谁都不知道，"武松是何如人也？我倒不闻其名嘛，谅来是无名鼠辈呀！"当被告

---

① 王少堂，《武松》，江苏人民出版社1959年版，第283—284页。
② 同上书，第410页。

知是打虎的武松后，又说武松打的是病入膏肓的老虎，吹嘘"不要说他能打，就凭兄弟哪块不能打吗？""武松不得来哎，武松不得来哎！……他要是真的敢来，他也要打听打听我兄弟在这块，他敢来吗？"如果来，"呐！就凭着我兄弟这个呐，一着头的七星，我就把他打的撂出去了！"再评论一句："乖乖，这个小伙子多麻木呀！"① 实在令人忍俊不禁。上述扬州评话对表这些人物的性格、语言、举止各层面的成功塑造，深化了主题，丰富了情节，使表演更加鲜活、灵动，日臻完美。

三是语言风趣幽默，灵动多变，生动活泼，善于运用谐趣穿插"噱头"和夹叙夹议，以极富特色、"韵味"十足的扬州方言词汇点缀其中。当年柳敬亭即奠定了坚实基础。阎尔梅在《柳麻子小说行》中叙述其说书时语言风貌用12个忽如："忽如田间父老筹桑麻，村社鸡豚酒帘斜"，"忽如三峡湍回十二峰，峰岚明灭乱流中"，"忽如六月雨骤似滂沱，倾檐破地触漩涡"，"忽如他乡嫠妇哭松坟，忽如儿女号饥索饘饘"，"忽如秋宵天狗吠长空，忽如华阴土拭太阿锋"，"忽如嫖姚伐鼓贺兰山，忽如王嫱琵琶弄萧关"，"忽如重瞳临阵叱楼烦，弓不敢张马倒翻"，"忽如越石吹笳向北斗，胡儿垂涕连营走"，"忽如西江老禅逗消息，一喝百丈聋三日"。② 风格形式多样，不拘一格，韵文和评论皆适当引用。方言、官话、私白，自由流转。主要以扬州方言叙讲，但用"官白"，今称"说"模拟书中人物的口吻、方言及声调。用"私白"今称"表"表述除官白外的叙述、人物心理活动、夹评夹议。官白中有"码头话"即所有外地方言。经常出现的有山东、河南、京腔等。在叙述情节、勾勒人物心理活动和评论时用私白，模拟人物语言时用官白包括码头话。扬州的方言、歇后语在书中俯拾即是，有所谓"方口""圆口""泼口""堆功"各术语。方口为"方口书"的简称，语言多为地方官话，书词语句整齐简洁，抑扬顿挫。圆口，为"圆口书"的简称。书词多用生活语言，方言土音较浓。泼口，口风泼辣，声音洪亮，渲染气氛强烈；堆功，一口气连说若干句，越说越快，字字清楚。诸术并用，跌宕起伏，宛如银瓶泄水，"大珠小珠落玉盘"。③

---

① 王少堂，《武松》，江苏人民出版社1959年版，第339页。
② 江苏省政协文史资料委员会、泰州政协文史资料委员会编，《评话宗师柳敬亭》，《江苏文史资料》1995年，第48—49页。
③ 扬州市曲艺委员会编纂，《扬州曲艺志》，江苏文艺出版社，1993年版，第247页。

四是以说为主，适当表演。在关键处设计必要的简单表演动作，常用象征或替代的办法。而表演不离讲坛，以微见著。动作比画则善于点到为止，收画龙点睛之效；辅之以常穿插口技，现场模拟各种声音，替代语言表述，营造逼真情境，惟妙惟肖。这些动作皆显得到位、内行。曾有拳师听评话《水浒》后，将艺人引为同道，要与之"切磋武艺"，吓得艺人连连告饶，这一令人啼笑皆非的事件，说明艺人的动作足以以假乱真。

五是内容丰富，结构严谨，切换自如，舒展灵活，毫无迟滞。如水浒原书中武松的故事只有数千字。而扬州评话能说半年多，20世纪50年代整理的王少堂《武松》本就有80多万字。听众戏言，武松杀潘金莲的那把刀要举一个月！但能吸引听众，使之"上瘾"而欲罢不能。其成功的一个重要原因在于：善于将丰富的内容通过严谨结构展开，虽头绪众多，但绝不散乱，浑然一体，丝丝入扣，合情合理。节奏上，起落紧慢相间，进退有序，善于设计"关子"，切换灵巧自如，如"亮关子"即用最简单的话预告下面将要说到的精彩内容，"卖关子"即在一场书结束时留下悬念，以吸引听众下次再来听。如《武松》第二回"杀嫂祭兄"的第六节讲述何九焚烧武大郎棺柩，第七节讲述周侗对武松传授刀法，两节之间内容是风马牛。其切换是：第六节末写大家盼望武松回来，第七节则开篇是"究竟武松多晚回来呀？差不多了。……这一趟是苦差。替官府解费，能够不赔本就是好的了。差使虽苦呀，武二爷这一次却比赚钱还要受用。什么道理？这一次在河南东京，又遇到一位高人，铁膀周侗，月下传刀，武二爷又得了技艺了。"[①]

曲艺人物形象武松

---

① 王少堂，《武松》，江苏人民出版社1959年版，第179页。

第八节讲武松回家,要转叙潘金莲、西门庆、王婆等人当时情况,则是这样处理:"武二爷再想想:我家嫂子就是再不贤些,哥哥死了没几天,一个人在家里伴柩,这几天怕都是苦坏了。武松走着心里这样想着。要有我在旁边就把底给他了:'武二爷,你不要多烦,不要以为你家嫂子在家里苦,她这一刻正坐在家里楼上吃酒,两个陪客陪着哩。哪两个?首席坐淫棍西门庆,上横头王婆执壶斟酒。正在寻欢作乐逍遥自在哩。你气都来不及,还可怜她做啥?'"① 启承转合毫无碍滞,真是天衣无缝,一气呵成!

同时,评话中充满浓郁的扬州地方特色:大街小巷名称和环境、茶楼酒肆、服饰打扮、琴棋书画,都是触手可及的身边情景,为人们所熟悉。如《宋江》中"宋江看花灯"一回所中极力渲染的富丽盛景,正是古扬州"灯光家家市,笙歌处处楼"的灯节华丽的写照。《西游记》"通天河"一回中踩高跷、荡湖船、挑花灯等亦是扬州庙会中的排场,这一切总汇成一幅扬州市井社会的《清明上河图》。从这个意义上来看,这些作品无一不闪烁着大运河的流波。

扬州评话更借大运河流播四方。这种流播的历史源远流长。胡士莹《话本小说概论》这样评述:"继承宋元讲史的评话,在清代特别发达,最初中心是在扬州,其后全国有不少地方均有以方言敷说的评话,而扬州仍是主要中心。"②

如明代万历以后,即有扬州评话艺人活动于南京。明末崇祯十三年(1640年),柳敬亭被推荐为大将左良玉说书,并成为左的心腹。清兵入关后,柳敬亭又被派往南京和南明王朝接洽军务,被称"柳将军"。左良玉死后,他遭南明宏光小朝廷缉捕,被迫逃亡。入清后,柳敬亭年事已高,为谋生而不得不周旋于清朝的新贵之间。顺治十三年(1656年)入驻松江的苏松常镇提督马逢知军幕,专为马逢知说书消遣。《板桥杂记》说:"宁南已败,又游松江马提督军中,郁郁不得志。"③ 康熙元年(1662年),已年过75岁的柳敬亭又随漕运总督蔡士英入北京,往来、演出于各王府和降清官僚士大夫中,技艺不减,产

---

① 王少堂,《武松》,江苏人民出版社1959年版,第196页。
② 胡士莹,《话本小说概论》,商务印书馆2011年版,第206页。
③ 余怀,《板桥杂记》,《柳敬亭》,青岛出版社2002年版,第99页。

生轰动效应，影响极大。另据邓之诚《骨董琐记》载：顺治时有"韩生者，善评话，顺治中尝供奉内廷……此又一柳麻子矣。"① 韩生，一说关中人，系流寓吴中的韩圭湖，清李斗《扬州画舫录》说他主要活动在江南，当时与柳敬亭、孔云霄齐名。

嘉庆开始，扬州经济逐步衰微后，扬州评话艺人为求生存而向外发展，往往沿运河转向富足的小城镇。咸丰年间战乱时，扬州的评话艺人多随当地富商豪绅迁入里下河地区如泰州、兴化、东台、高邮、盐城等地，献艺谋生。由于演出地域扩大，从艺人员很快由原来在扬州时的几十人增至200余人，在苏北地区扩大了影响。如前所述，同治三年（1864年）以后，扬州经济有所恢复，社会趋于安定，这些艺人返回故里，扬州评话重现繁荣局面，流行区域更从扬州沿大运河风行苏中、苏北的同时，向镇江、南京、苏南、上海开拓，并辐射山东、北京、杭州等大运河流经之地。如一江之隔的镇江，由于交通便利，语音相同，群众习尚一致，且后来一度成为全省的政治中心（南京国民政府时期的江苏省省会），吸引众多评话艺人争相到那里献艺，一时名家荟萃，号称扬州评话的第二根据地。南京夫子庙、上海城隍庙都辟有扬州评话专门书场，听众同样如潮。

可以对将北京评书与扬州评话进行一些简单对比。

北方的评书，也叫"评词"，乡间也与南方的扬州等地一样称为"说书"。其演员、表演方式、传统书目多与扬州评话相同。流行的书目有"袍带书"，如《三国》《西汉》等；"长枪书"如《杨家将》《精忠岳传》《英烈》等；"短打书"，如《水浒》《七侠五义》等；"神魔书"如《西游记》《济公传》等。又有《聊斋》一些故事短篇，如《崂山道士》《梦狼》《画皮》等。其中又以京津、山东等地为重镇。

清朝初期，扬州评话和北京评书各自分别形成评书类曲艺南北两大系统。具体说来，如前所述，扬州评话是继承明代说书的艺术传统，明末清初就形成了独特成熟的门派、艺术体系，有了专业的艺人。北京评书则由王鸿兴肇始，明末清初为其开创时期，应比扬州评话起步晚。随后在发展过程中也涌现出诸多评书名家。

---

① 转引自周良，《苏州评弹旧闻钞》，江苏人民出版社1983年版，第73页。

但两者必然相互影响。清初扬州评话即在北京受到上层欢迎,流风所及,必然会蔓延民间。清初至清中叶,随着政局稳定、经济发展,南北方通过大运河交流频繁,而康熙、乾隆各六次循大运河南巡,更进一步促进北京、江浙文化、风气双向对流。在此对流中,扬州评话和北京评书皆会相互借鉴,汲取对方长处,展示其特色,如扬州评话中时有"京腔"穿插、"京油子"身影闪现,北京评书中也会冒出一点南方话包括扬州话,虽皆不无抑揄打趣之意,从而在表演方面形成了诸多共性。

首先,无论是扬州评话还是北京评书,究其本质,都是"评","说"最后是落实于"评","评"均为它们的主体形式;即古事今说,借事评论,没有"评",这南北评话、评书皆将失魂而无法存在。所以两者实质和根本艺术方法并无分别,这也是两门艺术最基本的相同点。

关于表演手段,无论是北京评书还是扬州评话,两者均重视、讲求"说、演、评、噱、学"五法。其中说"指"叙述,"演"指模拟,"评"指评点,"噱"指笑料,"学"指口技。这五法集中一点就是"说":这是它们的共同基础,与戏剧等艺术不同,演员的表演,无论是叙述故事、描绘景物、评论是非、刻画各类人物心理神态,全凭嘴说。当然,也与相声的不侧重故事情节的"说"有根本区别。正所谓通过评话演员的一张嘴即能集生旦净丑于一身,冶万事万物于一炉。扬州评话的语言见前,而北京评书也如此,其语言大量使用北京各种生动的话语。

清末陆瑞廷认为"理、味、趣、细、技"五字可作为评定话本艺术高下之标准。

所谓"理",即"贯通书理也",书理指情节的可信性和人物性格的逻辑性、合理性。虽说属于子虚乌有,凭空构造,但只要大体合乎逻辑(当然最好更合情合理),听众明知荒诞,一笑之余不会较真,亦即俗话所说"顺理成章",南北的评话、评书皆极端重视此点。20世纪90年代,王门《水浒》传人王丽堂为某领导人专场表演扬州评话"武松打虎"一段时,由于规定的时间限制,根本无法演绎乃父王少堂花费数日(有时半月多)才能把老虎打死的情节,王丽堂遂采取如此处理办法,大意是:搏斗中,武松忽然想起老虎乃是国家保护动物,不能伤其性命,遂急中生智,掏出随身携带、柴进赠送其用以防身的电警棍将老虎击昏,随后与众猎户吆吆喝喝将沉睡的老虎抬到阳谷县动物园饲养、展览去了。如此处理当然不符合原书情节和王门《武松》的风格，但也"合情合理"，且加上了现代色彩，令人发噱，从而取得哄堂、捧腹的喜剧性效果。

所谓"味"，"须具咀嚼情能力，使听者有耐思之余味也"。也就是要有能使听众听后难以忘怀，激发其"生瘾"的强烈要求产生再听的吸引力。扬州评话讲究"关子"，而北京评书讲究"扣子"的使用，两者名异而实同，无论是"关子""扣子"，都是"关键""卡扣"之意，既是故事发展的关键和人物命运的关键，又是连接情节和制造悬念的手段，达到扣人心弦丝丝入扣的效果，正所谓"书到险地，回肠荡气"。所以才有艺谚云："听书听扣儿，听戏听轴儿。"

所谓"趣"，即噱头、笑料，能辅佐情节，调节气氛，增强听众兴趣，"见景生趣，可使书情书理，愈见紧凑，而听者不特胸襟开豁，抑且使人捧腹也"。扬州评话、北京评书中此类"笑料"俯拾皆是，而且多有"通用"者。

所谓"细"，即讲究语言的锤炼、遣用，形成自己语言的特色，达到雅致而不入生涩，通俗而不落庸俗，吸引听众，使之得到精神享受，"词句堂皇，出口典雅，至若言之苛刻，易招人怨，语言秽亵，自失人格"。这就是我们通常所说的炼字、遣词之功。南北评话、评书大师，皆是民间语言大师。

所谓"技"，实际是讲究灵性，创新，"则由经验阅历中得来，更无勉强之可能……说书而能运用神化，穿插得宜，始可得一技字"。其中一个重要的方面就是能产生"书外书"——由一段情节衍生出相关的其他内容，或刻画人物、或交代背景、或介绍知识、或评点议论，尽管有时在一定程度上脱离了原有情节的发展，但绝不游离于主干之外，而是通过这些枝节，进一步深化主题，烘托主要人物，为以下情节展开做铺垫，并调节氛围、节奏如厮杀的紧张和血腥之气，产生韵律美。当然，从经济效益出发，这类"书外书"愈多，演员的演出时间也能延长。扬州评话的《武松》、北京评书《说岳》往往要说数月，比起原著寥寥数段、数语，真不啻天壤之别。

扬州评话和北京评书为代表的"南北评书"，皆有这些特点，可谓"心有灵犀一点通"。

扬州清曲

与扬州评话齐名的扬州另一最有代表性的曲艺是扬州清曲。

扬州清曲汇聚了本地诸多民间曲调与传统的明清俗曲的曲种，表演时数人"坐唱"，每人执操一件乐器外，另配有人数不等的小型乐队伴奏。

扬州清曲同样源远流长，前述隋炀帝汇聚扬州的北地戏曲、"江南淫声"应是其滥觞。宋元散曲从大运河流到扬州，促使扬州清曲进一步发展。元代的小唱、散曲也是其渊源。明代，据沈德符记载：不仅这些元代的"流行音乐"继续流行，而且更有发展："元人小令，行于燕赵，后浸淫日盛。自宣正至成弘后，中原又行锁南枝、傍妆台、山坡羊之属。……今所传泥捏人及鞋打卦、熬髻髻三阕，为三牌名之冠，故不虚也。自兹以后，又有耍孩儿、驻云飞、醉太平诸曲。然不如三曲之盛。嘉隆间，乃兴闹五更、寄生草、罗江怨、哭皇天、乾荷叶、粉红莲、桐城歌、银纽丝之属。自两淮以至江南，渐与词曲相远。不过写淫媟情态，略具抑扬而已。比年以来，又有《打枣竿》《挂枝儿》二曲。其腔调约略相似，则不问南北，不问男女，不问老幼良贱，人人习之，亦人人喜听之。以至刊布成帙，举世传诵。沁入心腑，其谱不知从何来，真可骇叹。又有山坡羊者，李何二公所喜，今南北词具有其名，但北方惟盛，爱数落山坡羊，其曲自宣、大辽东三镇传来，今京师妓女惯以此充弦索北调。"① 各地这些俗曲不断传入汇集扬州，扬州的小曲相应极为盛行，沈德符所言"不问南北，不问男女，不问老幼良贱，人人习之，亦人人喜听之"自是事实。

明代的许多小曲风韵仍保留至今。到了清代，特别是"康乾盛世"，在继承了明清两朝当地及外地传入扬州的俗曲的基础上，经过扬州艺人的艺术加工，终于在此基础上产生了说唱故事的扬州地方曲种扬州清曲，并迅速成为扬州的一种时尚。庞大的市民阶层成了扬州清曲的爱好者、拥护者和创造者。演唱者约有三类：一是歌妓；二是执此业牟生的专职艺人；三是更多的包括手工业者、店员、市民等在内的自娱演唱者，这其中又有若干文人主要是仕途淹滞者，他们因境遇不得意，往往通过娱乐寄情遣性，更能词善曲，善于对民间乐曲进行加工提高，再反馈社会，所谓"从群众中来又到群众中去"，从而对扬州清曲的发展起到了极大的推动作用，使之更加繁荣。李斗在《扬州画舫录》中提道："又有黎殿臣者，善为新声，至今效之，谓之'黎调'，亦名'跌落金

---

① 沈德符，《万历野获编》，《历代笔记史料丛刊·元明》，中华书局1959年版，第646—647页。

钱'；陈景贤善唱小曲，兼工琵琶，任称'飞琵琶'；潘五道士能吹无底洞箫以和小曲，称名工；苏州牟七以小唱冠江北，后多须，人称'牟七胡子'；郑玉本，仪征人，迁居黄珏桥。善大小诸曲，尝以两象箸敲击瓦碟作声，能与琴筝箫笛相和。时作络纬声、夜雨声、落叶声，满耳萧瑟，令人惘然。"① 郑玉本尝试以筷子击碟作声成为扬州清曲演唱不可缺少的伴奏。同样，太平天国时期，扬州清曲一度衰落。接踵而至的是，太平天国失败后，被曾国藩鄙视为"屑人"的丁日昌任江苏巡抚期间（同治六年至光绪元年，1867—1875），为弘扬封建"主流意识形态"，禁止境内传播"淫词小说"，扬州清曲若干曲目被查禁，但"青山遮不住，毕竟东流去"，丁日昌去任后，扬州清曲又悄然发展繁荣起来。

扬州清曲文化底蕴十分深厚。它吸取、糅合了本地的各种优秀民间艺术的成果。如清道光时期泰州一带有三位杨姓道情艺人因会唱众多曲目，且曲调各异而名噪一时，时有"三杨（阳）开泰"之誉。② 道情也属清曲的范畴。

它的唱词高雅，不少可直接追溯到久远的前代。如《泥捏人》（亦记为《捏泥人》，最直系可能是明朝河南开封的一首流行俗曲，万历三十三年（1605年）刊刻的《南宫词纪》记有"汴省时曲"《泥捏人》："傻酸角，我的哥，和块黄泥捏咱两个。捏一个你，捏一个我，捏得来一似活脱，捏得来同床上歇卧。将泥人摔破，着水儿重活过。再捏一个你，再捏一个我，哥哥身上有妹妹，妹妹身上也有哥哥。"③ 而此词历史更深远，很明显，这又是元赵孟頫妻管道升（仲姬）著名的《泥人》词的"通俗版"：赵孟頫一心想纳妾，写词向管示意："我为学士，尔做夫人。岂不闻陶学士有桃叶桃根，苏学士有朝云暮云。我便多娶几个吴姬越女，何过分？你年纪已过四旬，只管占住玉堂春？"管道升遂写《泥人》或叫《我侬词》予以反对："你侬我侬，忒煞情多，情多处热似火，把一块泥，捻一个你，塑一个我。将咱两个，一齐打破，用水调和，再捏一个你，再塑一个我。我泥中有你，你泥中有我；与你生同一个衾，死同一个椁。"到了明朝冯梦龙又作了一首《挂枝儿·泥人》："泥人儿，好一似咱两

---

① 李斗，《扬州画舫录》（卷十一），江苏广陵古籍刻印社 1984 年版，第 245—246 页。
② 《中国曲艺志·江苏卷》，中国 ISBN 中心 1996 年版，第 87 页。
③ 陈所闻辑，《新镌古今大雅南宫词纪》（卷 5），《续修四库全书》第 1741 册，上海古籍出版社 2002 年版。

个,捻一个你,塑一个我,看两下里如何。将来他糅合了重新做:重捻一个你,重塑一个我,我身上有你也,你身上有了我。"①

几百年过去,《泥捏人》如今词句虽已有一些差异,但仍不时传唱,已成为扬州清曲的保留项目。

扬州清曲演唱特别注重以字行腔,强调腔韵、发声、吐字,以动听优美的旋律获得人们的喜爱。其曲目据《扬州画舫录》记载:"(扬州)小唱以琵琶、弦子、月琴、檀板合动而歌,最先有'银纽丝''四大景''倒板桨''剪靛花''吉祥草''倒花篮'诸调,以'劈破玉'为最佳。……又有黎殿臣者善为新声,至今效之,谓之'黎调'亦名'跌落金钱'。二十年前尚哀泣之声,谓之'到春来',又谓之'木兰花',后以下河土腔唱'剪靛花',谓之'网调'。近来群尚'满江红''湘江浪',皆本调也。其'京舵子''起字调''马头调''南京调'之类传自四方,间亦效之,而鲁斤燕削,迁地不能为良也。"嘉庆年间(1796—1820),扬州清曲伴奏乐器中又加入了扬琴,②从而更加柔美。到光绪年间(1875—1908)其曲目更加繁盛,丁日昌所禁的就有"叹十声""杨柳青""五更尼姑""闹五更""叹五更""十送郎""怨五更""妓女叹五更""百花名""活捉鲜花""剪剪花""小尼姑下山""四季小郎""四季相思""十二月花名""湘江浪""十二杯酒""卖油郎""南京调"。同光时期,扬州清曲的著名艺人钟培贤外号"钟麻子",江都虹桥人,曾是秀才,充私塾先生,因酷爱清曲而从艺,有"泼口大王"之称,又因精通二胡,能自拉自唱,遂被誉为"扬州曲王",曾创作了"宝玉哭灵""十个郎""王道士拿妖""僧尼下山"等,丰富了扬州清曲的内容。

如同各种美好的事物一样,扬州清曲不胫而走,特别在清代,也由于扬州这一特殊的地理位置以及与全国各地密切的商业、文化往来,它沿大运河经山东到北京,沿长江经武汉到四川,从武汉入洞庭经湖南南向广东、西向广西、贵州、云南,散落到全国各地,在与各地俗曲、民歌小调的融合与地方化过程中,促进了各地明清俗曲系统的发展,可谓全国各地的小曲皆曾受

---

① 转自刘光民著,《古代说唱辨体析篇》,首都师范大学出版社1996年版,第223页。
② 林苏门,《续扬州竹枝词》,韦人、书明铧,《扬州曲艺史话》,中国曲艺出版社1985年版,第236页。

其影响,是我国南方曲种中流传最广的曲种,无论传到哪里,均以它南北兼容、清丽、淡雅、优美的词句、音律得受到人们的喜爱,被同腔系曲种艺人广泛吸收和借鉴,一度能压倒若干地方的主流曲艺艺术。李斗记载,昆曲发源苏州地区,是当地的"大调"。曾有人在苏州虎丘唱"劈破玉","苏人奇之,听者数百人。明日来听者益多",但"唱者改唱大调,群一噱而散。"① 这种现象的出现,除猎奇心理外,更可见扬州清曲的迷人的魅力。李斗至广州听说有扬州歌妓便去造访,"甫闻其声,乃知为里河网船中冒做扬妓者,其唱则以是曲为土音,岭外传之,及于惠、潮,与木鱼布刀诸曲相垺"②,可见传播之广。

时至现代,扬州清曲仍伴随运河清波而润泽艺术世界:如20世纪50年代电影《洪湖赤卫队》那段插曲"手拿碟儿敲起来",曲调和敲碟伴唱的技法均属扬州清曲的嫡派、精华;20世纪70年代香港电影《三笑》的音乐是江苏民歌和乐曲,其中就含有不少扬州清曲,如其中唐伯虎乔装的仆人华安所唱"叫一声二奶奶听我表一表",是扬州清曲"武成调";而蜚声世界的天籁之音《茉莉花》,源于扬州清曲《鲜花调》,等等,都定格为历史的永恒。

二、江苏弹词与大运河

苏州、扬州,分立江苏境内大运河南北的两个著名文化城市,还都有弹词艺术。

苏州弹词

先看苏州弹词。

苏州弹词亦称"南词",是一种典型的说唱艺术,其特色是:使用苏州方言,散、韵文体结合,以叙事为主、代言为辅、用弹拨乐器(琵琶、三弦等)伴奏、说唱相兼。顾名思义,产生于大运河畔的"人间天堂"苏州,流行于江苏南部、浙江北部、上海等吴语区,影响广泛,和苏州评话被总称为"苏州评弹"。但明清两朝盛行的弹词、评话,二者截然不同,而总名称为"说书"。相比较而言,苏州评话题材较宏大,多是历代兴亡的英雄史诗和侠义公案。主要

---

① 李斗,《扬州画舫录》(卷十一),江苏广陵古籍刻印社1984年版,第245页。
② 同上书,第254页。

苏州评弹表演艺术

苏州评弹表演艺术

书目有《三国演义》《水浒传》《英烈传》《隋唐英雄传》和《七侠五义》等。表演者以男艺人居多,表演风格较粗犷豪放,一般只说不唱,类似扬州评话、北方评书,而被称"大书";苏州弹词则题材较纤小,表演风格细腻柔和,表演多为两人,近代男女两人搭档、分持三弦、琵琶联袂演唱更成"标配",所以又被称为"小书"。在苏州评弹界有"大书一股劲,小书一段情"之说,与苏州评话很自然地做了切割。

弹词也是从流行于宋元的"陶真"演进而来,在元代分出词话,至明又分出弹词。明田汝成在嘉靖二十六年(1547年)左右所撰《西湖游览志余》说:"杭州男女瞽者多学琵琶,唱古今小说平话,以觅衣食,谓之'陶真'。……后来拨弦索唱《珍珠塔》《玉蜻蜓》者,即其支流也。"[①]弹词正是以"弦索"伴奏,《珍珠塔》《玉蜻蜓》恰为弹词代表性曲目。可见所谓陶真的"支流"就是弹词。他更指出:"其时优人百戏:击球、关扑、渔鼓、弹词,声音鼎沸。"此大概为"弹词"一词的最早出处,弹词的出现当早于此时,至今已有500年左右的历史。相应地,江苏有弹词活动之记载也始见于明代,佚名《三风十愆记》记叙明末常熟丐户草头娘"更熟二十一史,精弹词"。[②]弹词的称谓,徐

---

① 田汝成撰,陈志明编校,《西湖游览志馀》,东方出版社2012年版,第52页。
② 瀛若氏,《三风十愆记》,《记色荒》,《香艳丛书》二集卷一,上海书店出版社2014年版,第19页。

渭《徐文长佚稿》卷四称"弹唱词话"①，王骥德《新校注古本西厢记》称"诌弹说词"，②盛于斯《休庵影语》则称"弹唱说词"，③不一而足。

弹词作品从用途上可分为"文词"和"唱词"两类。文词是供案头欣赏的读物，唱词是用于演唱的脚本。从语言看，弹词又有"国音"和"土音"之分。国音是使用当时的"官话"，土音是用各处的方言，从而形成各地弹词，其中以吴音最多。无论是文词还是唱词，大都长篇巨构。如属文词的《榴花梦》共360卷（包括续作3卷）约500万字。而属于唱词的《安邦志》《定国志》《凤凰山》3部连续作品共674回，70余册。一部一般篇幅的弹词总要几个月时间才能演完。这也符合弹词艺人的经济利益需求。

明代弹词作品见于著录且可信者，有嘉靖时梁辰鱼的《江东廿一史弹词》和明末清初陈忱的《续廿一史弹词》，均已佚。今见弹词曲本多为清作品。文词中著名的有陶贞怀的《天雨花》，陈端生、梁德绳的《再生缘》，邱心如的《笔生花》等，皆出自女作家。

在明代和清代前期，弹词在南北方都有流传，至乾隆时缩小到江南沿海数省。在流传过程中，弹词与一些地区的方言和地方音乐结合，产生了不同的弹词品种，流传至今有苏州弹词、扬州弦词、四明南词、绍兴平胡调等。明代中叶江苏弹词兴盛后，到明末社会大动荡中，一度衰弱。

清初，随着江苏城市经济的繁荣，弹词在苏州又开始盛行。康熙年间昆山章法的《竹枝词》中即有"弹动丝弦拍惊木，霎时跻满说书场"之句。句中"说书"章法自注："吴人称弹词亦曰'说书'"。④康熙末定居于苏州的浙江吴兴人董说的《西游补》，叙中描写，盲女弹词则更多使用了苏州方言。

乾隆年间，苏州弹词已臻成熟，出现了许多吴语弹词刻本。如乾隆三十四年（1769年），坊间刻印了叙述梁山伯祝英台婚恋故事共三十回的《新编东调大双蝴蝶》，为杏桥主人用苏州方言所写。同期刻印的还有吴音弹词脚本《新编宋调白蛇传》《新编东调白蛇传》，后者并记录了当时演出的一些弹词书目。

---

① 徐渭，《徐文长佚稿》，明刻张宗子校辑本，第24页。
② 王实甫撰，王骥德校注，《绘图新校注古本西厢记》，中西书局2013年影印版，第2页。
③ 盛于斯，《休庵影语》，清光绪刻本，第18页。
④ 章法（瓶园子）等，《苏州竹枝词》，清抄本，第23页。

据徐珂《清稗类钞》记载，此时弹词艺人虽仍有以"清吭谐婉而闻名于时"① 的盲人女弹词王青翰等，但主要演唱者已是健康男子，出现了一些著名艺人，其中最有影响的是王周士。据清《吴县志》、潘心伊《书坛话堕》等记载，乾隆南巡，曾在苏州行宫召王周士弹唱《游龙传》，赐七品冠带，带回北京"内廷供奉"，但不久王周士托病返回苏州。② 传说他曾因此在书场悬挂"御前弹唱"匾额以显荣耀。王周士还撰写对说唱艺术进行理论性总结的《书品》《书忌》。乾隆四十一年（1776年），他又在苏州宫巷第一天门创立包括评话艺人在内的行会组织"光裕公所"（后称光裕社），以示要对评弹艺术的"光前裕后"，从而促进了此后苏州弹词的发展。

嘉庆、道光时期茶馆书场兴盛，为苏州弹词艺人成长提供了肥沃的艺术土壤，苏州弹词发展更为迅速，后成传统书目的《三笑》《倭袍》《义妖传》《双金锭》等均于此时刊行，产生了弹词史上的"前四名家"，其成员有几种说法：一说是陈（遇乾）、毛（菖佩）、俞（秀山）、陆（瑞廷）；一说为陈（士奇）、姚（豫章）、俞（秀山）、陆（瑞廷）；一说为陈（遇乾）、毛（菖佩）、俞（秀山）、陆（瑞廷）；一说为陈（遇乾）、姚（豫章）、俞（秀山）、陆（瑞廷）；一说是毛（菖佩）、姚（豫章）、俞（秀山）、陆（瑞廷），不一而足。同时还有章廷玉、沈沧洲、姜万孚等。其中陈遇乾编演的《义妖传》书路别致，还创造了音色宽厚苍劲、咬字吐音遒劲、尖团平仄分明、抒情成分浓厚，后来作为角色唱调的"陈调"；俞秀山则吸收江南民间音乐创造了音域宽、回旋余地大、包涵了高亢与低沉、委婉与平直、刚劲与柔和、旋律优美的"俞调"唱腔。"陈调"和"俞调"后来成为苏州弹词的基本曲调。前四家的高超技艺，丰富了上演书目，创造了流派唱腔，拓宽了技巧思路，提高了评弹艺术的总体水平，奠定了苏州弹词的基本形式，扩大了评弹的影响。

道光至咸丰初，盛行"女弹词"即女子弹词，王弢《瀛壖》称女子弹词"其声如百啭春莺，醉心荡魄，曲终人远，犹觉余音绕梁"，故"每一登场，满座倾倒"。但女弹词为光裕社不容，遂转移到上海等地。道光二十六年（1846年），上海开埠以后，经济和文化迅速发展起来，人口日益增长，五方杂处，

---

① 徐珂编，《清稗类钞》，中华书局2010年版，第157页。
② 潘心伊，《书坛话堕》，《珊瑚》杂志，1932年第1卷第4期。

但以江浙人为多。咸丰十年（1860年）前后太平天国开辟苏浙根据地时，大批民众逃亡上海，其中苏州地区人氏所占比例尤高，一度上海出现"街头巷尾尽吴语"的情景，苏州弹词在此获得广泛听众，受到了上海民众厚爱，遂在上海落地生根。太平天国运动失败后，苏州弹词演出地域南至浙江嘉兴、湖州，西达常州，北入常熟，东进松江，在此尚属狭小空间，谋生艺人多，听众层面不同，要求不一，从而迫使从业者在书词、唱腔、表演等方面不断调整创新，向艺术的深度、广度和高度推进。同治、光绪年间遂产生了优秀的作品《珍珠塔》《义妖传》《玉蜻蜓》《三笑姻缘》等，出现了苏州评弹发展史中的"后四家"马如飞、赵湘舟、王石泉、姚士章，其中除姚士章兼为苏州评话艺人外，其余三人皆是苏州弹词艺人。马如飞的父亲马春帆祖籍丹阳，演唱的《珍珠塔》唱篇多，从而逐步创造了唱词格律严谨，行腔转调主要服从于语言表达，但求语意表达透彻，不避平直，着重于吟哦的韵味，能表现多种口吻，使内容在不变中形成变化的"马调"。王石泉说唱《倭袍传》将马调、俞调糅合而创造了被业界评为似俞非俞、似马飞马、忽俞忽马、而"殊无准"的"自来调"，也称"自由调""书调"，是一种有规律的自由发挥，具有"一曲百唱"的功能，故曾风靡书坛。赵湘舟喜爱昆曲，吸收昆曲表演程式于弹词表演的角色，自成昆派表演风格。此时表演形式也由一人演出的单档发展成两人合作演出的双档，知名的代表人物有拼档弹唱《双珠凤》的朱耀庭和其弟朱耀笙。

从20世纪初开始，评弹活动的中心，已经从苏州转移到了上海，再以上海为中心，向长江三角洲地区辐射，几乎涵盖了整个江浙水乡，还远达北京、天津、武汉等地。在此过程中，大运河的输送作用仍不容小觑。因评弹的清洁曲折离奇，表演扣人心弦，形式雅俗共赏，故数百年来流传于江、浙、沪城乡，为社会各阶层人士所喜爱。

民国时期苏州弹词从艺人员剧增，艺术竞争日趋激烈，艺人纷纷在书目上求新、唱腔上创新、表演上革新，演出形式也有所变化。弹词书目原来来源于唱本和传奇，如李文斌将清末四大奇案之一《杨乃武》、王宏苏将秦瘦鸥小说《秋海棠》、陆澹安将张恨水的《啼笑因缘》先后改编，搬上词坛上演，奉献给听众。这些新编书目贴近生活，揭露鞭挞社会、官场各种黑暗，一时风行书坛，并在民间产生广泛影响。

苏州弹词的脚本由"说""表""白""唱"组成。演唱中演员自弹自唱"坐唱"表演形式,更讲究"说、表、唱、弹、噱、演"的艺术手段。

"说"即说白,是演员模拟人物口吻的代言,包括人物间的对话和人物的自白、内心独白。"表"即表白,是演员以说书人第三者的口吻叙述、说明、交代、描写故事中人物行为、思想和活动环境。故事中人物语言的"说"叫"白"。"说""表""白"都用散文来表现。相比较而言,早期的作品唱词较多,后来表、白才多起来。

书词中的韵文则以"唱"来表现。苏州弹词秉承弹词的传统,唱词采用诗赞形式,但偶尔也用曲子,如《剪剪花》《耍孩儿》之类。以七字句为主,七字而外还用增加衬字的方法造成八、九、十言甚至更多字数的句式。无论如何变化总以单音节的词语收尾,绝少以双音节词语收尾状况。

"弹"为伴奏。以三弦、琵琶、月琴等弹拨乐器伴奏,单档演出以三弦自弹自唱,双档演出演员分上下手,各用三弦和琵琶,并互相伴奏。除使用弹词演唱的"书调"外,还吸收牌子曲来丰富弹词唱腔,如以"山歌调"作为书中人物唱地方小曲的曲调,以"乱鸡啼"表现热闹场面,以"费伽调""银纽丝"用作彩旦一类角色所唱曲调,以"离魂调"用于人物惊悸或晕厥后悠悠苏醒时所唱,等等。唱词曲调缠绵婉转,故最适合叙述爱情故事。

为增加趣味性,在故事说表中穿插喜剧、风趣因素,这种手段称为"噱"。"演"或"学""做",指演员演出时模仿故事中人物的表情、语言、语调及某些动作,即对角色的模仿。

前四家的陆瑞廷还进一步提炼出了"理、味、趣、细、技"的说书"五诀":"理者,贯通也;味者,耐思也;趣者,解颐也;细者,典雅也;技者,工夫也。及其所长,人不可及矣。"[1] 这些论述,与各种评话同为共识,亦可谓一脉相承,成为苏州弹词的理论支撑,艺人们遵守的圭臬,使苏州弹词以轻便灵活的形式、优美动听的音乐、生动传神的说表、引人入胜的内容博得了广大听众的喜爱,被誉为"中国最美的声音"之一。

扬州弹词

可与苏州弹词相媲美的是扬州弹词。它与苏州弹词在理论、表演手法、术

---

[1] 吴宗锡编,《评弹小词典》附《南词必览》,上海辞书出版社2011年版,第75页。

语诸多方面类通，仿佛"并蒂莲"，但也必然带有扬州自身文化基因。

扬州弹词原名扬州"弦词"，还有"对白弦词""小书""对白""弹词""弦子词"诸名，与扬州评话合称为"说书"，以扬州方言弹唱，流行于扬州、镇江、南京、上海及苏北里下河等扬州方言流行的地区。

"扬州弦词"之名最早见于清乾隆李斗所著《扬州画舫录》卷十一："（名伶王炳文）小名'天麻子'，兼工弦词。"此后"弦词"之名陆续散见诸书。之所以被称"弦词"，系因伴奏乐器是弦拨乐器，"弦子"即三弦和琵琶。

扬州弦词历史则可谓源远流长。这从两方面可以窥见：

一是对"弦子"特别是琵琶的使用要领先他地。早在西汉时代，扬州大约已出现琵琶。如当时被汉武帝派往西域乌孙国和亲的江都国细君公主即以擅长琵琶闻名于史。晋人傅玄《琵琶赋·序》云："闻之故老云：'汉遣乌孙公主，念其行道思慕，使知音者载琴、筝、筑、箜篌之属，作马上之乐。'观其器，盘圆柄直，阴阳序也；四弦，四时也。以方语目之，故曰'琵琶'，取易传于外国也。"① 唐人段安节《乐府杂录》也说："琵琶，始自乌孙公主造。"② 宋苏轼在《宋叔达家听琵琶》中亦云："何异乌孙送公主，碧天无际雁行高"。③ 扬州五代墓中也曾出土过曲颈琵琶，从而为古代扬州琵琶流行提供了实证。琵琶的流行无疑是扬州弹词得以产生的重要物质条件。

二是扬州民众更有喜好"弦歌"的传统。南朝鲍照《芜城赋》形容广陵"廛闬扑地，歌吹沸天"。唐杜牧《题扬州禅智寺》"谁知竹西路，歌吹是扬州"，④ 即透露出这一风气。

明代中叶，扬州弹词开始盛行，弹词多用琵琶伴奏。明人《薄命小青词》是以扬州美女冯小青的故事为题材的弹词作品，明人薛旦《醉月缘传奇》第九折描写弹词女先生会唱《薄命小青词》，其中有"有个天生女绝色，生长扬州叫小青"⑤ 之句。张潮《虞初新志·小青传》亦写冯小青病中曾"呼琵琶妇唱

---

① 傅玄撰，张溥辑，《傅鹑觚集》，明刻本，第17页。
② 段安节撰，亓娟莉校，《乐府杂录校注》，上海古籍出版社2015年版，第5页。
③ 苏轼撰，王新龙编，《苏轼文集》，诗集六，中国戏剧出版社2009年版，第42页。
④ 杜牧，《题扬州禅智寺》，《全唐诗》（第522卷），第3首，中华书局1960年版。
⑤ 薛旦，《醉月缘传奇》，清初绣霞堂刻本，第22页。

盲词以遣。"① 清初阮葵生《茶余客话》卷二十一云："盲女琵琶，元时已有之，至今江淮尤甚。"② 明末清初柳敬亭不但擅说评书同时也擅长唱弹词，所唱自然是扬州弹词。清初石成金《俚言》叙述当时扬州风俗"扬州妇女既不养蚕，又不织布……更有一种妇人喜欢游山赴会，入寺烧香，甚至倚门谈笑，买东买西，吃燕看牌，吹弹歌唱，无所不有"。③

盛行必然伴随着传播。如《金瓶梅》第二十六回写道："苗员外使个眼色，董玉娇知道了，早接过琵琶来，弹了一套《清音》，也是扬州有名的清弹。"④ 无疑，这又印证大运河对其传播的作用。

乾隆年间扬州与苏州一样繁华，如《红楼梦》所说，同是风流富贵中数一数二的地方，弹词也更加盛行。表演方式也为一人自弹三弦坐着说唱，称"弦词"，后发展成双档，称"对白弦词"。

其时扬州也出过能与王周士相匹配的弹词艺人。据传，扬州八位说书家"八大红伞"之一弹词家陈竹波也曾在乾隆在扬州时被召到御舟演出。陈竹波跪在而非坐在船头，将三弦顶在头上弹唱，使乾隆龙心大悦。扬州单口弦词艺人谢思廉也曾在御前演唱过。所唱开篇《江南太平词》其中有两句是："过头拐，取手中，上八洞神仙尊寿翁；天增岁月人增寿，四时佳兴与人同。"唱得一心企盼长寿的乾隆同样大喜，赐其一只盛三弦的黄绫套子和一盏写着《御前弦词》的灯笼。但此后无人再听其说唱了——因听众要先对此两件御赐品行三跪九叩礼，如此折腾，与听赏初衷大相径庭，不是娱乐而成受累。谢思廉又被疑为是《扬州画舫录》中提到的"谢寿子"。

清中叶，扬州弹词继续发展。道光元年（1821年）《雅观楼》第四回："你不曾听过弦词《十美图》么？"⑤ 第九回："时丹桂花正放，诸女眷坐桂花亭，

---

① 张潮编，《虞初新志》，上海古籍出版社2014年版，第57页。
② 阮葵生撰，李保民注解：《茶余客话》，《历代笔记小说大观》丛书，上海古籍出版社2012年版，第85页。
③ 石成金，《重刻传家宝俚言》，清光绪刻本，第35页。
④ 兰陵笑笑生撰，陶慕宁校注，《金瓶梅词话》，第二十六回，人民文学出版社2000年版，第152页。
⑤ 檀园主人撰，广来整理，《雅观楼》，《雅观楼·绣鞋记》合刊本，内蒙古人民出版社2000年版，第17页。

听十番唱曲，打嘉兴锣鼓，弦词说《玉蜻蜓》小说等书。"①道光七年（1827年）绿玉山房刻本通元子小说《玉蟾记》第一回诗句："清晨采菊新城卖，午后听书到教场。"并写到连日在教场听得一部新书《十二缘玉蟾记》。②《十二缘玉蟾记》简称《十二缘》，据考证应是弦词。李涵秋的《广陵潮》第七回写道："我是最喜欢作诗的，像这种弹词小说，若将他当作诗去作，作出来必然流利。"第六十八回："我当初还撰了一篇有头没尾的弹词，你不腻烦，我试念给你听。"③这些描述皆印证了当时弹词的影响。

扬州弹词在清中叶后趋于衰落，但仍在流行，在听众中的影响依然存在。徐珂《清稗类钞·扬州之妓》："扬州为盐务所在，至同治初，虽富商巨贾迥异从前，而征歌选色，习为故常，猎粉渔脂，浸成风气。闾阎老妪，畜养女娃，束足布指，涂妆绾髻，节其食饮，以视其肥瘠，教之歌舞弦索之类，以昂其声价。贫家女往投之，谓之'养瘦马'，盖本于白乐天之诗，诗云：'莫养瘦马驹，莫教小妓女'。又曰：'马肥快行走，伎长能歌舞。三年五岁间，已闻换一主'是也。"焦东周生《扬州梦》卷三写道，某艺人"午后高坐茶社，说译词一二折，得钱数千，然豪家不甚呼之。延宾聚艳，重弹词、滩黄家，爱其文也。至妇女消夏，则喜瞽女琵琶唱才子佳人传奇。"④李涵秋《广陵潮》第二回也写道秦氏给三姑娘买《天雨花》《再生缘》阅读，都是清代流行的弹词。李伯通长篇《从菊泪》，一名《邗水春秋》撰写扬州风情，第六回："他太太也是个无师之传，闺中藏书除几部弦词、小说背得滚瓜烂熟，他便瞧瞧《万年历》《玉匣记》。"第十四回写一位瞎先生擅长"甚么大曲、小曲、说书、弦词、东岳、神堂的勾当。"⑤

晚清扬州弹词界也出了包括张敬轩、蒋明泰、李国辉、张捷三等名家。张敬轩、蒋明泰是师徒，李国辉、张捷三兼工大小书。李国辉既是康派《三国》

---

① 檀园主人撰，广来整理，《雅观楼》，《雅观楼·绣鞋记》合刊本，内蒙古人民出版社2000年版，第42页。
② 通元子，《玉蟾记·侠义风月传》，中国古典文学名著丛书，中国文史出版社2003年版，第66页。
③ 李涵秋，《广陵潮》，江苏古籍出版社1985年版，第25页。
④ 焦东周生，《扬州梦》，世界书局1943年版，第16页。
⑤ 李涵秋，《广陵潮》，第二、六、十二回，江苏古籍出版社1985年版，第12、46、123页。

的师祖，又曾自创弹词《双剪发》。张捷三为著名评话家龚午亭传人，擅讲《清风闸》，兼演弹词《二度梅》。仪征函璞集英书屋《邗江竹枝词》则记又一弹词名家朱天锡："《玉蜻蜓》是朱天锡，十叹开言有泪痕。堂眷喜听包节说，拿乔不肯说离魂。""拿乔"系扬州方言，为"挟技（或挟物，皆是稀罕者）要挟""故作难色以提价（包括身价）"之意。

发展至清末，扬州弹词形成三家传授系统：孔宪书系统的"孔门弦词"，演出火爆、泼辣豪爽，对白效果胜过单口，擅演书目有《双剪发》《白蛇传》《大红袍》《天宝图》《地宝图》等。周廷栋系统的"周门弦词"以唱功出色见长，擅演女角，有"青衣弦词"之称，擅演书目有《双珠凤》《双剪发》《麒麟豹》（后《珍珠塔》）等。张敬轩系统的"张门弦词"以说表精细、刻画人物神、形并重称道，以弹唱《珍珠塔》《双金锭》《刁刘氏》《落金扇》四部长篇最为出色，有"张家四宝"之称。孔、周二门多在泰州、东台等里下河一带演出，张门则主要在扬州、镇江一带活动。原为张敬轩一人表演，后与其徒蒋明泰、侄张丽夫合演双档。此后世代相传，代有名家，扬州弹词演员皆出张门。因风气保守，直至抗战时期才有女演员登台。①

扬州弹词的演出方式也有两种，一是在茶馆和书场售艺，一是做堂会。

关于在书场演出，嘉庆时期缪艮在《文章游戏》二编卷一《扬州教场茶社诗》之十二说："戏法西洋景，开书说弹唱，门前多摆满，摊。"②"说"指评话，"唱"指清曲，"弹"即是指弦词。惕斋老人《真州竹枝词·说书·引》描述扬属仪征县（今仪征市）风俗："午后茶肆开书场，或弦词，或评话，群来听书。"③

关于堂会的演出，如前所述，林苏门在《邗江三百吟·书场》叙述道："扬俗，无论大小人家，凡遇喜庆事及设席宴客，必择著名评词、弦词者，叫来伺候一日，劳以三五钱、一二两不等。此则租赁几间闲屋，邀请二三名工，内坐方桌架高之上，如戏台然，唱说不拘。来听书者，半多游手好闲之人，亦围坐长凳，乐听不厌，间献以茶。"

---

① 《中国曲艺志·江苏卷》，中国ISBN中心1996年12月版，第84页。
② 缪艮，《文章游戏》（第二编）（卷2），清嘉庆刻本，第24页。
③ 惕斋老人，《真州竹枝词》，清咸丰刻本，第11页。

关于弹词艺人的技艺水平，《邗江三百吟·说弦词》写道："说部书坊，肆中夥矣。此种弦词，或弹或唱，抑扬高下，已足动人；及弹唱一歇，能将此部书中人事，说出许多真模真样，听者殊不觉其厌。诗云：'不借逢逢说靠山，却教手口总无闲。悲欢离合胸中记，只在三弦一拨间。'"自注说："《靠山调》扬州驰名，唯此用鼓。"诗中评价相比演唱《靠山调》借助击鼓以壮声势，扬州弹词只需拨动三弦就能道尽其中人与事。这是对扬州弹词娴熟技艺的赞美。

扬州弹词的传统书目有十多部，现存有《珍珠塔》《白蛇传》《双剪发》《双金锭》《审刁案》《落金扇》《玉蜻蜓》《双珠凤》等。《白蛇传》《双剪发》《倭袍记》《玉蜻蜓》《双珠凤》同治年间曾遭江苏巡抚丁日昌查禁。还有一些失传的书目如《一文钱》《二度梅》《四才子》《五美图》《大红袍》《百鹤图》《黄金印》《金瓶梅》等。

同样地，扬州弹词与扬州评话是孪生姊妹，但在内容和形式上有区别。扬州弹词的书目以描述爱情婚姻故事为主，这与扬州评话讲述历史、武侠传奇的主题做了切割。在扬州说书界有"大书怕奴家，小书怕刀马"，是对扬州弹词书目的特点是高度概括。而扬州弹词工于对人物心理的刻画，情节较缓，节奏稍快则既与扬州评话相类，但弹词有说有唱，又与评话只说不唱风格各异。表演时多叙述性表唱，少人物抒发情感的自唱和人物间的对唱。唱词以七字上下句为主，叠加的单句称"凤点头"。

扬州弹词的音乐是牌子曲，常用的曲牌约有十种，包括《三七梨花》《锁南枝》《耍孩儿》《沉水》《陈隋调》《银纽丝》《剪靛花》《南调》《海曲》《山歌》《凤点头》等。扬州弹词的一些曲调是明清流行的俗曲。明沈德符在《顾曲杂言》中说到当时的"时尚小令"时就提到《锁南枝》《耍孩儿》《银纽丝》诸曲名。还有一些扬州弹词曲调是从其他音乐演变而成，或是艺人自己创造。扬州弹词的流播当然离不开大运河。广东曲艺之一"南音"，一说即由扬州弹词在清中叶传入广东后结合当地音乐衍化而成。

扬州弹词作为扬州说书的一个组成部分，因此扬州评话遵循的"细""严""深""实"同样是弹词的基本表现手法。"细"就是细致，"严"就是严谨，"深"就是深刻，"实"就是实在。

但另一方面，作为一个独立的艺术曲种、说唱兼备的艺术形式，扬州弹词又有独特的艺术特征——"表""肖""巧""袅"。"表"就是说表，"肖"就是酷肖，"巧"就是巧妙，"袅"就是袅娜。

一北一南这两地弹词，借助大运河进行互动。

首先值得注意的是，弹词艺人常在苏州、扬州之间流动。《扬州画舫录》第十一卷记载道："苏州大喉咙之在扬州者，则有二面邹在科，次之王炳文。炳文，小名'天麻子'，兼工弦词，善相法，为高相国门客。""人参客王建明馨后工弦词，成名师。顾翰章次之。紫癞痢弦词，蒋心畬为之作《古乐府》，皆其选也。"顾翰章，董伟业在《扬州竹枝词》提到："顾汉章书听不厌，《玉蜻蜓》记说尼姑。"其所说的《玉蜻蜓》至今仍是扬州弹词经常说唱的书目。王炳文在昆曲上颇负盛名，林苏门《续扬州竹枝词》："王炳文真无敌手，单刀送子走刘唐。"《邗江竹枝词》则称"《玉蜻蜓》是朱天锡。"[①] 关于紫癞痢，有人认为即是前述乾隆南巡时曾被召说书，并赐予七品官的苏州王周士。因王的绰号叫"紫髯鬎"，两者不仅意同，且字亦近，故不无可能。

两者的书目也多有相同，如《珍珠塔》《玉蜻蜓》《双珠凤》等皆是挂牌、保留的节目。两者所用的曲子，则也多有《剪剪花》《耍孩儿》等。两者的表演理念、方法也都类通，"大书""小书"之说可谓异曲同工。当然，它们也会有一定差异。曾有听众比较过苏州、扬州两地的同一弹词《珍珠塔》，感觉扬版内容却格外细腻生动。当然环肥燕瘦，各有风采魅力，见仁见智无须强求，但它们同为大运河乳汁滋润的这两朵交相辉映的同母艺术奇葩，当属无疑。

而它们向外省、外地的传播，如前文多次所提及更离不开大运河，此处不再赘述。

三、大运河与鼓书

与大运河密切相关的又一艺术是鼓书系列。

鼓书是一种传统说唱艺术，多流行于北方，主要曲种有京韵大鼓、西河大鼓、梅花大鼓、乐亭大鼓、东北大鼓、山东大鼓、北京琴书、泽州鼓书、潞安鼓书、河南坠子、温州鼓词等数十种。表演形式多为演员一人自击鼓、板，鼓称"书鼓"，板分别用两块木板或两块半月形金属片（称"鸳鸯板"），配以一至数人乐队伴奏演唱。主要伴奏乐器除必备之三弦外还有四胡、琵琶、扬琴等。

---

① 佚名，《邗江竹枝词》，清仪征函璞集英书屋刻本，第16页。

鼓书源远流长，可上溯到鼓子词和鼓词。

鼓子词是流行于宋代的一种说唱形式，因用当时最为盛行的词调唱歌并以鼓为主要伴奏乐器而得名。一篇鼓子词只能使用一个词调。最早出现的是唱而不说纯歌唱形式，多用于贵族、文人筵席以佐清欢，篇幅短小，限于抒情写景。在民间，则用鼓子词叙讲故事，遂扩大容量加长篇幅，说唱交替，形成说唱兼用鼓子词的基本格式。现存的北宋赵令畤的《元微之崔莺莺商调蝶恋花词》即模仿此格式，将唐代元稹的《莺莺传》传奇改编为鼓子词（将全传分为10段，并在首尾各加一段议论文字，另填12首《蝶恋花》词分别插入说白中间作为唱词）。从音乐来说，鼓子词又受宋大曲这种大型歌舞曲影响，两者结构极为相似。

鼓子词当时风靡民间。南宋陆游诗"斜阳古柳赵家庄，负鼓盲翁正作场。死后是非谁管得，满村听说蔡中郎"，① 即是对这一状况的写照。对当时更对后世说唱艺术发展产生过重要影响。如风靡宋金元三代的说唱兼施的诸宫调即从鼓子词演变而来。而鼓击节伴唱方式更成为后世鼓词系曲种的共同范式，由此衍生出鼓词、大鼓等曲种和名称。

鼓词则是明中叶以后，在鼓子词、元明词话的基础上产生的曲艺形式，同样以鼓击节，有说有唱，并很快风靡北方。唱词以七言为主并穿插十字句，其演唱方式有两种：一是艺人自击鼓板演唱，无其他乐器伴奏，唱词是赞美体的，主要流行在农村；另一种是艺人自弹三弦演唱，而无鼓板，在城市和农村都有流传。入清后这两种方式逐步结合起来，形成演唱者执板击鼓另有三弦伴奏的演唱方式。徐珂《清稗类钞》记载，清代"唱鼓词者，小鼓一具，配以三弦，二人唱书，谓之'鼓儿词'"。与弹词细腻缠绵的特色不同，其演唱风格粗犷豪壮，因所选题材多为历史、战争、公案之类，包括历朝开国创业、金戈铁马、盛衰兴替、忠臣良将边关御敌报效国家、清官断案等故事，只有少量描写才子佳人恋爱故事如《蝴蝶杯》等。早期的鼓词多是成本大书。鼓词流至南方，则出现了"地方化"，产生了与当地方言、文化相结合的扬州鼓词、温州鼓词等，同样与北方鼓词有着明显区别。

---

① 陆游撰，周啸天编，《小舟游近村舍舟步归》，《中国历代诗词精品鉴赏辞典》，国际文化出版公司，1996年版，第895页。

随后又从鼓词中衍变出大鼓来。

明中叶开始，鼓词中又出现只唱不说的小段，起初都是从大书中摘取的精彩唱段，后又有专门的短篇与有说有唱的中、长篇制作。这种形式遂产生专名"大鼓"。只唱不说的短篇演唱被称为"唱大鼓"，有说有唱的中、长篇演唱被称为"大鼓书"。其唱词为七言或十言的上下句体。音乐结构为板腔体。大鼓勃兴后，鼓词便逐渐势微，不少地方最终被大鼓取代。"鼓词"名称的内涵又有了变化——专指大鼓的文学剧本。

大鼓同样很快迅速流行各地特别是北方，唱腔多源于流行地区的音乐和民间小调，并用当地语言演唱，从而产生了各地不同流派的大鼓。

同样，大运河与大鼓有密不可分的关系：大运河畔往往是其诞生、发展、兴盛之地，并借大运河流布四方，稍看数例。

沧州木板大鼓

首先是可被视为"大鼓之根"的沧州木板大鼓。

古城沧州在大运河开通后，日渐成为繁华之地，各种艺术的丰厚土壤。大运河不仅是一条经济大动脉，更是一条文化传输带，沿河沿线各地的文化随着南来北往的船只汇聚至当时这一在北方有着举足轻重地位的水陆码头，迅速同沧州本土历史文化融合，形成了沧州一种独具特色的苍凉、悲壮的文化基调，沧州木板大鼓即是突出的代表。这种在演唱中增加敲击两片木板伴奏的大鼓艺术孕育、诞生于明朝中后期。清初在沧州、河间、保定一带的冀中地区盛行，一般认为是乾隆年间山东艺人李文通（或名李尚志）至京东落户传艺而来。据《沧县志》记载："江湖大鼓风行一时，其声韵顿挫淋漓，足表燕赵慷慨悲歌之声。"① 那种浑厚粗犷、狂放苍凉的声腔，如泣如诉，如梦如幻，将地域文化特点很好地体现出来，并伴随着运河之水传播南北。木板大鼓艺人随身携带木板、大鼓、三弦，搭乘船只沿着运河北上南下一路跑码头说唱卖艺，把这一独具地域特色的木板大鼓传播到四方。西河大鼓、京韵大鼓、乐亭大鼓等，都是在吸收了沧州木板大鼓唱腔、曲调的基础上发展而来。如果把北方大鼓曲群比作金字塔，那么沧州木板大鼓应是这座金字塔的塔基。

木板大鼓在各地的称谓不同，如"木皮子""鼓儿词""怯大鼓""大鼓京

---

① 《沧县志》，乾隆八年刻本，第88页。

腔""单大鼓""干板腔""鼓词""侉口""蛮口"等,是从流布地域、语音表达等不同角度体现了木板大鼓的艺术特征。

西河大鼓

清代前期康雍乾年间,木板大鼓在冀中地区与三弦书(又称"弦子书""果子弦")及冀中落子、渔鼓道情等说唱艺术形式共同流行。道光至咸丰年间,自幼习木板大鼓,喜唱当地流行的梆子腔(后人称"老调梆子")及昆腔的河北高阳人马三峰感到木板大鼓一板一眼的唱法过于死板,小三弦的音量小,遂进行改革,吸收戏曲及当地的民歌小调并仿梆子腔音乐结构,将原唱法发展为头板、二板、三板三种板式,创建"一马三涧""紧五句""双高""反腔"等可插入三种不同板式中演唱的花腔,增加了鼓书的多种音乐表现手段。在改小三弦伴奏为大三弦伴奏的同时,又将木板改为铁板。这些改革为同行普遍接受,竞相习唱,迅速风靡冀中一带。

京韵大鼓

咸丰同治年间,河北沧州、河间一带木板大鼓流入京津地区并与弦子书合流,因依然用沧州、河间方言演唱,故被称作"怯大鼓",代表人物为宋五、胡十、霍明亮。光绪二十六年(1900年)至宣统二年(1910年)间刘宝全曾进京献艺。南韵怯口大鼓又被称为"卫调",因其所唱语音染有天津口音。

河南木板大鼓

也兴起于乾隆年间,当时开封已有木板大鼓又称"鼓儿词"的演出活动。

山东大鼓

而我们同样可以看到,作为大运河腰脊的山东,鼓书等说唱艺术也特别发达。

山东大鼓是中国北方现存最早的鼓书之一,相传同样形成于明代末期,迄今已有近四百年的历史,它与其一水相连的沧州大鼓又有割不断的血缘联系,因影响后来居上,故曾被尊为"北方大鼓艺术之母"。

山东大鼓发源于鲁西北农村,初名"犁铧大鼓",顾名思义,是农民通过敲击犁铧碎片作伴奏进行演唱的民间艺术。在发展过程中,为迎合城市听众情趣,经文人雅士操作,利用"犁铧"的谐音"梨花",美其名改为"梨花大鼓"。最初只是采用山东方言来演唱当地的民歌小调,后逐渐发展为有板式变化的成套唱腔、敲击矮脚鼓和特制的半月形梨花片并有三弦伴奏的说唱表演形式,主要流行在山东省西北部的运河沿岸,以及与鲁西北毗邻的冀南一带农村地区。

清同治、光绪年间,梨花大鼓传入山东济南等城市,并迅速得以立足。进入城市后其最大的变化是:原来全由男性演出的主角换成女性,而专职伴奏者仍为男性。现知最早在城市说唱的女艺人是郭大妮。① 同治十年(1871年)郭大妮到济南演出梨花大鼓,至光绪二年(1876年)达到其顶峰,可谓盛极一时,但很快出嫁而淡出了艺坛。②

相比郭大妮,更加著名的梨花大鼓艺人为王小玉姐妹"白妞""黑妞"。"光绪初年,历城有黑妞、白妞姐妹,能唱贾凫西鼓儿词。尝奏技于明湖居,倾动一时,有'红妆柳敬亭'之目。""黄(大妮)之姨妹工小玉者,亦工此。随其父奏艺于临清市司。梦梅生客过临清于将行之前一日,偕三友人假左逆旅,招之来度曲数阕,亦颇悦耳,王年十六,眉目姣好,低头隅坐,楚楚可怜。歌至兴酣,则又神采夺人,不少羞涩。"③ 继师史氏之后,刘鹗在《老残游记》第二回"历山山下古帝遗踪,明湖湖边美人绝调"中更具体地描写了其精湛技艺和轰动效应:老残来到济南,见到白妞、黑妞说鼓书盛况空前,询问客栈茶房,被告知:"这说鼓书本是山东乡下的土调,用一面鼓,两片梨花简,名叫'梨花大鼓',演说些前人的故事,本也没什么稀奇。自从王家出了这个白妞、黑妞姊妹两个,这白妞名字叫王小玉,此人是天生的怪物!他十二三岁就学会了这说书的本是事,他却嫌这乡下的调儿没什么出奇,他就常到戏园里看戏,所有什么西皮、二黄、梆子腔等唱,一听就会;什么余三胜、程长庚、张二奎等人的调子,他一听也就会唱。仗着他的喉咙,要多高有多高;他的中气,要多长有多长。他又把那南方的什么昆腔、小曲,种种的腔调,他都拿来装在这大鼓书的调儿里面。不过二三年工夫,创出这个调儿,竟至无论南北高下的人,听了他唱书,无不神魂颠倒。"王小玉遂被称作"红妆柳敬亭"。

从音乐来看,梨花大鼓进入城市后体系结构发生了相当大的变化,逐渐扬

---

①③ 师史氏,《历下志游》(外编卷三),上海《申报》馆光绪年间版,第6页。
② 阿英,《从王小玉说到梨花大鼓》,《小说四谈》,上海古籍出版社1981年版,第175页。

弃乡野的粗犷风格，形成音色缠绵婉转，声乐、器乐动人的演唱特色。《老残游记》所记说明演唱者已不是传统的梨花大鼓，而是在梨花大鼓的传统唱腔中糅合了时尚的昆腔、小曲、西皮、二黄、梆子腔等元素，对本是土腔土调的梨花大鼓进行了脱胎换骨的改造，从而赢得无论南北高下之人的一致赞誉。这些外来的艺术，无一不是各地的艺术精华。土生土长的王氏姐妹能习之，得益于大运河的传播。从前引师史氏《历下志游》所记"度曲数阕"推测，王小玉一开始在临清唱的是俗曲，而非梨花大鼓。但其随后转唱大鼓，也毫无滞碍。根本原因在于山东临清作为大运河畔的又一重要商贸、运输中心，是时调小曲、曲艺之集散地之一。鼓词、曲艺众多，"流传至今，分为数派，曰平书，曰缀子，曰京大鼓，大概取材于《绿牡丹》《粉妆楼》《小五义》等小说，缀以韵语而敷陈之，大寺西一带，旧为此类尘聚之所。"

《老残游记》作者刘鹗画像

梨花大鼓诞生后，首先是在山东境内，从乡村到城市，从一隅到全省，又从山东到各地，自清嘉庆至1937年前，在冀鲁两省南起聊城、临清北至德州、沧州的大运河两岸广泛流行，甚至超越山东省境和冀南、豫北，以至在北方的北京、天津、开封、洛阳、沈阳、长春、哈尔滨，南方的上海、南京、徐州、武汉、重庆等地都有其身影，可谓盛极一时。而从清末开始，因赴外省献艺艺人颇多，被称为"山东大鼓"。

在其流行过程中，因在不同地区特别唱法等差异，逐渐形成了北口派（又包括老北口派、小北口派）、南口派等支派。老北口流行于以德州为中心的冀鲁运河北端山东西北、河北南部、河南东北部及惠民等处。"南口"又称"梨

位于老淮安城勺湖东南西长街的刘鹗故居

花调",流行于山东会通河南端聊城、济宁、临清,辐射高唐、恩县、夏津、武城一带,影响较"北口"广泛。"白妞、黑妞"就属南派。①

山东大鼓又对周边地区的鼓词等艺术产生重要影响。如苏北大鼓,又称"淮海大鼓",流行于徐州、连云港、淮阴及鲁南、豫东、皖西北广大地区。一般认为于清中叶由渔鼓衍化而成。时有艺人"丢下渔鼓,改换大鼓"之说。淮海地区最早的大鼓艺人是嘉庆年间睢宁的迟冒春、道光年间的张云章、倪志端。②虽说有其自身渊源,但仍可从中看到山东大鼓的影子。

与山东大鼓相关联或系由山东大鼓繁衍而出的还有山东众多的鼓词艺术系列。

脚打鼓。艺人表演时,口中说唱,手操三弦,右脚蹬节板,左脚蹬打扁鼓,集演唱、伴奏于一身,热闹、活泼,极受群众欢迎。其曲调以"三通鼓""凄凉调"为主。曲目,长篇有《王二英思夫》《陈三两爬堂》,短篇有《青

---

① 山曼等著,《山东民俗》,山东友谊出版社 1988 年版,第 449—450 页。
② 《中国曲艺志·江苏卷》,中国 ISBN 中心 1996 年 12 月版,第 95 页。

茶段》《夫妻争灯》《倒翻十字》《铜钱段》《矬丈夫》等。也有"南路口"与"北路口"两个流派。南路口的唱腔具有苏北大鼓、山东大鼓的唱腔特点,高亢深厚。①

山东快书。因其内容多说《水浒传》中的英雄武松,原称"武老二",起源于山东临清、济宁、兖州一带,流行于东北、华北等地。道光、咸丰年间即已形成。当时演员敲打两块瓦片击节演唱,以说为主,后来出现打竹板和打钢板的,现在较多使用铜板,使用竹板的则称"竹板快书"。传统曲目为武松故事为题材的《武松传》,包括《东岳庙》《景阳冈》《狮子楼》《石家庄》《十字坡》等十二个回目。此外还有《大闹马家店》《鲁达除霸》《李逵夺鱼》等。小段书则有《小两口抬水》等。

揭页子书。以书鼓、拍板击节演唱,流行于山东东南部的邹县、滕县、峄县一带,始于乾隆年间。

山东渔鼓。流行于济宁、泰安、菏泽及胶东一带。早期盛行两坡羊渔鼓和梅花渔鼓,后来兴起的是寒腔渔鼓。有说有唱,以唱为主唱词基本为七字句。主要伴奏乐器有渔鼓、简板等。渔鼓原本也是一种独立的曲艺形式,但山东大鼓形成后,对山东渔鼓产生很大的影响和渗透,也是不争的事实。

四、大运河与琴书

山东琴书

山东又一种具有重要影响力和艺术特性的鼓词为山东琴书,是一种以唱为主,以说为辅,以筝、坠琴、软弓胡琴、四胡、三弦、扬琴、简板、碟子为伴奏乐器的曲艺表演艺术形式,流行于山东及江苏、安徽、河南等地区,因其生活气息浓郁,内容丰富,曲调优美而受欢迎。它由原民间以四胡、筝、琵琶等伴奏的小曲、曲牌联唱体衍变而来,因此最早叫"小曲子",后因又加入伴奏乐器扬琴并成为主要乐器而被称为"打扬琴的""唱扬琴"的。清末民初进入城市后,又被称"山东扬琴""改良扬琴""文明琴书",20世纪30年代最终定名为"山东琴书"。

山东琴书源于山东俗曲,是其向民间普及化方向发展的结果,从清中叶开

---

① 山曼等著,《山东民俗》,山东友谊出版社1988年版,第449—450页。

始大致经历了三个时期。

首先是自娱自乐的"业余演唱"阶段。

明代山东盛行小曲,而又以沿运河的鲁西南郯城、济宁、临清等地最为兴盛。进入清代,小曲又以济宁、临清为中心,向山东各地流传,与扬州文人喜欢扬州清曲相似,众多文人喜爱小曲,创作、演唱者不乏其人,蒲松龄所作俚曲《墙头记》《寒森曲》《俊夜叉》《丑俊巴》《磨难曲》等就是当时这种以古琴、筝伴奏的山东俗曲"琴瑟清曲"的代表作。雍正年间,山东西南部的菏泽地区也已有文人消遣的"小曲子"。文士的这一嗜好又为广大民众所效仿。至乾隆五十一年(1786年)左右,曹县梁堤头出现小曲子名家梁启祥。这也绝非偶然,曹县一带地处黄河故道,南临古都开封,北距大运河不远,本地民间戏曲、曲艺、民歌本极丰富,外地传来的曲调更为繁多,该地与菏泽(古曹州)、郓城等处农村演唱小曲子者比比皆是,这促使联曲体的形成,所以曹县被认为是山东琴书的发祥地。这应是山东琴书始名"小曲子"并把演唱者称为"唱小曲子的"原因所在。

其次是撂地说书,即进入专业演出阶段。

约清中叶后,一部分人主要是一些农民发现了琴书的商机,逐渐由业余玩局变为赶集赶会撂地说书的职业性演出,时被戏称为"庄稼耍"。如第一代艺人曹县苗金福于光绪年间曾去开封、蚌埠一带,郓城刘继荣、金乡金凤兴等也在此时去济宁、徐州等处演唱,随后,这些"庄稼耍"者又渐向繁华的水陆码头济宁集中,以济宁为中心沿运河北进南下,逐渐流传至全省各地及苏北、皖北、豫西北邻近地区。

这种改变相应带来书目内容的变化:演唱者为延长内容,通过故事性情节吸引听众,而原有的少量牌子曲书目难适应需求,遂移植、改编进而创作了大批反映当时农村生活、适应群众口味的中篇新书(俗称"巴棍儿"):不少是艺人口头创作,也有借用其他曲种作品,取材多反映民间的家庭纠纷、爱情故事,特点是情节曲折动人,语言质朴生动,充满泥土气息,有《王定保借当》《打蛮船》《三上寿》《双锁柜》《梁祝姻缘记》《蓝桥会》《小姑贤》《三打四劝》《王天保下苏州》《皮袄记》《打连科》《踏青》《寻媒》《绣鞋记》《贫富拜寿》《武大郎逃荒》《(王婆)骂鸡》《借驴》《白蛇传》《秋江》,还有段儿书《灞桥挑袍》《鞭扫洛阳》《小秃闹房》《王大娘探病》等。

书目、演唱内容的变化,又带来音乐的变化。据统计,琴书全部曲牌近三百个,但由此开始,常用曲牌集中于二三十个。许多节奏缓慢、行腔婉转但拖腔很长、演唱费劲、句式格律严谨、艺人难以即兴填词演唱的曲牌、牌子曲如《满江红》《大金钱》《大汉口》等都被搁置不用,代之以简单易唱者,其中《上河调》《凤阳歌》《汉口垛》《叠断桥》《垛子板》《梅花落》最为常用,成为"老六门主曲"。特别是凤阳歌的曲调平稳、灵活、婉转动听,适宜述说、抒情;垛子板的曲调则明快紧凑,既可表现轻松愉快的心境,又能表达紧张热烈的情绪,特别适合讲述故事的需要。这两个曲牌遂得到广泛应用,并在运用中逐渐丰富发展,占据了此后琴书基本曲调的地位。

伴奏乐器也相应革新,从四弦琴(也被称"四弦调")加坠琴(木筒),稍后增加菏泽沙土集所产粗糙的"打琴",不久又用苏州、广州传来的精致的"洋琴"替代了土"打琴",还将硬弓京胡改为软弓京胡,从而使得音乐更加柔和动听。

再次是进入城市阶段。实行营业性演出后,在利益驱动下,不少琴书艺人不满足于赶集赶会,开始逐渐流入一些城市。特别是光绪初年鲁西曹州一带天灾兵燹,民不聊生,农民纷纷涌入中小城市谋生。进城后一些技艺较高的"庄稼耍"们为适应新的城市需求,而弃置一些已不敷需要的原撂地谋生的篇目,改唱新篇。由于琴书曲调较婉转动听,适于抒情叙事,难以表现战争故事,故《包公案》《大红袍》《白蛇传》之类情节曲折的中篇公案、传奇成为其常选篇目,而充满金戈铁马的《呼家将》《杨家将》《岳飞传》出演不多。① 流风所及,直至今日,演唱中篇琴书者仍是多数,大书、牌子曲者演唱者寥寥。琴书发展中心仍在济宁一带,并由此传遍全省及周边地区。

在向专业化衍变的过程中,逐步生成了若干名角。咸丰、同治以迄光绪年间曹县袁绰然(外号"玉石烟包子")、苏全福,郓城的刘道有、刘老继(即刘继荣,后迁沛县),金乡的李凤兴、冯新元、李清兰、王梦典、吴振清、商秀岭等是其中代表者。值得注意的是,他们的活动区域多不离大运河两岸。通过辈辈相承,代代推进,山东琴书经历了由繁向简、由抒情向叙事、由自娱向娱人、由业余向职业化发展演变的过程,至清末作为一种艺术形式已基本定型,

---

① 山曼等著,《山东民俗》,山东友谊书社1988年版,第454页。

步入民国则成为成熟的曲艺曲种。

山东琴书有其鲜明的艺术特点。总体来看，包括生活气息浓郁，既具地方特色，又多吸收沿大运河南北地区艺术内涵，主要书目文学性、音乐性双强结合，达到了内容和形式较完美结合、"韵味隽永"的"双赢"。

表演形式上，它既与其他曲艺形式相同，是以唱说为主，表演为辅，听觉与视觉相结合，具有鲜明的说唱艺术特点，但又包含有较多的戏剧色彩，如表演手法夸张传神，与音乐伴奏密切相关，不像大鼓、坠子多是一人独唱，而是一般至少两人，常由多人演出，"一人多角、出出进进"，分角演唱，除独唱外，更有对唱、合唱。

语言上则是雅俗共赏、生活味浓郁的口头文学语言，口语多，生动活泼，夸张、风趣、幽默，常甩"包袱儿"，使听众一听就懂，一听就乐，从而产生要听下去的浓厚兴趣和强烈欲望。如《拙姑娘》用夸张、搞笑的唱词描绘笨媳妇，唱道，做了个褂子三根袖，领窝剜在肚子上。做了个裤子一条腿，拿衣裳去见婆母娘。做饭二升半面烧了一锅糊涂汤。做干粮白面挖上一斗五，光水倒上少半缸。人家和面是用手，拙姑娘脱了鞋袜用脚蹚。来回了两三趟，沾得脚上赛油夯。硬了加水软了加面，二斗五升白面做个面梁。大锅以内盛不下，她在灶火窝里烧得忙。秫秸烧了二十五，麦糠烧了六台筐……家人气得不行，最后老公公出面圆场劝解："在江叫声小他娘！咱儿媳烧的面梁有大用，我到东庄去请木匠。请来木匠替咱解成板，把它做成一张面床。阴天下雨难办饭，咱全家趴在床上啃床帮。"① 这些夸张风趣的话词，加上夸张幽默的动作，常使听众乐不可支，满堂欢笑。

音乐上曲调优美。其音乐构成包括全国大部分地区流行的著名曲调，有"太平年""上河调""下河调""凤阳歌""满江红""剪靛花""梅花落""叠断桥"等；来自诸宫调或杂剧、昆曲中的古老曲调有"罗江怨""哭皇天""点绛唇""倒推船"等；当地流行曲调，有"垛子板""纱窗外""四股绳""倒拉车"等；从当地流行剧种吸收的则有"哭迷子""小上坟""梆子佛""慢北词"等。值得注意的是，"上河调""下河调""凤阳歌"皆因流行地区而得名。河指运河，下河为苏北一带，上河即山东、京津一带。可见大运河的传播作用。而

---

① 转引自张军，《山东琴书研究》，中国曲艺出版社1984年版，第33页。

"太平年"则因其衬词"太平年""年太平"而得名,这又是一个在运河上下多个地方、多个使用的曲牌。

在发展过程中,山东琴书也生成了自己的流派。这是从在它离开"庄稼耍"转入撂地说书之后,是专业说唱带来新的突破,促进了琴书艺术的发展。

山东琴书的流派主要有"南路"、"东路"和"北路"。

南路琴书应是山东琴书的主体,其发源于曹州,兴盛于济宁,代表艺人为茹兴礼(艺名"小歪辫"),因而这一流派被称为"茹派",其影响很大。茹兴礼曾拜盲艺人吕兴灿为师,吕兴灿系不第书生,有较高文学素养,且精于音律,所以茹派能在诸路琴书中卓尔不群,富有若干文化色彩。茹派所传《倒休》《空棺记》《三上寿》等经吕、茹两人精心整理修改,用农民最熟悉的语言夹叙夹议,刻画人物性格,抨击现实,所唱"凤阳歌"不用花腔巧调,在声腔、咬字、用气等方面要求严谨,其唱法慢而不断,快而不乱,口快嘴巧,说白干净利落,风趣横生,拉小胡琴走唱,喜翻高腔,善抖"包袱儿",嬉笑怒骂发人深思,但毫无轻浮之感,遂达到雅俗共赏的效果。正是以曹州地区为中心的南路琴书西南传入河南商丘、民权、东明(现归山东)诸县,东南传到皖北,苏北丰、沛、肖、砀诸地,并成为徐州琴书的西路派。

东路琴书流行在济南以东,沿小清河流域以广饶、博兴为中心,遍及胶东各地,跨海而至东北。论其渊源是南路琴书的支脉。东路琴书的产生在百年前,约在清光绪二十一年(1895年),青州府广饶县四平调艺人商秀岭在曹州、兖州一带与南路琴书著名艺人殷田昌(滕县人)、张鹤鸣(兖州人)结识,改唱琴书,习唱"凤阳歌""垛子板"等曲调,并得《水漫金山》《梁山伯下山》《洞宾戏牡丹》《武大郎逃荒》等书目真传。既而认识到扬琴要在山东东、北部兴起,必须适应当地群众需要,加以改造。因不久前曾去临清、聊城等西北运河一带的演唱时,发现了一种与自己所唱同源于时调小曲的"老四平调",不仅高亢优美,并与"凤阳歌"的曲调有许多相通之处。遂将两者结合,揉成新腔"新凤阳歌"(当地仍叫"四平调")。光绪末年商秀岭等又与蓬莱文人翁乐明结合,编出《宋江坐楼》《秦雪梅》《鸿鸾禧》等曲目。是为东路之始。

北路琴书以济南为中心,流行于鲁西北一带。代表人物邓九如(1894—1970),山东范县(今归河南)观城人。17岁在济南泺口黄河大坝演唱,并拜阳谷县著名琴书艺人褚朝仲为师。褚唱西南"大顶板",善敲琴、拉软弓京胡。为适应常在济南、天津演唱,邓九如遂将老口南路琴书改以济南地区语言为基础。同时要看到,济南流行的琴书虽以北路为主,但南路和东路琴书又同时存在。聊城则基本以南路为主。

衍化

山东琴书同样对周边曲艺有过重要影响。如江苏的苏北琴书,既源于山东曹州琴书,与山东琴书为同一源头,但又糅合了江苏宿迁、皂河、窑湾一带的民歌小调,流行于南京、淮阴、连云港、徐州。同治末年已有《洞宾戏牡丹》《韩湘子讨封》《莺哥对诗》等曲目流传。与山东琴书一样,也因艺人演唱时一手打扬琴,被称为"打扬琴"或"唱扬琴"。其较有名气的职业艺人是李义成。李义成原籍安徽寿县,幼年流浪至宿迁定居,成名后在苏、鲁、皖接壤地区收徒授艺。①

又有从琴书衍化、更注重行为表演的若干曲艺。它们既传承山东琴书的基因,又吸收、增加众多当地的文化艺术养分,从而别具一格,且更加茁壮。

如丁丁腔,又称"太平歌",俗称"对子戏",流行于徐州及苏、鲁、豫、皖接壤地区,为一种以唱为主,以白为辅的民间曲艺。源于江南小曲,明末清初,大运河畔微山湖一带的铜山县境内常泊有南方往京城的粮船,船民常唱小曲自娱。节庆或庙会时当地农民以锣鼓击节、唢呐、笙等伴奏歌唱,因演出具有喜庆气氛而俗称"太平歌"。演唱时以缀有铃铛的花伞表演、月琴伴奏,发出"叮咚"声响,故又称"叮叮腔"。②

徐州花鼓,亦称"苏北花鼓",流行于徐州及鲁西南、皖东北、豫东毗邻地区。为一种"打锣敲鼓,女顶彩球,男挎花篮,蹦蹦跳跳,有文有武"的歌舞型民间曲艺。③

大运河沿岸的民间曲艺何止以上所介,实际是运河流经之地,即产生带有当地浓郁乡土气息的艺种(参见第八、第九章),可谓琳琅满目,繁花似锦。大运河培育、滋润了这些艺术,又将它们融合为浑然一体的区域文化中。

---

① 《中国曲艺志·江苏卷》,中国ISBN中心1996年版,第93页。
② 同上书,第111页。
③ 同上书,第110页。

第五章
大运河与中国古代水利科技

京杭大运河不仅是一条绚丽多姿的文化长廊，同时也是一幅灿烂夺目的科技画卷，特别是一幅中国古代水利科学交流、发展的历史画卷。

绵亘数千里的京杭大运河，修建、运营、管理，一个极其庞大而复杂的系统工程，如：应该选择何条最恰当的路线；怎样保持河道既充沛又适度的流量；如何处理它与自然河流如黄河、淮河及诸多湖泊等巨浸的交汇；如何解决这种人工河流必然存在的泥沙不断淤积、导致河床日益浅涸痼疾而尽可能延长其寿命；如何制造最适宜在其上航行的船只……这一切，涉及勘察、测量、营造、水资源调配、治理等一系列棘手问题，需要以极大的智慧一一化解。

所以，京杭大运河必然又与中国古代的科学技术息息相关。

马克思曾睿智地指出："人类始终只提出自己能够解决的任务。因为只要仔细考察就可以发现，任务本身只有在物质条件已经存在或者至少是在形成过程中的时候，才会产生。"而中国古代的劳动者、工匠和水利技术工作者顺利巧妙解决了上述的这些问题，使大运河常葆青春，说明当时中国解决这些任务时拥有的物质条件，包括人才、设施，特别是中国的水利科学技术已经具备，所以能承担当时世界许多国家尚无法解决的任务，走在了时代的前列。

一、测量

修治运河首先需要测量其走向、水位。以北宋时著名科学家沈括为例，沈括曾任提举司天监，宋神宗熙宁五年（1072年）受命整治汴河（即通济渠）。为此，他亲自主持了对汴河下游长达近500千米的河段水位、水势测量。为解决如何获取某一河段水位差这一大难题，沈括巧妙地采用了"分层筑堰法"，

中国古代著名科学家沈括雕像

在开封和泗州之间修筑了十几道围堰，把汴河分成许多段，分别测量各段水位高差，累计总和，最后测得开封和泗州之间的"地势高下之实"，并且精确到十九丈四尺八寸六分（约64.95米）。这不能不说是世界水利史、测量上的一个创举。沈括曾在《梦溪笔谈》中对此有详细介绍："熙宁中，议改疏洛水入汴。予尝因出使，按行汴渠，自京师尚善门量至泗州淮岸，凡八百四十里一百八十步。地势，京师之地比泗州凡高十九丈四尺八寸六分。于京师数里白渠中穿井，至三丈方见旧底。验量地势，用水平、望尺、干尺量之，不能无小差。汴渠堤外皆是出土故沟水，令相通，时为一堰节其水，候水平，其上渐浅涸，则又为一堰相齿如阶陛，乃量堰之上下水面，相高下之数会之，乃得地势高下之实。"①这一方法此后历代多沿用。特别到了清代，在大运河全线及相关的黄河、淮河段皆设立汛官，直归漕运总督、南河总督管辖，其重要职责就是不断测量所在辖区的水位、流量、河道变化，逐级上报，使各管理部门直至朝廷皆能及时准确掌握相关信息，以做出决策。

　　元朝灭南宋，统一中原后，对大运河进行全面整治并新开（包括疏浚）会通河、御河、通惠河，使大运河能直达大都（北京），最终奠定了大运河如今的走向、规模和基础。负责此项巨大工程的是著名的科学家郭守敬。他首先亲自对河道走向、路线进行了全面勘察，一段一段认真仔细进行测量。特别是对京畿的通惠河和山东境内的会通河更是反复测量、比较，最终方定下了最合理的线路。

---

① 沈括，《梦溪笔谈》（卷25），《杂志二·验量地势》，上海古籍出版社2015年版，第167页。

二、水源保障

要保持大运河畅流，就必须始终保证水源稳定、水量充沛、适当。然而，大运河穿行南北，所经区域的气候、水文诸条件极其复杂，差异极大，诸多河段一遇天气干旱，则相应水量迅速减少，甚至干涸。在为其提供水源的努力中，同样彰显了中国古代水利科学家的聪明才智。在黄河南北，大运河不少河段巧妙地利用天然河道、天然湖泊行运，不仅极大地节省了开凿新河的巨大投入，更充分吸收了途经的钱塘江、长江、淮河、黄河等河流以及太湖、洪泽湖、微山湖等湖泊的屯水，把它们作为天然的"水柜"，特别到了明清时期，更是将在运河沿线设置调节运河水量的水壑、水柜作为解决水源问题的根本性举措，山东和淮南段的大运河穿行在诸多"水柜"中间，巧妙解决了水源补充问题。如山东境内，永乐年间新疏浚和修建后，设置了东平安山湖、汶上南旺湖、济宁马场湖、沛县昭阳湖四个"水柜"，河与湖之间建立水闸，"漕河水涨则减水入湖，水涸则放水入河"①，将运河水量控制在最适于航运的水平上。在这四个"水柜"中，南旺水柜处于南旺分水口以北的运河两岸，河西岸有南旺东湖，河东安有马踏湖和蜀山湖，直接吐纳、承受汶河济运之水，向南旺以北直到临清间数百里河道提供稳定的水源，因而最为重要。为沟通"水柜"，又将会通河自汶上县袁口改道，向东移徙约10千米，新开河道约75千米，使之东傍安山湖，经蕲口、安山镇（今东平县安山）、戴庙而达于张秋，安山湖可作为新河之调蓄"水柜"，黄河向东决口后，有此湖作缓冲，亦不致淤塞河道。再加上微山湖、洪泽湖等湖泊的相互作用，从此，"从徐州至临清几九百里，过浅船约万艘，载约四百石，粮约四百万石，若涉虚然"。②

但越往北方，则水源越减少，郭守敬修建京杭大运河的通惠河（大都至通州）时，这一问题更加突出：由于受地理、环境、气候等多重自然因素影响，长期以来，北京地区的水资源一直较为匮乏。按说，本可从流经城西、近在咫尺的永定河引水，但因其所含泥沙太多，水质浑浊，极易导致河道淤塞和

---

① 杨宏、谢纯撰，荀德麟、何振华点校，《漕运通志》，方志出版社2006年版，第213页。
② 何乔远，《名山藏·河漕记》（卷49），福建人民出版社2010年版。

洪水泛滥，也根本无法为通惠河提供稳定水源，遂被彻底放弃。这一问题不解决，元统治者所严重依赖的南方粮艘即无法直达大都，只能采用费时、费力、费帑的人力、畜力完成这最后一程，这是无论如何难以承受的。郭守敬受命于为难之际，经反复勘查测算，提出利用北京西北山麓昌平一带的神山（今称凤凰山）白浮泉、神山泉及西山诸泉水进行挹注的天才设想，从而保证了通惠河始终拥有稳定、充沛的水源，对保持这一河段的航运畅通起到了关键作用。

山东境内的 200 千米会通河，在元统治的 90 余年中水源一直未得到有效解决。元末战乱导致情况更甚，到了明洪武二十四年（1391 年）黄河决口，洪水挟带的大量泥沙最终将会通河彻底淤塞，几成陆地。这严重影响明朝的国计民生，特别是朱棣将首都从南京迁至北京后，更成为新朝难以承受的痛。所以永乐九年（1411 年）二月，明政府征发山东济南、青州、兖州、东昌等府民夫 15 万，登州、莱州、南直隶徐州、应天、镇江等府民夫、军卒（包括山东一小部分志愿者）20 余万，委任工部尚书宋礼总负责，都督周长及刑部侍郎金纯等协助，全力疏浚此段大运河河道。六月，工程告竣。开通后的会通河由济宁至临清全长 192.5 千米，河道"深一丈三尺，广三丈二尺"。其间为解决水源不足、水量分配不合理的问题，汶上管泉老人白英向宋礼建言："南旺地耸，盍分水于南旺。导汶趋之，毋令南注于洸、北倾坎，其南九十里使流于天井，其北一百八十里使流于张秋，楼船可济也。"① 这一建言关键在于：鉴于在济宁以北 45 千米的南旺，地势较济宁高 3 丈（10 米）的实际，和存在能利用的水源——流入大清河的汶水离此不远，可将其引至南旺导入运河，由此分水，可收高屋建瓴的效果，达到合理地安排运河水的南北流量的目的。宋礼经调研后，采用了白英的建议，在东平州东 30 千米的汶上县修筑戴村坝拦截大汶河水，同时在戴村附近开汶渠即小汶河，将大汶河的部分河水经此转流西南，径行 45 千米进入南旺，与周边泉水和南旺湖、蜀山湖、马踏湖、马场湖这"北四湖"连接，构成为新的旺盛的水源。成化年间（1465—1487）管河右通政杨恭又续建了南旺分水口和南北水闸。南闸在分水口南 2.5 千米，称"柳林闸"，又叫"南旺上闸"；北闸在分水口北 2.5 千米，称"十里闸"，又"南

---

① 何乔远，《名山藏·河漕记》（卷 49），福建人民出版社 2010 年版。

旺北闸"。通过其中的"水拨剌"即"鱼嘴"和定时启闭闸门以控制南北的分水量,"闭诸北闸则南流,闭诸南闸则北流",从而达到了"水如人意"的目的①,形成三成南流、七成北流的南北分流格局——北上注入会通河和御河;南流经由济宁注入徐州一带的运河,南旺一带由此流传着"七分朝天子,三分下江南"的民谚,从而为大运河添注了新的血液。同时,在相应的河段修闸以调节水位,控制水量,济宁至临清间共增修水闸15座,每座水闸都有专门机构按照政府规定的制度进行管理;如前所述在南旺分水口周围的湖泊洼地设置"水柜",用以储备调节水源。此番"组合拳",很好地解决了困扰多年的南旺以北至临清段运河水量不足和穿越黄河的水位差困扰,其设施、效果皆堪与四川都江堰媲美,保证了大运河山东段保持通畅500多年。南旺分水工程(戴村坝)因此被称为古代京杭大运河的"心脏"和灵魂。郭守敬、宋礼、白英设计建造的这一列引水工程,充分显示了中国古代水利科技的高超水平。

  对于南旺分水工程的绝妙设计,不少来华外国参观者的见闻录中都有记载。如朝鲜的崔溥在《漂海录》中记道:"济宁州之北,有分水庙,自庙以南,水势皆南下,以北则皆北下。"②乾隆五十七年(1792年)访问中国的英国使团成员对此记述道:"汶河的水在这里流入运河,汶河河道和运河成直角交叉,是供给运河水源的最大一条河。两条河汇流的地方,水流很急,在这里运河的西岸建了一个坚固的石堡。汶河的水以很强的力量向石堡冲击,从此分开,一条向南流,一条向北流。有一个未经解释的说法:'在这里抛一束棍棒在水面上,棍也随着水流分指南北两个方向,这确是一种奇异的现象'。"③荷兰访华使节也写道:"经过南旺,汶河在此与运河相接。鞑靼人告诉我们,若在这里投九根小木棍到河里,有六根会流到北面,三根会流到南面。我就好奇地在龙王庙的对面试了一下,结果真是如此。"④

---

① 万恭原著,朱更翎整编,《治水筌蹄》,水利电力出版社1985年版,第110页。
② 朴元熇校注,《崔溥〈漂海录〉校注》,上海书店出版社2013年12月版,第162页。
③ 斯当东著,叶笃义译,《英使谒见乾隆纪实》,商务印书馆1963年版,第434页。
④ 山东省济宁市政协文史资料委员会编,《济宁运河诗文集粹》,济宁市印刷包装总公司印制2001年版,第452页。

三、水量、水位调节

同样,始终保证运河航运的稳定,不仅要有充足水源,还要能及时恰当调节运河的水量。为此,数千年来,中国民众创造了各种巧夺天工的办法。

最先采取的是在运河上修建堰埭。堰、埭皆指挡水的堤坝。其中埭常指内河拦水壅水的土、石坝。

东晋时,为调节邗沟(时称"中渎")流量,在永和年间(345—356)开挖了邗沟南段,在今仪征境内建欧阳埭引入长江水,向东北流至扬州入邗沟。太元十年(385年),谢安又在扬州城东北邵伯修筑了召伯埭,并以此为中心同时修筑了秦梁埭、二枚埭、镜梁埭。宋代诗人刘焘的《题召伯埭斗野亭》描述此地风光道:"地势如披掌,天形似覆盘。三星罗户牖,北斗挂阑干。晚色鞭蕖静,秋香桂子寒。更无山遮眼,剩觉水云宽。"① 五六百年过去,召伯埭仍牢锁邗沟使之"水云宽",保证大运河的汩汩流淌,生生不息。

在邵伯湖迤北一带,同样存在地势高,水位低,大船难移通行问题。为此,唐宪宗元和年间(806—820),宰相、淮南节度使李吉甫虑及该处运道庳下,不能聚水,乃筑"平津堰"。该堰南起邵伯镇,北至宝应县今高邮镇国寺塔对岸大运河故道西堤,长约30千米。顾名思义,该堰目的是使水量保持平衡,也确实取得了明显效果。《旧唐书》卷148记载道:李吉甫此举和修筑的"富人""固本"二塘,既令山阳渎保持水力充足,也灌溉了周边万顷良田。② 数百年后明人潘游龙仍称道:"唐李吉甫为淮南节度使,始于湖之东直南北筑平津堰,以防水患。"③

这一系列堰埭的建立,形成了"泄有余,防不足,漕流遂通"的极好效果:当江潮涨盛时,江水越过堰埭进入邗沟,使之获得充沛的水量,但当长江退潮水位下降时,堰埭又阻止了邗沟水位的倒流,使之保持一定的流量以利航行,为此后历代沿用,持续发挥作用。此外,浙东运河也建有许多堰埭,较好地解决了运河经途因地势不平而造成的水位差异、航运困难等问题。

---

① 厉鹗辑撰,《宋诗纪事二》,上海古籍出版社2013年版,第789页。
② 刘昫等,《旧唐书》(卷148),《列传第九十八·李吉甫等》,中华书局1975年版,第3992—3997页。
③ 丘浚,《丘浚集》(第2册),海南出版社2006年版,第580页。

堰埭虽然解决了不少平衡大运河水量问题，但也造成了船只航行受阻的新矛盾。由于堰埭一般仅稍高于水面，且呈人字坡面，为使船只过堰埭，古人曾用人力、畜力牵引过埭，需付出极大的劳动。如北宋熙宁五年（1072年）日本僧人成寻在《参天台五台山记》曾记载，须用牛二十二头、左右各十一，才能牵船翻越瓜洲堰，① 从而出现"粮载烦于剥卸，民力罢于牵挽"② 的状况；相应地，更会增加民众经济负担，南朝时出现的"牛埭税"即是明证。为解决这一矛盾，中国民众和水利专家又发明了船闸。

船闸初称"斗门"，中国是世界上最早发明船闸的国家。秦朝修建的灵渠斗门就是世界上最早出现的船闸。

船闸也被广泛运用到了大运河。南朝宋景平元年（423年），扬州附近的扬子津运河上就曾建造了两座斗门，据《水部式》记载："扬州扬子津斗门二所，宜于所管三府兵及轻疾内量差分番守当，随须开闭。"③ 这应是最早提及的大运河上的闸门。唐开元二十六年（738年）开挖瓜洲新河后，在其上也修建了斗门。李白《题瓜洲新河钱族叔舍人贲》中写道："两桥对双阁，芳树有行列……海水落斗门，潮平见沙汭。"④

斗门实际是一种单闸。虽然相比堰埭有很大的进步，但也存在一些不足，特别是在船只航行的过程中，开闸、闭闸间总会损失一定的水量，这在一些运河段特别是水源不足之处会影响船只航行，造成了省减牵挽力与损失水量之间的矛盾。

可喜的是，中国古代民众和水利科技人员没有再走废闸、单单依赖堰埭的回头路，而是进一步探索改进船闸方法，在实践中创造了一种更先进、更能有效解决运河水位差、更有利于运河节水的船闸——"复闸"，成功实现了双赢。

复闸即现今通常所说的前后两闸的"双船闸"。其工作原理是：通过调节船只经行时的闸里闸外水位高度，轻松解决运河水位落差问题，并有效地节制水流，减少河道存水量的损失，从而大大提高运河的航运效率。这种复闸早在宋朝已出现。北宋雍熙元年（984年），淮南转运使乔维岳在真扬运河第三堰修

---

① 释成寻撰，白化文译，《参天台五台山记》，花山文艺出版社2008年版。
② 脱脱等著，《宋史2》，中华书局出版社2000年版，第1599页。
③ 《敦煌吐鲁番唐代法制文书考释》，中华书局1989年版，第329页。
④ 李白，《李太白集》，《题瓜洲新河钱族叔舍人贲》，岳麓书社1987年版，第221页。

建了史称"西河闸"的"二斗门"。据李焘《续资治通鉴长编》卷二十五记载："二门相距逾五十步,覆以厦屋,设悬门蓄水,俟故沙湖(沙湖是运河一段,在斗门外)平,乃泄之。建横桥于岸,筑土累石以固其趾。自是,尽革其弊,而运舟往来无滞矣。"①由此可见,二斗门作为复闸,两闸距离五十步(约合今 83 米),闸门的挡水板能垂直升降,交替开合,使被关闭在两闸之间的水流形成一个平稳的缓冲带,这就是现代船闸的雏形。而直到 1375 年,欧洲的水利最发达的荷兰才建成了第一个垂直升降的"塘闸",比此西河闸晚了近 400 年!

40 年后的天圣年间(1023—1031),主管粮运事务的陶鉴又对乔维岳的二斗门进行改进,建成了真州复闸,其技术含量得到进一步提升,建成后,官船每船载米量由 300 石提升到 400 石,随后又达官船 600 石、私船 1600 石的惊人水平。元丰时(1078—1085)沈括路过真州,面对雄伟的复闸和川流不息的船只感慨万分,写下《真州复闸》一文并收入《梦溪笔谈》,文称:"天圣中,监真州排岸司、右侍禁陶鉴始议为复闸节水,以省舟船过埭之劳……其后所载浸多,官船至七百石,私船受米八百余囊,囊二石。自后北神、召伯、龙舟、茱萸诸埭,相次废革,至今为利。"②

北宋季年,在真州复闸旁又建成澳闸,使闸内部分蓄水可以重复使用,从而构成了一个完整严密的体系:临近长江的外闸、连接运河的内闸和两者之间的腰闸分别割断了长江和运河,并在其内部形成两道水位不同的闸室,船只在其中得以平稳过渡进入运河或长江。复闸澳闸设计完善,结构合理,兼备引水排水、蓄水节水、通航输运诸项功能,造福至今。

复式船闸发明后,淮扬运河、江南运河上的大量堰埭被改建成船闸。北宋在江南运河即修建起京口、吕城、奔牛三个澳闸。兴建京口闸的同时,又于浙江盐官县长安镇(今杭州西北 17.5 千米)建长安闸,同样建有三门二澳,三门形成的闸室分别约 140 米和 130 米。据《宋元方志丛刊·咸淳临安志》卷 39 载:"两澳环以堤,上澳九十八亩,下澳百三十二亩。水多则蓄于两澳,旱则决注闸。"③而据《宋史》卷 96 志第 49《河渠六·东南诸水上》载:宋徽宗

---

① 李焘,《续资治通鉴长编》(卷 25),中华书局 2004 年版,第 574 页。
② 沈括,《梦溪笔谈》(卷 12),《官政二·复闸》,上海古籍出版社 2015 年版,第 81 页。
③ 浙江省地方志编纂委员会编著,《宋元浙江方志集成》(第 2 册),杭州出版社 2009 年版,第 781 页。

在位时复闸已布满大运河,仅扬楚运河就有 79 座斗门水闸(含泄水闸)。①复闸的出现不仅代表中国水利工程高超的科学技术,更是世界水利史上具有划时代意义的伟大进步。

除解决水源、流量外,为在大运河畅航还需解决一些地方的水位落差问题。

从空中鸟瞰大运河从南到北,千曲百折,弯道绵延,仿佛一条地上穿行的玉龙。民间一直有"千年运河百道湾"之说,可见弯道之多。如果单纯从经济考虑,当然直道比弯道更快捷、节省,但中国古人深谙弯、直取舍的辩证法,有时截弯取直,有时则有意绕弯,"截直道使曲",最终目的都是让大运河畅通。绕弯有时是为了迎取水源,有时是为了绕越障碍,避开险阻,有时更有利用迂回河道降低运道坡度、滞缓水流速度、平衡大运河的水位,达到解决水位落差问题的战略性目的。受制于中国各地地形,大运河许多河段的水位落差很大,通过此法可以使航船规避湍流以稳行,这又是一项创举。

大运河湾的道,难以一一枚举。其著名者有扬州、淮安、窑湾、南旺、济宁、临清、德州、天津、通州等处。

如宋元时期的扬州古运河,其三湾段北起东北隅的湾头镇,曲折流向西南的长江边瓜洲渡口,两点之间直线距离只有 20 多千米,河道却拐成了一个"S"形大弯道,延绵达 30 多千米。为何如此舍近求远?其原因就在于:南宋绍熙五年(1194 年),黄河在阳武改道,东流至巨野、郓城间的古梁山泊分为二股,南支由北清河到利津入渤海,此为支流济水故道,而主泓则从南清河进入淮河,开启了至清咸丰五年(1855 年)六百余年黄河夺淮入海的格局,从而把大量泥沙带入大运河直至扬州一带,使原先南高北低的地势变为北高南低,在 10 千米内产生的落差竟达 15 米。此种情况下,此段运河如仍采用直道,河水将十分湍急,导致河面波动极其不稳。如采取修建堰闸进行调节等方法,在经济和航行效益上皆失大于得。有关官员、水工技术人员权衡得失利弊,最终定为开挖这一弯曲河道,使河流在曲折穿行中得以缓慢降低落差,保持相对平稳均衡,顺利北上或南入长江。

窑湾又是一例。窑湾位于现今江苏省新沂市西南京杭大运河与骆马湖交汇

---

① 脱脱等著,《宋史 2》,中华书局出版社 2000 年版,第 1605 页。

处，大运河进入骆马湖，存在较大的水位落差，且湖面辽阔，时有风浪，为保证航行安全和平稳入湖，大运河特地在此处又拐了一个大弯，形成与宿迁、睢宁、邳州三市县一水相连，三面环水的格局。当地遂有"千年运河百道湾，黄金分割在窑湾"的民谚。这一格局大约形成于唐代，迄今已有1300多年历史。因此弯在当地形成了窑湾镇这一著名的苏北水乡古镇，不仅成为历来兵家必争的战略要地，并因经济繁荣而素有"黄金水道金三角"和"苏北小上海"之称。①

郭守敬引北京西山水入惠通河是又一通过绕行解决落差的范例。虽然如前所述，他在昌平、西山一带找到了丰沛的水源，有效解决了开挖通惠河水源不足的难题，但京西西山一带与大都城之间的海拔落差甚大，白浮泉发源地神山一带海拔60米，高出大都地势最高的西北角约10米。并且，两者之间尚有海拔50米以下甚至40多米的沙河、清河两条河谷地带。如河道直行，河水将成为"瀑布"，且皆注入河谷而难入运河、无法行舟。郭守敬同样采取绕弯之法，并为此设计一条科学、合理的路线：从昌平东南白浮村的神山泉起，并不引泉水径直南下，而是反向开渠道引水先向西行，然后大体沿50米的等高线转向西南蜿蜒而下，转西山大半圈，避开沙河、清河的河谷低地，并在沿途拦截沙河、清河的上源和西山、玉泉山的双塔、榆河、一亩、玉泉诸泉之水，从西山脚下缓缓向东南注入瓮山泊（今昆明湖），再东南流经长河、高粱河至和义门水关入大都城，汇入积水潭，形成包括今西海、后海、前海在内的广阔水域，然后从积水潭出万宁桥，沿皇城东墙外南下出丽正门东水关，转至东南文明门（今崇文门以北）外，通过疏浚后的金代闸河至通州东南6千米的高丽庄、李二寺河口，入白河，与通州运河河道平妥连接，全长82千米。这样，南船包括漕船可以波澜不惊地行至积水潭，积水潭成为桅樯林立、舳舻蔽水、热闹非凡的大运河北段终点码头，极大节省了人力和物力，促进了大都城的经济繁荣，积水潭码头东边的烟袋斜街和钟鼓楼一带成为大都城中最繁华的闹市。可见这种弯道削减落差"曲径通幽"的神奇功效。

大运河沿线也曾通过修建堰埭解决水位落差的问题。如鲁哀公九年（公元前486年）吴王夫差为问鼎中原开筑邗沟时，为解决江淮之间的水位落差（江

---

① 参见《扬子晚报》2018年11月22日A2版。

北京通惠河玉河遗址一

北京通惠河玉河遗址二

高淮低），防止邗沟涨溢灌淮导致水流湍急，而在邗沟与淮河交界的淮安东北2.5千米末口地方，修建了著名的北神堰，很好地解决了这一难题。郭守敬引西山水入瓮山泊途中，沿渠道修建了著名的"白浮堰"，也是例证。

建造滚水坝或减水闸，也是中国古代解决河水落差、防范汛期洪水，保证运道的安全的一项创举。其作用是排减过量水流，保持水位平衡，将运河过高水位及时化解，与堰埭异曲同工。如大运河的淮扬段因借邵伯湖、高邮湖通过，汛期易受到洪水威胁。明清两朝即在湖上及上下运河段修建了大量滚水坝和减水闸，当水位盛涨超过一定高度后，即可由此将洪水排泄出湖。2012年发现的宝应境内明代所建刘堡减水闸，就是一个典型代表。其设计巧妙、建筑坚固，实令人叹为观止。

今北京积水潭风光

同样，双船闸、多船闸也能起着解决水位落差、调节水流速度的作用。到了元代，运河船闸技术得到进一步应用和提升，创造了修建大运河上的梯级船闸让船队翻山越岭。如修建会通河时，著名水利专家韩仲晖就制订了开建新渠、"引汶绝清"的方案，以解决运河与山东境内大清河的交汇问题。由于沿途地形复杂，为了防止泄水过快使运道浅涩，相应建造了节水船闸，使南来北往的船只逐闸浮升。而在一些地形变化较大之处，则采用两闸或三闸串联的办法，从而有效保持运河水位的平衡，使船只最终顺利"爬"过大清河。从济宁到临清几百里航道，共建造了31座船闸，到了明代已增至38座，清代则继续沿用。这同样属于世界之最。又如郭守敬修建通惠河解决西山到积水潭落差问题后，修建积水潭到通州段时，也遇到南船特别是漕船到通州，距积水潭有20多千米的距离，水位落差达20多米的一大难题。为此，郭守敬在这短短的20多千米的河道上（包括坝河）修建了7个大坝、24道闸，让船只梯次提升或下降，最终到达大都积水潭或进入通州运河。这是中国古代水利科技又一惊人之举。

这套先进的技术，常常引起一些外国来华者的浓厚兴趣，他们对此予以高度关注，如《英使谒见乾隆纪实》一书记载了清乾隆五十七年（1792年）英国马嘎尔尼使团访华时的观感："御河的水倾入运河之后，为了防止水流太急，又在运河上认为需要的地方安了几道水闸，有的相距不到一里，这在其他地方是没有的。同欧洲的水闸不一样，运河水闸没有高低水门。它的水门构造非常简单，容易控制，修理起来也不需要很多费用。它只是几块大木板，上下相接安在桥砆或石堤的两边沟槽里，当中留出开口来足够大船航行。因为水位不平，运河航线上有些水闸主要是为调节水量的。"①

四、泥沙治理

河道中的泥沙治理，迄今为止，一直是水利科学中的难题。河道泥沙淤积，会直接导致河床浅窄，水流泛滥，堤岸溃决，航运中断。大运河的泥沙问题历来尤为突出，这是由于它与黄河无法切割的关系。

大运河需要穿越黄河，秦汉以来，由于上游生态的不断遭破坏和政治、经

---

① 斯当东著，叶笃义译，《英使谒见乾隆纪实》，商务印书馆1963年版，第431—432页。

济、军事等人为因素，其含沙量不断增大，溃决改道频仍，入海口在渤海与黄海间流徙波动。自王莽新朝的始建国三年（11 年）黄河在魏郡元城（今河北大名东）以上溃决，东流夺济由利津附近出渤海①，直到东汉明帝永平十二年（69 年）经王景、王吴治理，才得以安流，河道相对稳定了大约 900 年。五代至南宋绍熙五年（1194 年），与其时战乱频仍相对应，黄河也频繁溃决。南宋建炎二年（1128 年）东京留守"杜充决开黄河，自泗入淮，以阻金兵"②，从此黄河开始反复侵夺淮河水道。金人占有黄河流域后，更是"数十年间，或决或塞，迁徙无定"，③终于导致前述的南宋绍熙五年（金明昌五年，1194 年）黄河南徙夺淮，经江苏徐州、宿迁、清河、安东，从云梯关入黄海这一千年变局。此后的 600 余年中，黄河虽不断泛滥、溃决，如从清顺治元年（1644 年）到咸丰五年（1855 年）211 年间溃决 50 多次，平均 4 年一次，但直到咸丰五年黄河在河南兰封铜瓦厢决口，再次北徙，在山东利津牡蛎口入渤海（迄今仍流淌不歇）前，河道大体保持着稳定。

黄河本来泥沙极多，特别是每一次溃决、改道、迁徙后，必然携带有更多的泥沙进入淮河和运河，从而给大运河带来浅涸、淤塞、断航等灾难性后果，极大地影响船只航行和漕运畅通。

为了保持大运河的通畅，历代民众和水利科学工作者殚精竭虑不断清沙治沙。除动用人力进行挑沙作业外，更观察到沙随水走的特性和规律，采取了如同中国武功中的借力打力的方法以水攻沙，即借水流的力量冲刷河道将泥沙特别是淤沙冲流入海。

而要达此目的，又涉及诸多问题：如何使漫溢的水势形成足以冲击的合力？届时如何保障堤防安全、使航运不至中断？黄河、淮河如何相应得到治理？……清代张鼎任徐州兵备道时，曾作对联自勉称："地当黄、运之中，水欲治，漕欲通，千里河流涓涓都从心上过"，④即是一语中的，道出其中的窍要。所以，这又是一项系统工程：通过修筑坚固堤岸，将漫流的河水归宿形成

---

① 班固著，赵一生点校，《汉书》（卷 99），浙江古籍出版社 2000 年版，第 1238 页。
② 黄河志编纂委员会编，《黄河志·黄河防洪志》，河南人民出版社 2017 年版，第 34 页。
③ 脱脱等撰，《金史》（卷 27），中华书局 1999 年版，第 435 页。
④ 余德泉选注，《中国长联三百三》，云南人民出版社 1986 年版，第 43 页。

湍流，产生巨大冲刷力量，即"束水攻沙"。明清两代，综合治理黄河、淮河与大运河交汇，确保运道通畅的过程中产生了许多治河专家，对此做出了巨大贡献，其中代表性人物有以下几人。

陈瑄（1365—1433），明朝初年受命管理河漕，在经历元末战乱，黄河、淮河、大运河皆年久失修、灾害频发的情况下，他主持开浚清江浦，导管家湖入淮河，增加淮河的水量以"刷黄"；疏浚、加深徐州到济宁的运河河道；修筑徐州到济宁的南旺湖长堤，修筑高邮湖湖堤，使运河与诸湖分离；在山东临清至江苏淮安之间建 47 个船闸。这一切举措保证了在一个较长时段大运河通畅无阻。

潘季驯（1521—1595），浙江乌程人，明嘉靖进士。明中叶以后，黄河两岸大堤虽逐步形成，但作为淮河支流的涡河等河因黄河泥沙充斥而"日就淤浅，黄河大股南趋之势既无所杀"，而从沛县、徐州一带"悉入漕河，泛滥弥漫。"① 灾情十分严重。潘季驯即在此情况下受命治黄、治运，他以治黄为重点，历嘉靖（1522—1566）、隆庆（1567—1572）、万历（1573—1620）三朝，分别在嘉靖四十四年（1565 年）、隆庆四年（1570 年）万历六年（1578 年）和十六年（1588 年）4 次主持治理黄河，前后历时 27 年。其间采取"筑堤束水，以水攻沙"的方法，兴修高家堰、归仁集、柳铺湾等大堤，堵塞崔镇（今江苏泗阳西北）等处决口 130 余处，修筑徐州、睢宁、邳州、宿迁、桃园（今泗阳南，时在黄河南岸）、清河（今清江市西的旧县）黄河两岸遥堤和徐州、沛县、丰县、砀山黄河两岸缕堤，在黄河多年决口泛滥的险工河段修建起坚固的堤防，使河道得以稳定下来。此外还兴建了砀山、丰县、崔镇、三义（今泗阳东南）四个减水石坝，及时泄水，保证堤防安全，达到了"治黄通运"的双赢效果，清口（洪泽湖出水口）出水顺畅，"流连数年，河道无大患"。② 他著的《河防一览》，在理论上进一步总结经验，核心是以水治水，称水"合则流急，急则荡涤而河深；分则流缓，缓则停滞而沙积；上流既急则海口自辟，而无待于开"③，宗旨是"坚筑堤防，束水归槽，借助淮河清水之力以清刷浊，防止河道淤积"。④ 他

---

① 张廷玉等，《明史 5》，吉林人民出版社 2005 年版，第 1296 页。
② 同上书，第 1311 页。
③ 同上书，第 1313 页。
④ 马正林主编，《中国历史地理简论》，陕西人民出版社 1987 年版，第 103 页。

明朝著名水利专家潘季驯

位于淮安市清江浦区的陈、潘二公祠是为祭祀明代两位治水名臣陈瑄、潘季驯所建造的合祀祠

还擘画了在遥堤、缕堤之间设置横向的格堤、缕堤险要处新月形月堤防溃决蔓延的对策,及制定"四防、两守"制度和岁修之法。潘季驯的治河理论成效卓著,影响深远,他因此获得"千古治黄第一人""运河之子"等美誉。

明崇祯十五年(1642年)围攻开封的李自成大顺军在城北掘开黄河大堤,造成朱家寨、马家口两处决口,开封灭顶,豫、皖、苏、鲁中原大地顿成泽国,直到4年后清顺治三年(1646年)决口才被堵塞,黄河得复故道,但余灾不断,清顺治十六年(1659年)至康熙十六年(1677年)近20年间,黄河、淮河、运河连年溃决,海口淤塞,京杭大运河断航,漕运受阻,大片良田沦为泽国,严重威胁清朝统治和民生。故历代清帝皆重视对运河、黄河治理。靳辅(1633—1692)作为清代初期治河名臣,在康熙十六年(1677年)临危受命,以河道总督身份前往清口一带治理河道。经过细致考察,总结明朝以来的治理经验得失,并听取幕僚陈潢的建议,靳辅最终向康熙皇帝提出了"束水攻沙"的治河方略,核心思想是堵塞决口、抢修险工、完固堤防,在河道中大量修建束水坝,约束黄河,提高水流速度,提升水的冲力,借用黄河水的自身力量"刷黄",冲刷涤荡黄河泥沙入海,设置闸坝分洪,以"束水趋海"。其中治沙的许多具体举措更是巧妙的创举。为此他先后主持修筑云梯关外束水堤,山阳(今淮安)、清江、安东(今涟水)、考城(今兰考东北)、仪封（今兰考东）、荥泽（今河南荥阳）等处河堤，封丘荆隆口大月堤，加高培厚高家堰大月堤、高家堰外重堤。同时，挑挖清口淤浅的四道引河和清江浦（在今淮安境内）至云梯关（在今涟水境内）黄河河道的淤土，增大黄河泄洪输沙能力，用束水刷沙法疏浚自云梯关至海口的百里河道，引导黄河、淮河入海；分引黄河水入洪泽湖，并以所清河道特别是河心的淤土筑固两岸大堤，一举两得。靳辅还特别重视在险要处修建减水坝，指出这样不仅可"令水势回缓"，而且"遥堤可保无虞，遥堤保则全河可冀永定"。① 康熙二十五年（1686年）秋，他又主持在清河县（今淮安）开辟中河，使运河北上船只在黄河行驶10千米即进入中河，以避开原先需在黄河行90多千米的险程，减少风浪所致的损失，提高了运输效益。其所著《治河方略》成为后世奉行的宝典。

继靳辅筑堤束水后，于成龙等人也对黄河、大运河的治理呕心沥血。其中张鹏翮（1649—1725）贡献犹大。张鹏翮，四川遂宁人，康熙九年（1670年）进士，以清廉、干练著称。康熙三十九年（1700年）出任总河总督，受命继续治理黄、运。他总结前人经验，博考舆图，反复仔细勘察，在坚持潘季驯、靳辅治水"束水攻沙"思想的基础上，进一步提出"开海口，塞六坝""借黄以济运，借淮以刷黄""筑堤束水，借水攻沙"② 等一整套方法，形成了自己独特的路径。他撰写的《治河书》《河防书》《南河志》等把治河理论又提升到一个新的高度。在实践中，解决了许多关键性问题。如《圣主御制文三集》卷5记载道：其在"康熙四十五年（1706年）于中河横堤建草坝二，鲍家营引河处建草坝一，相机启闭，免中河淤垫。又以运河水涨堤岸难容，于文华寺建石闸，闸下开引河，自杨家庙、单扬口迄白马湖，长万四千八百丈有奇，水涨开放入湖，水涸堵闭。"③ 这一举措直接施于大运河本身，对确保河道畅通意义重大。

对比潘季驯、靳辅、张鹏翮三位治河名臣的理论和实践，可以看到一脉相承的基本思路和善于从实际出发、因时制宜的理念。

---

① 黄河水利委员会黄河志总编辑室编，《历代治黄文选 上》，河南人民出版社1988年版，第234页。
② 遂宁市志编纂委员会编纂，《遂宁市志 下》，方志出版社2006年版，第2075页。
③ 赵尔巽等撰，《清史稿4》（卷105—140），吉林人民出版社1998年版，第2586页。

泥沙治理的重点区域是在清口及周边一带。这是直接解决大运河与黄河、淮河交汇引发的诸多问题的关键所在。

清口位于今江苏淮安淮阴区马头镇境内，由于黄河自南宋"夺淮入海"后，淮河成为黄河的尾闾、"支流"，但又是黄河这一"浊流"与长江之间幸存的"清流"，此段大运河的借道和水源保障。从此，淮水（后来主要汇入洪泽湖）会黄河之口被称为"清口"。南下的黄河、西来的淮河和北上的运河三条大川在此交汇，复杂险峻的水系格局世所罕见。特别是在咸丰五年（1855年）黄河改道入山东渤海前，黄河在江苏境内时时泛滥，汛期尤甚，导致决口和小规模改道频仍，每一次皆是洪水汹汹不期而至，所带来的泥沙如同从天而降充斥河道，迅速淤积，造成清口运河段被层层泥沙淤垫，河道一次次变浅，阻滞运道通行，恰如咽喉被扼，给视漕运为生命线的历朝中央政府造成致命威胁。清口淤沙长期以来一直成为运河管理最棘手的问题。为此，各朝皆将其作为国家工程的重中之重不断谋划，竭力治理。特别是从明万历年间到清咸丰年间，明清两朝政府在此修建了大量水利设施，建成了大运河沿线工程国家投入经费最多、设施最多、规模最为宏大的举世瞩目的"清口水利综合枢纽"。前述各治河项目实际上皆是围绕建设和治理清口展开，如：开挖伽河、中河，不仅是要避开借黄河航行的风险，更重要的目的是使运河避免黄河泥沙的直接干扰和向清口输送；持续加固高家堰等大堤，并辅以引河等措施，是为拦截淮河清水，约束其更多流向清口，用以冲刷黄河所带来的泥沙，保持运口通畅；在黄、淮、运交汇处和高家堰大堤增建滚水闸、减水坝，确保汛期持续保持高水位的黄河、淮河、洪泽湖得以及时排水，而不危及清口上下大运河的航行安全和里下河河道、周边民众生命财产安全；不断修治交汇处的清口运口码头，避免或减少因泥沙淤积和黄河、淮河洪水的冲击而导致的码头不断前移、清口不断后退的困扰。对此，乾隆在《下河叹》及注解中曾述及："自我壬午年（乾隆二十七年，1762年，乾隆第三次南巡），清口定水制。视湖之增减，拆束为坝制（自注：向年河工司事者不肯大扩清口草坝，虽藉称蓄清敌黄，室因随时拆筑，恐干多费工料之议。自壬午年南巡亲阅，立定高堰水志长一尺，清口即启拆十丈，以资宣泄。俟秋汛后水势既定，即如常接镶口门，其尾闾之五坝筑土严行封闭。河臣等恪守此法，自壬午至戊戌，下河不受水患，田庐得以保护）"①。虽不乏自夸、卖弄之意，但也反映了清口的综合治理确有成效。在当时的生产力水平下，这一系列系统性举措将人的主观能动性发挥到极致，达到了利益最大化的目标，无不体现中国古人的聪明智慧，这在世界治河史和航运史上也是可圈可点的。

水利工程设施是水利技术的重要载体，运河沿线的各种水利设施又是运河水利科技最重要的体现。清口水利枢纽作为其中杰出代表之一，和前述的南旺分水工程、惠通河引水工程一起被视为中国古代大运河上的技术杰作。如果说，惠通河引水工程反映了中国古代水利设计的巧妙，南旺分水工程则体现了中国古代水利科技的精深，而清口水利枢纽体现的又是中国古代水利科技的博大，有人甚至称之为"大运河上最具科技含量的工程"。巧妙、精深、博大三者合并构成了"巧夺天工"的智慧和力量、久久为功、坚韧不拔的意志。大运河作为这一切的结晶，辉耀千古，自不待言。

而放眼大运河全流域，更是一项宏伟的系统工程。千百年来，为了防洪排涝，治理运河和黄河、淮河，疏浚航道，保持畅通，千里运河上不断建造的各种闸、坝、堤、堰、埭，开挖的种种弯道等水利设施，数量众多，绵延不断、相互配合、严丝合缝，成为发挥综合功效的整体。朝鲜的崔溥曾以外国人的眼光，对此作过精辟的概括："水泻则置堰坝以防之，水淤则置堤塘以捍之，水浅则置闸以贮之，水急则置洪以逆之，水会则置嘴以分之。坝之制：限二水内外两旁石筑作堰，堰之上置二石柱，柱上横木如门，横木凿一大孔，又置木柱当横木之孔，可以轮回之。柱间凿乱孔，又劈竹为绹，缠舟结于木柱，以短木争置乱孔以戾之，挽舟而上。上坝逆而难，下坝顺而易。闸之制：两岸筑石堤，中可容过一船。又以广板塞其流以贮水，板之多少随水浅深。以设木桥于堤上，以通人往来。又置二柱于木桥两旁，如坝之制，船至则撤其桥，以索系之柱，勾上广板通其流，然后扯舟以过，舟过复塞之。洪之制：两岸亦筑石堰，堰上治捽路，亦用竹缆以逆挽之，挽一船，人则百余人，牛十余头，若坝、若闸、若洪，皆有官员聚人夫、牛只以待船至。至堤塘与嘴皆石筑，抑或有木栅者。"② 这其中所蕴含的各种奇思妙想更是世界首创，许多甚至超越了

---

① 徐炳顺，《扬州运河》，广陵书社 2011 年版，第 315—316 页。
② 朴元熇校注，《崔溥〈漂海录〉校注》，上海书店出版社 2013 年 12 月版，第 163 页。

当时的时代限制，无不显示出中国古代人民群众、运河建设者、科学家们的非凡智慧和创造力。

五、造船技术

自人类社会诞生以后，船只与水（水域）是一对相互博弈、相辅相成的共同体。人们为了渡水而发明了舟、桥。水的情况极大促进了船只的发展。同样，大运河对中国古代的造船技术的发展也起到了重要促进作用。

中国作为江河湖海兼备的国家，水上航行的需求突出，水运条件优越，先民们因之很早就学会制作舟船，在7000多年前，中国境内就产生了独木舟。运河的开通，有效沟通了江河湖海，加强各地之间的联系。而伴随着需求的不断扩大，包括军事、漕运、外贸活动的开展，进一步促进了运河区域古代造船业和相应的造船技术的发展。

我们看到，早在邗沟开通时期，吴国的造船业就相应发展起来。《汉书·五行志》称，"吴地以船为家，以鱼为食"，定位十分准确。造船所需木材除地产外，还主要"上取江陵木以为船"，而当时吴国所造的船单就运输能力一项而言，"一船之载当中国数十辆车"。①两汉魏晋南北朝时期，帆船已在中华出现。西汉《南州异物志》载汉朝帆船有四个风帆，能巧妙借用各向风力使船即使在逆风中也能得以行驶。西汉最大的船长20米，宽10米，可容纳700人或200多吨货物。《南齐书》记载南齐科学家祖冲之（429—500）还发明了"桨轮"，以脚踏轮盘推动船只前行，"于新亭江（南京附近江面）试之，日行百余里"，②可谓近代轮船的滥觞。当然，这些船只不都是只在运河行驶。

隋唐时期，随着大运河的扩建、经济的发展，促使造船技术得以进一步提升。

首先是船体增大。隋炀帝下扬州时所乘龙舟要有数百人牵挽，除礼仪、排场因素外，也因船只庞大，宛如浮行于运河之上的"水上宫殿"。1961年在扬

---

① 司马迁，《史记》，卷118，《淮南王衡山列传》，中华书局，点校本二十四史修订本2013年版，第3751页。
② 李延寿撰，周国林等校点，《南史》，岳麓书社1998年版，第1024页。

州施桥通济渠遗址处发现的一艘歇艎支江船，由楠木制成，长 24 米，宽 3.6 米，排水量约 60 吨。1996 年 3 月，同样在扬州施桥镇出土的唐代竞渡舟，船长 13.6 米，宽 0.75 米，内深 0.56 米，也是用整根楠木挖成。其次是隋朝时已发明卯榫与铁钉钉连的方法，从而为造出大型龙舟提供了技术保障。施桥出土的"歇艎支江船"料厚质坚，船板连接处的铁钉长 17 厘米，钉帽半径 1 厘米。三是发明了密封舱。仍是在这艘"歇艎支江船"上可看到这一设施。这种水密隔舱的设置的目的在于当船只部分进水时不至漫延全船，以保证船只和乘员的整体安全。这同样是近代才应用的轮船密封舱设施的滥觞。

唐朝有关人士还根据不同的需要，专门设计建造了多种在大运河使用的漕运船只。

为应对北方粮食短缺的困局，天宝二年（743 年），刘晏向朝廷提出兴漕运、置船厂、建粮仓的国策建议，委托时任陕郡水陆运使韦坚采办朝廷物件，同时搜集各地优秀船型。韦坚搜集到 40 多种，刘晏从中筛选出沙船、福船、兰舟、扬州货船等数种优秀者，其中沙船平底、方头、船身宽、吃水浅，有尾舵垂直轴系，装载量大，操作方便；福船系海船尖底船，吃水深、装载量大，适于大风浪中行驶；扬州货船构造特点是船体头尾上翘，分 3—5 个大舱和若干小舱，中间舱位有桅杆座一具；兰舟船体狭长，长宽比超过 10∶1，结构坚固，抗风浪力强，舟内一般三舱，船首者撑篙，船尾艄公控艄，二人配合，船在蜿蜒溪水中能航行自如。刘晏对各船型进行详细考察，力图综合各船长处，制成最好的漕运船。但当其选定漕船式样、筹备建造时，因不久发生"安史之乱"而被迫搁置，直到广德元年（763 年）"安史之乱"结束，才得以在扬州设船场建造。考虑到各河道水深、宽窄不同，适航船型也需因之相异，刘晏遂按一定要求、规式开发出三类漕船。

适合于在黄河航行（因当时通济渠有较长一段借用黄河）的上门填阙船。考虑到要在浅水里撑篙，深水中摇桨，逆水行走时升帆借助风力，此船配备了当时所能配备的全部属具包括桅、帆、桨、橹、篙、碇等。为防范大风急浪，特地将船体设计制作成高大坚固，拼装的船板的榫卯结构严密，以达到增强船壳抗压能力，能有效抵抗水浪从不同方向袭来时的冲击。其中船底特别坚实笨重，船头、船尾高高翘起，船身两侧装有较高的护舷板，5—8 个货舱安置在船体中部，四周船廊供船工驾船操作时走动。

适合在黄河、长江之间的汴河（通济渠东段）和通济渠黄河以西段航行的、前述1961年在扬州施桥通济渠遗址处发现的歇艎支江船。该船与今日半舱驳相似，船型肥阔，底平舱浅，吃水较浅1米左右，动力主要是撑篙，为此专门设置了方便撑篙人站立的舷伸甲板。船舷向内收拢，舱上有合舱板，容载一千石（约50吨），不仅运载量大，卸货亦方便。设有水密隔舱，以加强船只整体的安全性。

适合在长江江面航行的俞大娘船前身。该船船体宽而短，结构强，稳定性好，装载货物量大，但速度慢。动力主要靠帆，设有复杂的水密舱隔舱结构，使用众多舱壁兼起支撑船底、舷和甲板的作用，从而增加了船壳密度和强度，提升了江面航行的安全性。

宋朝在经济空前发展、贸易兴盛的背景下，造船业规模不断扩大，造船技术不断提高。特别是到了只剩下半壁江山的南宋，更依赖国内和海外贸易以拓展经济，故而运河沿线和沿海的造船业更加发达。从我国东南沿海直至印度洋、红海往返行驶着中外商人的船队。相应地，大运河上樯橹相连，将货物运至海口换装海船，或海船抵达海口再换内河运输船只入运河输送各地。此时，中国技术人员和工匠已能根据内河、近海、远洋不同的环境、不同需要而设计建造不同的船只，以满足不同的需要。

南宋灭亡后，元、明、清三朝承继了宋以来的造船技术和能力。元朝初期水师战船即有17900多艘，为一次战役制造千艘战船已成常态。从明朝开始，一方面，封建统治者出于政治目的，一度派遣郑和率领庞大船队七下西洋，最远达到东非。支撑这一壮举的是当时高度发达的造船业。在南京龙江的宝船厂所建造的船只，体积、吨位皆创造了世界纪录，远超西方。而明代漕运采用一种叫"四百料"的浅船，"阔欲承载之多，浅欲盘剥之易。原定漕式，过越洪闸，涉历江河，最为轻便"。[1] 实际运输中，正额漕粮加上各种附载（包括私带人、物货物），可超过七八百石，最大装载量可能达到1000石。各地浅船有大小之别。湖广、江西的浅船因要涉历长江，故比别处更大。万历元年（1573年）督漕参政潘允端曾以湖广、江西漕船"深大坚固，二船可抵三船"为由，建议改造别省漕船以节省造船经费。明朝漕运船只数量有一万多艘至两万艘。

---

[1] 席书编，《漕船志》，江苏广陵古籍刻印社1986年版，第37页。

但另一方面，进入明清，封建制度已行将就木，封建统治者总体上日趋保守，更多依赖传统农业与家庭手工业结合的自给自足的自然经济而不重视海外贸易，郑和下西洋后，官方远航就此中止，明清两代北京的"天庾正供"除短暂实行过海运外，因海洋风险巨大，特别是担心对海运者难以掌控，而予以弃置，转而更依赖漕运，所以不仅不断修治大运河，也着力发展大运河上航行的运输船只，特别是专供漕运的漕船，清代称为"剥船"。这些船只体积庞大，载重量多在数百吨，故吃水深，清乾隆二十九年（1764年），因大河、淮安等帮船常发生遭风沉溺之事，大学士阿桂奏称：因船过高大，掉挽维艰所致，请较原定尺寸酌量减小。嘉庆十五年（1810年），复酌减江西、湖广两省漕船尺寸。① 但仍不失操纵灵活，并配备帆、桨、橹等适应不同天气、不同河道需要的各种构件，也配备缆绳，以供水浅处牵挽。船队的编组、指挥都有严密的制度，以保证每年大量粮食等物资源源不断向北方输送。相应地，在大运河沿线设立了一系列造船工场，以建造和维修漕运船只。然而，封建统治的日趋没落，限制了造船技术的进一步发展，这种状况，直到近代才在"西风东渐"的背景下才得以改善，大运河上终于有了近代意义上的"轮船"。

综上可知，毫无疑问，大运河是一条闪烁古人智慧之光、令人叹为观止的科技之河，特别堪称水利科学技术的博物馆，迄今人们仍可从中汲取各种智慧、思想，以造福社会。这当然是中华民族的骄傲，珍贵的科学遗产，需要永远承继。

---

① 赵尔巽等撰，《清史稿4》（卷105—140），吉林人民出版社1998年版，第2454页。

第六章
大运河与中华南北文化交流

在中华民族发展的历史长河中，大运河既是构建、创造中华文化的母体，也成为中华南北文化交流的最佳通道。

秦汉特别是隋唐以来，随着中国的经济重心日益南移，原本滞后的南方地区文化相应发展起来，并不断追赶、超越原本领先的北方地区。于是，宛如水从高处往低处流的天性，遵循着文化总是从发达地区向次发达地区传布、流动的规律，南方的文化不断向北方流布，明清时期更加突出。而纵贯中华南北的大运河，在这一流动中扮演着不可或缺的重要角色。在前数章中，我们已分散讲述过文化交流的一些内容，本章再从"雅""俗"两个断面，进一步集中谈此问题。

一、大运河与《四库全书》

《四库全书》又名《钦定四库全书》，是清乾隆帝亲自组织编纂的一部中国历史上卷帙浩繁、收录文献数量最多的丛书。其编辑工作自乾隆三十七年（1772年）正式启动，至五十二年（1787年）基本完成，历时约15载，共收有各类图书3503种，11704部，79337卷，36300册，约8亿字，按经、史、子、集进行分类，基本包含了我国古代全部图书，故称《四库全书》。这一卓越的文化事业是"康乾盛世"标志性成果之一，曾与万里长城、大运河一起被誉为古代中国的三大工程而载入史册。然而，《四库全书》不仅可与大运河齐名，更与大运河有着密不可分的历史关联。它首先是最典型的南方向北方的文化流播：从南方搜集、征召的书籍、主持和编撰人员多是通过大运河得以运抵集中北京，成书后又是通过大运河反馈南方。

这就要涉及乾隆兴肇此举的心理——"虎气"和"猴气"。

"虎气"：乾隆一生好大喜功，特别喜欢与中国历史上另一著名的有此爱好者汉武帝的文治武功相攀比，修《四库全书》就是希冀超越汉武的一大抓手；同时又存在的"猴气"是：作为满族统治者，他又一直暗存自卑的阴暗心理，仇视、防范博大精深的汉文化，刻刻担心不利于其统治的"反动"书籍仍然存在，企图借机予以毁灭；而此时距离清朝取代明廷已一百多年，中国封建社会进入了最后的繁荣阶段康乾盛世，有此经

中国古代最大丛书《钦定四库全书》

济、文化实力供他折腾。所以，大运河滋养的富裕、人文荟萃昌盛的江苏、浙江，必然是其眷注的重点。简言之，江南有图书，江南有才子，而无论是图书的聚集搜罗、来回载运和调集编撰者，皆离不开大运河。可以说，大运河在其中所起的作用也属难以或缺。

（一）大运河与图书征集

工程第一步是从全国征集图书，从乾隆三十七年（1772年）开始，至乾隆四十三年（1778年）结束，历时七年之久，其间又以三十八、三十九年间为高潮。而征集的重点是在大运河畔的江苏、浙江各文化重镇。在《四库全书》编纂过程中，江苏和浙江两省进呈文献的数量、种类在全国各省中最多最全，位列第一、第二，为全书的完成奠定了基础，做出了卓越的贡献。

江浙历来书籍典藏丰富，刻书印书、收藏珍本秘籍蔚然成风。如江苏江阴李氏得月楼、常熟赵氏脉望楼馆、常熟毛氏汲古阁、昆山徐氏传是楼，常熟钱氏绛云楼（钱谦益）、述古堂（钱曾），浙江山阴祁氏澹生堂、嘉兴项氏之天籁阁，秀水朱氏曝书亭、仁和赵氏小山堂、宁波范氏之天一阁等，都是历史上著名的藏书渊薮。所藏珍贵典籍历经数百年聚散辗转组合之沧桑、劫难而留存，历来为海内所瞩目。如虞山钱谦益乃明末清初藏书大家，绛云楼藏书之富"所

积充牣,几埒内府"。①后其楼遭火灾藏书焚毁大半,乃以余烬转族孙钱曾。钱曾字遵王,嗜藏宋版书,乃广搜求,藏书多珍秘之本。昆山徐乾学乃顾炎武之甥,既嗜学又富于财,遂建"传是楼"大量藏书。康熙年间一大藏书家是季振宜,获得钱遵王藏宋刻中之重复本。康熙初年汲古阁书散出,多为徐乾学和季振宜所得。乾嘉之际,徐乾学、钱遵王之书又经何焯介绍半归北京怡亲王府乐善堂,半归江苏黄丕烈,黄氏又获得季振宜散出之书,其"百宋一廛"藏书遂甲于天下。但黄死后,其书又尽归汪士钟"艺芸书舍"。汪氏又得顾氏小读书堆、袁氏五研楼、周氏水月亭之书,几乎毕集江浙藏书之精华……这些华夏瑰宝,多次引起包括乾隆在内的统治者、权贵垂涎——《四库全书》的编纂,搜罗了其中的一大批。

而江浙的不少富商又是著名的藏书家。如清代扬州盐商大都具有"贾而好儒""富而好礼"的文化传统,大兴藏书、刻印古籍之风,涌现出众多的藏书家、出版家。"扬州二马"就是这一时期的代表人物。马曰琯与其弟马曰璐,安徽祁门人,是寓居扬州富甲一方的著名盐商,他们"好学博古,考校文艺,评骘史传,旁逮金石文字",②更有一大嗜好:特别喜爱藏书,建有"街南书屋",又名"小玲珑山馆",含有"看山楼""红药阶""透风透月两明轩""七峰草堂""清响阁""藤花书屋""丛书楼""觅句廊""浇药井""梅寮"诸景观。③小玲珑山馆最为有名,常被用作整个街南书屋的代称。"丛书楼"前后两楼,是他们的藏书楼,经其几十年来不遗余力地搜访,不惜重金广为置购、抄录,凡遇有未见之书,必重价购之,当时江南一些著名藏书家散出之书后多归其所有。历年所积,"藏书百厨"④,10余万卷,书画碑版,有"甲大江南北"之誉;更不吝费资广延当时众多著名文人学者如全祖望、陈章、厉鹗、杭世骏等,提供优厚生活、研究条件为自己校书,这些学者也利用向其开放的丰富藏书,增加知识素养,撰写学术著述,双方相得益彰,实现"双赢"。家中又专设刻坊刻印书籍,既重刻古书,也新刻时人著作,如清初学者朱彝尊一所撰《经义考》七种三百卷,因篇幅巨大,一直未得付梓,马曰琯不惜千金为之刊

---

① 钱谦益,《绛云楼书目·曹溶序》,商务印书馆 1935 年影印粤雅堂丛书版。
② 李斗,《扬州画舫录》,广陵古籍刻印社 1984 年版,第 83 页。
③ 同上书,第 83—84 页。
④ 同上书,第 84 页。

印，才使这部学术巨著不致湮灭；为蒋衡装潢所写《十三经》；刻《说文》《玉篇》《光韵》《字鉴》等，所刊书籍无论是校勘还是刻印均质量精湛，时称"马版"。至乾隆三十七年四库开馆征书时，马曰琯、马曰璐已去世，马曰琯子马裕（字元益，又字活山）谨承先辈遗志，继续搜集聚藏书籍不辍。

作为一名精明的统治者，乾隆早就对这些情况十分清楚，可谓了如指掌，垂涎三尺，所以不断具体指示相关官员搜集的方法。

其一，明确征集重点在江浙，"遗籍珍藏，固随地俱有，而江浙人文渊薮，其流传较别省更多"。① 对于治所在江苏的两江总督高晋、江苏巡抚萨载，乾隆又单独下诏："而其所隶州郡，藏书什倍于别省，征访之事，更当向其责成。"②

其二，奖励献书。征集图书分为官府和私人两部分进行，分别称为"各省采进本"和"私人进献本"。为此特别奖励私人献书，制订了奖书、题咏、记名等奖励办法。"奖书"，即凡进献书500种（部）以上者，赐《古今图书集成》一部，进书100种（部）以上者，赐《佩文韵府》一部；"题咏"，即凡进书百种（部）以上者，择一精醇之本，由乾隆亲自题咏简端，以示恩宠；"记名"，则在提要中注明采进者或藏书家姓名。

其三，向江浙藏书之家搜求：乾隆指出，"且江浙诸大省，著名藏书之家指不胜屈，即或其家散佚，仍不过转落人手"，而这些散佚书籍的流向可打听到。"闻之苏湖间书贾书船，皆能知其底里，更无难于物色。督抚等果实力访觅，何虑终湮？"还特别提到各藏书地点："闻东南从前藏书最富之家，如昆山徐氏之传是楼，常熟钱氏之述古堂，嘉兴项氏之天籁阁，朱氏之曝书亭，杭州赵氏之小山堂，宁波范氏之天一阁，皆其著名者，余亦指不胜屈。并有原藏书目，至今尚为人传录者。"至于先人收藏，子孙不能保守而易主之书，"仍为他姓所有，第须寻源竟委，自不至湮没人间"。即使散落各地之书，"为之随处踪求，亦不难于荟萃"。③ 简直是布下天罗地网，要将心仪的书籍一网打尽。

---

① 中国第一历史档案馆编，《清代档案史料・纂修〈四库全书〉档案（上）》，上海古籍出版社1997年版，第70页。
② 同上书，第71页。
③ 《寄谕两江总督高晋等于江浙迅速购访遗书》，中国第一历史档案馆编，《清代档案史料・纂修四库全书档案（上）》，上海古籍出版社1997年版，第70页。

他更直接命令两淮盐政李质颖查访扬州马曰琯、马曰璐家藏书，"至淮扬系东南都会，闻商人中颇有购觅古书善本弆藏者，而马姓家蓄书更富。凡唐宋时秘册遗文，多能裒辑存贮"。① 李质颖第一次搜访所得多是近代人诗文集等，而古书善本并不多见，乾隆对此十分不满，认为马氏家藏书被世人所称誉，所藏的书籍仅止于此，所以再次严令李质颖："或原办时尚系地方官往彼询访其家，未免心存畏惧，又惮将善本远借，故所开尚尔不精不备，亦未可知。并着李质颖善为询觅。如单外另有佳本，仍开目录续奏，以便检核借用，务期多多益善。"② 李质颖遵旨遂又详查密访，最后获悉马氏家藏书总目共1385种，高压"劝"献，马裕只得就范，结果所献剔除普通常见书籍，前后共送呈四库全书处776种。除马氏家藏书外，江苏其他藏书家，包括江宁县知县袁枚、蒋曾莹、周厚堉家等有名之家的典籍也多被征集。

其四，利用书商搜罗。不仅要书商提供藏书家家中书籍的线索，乾隆甚至要求直接向书商觅取。他还具体提道："又闻苏州有一种贾客，唯事收卖旧书，如山塘开铺之金姓者，乃专门世业，于古书存佚原委，颇能谙悉。"③

大皇帝如此严厉督促具体指示，连书商姓氏都难逃其"法眼"，"简于圣心"，经办的两省官员何敢怠慢，怎能不惊恐万状战战兢兢去执行？封建官场上"唯上"的效率之高令人叹为观止。高晋、萨载迅速向所属各级官吏、民众宣布："窃惟江苏地方向为人文之薮，本朝百数十年，沐浴圣化，读书仕宦之家，尤为极盛，经籝书库，各献所藏，自应较他省为易得"④，严令下属各州县广泛搜集呈缴，传谕藏书之家，上缴藏书；又于江宁、苏州特设书局，分派官吏深入扬州、苏州旧书铺访求购觅；到各藏书家家中反复动员；而且很快弄清乾隆所说苏州山塘书贩"钱姓名金开，又城内书贾陶廷学，均系世业收买旧书"，立即委派他们代为收买旧书，并在苏松一带及书船往来处所，详加咨询

---

① 《谕军机大臣着李质颖查访淮阳马姓等家藏书借抄呈进》，中国第一历史档案馆编，《清代档案史料·纂修四库全书档案（上）》，上海古籍出版社1997年版，第72页。
② 《寄谕两江总督高晋等善为询觅马裕家古书善本》，中国第一历史档案馆编，《清代档案史料·纂修四库全书档案（上）》，上海古籍出版社1997年版，第92页。
③ 成岳冲主编，《明清两朝实录所见宁波史料集（下）》，商务印书馆2015年版，第282页。
④ 《两江总督高晋等奏购访遗书情形并进呈书目折》，中国第一历史档案馆编，《清代档案史料·纂修四库全书档案（上）》，上海古籍出版社1997年版，第28页。

物色。还根据钱金开购得《述古堂书目》以及钱谦益家的《绛云楼书目》等目录学著作来搜集典籍:"现将购得述古堂等书目交与书总理之在籍侍郎彭启丰,逐加检查。除通行及已购各书外,将所供何书,另关目录,即令钱金开等分投随处踪觅借抄。如有情愿售卖者,给银购买。其《永乐大典》剩本及此外流传已少并家藏秘本,亦令其一体访求,许给重价,并令先将《传是楼书目》上紧购送查对。"① 所提对《永乐大典》的搜寻,是因为徐乾学、王鸿绪这些康熙时的江南籍重臣曾经因编写《古今图书集成》等从翰林院借阅过该书,乾隆怀疑他们事后未归还而私自偷带回老家,所以高晋、萨载根据此旨意到这些"犯罪嫌疑对象"家中搜寻了。此外,江苏按察使胡季堂也奉旨整理进呈自己父亲胡煦之遗书,包括《周易函书》五十四卷,《韵玉函书》十卷,诗文稿八卷等。

浙江巡抚三宝得旨后同样不敢怠慢,他学着乾隆的口吻宣称:"浙东西辖十一郡,夙称人文渊薮,家弦卢诵,其食旧德而服先畴者率多列屋兼辆,号'百城'。即寒畯士亦不尽守兔园,偶抱秘文,所在皆有。"因此,浙江士人收藏书籍必然可观。随即派干员探访项、朱、赵、范诸藏书家,发觉项、赵两家原藏书皆已散落无寻。朱家藏书经辗转访求,尚得少量残存。唯宁波天一阁所藏仍称雄宇内。另外又访得钱塘汪氏振绮堂、吴氏瓶花斋、汪氏开万楼,仁和孙氏寿松堂、鲍氏知不足斋及慈溪郑氏二老阁均富藏书。在三宝竭力督促、搜访下,浙江人士"竞出所藏以献"。最后从民间征收得的藏书秘本就达13501种(部)。甚至浙籍京官国子监学正汪如藻、《四库全书》馆总裁王际华也各献270种(部)和14种(部),二人进献书之数达29名京官所献965种(部)总数的十分之三。

在封建专制的淫威下,通过如此巧取豪夺,江浙两省大批书籍被细致装箱入船,通过大运河源源不断涌入北京。根据《四库全书总目》《四库采进书目》、特别是《纂修四库全书档案》进行统计,《纂修四库全书档案》中涉及两江总督进呈书籍内容共有14处,总共实际进书1365种(部);涉及江苏巡抚进呈书10处,总共实际进书1719种(部);涉及两淮盐政进呈书共7处,实际共进书1746种(部),包括马裕家776种(部)。因此,在收缴禁书运动之

---

① 《两江总督高晋等奏续得各家书籍并进呈书目折》,中国第一历史档案馆编,《清代档案史料·纂修〈四库全书〉档案(上)》,上海古籍出版社1997年版,第85页。

前，不含于敏中、程景伊等江苏籍官员零星私人进书，江苏大规模进呈书达4830种（部）。江苏从两江总督、江苏巡抚、两淮盐政等抓手搜集的书籍共约4830种（部）。占全国进呈书总量11704种（部）的四成（如按《四库采进书目》统计的全国共10254种（部）计则所占份额更多）。

在乾隆三十七年（1772年）冬至三十九年（1774年）夏整个征集遗书过程中，据《四库采进书目》统计，浙江进书凡十二次，计4601种（部），占全国总数10254种（部）的五分之二强。两省相加，共9431种（部）。无论用哪种方法计算，即使稍有重复，也要占全国总量的百分之八十，为《四库全书》的纂修提供了丰富的资料渊薮。两省之外，江西为664种（部），安徽为523种（部），山东367种（部），直隶238种（部），福建201种（部），河南108种（部），陕西102种（部），山西88种（部），湖北84种（部），湖南46种（部），广东12种（部），云南4种（部），奉天3种（部），广西、贵州为0。四川、甘肃因战事未曾采访。由此可见，江浙这两个大运河滋养的省份文化底蕴的深厚和对《四库全书》成功的贡献与作用。

特别要指出的是，江浙两省的图书征集中最大的贡献者应是民间。

乾隆特地表彰了当时捐书最多的四家：扬州马曰琯的儿子马裕、杭州知不足斋藏书楼的鲍士恭、宁波天一阁的范懋柱、杭州开万楼的汪启淑。天一阁进书600余种（部）。马家经两淮盐政李质颖威胁利诱，分三次献出家藏珍籍776种（部），其中收入《四库全书》的就有144种（部），另有225种（部）被列入《存目》，因献书有功而"皇恩浩荡"：获乾隆御赐《古今图书集成》一万卷，另赐《平定伊犁》诗、《平定金川》诗及《得胜图》33幅，马裕遂将《古今图书集成》分装五百二十匣，藏之十柜，供于丛书楼正厅，并被"记名"。如今仍然可以在《四库全书总目》中看到，凡扬州"马氏"所进之书，书名下都标有"两淮马裕家藏本"字样。鲍士恭（廷博）歙县长塘村人，寓居浙江桐乡。生于富商之家，一生酷爱读书和购藏古籍，不惜花费巨资搜觅宋元善本珍藏。四库全书开馆，鲍廷博献家藏善本600余种（部），多系宋元旧版。《四库全书》修成后，乾隆皇帝也特别予以褒奖，赐《古今图书集成》一部，发还全部献书，并在所献《唐阙史》等书上题诗。汪启淑，歙县绵潭村人，寓居浙江杭州，世代业盐，资财雄厚，大力收购古书。四库全书馆开馆时向朝廷进献珍本书600余种（部），乾隆皇帝特赐《古今图书集成》一部，并批准在绵潭村建"御书楼"收藏御赐书籍。

另外进呈书达百种以上者有浙江之吴玉墀、孙仰曾、汪如瑮等家，各获朝廷赏《佩文韵府》一部。范家于乾隆四十四年（1779年）又获赐平定回部得胜图 16 幅，五十二年（1787年）再获赐平定两金川战图 12 幅，所藏秘籍《周易要义》与《意林》二种由乾隆题诗。汪如瑮家有《曲消旧闻》《书苑精华》得御题。孙家藏书得御题者有《乾道临安志》。吴家亦有钦锡御题。诸藏书家获赐书及乾隆题咏，成为轰动一时的盛事。

《四库全书》的编纂集中、整理、发掘了大量中国古代重要典籍，使之得以完整地存现于世，这一功绩当然应予充分承认。

然而，《四库全书》的编写过程，也是乾隆有计划毁灭异端文化的过程。征书逐渐发展为禁书、毁书，各省进呈书籍凡是被认为不利于清朝统治的均被禁毁包括抽毁、篡改、不录。而暗中悄悄销毁者有不知凡几。据不完全统计，四库实际共收有各类图书 3503 种（部），但据《四库全书总目》统计，全书只著录 3461 种（部），收录的种类数远远少于进呈书总数。存目 6793 种（部），加上连存目也不列入者即暗中大量销毁者，可见销毁数远多于入录处。

从江浙情况看得更清楚。

据《四库全书总目》收录江苏进呈书种类这一不完全的统计，江苏两江总督、江苏巡抚、两淮盐政、江苏周厚堉、两淮马裕共进书 2604 种（部）中，著录 845 种（部），仅占 32%，而存目 1759 种（部），则占 68%！

浙江所进呈朱彝尊、郑大节、汪茹瑮、孙仰曾、吴玉墀、汪启淑、范懋柱、鲍士恭等私人藏书共 2658 种（部），被著录的仅有 534 种（部），占 20%，列入存目的则有 1113 种（部），占 80%！

如此"宽进严出"，不啻是一场文化浩劫！"千秋功罪，谁人曾与评说？"这种对文化的毁坏，更是无法抹杀的。

当然，仍有若干书籍逃脱了网罗。民间自有冒死藏匿者。还有一些书籍更从大运河漂洋过海到了日本，清末辛亥革命期间，留学生、革命党人在日本发现了《扬州十日》《嘉定三屠》等记载清军入关时血腥屠戮罪行的实录后，迅速传回国内，秘密传播，成为动员人民推翻清王朝的有力武器，既是明证。

（二）大运河与四库编纂

大运河滋养的江浙两省，也盛产"才子"，所以，两省除为《四库全书》

提供丰富的书籍资源外，还为全书的编撰输送了众多的人员，他们凭借着深厚的学养，在成书过程中提供了无可替代的人力支撑。

乾隆三十八年（1773年）二月，《四库全书》立项后正式开馆。陆续设立了总裁、副总裁、总阅、总纂、分纂、纂修、总校、分校、校勘、覆校、缮书、提调等职，组织结构大体是：在总裁、副总裁统一领导下分设纂修、缮书、监造三大处，分别选调官员共300余人充任，同时征募抄写人员近4000人。整个编纂工作流程包括选书编目、校勘文字、补订残缺、订正讹误、抄录缮写、装订成卷等十数道程序，并附有剔除"邪狭不稚"之言，改正辱污清朝之语，抽毁反满隐晦之作，厘定卷序，辨明作者时代，考订版本流传之途，撰写简明提要等事项。除事务性工作外，主要业务均由一批学术造诣精湛的学者承担。从乾隆三十八年（1773年）二月《四库全书》正式开馆至乾隆四十六年（1781年）第一部《四库全书》编撰完成，再到续缮的三份《四库全书》于乾隆五十二年（1787年）四月同时完成，四库馆共存在、运行14年，其间大批学者、文士进入四库馆参与纂修工作。据乾隆四十七年七月四库馆开列的《办理〈四库全书〉在事诸臣职名》，四库馆臣总计360人，江浙士子则是其中的中坚力量。

清中叶，江南文化昌盛，涌现出大批著名的学者和文人，而许多进士、举人出身的官员也来自江浙地区。他们学识文才俱优，治学综览百家，贯通汉、宋，或精于经史，或长于诗词古文，所以纂修《四库全书》时，很自然地"天生丽质难自弃，一朝选在君王侧"[①]，被征召入馆，除皇命难违外，他们也乐于躬逢其盛，在此难得机遇中一展身手，贡献力量。

先看江苏。根据现有文献资料统计，江苏籍四库馆臣一共61名，人数占馆臣的六分之一，江苏学人所担任的职位包括总裁、总阅官、纂修官、覆校官等，这些职位从事着纂修《四库全书》的主要工作。

总裁是四库全书馆的最高职务，大都由皇室郡王、大学士以及六部尚书、侍郎兼任，负责总理馆内一切事务，包括拟定章程、选拔人才、裁正编纂中的问题、抽阅书籍、监察督催、督促书籍的刊印、总责后勤事务。先后有16位正总裁，其中汉族8位，而籍隶江苏者4位，于敏中（1714—1780），字叔子，

---

① 孙连仲，梁永裕编，《唐诗集粹》，作家出版社2006年版，第275页。

一字重棠，号耐圃，金坛金城镇人；刘纶（1711—1773），字如叔，又字眘涵、宸翰，号绳庵，又号春涵，常州武进人；嵇璜（1711—1794），字尚佐，晚号拙修，无锡人；程景伊（1712—1780），字聘三，常州武进人。

总裁中不少人，如满族权贵，只是挂名而已，并不处理实际事务。而其中真正总揽全局、操控运作、发挥作用的是于敏中等少数人。又以于敏中贡献最大。于敏中，乾隆二年（1737年）丁巳科状元，深得乾隆青睐，仕途顺畅，先后授翰林院修撰、侍讲、山东学政、浙江学政、内阁学士、兵部侍郎、户部侍郎兼军机大臣、户部尚书，三十三年（1768年）加太子太保，三十八年（1773年）晋文华殿大学士，在乾隆朝为汉臣首揆执政最久者，"朝廷谕书多出其手""薨，谥文襄"。①

乾隆三十七年，安徽学政朱筠上《开馆校书折》，提出开局搜辑《永乐大典》的建议，为大学士刘统勋否定。经于敏中力争，乾隆拍板同意，并扩展为修《四库全书》，乾隆三十八年，"以皇子永瑢、大学士于敏中等为总裁，纪昀、陆锡熊等为总纂"②。不久乾隆又考虑自己已63岁，迫切希望尽早看到成果，遂下旨同时编纂《四库全书荟要》，汇选重要典籍及必备图书。为了保证《荟要》编纂速度和质量，又命于敏中与另一位四库馆总裁浙江人王际华"专司其事"。于敏中在政务丛集之中十分重视两书的编纂，与总纂官陆锡熊讨论的信函即有56封，制订了纂修基本规则：包括分别部类、厘定体例，取舍标准、衰贬原则等，"条款章程俱系伊二人酌定"。章程首先是确定书籍取舍标准，即某书到底是应刊、应抄还是应存目。其政治标准当然是遵循乾隆的要扫荡悖逆违言，而除政治标准外，应建立起一个学术标准，以评审《四库全书》编纂之前问世的各类著述的学术价值。于敏中等最终确定，这一学术标准的核心是该著述能否正确运用史料及考证方法，包括是否正确使用文献和考证方法、判断是否武断、是否具有考证价值、是否运用宋儒义理的思辨方法等。如对《中心小历》提出："原单注拟刊刻，愚见以建炎南渡，乃偏安而非中心，屡经御制诗驳正，且提要所开，是偏颇有未纯之处，似止宜抄而不宜刻。"③而

---

① 王钟翰点校，《清史列传》，中华书局1987年版，第1547页。
② 赵尔巽等，《清史稿》（卷319），中华书局1977年版，第10750页。
③ 于敏中，《于文襄手札》，《近代中国史料丛刊》第二十二辑，台北文海出版社1966年版。

《北湖集》等，提出应该刊刻，不止抄录而已。

除总体问题外，对各种技术层面问题于敏中也一一细抓，包括：对于某书应选用版本的具体判定，如"《历代纪元》一书，考订详明，较王更铭所纂更为赅备"；选中的书籍该列入四库经史子集哪一部，如《吴中旧事》原入史部，于敏中则认为"此书所载并非前贤嘉言懿行，不过诗话说部之属，似不应附于史部"，应放入子部小说家类；还提出要详细考证所收录书的作者，"是名，是字，何地人，或仕，或隐"，①也要仔细考订书中内容的缺讹等各方面问题；对于各书提要的编纂，则提出以著作时代为顺序，俟汇编《总目》时再细分类别，这样读者批阅较顺畅；各书所注藏书之家，应置于首行大字下，这样眉目清楚，等等。

作为总裁，于敏中还担负监察督促之责，如馆臣从《永乐大典》中辑佚书籍速度过慢，于敏中不断予以催促，要求"自定限期，总录寄单，庶得按册而稽，亦可稍救前言之妄"。对发现的四库馆臣所纂呈书中讹误之处，于敏中要求多查阅校勘，力求避免出现差误，谆谆告诫道"此后务须留心"，要负责人"当切告承办《永乐大典》诸公，各宜加意，若再经指斥，即削色矣"。②经其努力推动，《四库全书荟要》第一部于乾隆四十三年（1778年）五月完成。

于敏中去世后，因其交通太监、收受贿赂等情事败露，乾隆下令将于敏中的牌位撤出了贤良祠，因此，于敏中对四库纂修之功，官私书籍记载得不多，但其贡献无法抹杀。民国学者何士祁认为"誉于敏中为《四库全书》第一人并不为过"。

除于敏中，另一位常州武进人正总裁刘纶贡献亦大。刘纶（1711—1773），字懊涵，又字如叔，号绳庵，乾隆元年状元，同样仕途通达，历任翰林院编修、内阁学士、直南书房、礼部侍郎。乾隆十五年任工部侍郎兼任军机大臣，此后任户部侍郎、顺天府尹、左都御史、兵部尚书、户部尚书、协办大学士加太子太保头衔、吏部尚书、文渊阁大学士兼工部尚书等一系列重要职务。与大学士刘统勋（山东诸城人）并称"南刘东刘"。乾隆三十八年，刘纶也被任

---

①② 于敏中，《于文襄手札》，《近代中国史料丛刊》第二十二辑，台北文海出版社1966年版。

命为《四库全书》正总裁，积极开展工作，但年内即去世。追赠太子太傅，谥"文定"，入贤良祠。嵇璜、程景伊两人也发挥了不少作用。

除了多由旗人担当纯技术性事务的收掌官一职，江苏籍学人还担任总阅官、提调官、覆校官等重要职务。总阅官，总理书籍的审阅工作；翰林院提调官、武英殿提调官，分别负责提取两处书籍事宜；总目协勘官，协助总纂官编纂《四库全书总目》；缮书处覆校官，具体负责校勘一般书籍；篆隶分校官和绘图分校官，分别负责校勘某些专门书籍。有关大体情况是：

任总阅官的有庄存与（籍贯武进）、汪廷玙（籍贯太仓）、金士松（籍贯吴江）、吉梦熊（籍贯丹阳）；任翰林院提调官者有宋铣（籍贯吴县）、史梦琦（籍贯阳湖）、刘谨之（籍贯武进）、孙永清（籍贯金匮）；任武英殿提调官者有彭绍观（籍贯长洲）、刘种之（籍贯武进）；任覆校官者有张书勋（籍贯吴县）、季学景（籍贯昭文）、钱棨（籍贯长洲）、张能照（籍贯仪征）、汪学金（籍贯太仓）、严福（籍贯吴县）、吴舒帷（籍贯震泽）、刘鲁蕡（籍贯阳湖）、范来宗（籍贯吴县）、戴联奎（籍贯如皋）、吴蔚光（籍贯昭文）、侍朝（籍贯泰州）、李棪（籍贯长洲）；任篆隶分校官者为王念孙（籍贯高邮）；任覆校官者有：吴俊（籍贯吴县）、王璸（籍贯镇洋）、吴绍昱（籍贯吴县）、毛上炱（籍贯镇洋）、盛惇崇（籍贯阳湖）、宋鎔（籍贯长洲）、刘图南（籍贯武进）、李荃（江苏籍）、杨世纶（江苏籍）、鲍之钟（籍贯丹徒）、费振勋（籍贯震泽）、顾宗泰（籍贯元和）、杨揆（籍贯金匮）、江琏（籍贯元和）、秦瀛（籍贯金匮）、张敦培（籍贯昭文）、潘奕隽（籍贯吴县）、严朝标（籍贯常熟）、吴树萱（籍贯吴县）、张埙（籍贯吴县）。

他们中不少人同时又承担纂修任务，或兼任纂修官。

纂修官承担修纂《四库全书》的最直接、最重要的工作，包括书籍（无论收录与否）的编纂、内容提要撰写、文字校勘、增删等，是整个四库馆的基础和中坚。民国初年的所谓"总长取名，次长取实"用之于总裁和纂修，也是恰当的。

乾隆三十八年三月十一日，正总裁大学士于敏中、刘纶、刘统勋等上奏说，为了避免"置漏参差"，请将纂修官纪昀、提调陆锡熊任为总办（即总纂，陆费墀后又任总校官）；添纂修人员10人，任"留心典籍"的姚鼐、程晋芳、任大椿、汪如藻、翁方纲为纂修官，任能考订古书原委的余集、邵晋涵、周永年、戴震、杨昌霖为分校官。① 乾隆批准所奏。

根据现有资料文献，四库纂修官共 88 人，籍贯可考者共 86 名，其中籍隶江苏者有：邹奕孝，籍贯金匮；刘跃云，籍贯武进；陈初哲，籍贯元和；邹炳泰，籍贯无锡；庄存与，籍贯阳湖；赵怀玉，籍贯今武进；庄通敏，籍贯阳湖；于鼎，籍贯金坛；任大椿，籍贯兴化；季学锦，籍贯昭文；秦泉，籍贯无锡；彭绍观，籍贯长洲；潘曾起，籍贯荆溪；杨昌霖，籍贯吴县，等等。他们中多有著名学者，做出了重要贡献。

江苏籍纂修官贡献最大者为任大椿。任大椿（1738—1789），字幼植，又字子田，江苏兴化人，乾隆三十四年二甲第一名进士，因不肯拜谒权贵，故未入翰林院，授礼部主事，成为清开国以来二甲第一名进士不入翰林院的三人之一。少工文词，"熟文选，所撰乐府古诗为钱尚书陈群、沈文恪德潜称赏"，后从乾嘉学派宗师戴震问学，从事考证好辑佚，于"典册、制度、名物、文字、音韵之属研精覃思，驰骋上下"，"乃淹通三礼，谙悉名物"。② 著有《字林考逸》《小学钩沈》《深衣释例》《弁服释例》《释缯》《字谊》《仓颉篇》等四十多种，成为扬州学派前期代表人物，尤精通三礼，多所考订论著。乾隆三十八年以学问优长被《四库全书》总裁大臣奏充纂修官、总目协勘官，参与《四库全书》的纂修及《总目》的考订。礼经类的校勘、提要由其负责，撰写文字多出其手："礼经同异，裒辑为多"，"是时奉敕撰书目若干卷，条分义举，钩剔醇驳，简要该洽，出君笔者什七。"《清史列传》中亦记有："四库馆开，以荐为纂修官，时非翰林而为纂修官者八人，大椿博于闻记，考订精当，礼经类提要不出一手，皆大椿详定。"③ 其学生阮元也说："礼经裒辑为多，提要多出其手。"其精确详审，为学者所叹服："礼经类下案语诠论不出一手，皆大椿详定之，人服其清简而覈。"④ 清代学者姚鼐和任大椿早就相识，后同在四库馆朝夕相处，经常进行学术讨论，他在任大椿墓志铭中说："考订论说多精当，于纂修之事尤为有功。"⑤ 这是对任大椿纂修功绩的客观评价。但仕途偃蹇，任《四

---

① 《办理四库全书处奏遵旨酌议排纂〈四库全书〉应行事宜折》，中国第一历史档案馆编，《清代档案史料·纂修〈四库全书〉档案（上）》，上海古籍出版社 1997 年版，第 75 页。
② 中华书局编辑部编，《学林漫录》（十一集），中华书局 1985 年版，第 145 页。
③ 佚名，《清史列传》，《三十三种清代人物传记资料汇编本》，齐鲁书社 2009 年版。
④ 王藻，《文献征存录》，《三十三种清代人物传记资料汇编本》，齐鲁书社 2009 年版。
⑤ 姚鼐著，刘季高标校，《惜抱轩诗文集》，上海古籍出版社 1992 年版，第 192 页。

库全书》纂修官不久授员外郎、迁郎中，乾隆五十四年（1789年）始任陕西道监察御史，一个月后病卒，年六十二。

庄存与（1719—1788），字方耕，号养恬，常州学派创始人。清乾隆十年（1745年）殿试一甲第二名（榜眼），授编修。精于周礼、春秋、天官、历律、五行之学。汉学名家董士锡曾论述其影响："其（指庄存与）文辨而精，醇而肆，旨远而义近，举大而不遗小，能言诸儒所不能言。不知者以为乾隆经学之别流，而知者以为乾隆间经学之巨汇也。"① 庄存与任四库总阅官，对《四库全书》编纂发挥了重要作用。

赵怀玉（1747—1823），字亿孙，号味辛、映川、碗辛、收庵居士，好学深思，工诗善文，校勘旧籍，尤为精审而出名，任缮书分校官。编著有《四库全书简明目录》计20卷，对《四库全书总目》进行精选，并若干条目附有简短的按语，以方便检阅，使读者循阶而进：由书目寻提要，由提要得全书，对学习和研究提供了极大的便利，自问世以来学术界无不奉为圭臬。乾隆四十五年（1780年）授内阁中书。

庄通敏（1738—1810），庄存与次子，18岁中举人，32岁中进士，乾隆三十七年殿试名列前茅，供职翰林院。刘跃云（1776—1808），刘纶之子，乾隆三十一年（1766年）中进士，翰林兼大学士。两人皆任校勘兼分校官，参与校勘《永乐大典》及辑佚。由于《永乐大典》编排体例漫无条理，同一书的内容往往散见于各韵某字之下，因而各册内容大多不相连属。庄通敏、刘跃云等在与原文详加校勘后，根据各条内容，反复考核，并参照他书所引，多方拾遗补阙，然后排比编次，荟萃成书，先后从《永乐大典》中辑得佚书、失传文献共516部，其中38部被收入《四库全书》，128部列为总目存目。

程晋芳（1718—1784），字鱼门，江都人，祖籍安徽歙县，出身盐商豪富之家，却"独倍情好儒，罄其资购书五万卷，招致方闻辁学之士，与共探讨"，治学"综览百家，出入贯串于汉、宋诸儒之说"，凡"经史子集、天星地志、虫鱼考据俱宣究，而尤长于诗古文"。② 与袁枚、吴敬梓是好朋友。程晋芳的仕途并不顺利，曾几次参加科举考试，都不第而归，乾隆二十八年（1763

---

① 张维骧编纂，《清代毗陵名人小传（上）》，常州旅沪同乡会1944年版，第70页。
② 朱诚如主编，《清朝通史·乾隆朝分卷（下）》，紫禁城出版社2003年版，第577页。

年）借乾隆南巡之机，向行在献赋，得到乾隆赏识，拔置第一，赐中书舍人。三十六年（1771年）中进士，授吏部主事。《四库全书》开馆后，被荐为总目协勘官，协助纪昀等人勘定《四库全书总目》，并参与全书的纂修及分校。程晋芳经手辑校各书均"毫发无疵"①，受到馆内纂修各官的好评。后由特旨改授翰林院编修，任奉政大夫，文渊阁校理。因耽于风雅而不善理财产，很快从巨富变成了赤贫，乾隆四十九年（1784年）客死在陕西，年六十七，丧事竟全靠友人毕沅料理才得以完葬。

汪中（1744—1794），字容甫，江都人，少孤家贫，从母学习，后以卖书为业，乾隆四十二年（1777年）拔贡，但不赴朝考，始钻研学问，对经学、方志等均有著述，尤精于先秦诸子之学。对当时学术界成就亦有正确总结，有"一代通儒"之称。乾隆五十五年（1790），应两淮盐政全德之聘，先后对江南三阁镇江文宗阁、扬州文汇阁、杭州文澜阁《四库全书》进行校阅，竭数年之功，遍校三阁全书，卒于杭州西湖僧舍。

王念孙（1744—1832），乾隆进士，籍贯高邮，乾嘉学派著名的代表人物，音韵训诂学家。由他校勘古文字，可谓最合适人选。

还有一些参与其事的江南人士，如陆锡熊，上海人；赵秉渊，上海人；沈凤辉，嘉定人；曹锡宝，上海人；董椿，上海人，等等，也都不同程度为全书做出贡献。

四库馆臣中浙江籍士人同样众多，几近四分之一，包括正总裁16人中浙江籍1人；副总裁10人中浙江籍4人；总阅官15人中浙江籍5人；总纂官3人中浙江籍1人；总校官1人即为浙江籍；纂修官88人中浙江籍共有16名，翰林院提调官22人中浙江籍4人；武英殿提调官9人中浙江籍2人；总目协勘官7人中浙江籍1人；校勘、辑录《永乐大典》纂修兼分校官39人中浙江籍12人。其中贡献显著者亦为数不少。

如正总裁王际华，浙江钱塘人。乾隆十年（1745年）一甲第三名进士，授编修。历任工、刑、兵、户、吏部侍郎，礼部尚书。乾隆三十八年（1773年）四库馆开馆，即被委以总裁，旋又受命兼办理《四库全书荟要》总裁，对两书编纂尽心尽力，在其病逝后乾隆特颁专谕，褒奖其"才品端谨，学问优

---

① 朱诚如主编，《清朝通史·乾隆朝分卷（下）》，紫禁城出版社2003年版，第577页。

长"、"承办《四库全书》及《荟要》事尤为殚心经理",对其"正资倚畀"①而逝深感怅惜。

总校官陆费墀,浙江桐乡人。乾隆三十一年(1766年)进士,改庶吉士,三年后散馆授翰林院编修。四库馆开馆即被授以总校官之任,主管《四库全书》及《荟要》的缮录。于开馆伊始头绪纷繁之际统筹谋划,"一切综核稽查,颇能实心勤勉",成绩斐然,从而深受乾隆赏识。乾隆四十三年(1778年)"以筹办各书均能出力,赏缎匹、荷包、笔墨纸砚等物",②此后陆费墀兼任库本《历代职官表》总纂官、《四库全书》副总裁,赴奉天、热河贮库书于文溯阁、文津阁,又受命办理江浙三阁《四库全书》的缮录,后寓杭州西湖校阅文澜阁库书。乾隆五十五年(1790年)卒,终年六十岁。陆费墀于《四库全书》起自开馆伊始终至七部告竣,先后十七年,"辰入酉出,寒暑未尝少懈",虽因有涉"违碍"和"并错"而受罚赔,但在《四库》馆臣中与《四库全书》相终始,"而实际任事最力、经理出自一手者,殆陆费氏一人也"。③

纂修官邵晋涵,浙江余姚人,乾隆三十六年(1771年)进士。《四库》开馆,首膺其选。"四部七略,靡不研究""馆中总裁问以某事,答曰'在某册第几页中',百不失一,咸讶以为神"。④其尤以史学见长,在那些饱学的馆臣中即有"史学大师"之称。《四库全书》史部著作提要多出其手。薛居正之《五代史》亡佚已久,邵晋涵在《永乐大典》及《册府元龟》《太平御览》诸书中辑出,使一代名著得以重见天日,被公认为《永乐大典》辑本中的最佳书,后被乾隆钦定以《旧五代史》名列入正史《二十四史》中刊行。

丁杰,浙江归安(今浙江湖州)人。丁氏出身贫寒,年少时家贫无钱买书,常在书肆中阅读,主要靠自学奠定学问基础。成年后博览典籍,通经史、文字音韵及算数,尤擅校雠之学。四库馆开馆,遂应深知其底蕴的翁方纲、朱

---

① 《谕内阁王际华遽尔溘逝着晋赠太子太保》,中国第一历史档案馆编,《清代档案史料·纂修〈四库全书〉档案(上)》,上海古籍出版社1997年版,第501页。
② 《谕办理四库全书出力人员梦吉陆费墀等着分别升用授职与赏赐》,中国第一历史档案馆编,《清代档案史料·纂修〈四库全书〉档案(上)》,上海古籍出版社1997年版,第785页。
③ 任松如,《四库全书答问》,上海科学技术文献出版社2016年版第19页。
④ 同上书,第21页。

绮、戴震等馆臣友人之延，参与库书校勘，用心甚专，致力颇多，成为《四库全书》编纂时唯一未列馆职而以个人身份参与纂修的学者。

由上充分说明，《四库全书》的成书确实离不开江浙学人的贡献。他们为《四库全书》的成书，为保存和传播中国传统文化同样做出了重要贡献，同时，也为抚育他们的家乡，滋养他们生命、智慧的大运河增添了荣耀。

（三）大运河与《四库全书》珍藏

四库与大运河的关联还不仅于此。

《四库全书》编成，乾隆命手抄7部，藏于全国各地。珍藏此7部四库的藏书楼皆宗法浙江的天一阁。

天一阁的建造者为明兵部致仕右侍郎范钦，建成于嘉靖（1522—1566）年间。当时就以藏书之富"雄视浙东"。①范钦殁后，其子孙承继先人遗志，陆续增藏，聚书益丰，且对图书实行严格管理，故至清乾隆时期藏书仍保持完好无损，名闻海内。早在《四库全书》纂修正式开始的第二年，乾隆就考虑到成书以后的收藏问题。在得知天一阁藏书楼状况后，决定收藏《四库全书》的处所可仿效天一阁修建，以垂久远，为此特派杭州织造寅著往天一阁察看书楼建筑与书架款式，要求"烫成准样，开明丈尺"呈览。寅著受命后随即前往考察，将考察结果包括该阁结构、历史、起名含义、管理方法等逐一向乾隆做了详细具体汇报。乾隆阅后甚喜，认同"藏书之家颇多而必以浙江之范氏天一阁为巨擘"而更有意效仿，下令"取其阁式"②以构筑《四库全书》"贮之所"，热河避暑山庄的文津阁、京郊圆明园内的文源阁、紫禁城内的文渊阁、奉天的文溯阁、镇江的文宗阁、扬州的文汇阁、杭州的文澜阁遂陆续仿效建成。

乾隆四十六（1781年）、四十七年、四十八年、四十九年先录的四部《四库全书》分别抄录完毕，分藏于文渊、文溯、文源、文津四阁，称为"北四阁"，也称"内廷四阁"。

乾隆此时又考虑"回报""反馈"为修四库做出无可替代贡献的江南了。

他考虑"江浙为人文渊薮……其间力学好古之士愿读中秘书者，自不乏

---

① 《天一阁藏书记》，全祖望原著，《鲒埼亭文集选注》，商务印书馆2018年版，第334页。
② 《谕着杭州织造寅着亲往宁波询察天一阁房间书架具样呈览》，中国第一历史档案馆编，《清代档案史料·纂修〈四库全书〉档案（上）》，上海古籍出版社1997年版，第212页。

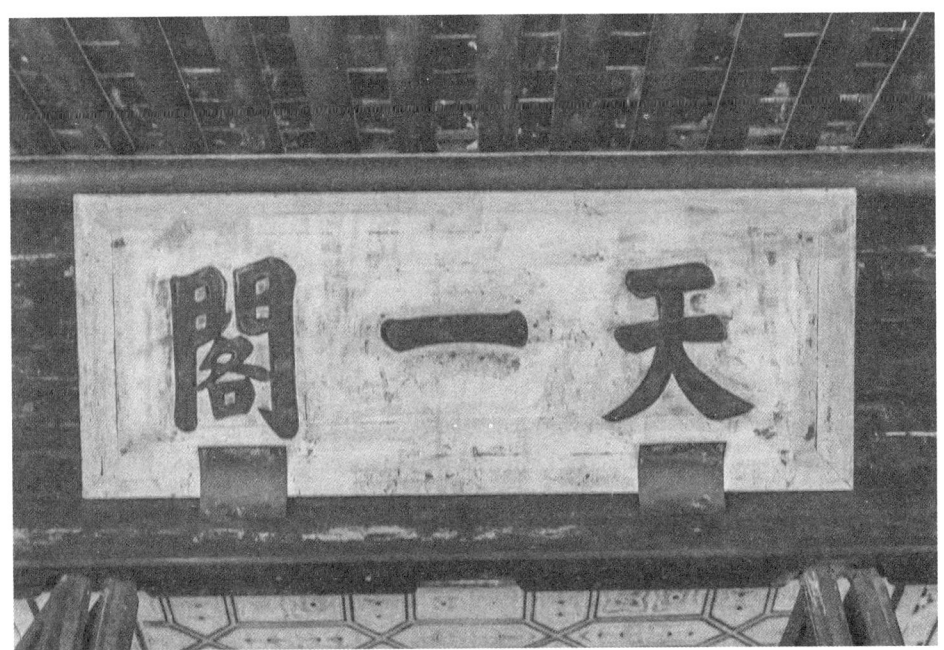

中国古代最大的私人藏书楼天一阁

中国古代最大的私人藏书楼天一阁

"北四阁"之一文渊阁

"北四阁"之一文溯阁

北京圆明园遗址，
"北四阁"之一文源阁曾坐落于此

"北四阁"之一文津阁

人……允宜广布流传，以光文治"，决定再续写全书三份分藏江南，"俾江浙士子得以就近观摩誊录，用昭我国家藏书美富、教思无穷之盛轨"。①明确了"南三阁"与"北四阁"的不同目的：前者系专为"以光文治"，后者则专供皇家备览，因此前者允许士子入阁阅览，抄录传观，后者当然深锁禁苑，民间无从得见矣。自乾隆四十四年（1779年），开始在镇江金山寺、扬州天宁寺大观堂和杭州孤山圣因寺分别建筑文宗、文汇、文澜三阁，至乾隆四十九年（1784年）文澜阁竣工，宣告南三阁亦是南北七阁全部建成。乾隆并特为文澜阁赋诗咏之："范家天一于斯近，幸也文澜乃得双"。此为"江浙三阁"又称"南三阁"。

而"南三阁"藏书所用的书架、书箱、书匣等木器陈设均在扬州制作。扬

---

① 《谕内阁着交四库馆再缮写全书三分安置扬州文汇阁等处》，中国第一历史档案馆编，《清代档案史料·纂修〈四库全书〉档案（下）》，上海古籍出版社1997年版，第1588—1590页。

镇江金山寺,"南三阁"之一文宗阁曾位于寺内

州的木工技艺高超,已有两千多年历史。据《清宫扬州御档》记载,文汇阁、文澜阁、文宗阁三阁建成后,为了防止御赐《四库全书》受潮霉变,这些木器陈设的规制、用料、费用等均由驻节扬州的两淮盐政统一擘画,发交扬州工匠制作,完成后再通过京杭运河送至镇江、杭州藏书之所。扬州发达的木器制作工艺也为"江南三阁"锦上添花。

对此南三阁,乾隆似乎特别眷注。

乾隆四十九年(1784年),续缮三份全书陆续抄成,总裁永瑢奏请凡"校对后业经呈进御览之书",即"发交各省,并将木匣纸绢式样一并发出,令其就近陆续照式装潢"。① 于是,江浙地方大吏分别派人赴京陆续请领,大运河上舳舻相接,日夜兼程,至乾隆五十二年(1787年)七月已领回四千册。但乾隆又在即将告竣的续缮三份全书中发现某些书籍尚有"妄诞不经"之处,即下令对七份全书进行全面复勘,直至乾隆五十五年(1790年)六月,江南三阁三份全书均经"厘定藏工,悉臻完善"②,并在每册首页钤盖"古稀天下之宝",

---

① 《质郡王永瑢等奏办理江浙三分全书亟须校对请于生监中招募分校折》,中国第一历史档案馆编,《清代档案史料·纂修〈四库全书〉档案(下)》,上海古籍出版社1997年版,第1766—1767页。

② 《谕内阁着江浙督抚等谆饬所属俟全书排架后许士子到阁抄阅》,中国第一历史档案馆编,《清代档案史料·纂修〈四库全书〉档案(下)》,上海古籍出版社1997年版,第2189—2190页。

扬州天宁寺,"南三阁"之一文汇阁曾位于寺内

"南三阁"之一杭州文澜阁

末页钤盖"乾隆御览之宝"之后才全部发至江浙两省,最终完成入藏。

为了更好地发挥南三阁藏书作用,防止地方官吏以"珍护"之名将其束之高阁而不用,乾隆四十九年(1784年)二月,续缮三份全书刚开始颁发江浙两省时,乾隆就专下谕旨,特意强调了将来全书的阅览及利用问题,称缮写

《四库全书》三份"原以嘉惠士林,俾士子得就近抄录传观,用光文治。第恐地方大吏过于珍护,读书嗜古之士无由得窥美富,广布流传,是千缃万帙,徒为插架之供,无俾观摩之宝,殊非朕崇文典学传为无穷之意。将来全书缮竣分贮三阁后,如有愿读中秘书者,许其陆续领出,广为传写。全书有《总目》,易于检查,只需派委妥员董司其事,设立收发档案,登注明晰,并晓谕借钞士子加意珍惜,毋致遗失污损,俾艺林多士均得殚见洽闻,以副朕乐育人才,稽古右文之至意。"①乾隆五十五年(1790年)六月江南三份全书经复勘后正式颁发,乾隆又再次强调"俟贮阁全书排架齐集后,谕令该省士子有愿读中秘书者,许其呈明到阁抄阅,但不得任其私自携归,以致稍有遗失"。②遵照乾隆的谕旨,南三阁对士林实行开放。

江浙官吏对南三阁当然极端重视,均精心安置图书,挑选专人掌管各阁书籍,制订严格阅览规制,可谓殚精竭虑,不遗余力。以扬州为例:文汇阁位于康熙帝、乾隆帝南巡时的扬州天宁寺行宫内。早在乾隆二十一年(1756年),扬州盐商为迎接乾隆南巡而于拱宸门外天宁寺右侧"恭建行殿数重"。乾隆四十二年(1777年)两淮盐政寅著领到颁贮扬州天宁寺行宫和镇江金山行宫的两部《古今图书集成》后就曾奏请"于行宫内就高宽之处仿佛天一规模,鼎建书阁,永远宝藏。"③三年后,乾隆四十五年(1780年)藏书楼建成,李斗在《扬州画舫录》对此记载道:"御书楼在御花园中,园之正殿名大观堂,楼在大观堂之旁,恭贮钦定《图书集成》全部,赐名'文汇阁'并'东壁流辉'匾。"④两淮盐运史领回《四库全书》后,即派专人根据四库馆发下的木匣纸绢照式装,并按照文渊阁格式排架庋置。李斗同样记载了对该书的存放状况:"(扬州)文汇阁凡三层,栾、庮、楹、柱之间,俱绘以书卷。最下一层,中供《图书集成》,书面用黄色绢;两畔橱皆经部,书面用绿色绢;中一层尽史部,

---

① 《谕内阁将来江浙文汇等三阁分贮全书许读书者领出传写》,中国第一历史档案馆编,《清代档案史料·纂修〈四库全书〉档案(下)》,上海古籍出版社1997年版,第1768页。
② 《谕内阁着江浙督抚等谆饬所属俟全书排架后许士子到阁抄阅》,中国第一历史档案馆编,《清代档案史料·纂修〈四库全书〉档案(下)》,上海古籍出版社1997年版,第2189—2190页。
③ 徐良雄主编,《中国藏书文化研究》,宁波出版社2003年版,第279页。
④ 李斗,《扬州画舫录》,广陵古籍刻印社1984年版,第99页。

书面用红色绢；上一层左子右集，子书面用玉色绢，集用藕合色绢。其书帙多者，用楠木作函贮之，其一本、二本者，用楠木板一片夹之，束之以带，带上有环，结之使牢。"①文汇阁中一切事务由两淮盐运使经管，由仪征人谢士松具体掌管。"每阁岁派绅士十许人司其曝检借收"②，当地士子不时至阁，或阅览，或借抄，以得"读中秘书"为快事。乾隆先后写过四首诗咏诵此阁。如乾隆四十九年（1784年），乾隆第六次也是最后一次南巡，过扬州时作《文汇阁叠庚子韵》写道："天宁别馆书楼耸，向已图书贮大成。遂以推行庋四库，况因旧有匪重营。西都七略江干现，东壁五星霄际擎。却待抄完当驿致，文昌永古焕重甍。"③即表示一旦四库书籍抄好，立即送到扬州来，足见乾隆皇帝对其重视。

"江南三阁"在此后半个多世纪的时间里成为东南图书集聚、文化传播中心，发挥了"嘉惠士林，启塨后学"的独特作用，也为各重要学派的兴盛打下了重要基础。

而乾隆之所以下令将后誊缮的三部《四库全书》分贮于扬州、镇江、杭州，实际上更有其深意。三地都是京杭大运河沿岸重要城市，交通便利。藏书阁置于此，一方面方便各地特别是南方读书人的往来查阅，另一方面这些城市历史悠久，人文荟萃，文化底蕴深厚，本身就聚集大量士子贤才、文人雅士。四库抄本设在该处，不仅笼络了大批知识分子，使之更死心塌地效命朝廷，而且经过删改的钦定书籍所构成的"主流意识形态"，从这些地方经大运河向各地传播，对强化封建思想的控制，更能起事半功倍的效用。

但这样的盛况并没有持续多久，六十多年后，咸丰三年（1853年），太平军攻入镇江、扬州，文宗、文汇两阁毁于兵燹，藏书荡然。唯有浙江杭州文澜阁所藏一部《四库全书》。大运河亦当为此浩劫呜咽了。

二、大运河与道、咸、同年间书籍流播
（一）南书入鲁

其实，在《四库全书》成书后半个世纪开始，大运河又多次见证并承担了

---

① 李斗，《扬州画舫录》，广陵古籍刻印社1984年版，第99页。
② 太平天国历史博物馆编，《太平天国史料丛编简辑》（第6册），中华书局1963年版，第257页。
③ 杨菁、李声能、白成军，《文溯阁研究》，天津大学出版社2017年版，第82页。

南书北上，传输、积聚的大规模活动。

如前所述，明清时期，富庶的江南、浙北地区涌现了众多的藏书家，这些藏书所在处所及辗转之地多在大运河畔。不仅在江南，沿河北上，山东大运河沿岸也有众多藏书之所。据统计，自宋迄清，山东境内藏书家10人以上的县（州）共18个，其中属于运河区域县者8个，占了将近45%。[①] 如明正德年间濮州李廷相来鹤楼、双桧堂，清康、乾时德州卢见曾雅雨堂，乾隆年间曲阜孔继涵微波榭皆是山东名重一时的藏书重镇。晚清徐坊归朴堂"当其盛时家富万签，骎骎与南瞿北杨齐驱并驾"。[②] 而明代山东藏书家为84人，其数量少于江苏而多于浙江；清代349人，超过江浙。

山东运河区域藏书家数量多究其根本原因，与江南类同：不仅在于大运河带来经济发达、文化繁荣、学术昌盛，为私家藏书提供了物质、财力和动因，更因大运河而对外交往的频繁，南北各地文化在此处汇集交流，包括文人墨客或侨居、流寓于此而带来各种书籍；这一带的士宦从大运河游学游宦南北时多搜求各地藏书，并凭借便利的大运河水运将所获珍籍汇藏于山东家中，从而有力支撑起当地的文化事业，对整个山东特别是运河区域文化的普及与发展起到了重大的促进作用。

山东诸多藏书家中，清中叶诞生的聊城杨氏海源阁应为巨擘，当时即与常熟瞿氏"铁琴铜剑楼"、归安陆氏"皕宋楼"、钱塘丁氏"八千卷楼"齐名，共藏书4300余部，近18万卷，所收珍善本书籍众多，不乏珍本、孤本，其中包括宋元秘本496部，1100余卷，精校名抄本则多出自黄丕烈等著名书家、校勘家之手。普通版本中，明版约占四分之一，清刻约占四分之三，皆精刻精印，其富赡珍秘，更在陆氏、丁氏之上。后陆氏、丁氏书转归他人，仅余"海源阁"与"铁琴铜剑楼"遥相辉映，故有"南瞿北杨"之称。

而海源阁的藏书来自何处？答案是：主要来自京杭大运河两端的江南和京师。

海源阁藏书的第一代也是最主要购藏者为杨以增。杨以增（1787—1856）

---

① 王绍曾、沙嘉孙，《山东藏书家史略·序》，山东大学出版社1992年版。
② 傅增湘，《双签楼善本书目序》，转引自王绍增、沙嘉孙《山东藏书家史略·序》，山东大学出版社1992年版。

字益之,一字至堂,山东聊城人,道光二年(1822年)进士。道光十四年起,先后在广西、湖北任道员,即开始购藏书籍,但此时所收仅多为普通版本,珍刻本、珍本甚少。道光十八年(1838年)丁父忧奔丧归里,因藏书渐多,乃于道光二十年(1840年)建藏书楼,题其名曰"海源阁",且旁书跋语道:"先大夫欲立家庙未果,今于寝东先建此阁,以承祀事。取《学记》'先河后海'语,颜曰'海源',盖寓追远之思,并仿鄞范氏'天一'名阁云。"① 道光二十一年,杨以增服阕,赴河南任道员,后升任甘肃布政使、陕西布政使、先署理后实授陕西巡抚,与前陕西巡抚林则徐交厚。据《楹书隅录》所载,杨以增在此期间所收藏珍善本书只有6部,而购于关中者仅3部,且也是江浙旧藏流入者。

转机从道光二十八年(1848年)杨以增升任江南河道总督开始。江南河道总督简称"南河总督",管理江苏、安徽两省黄河、淮河、运河通航、修防及相关水利,衙署设于淮河与运河交汇之地的清江浦,此处又是联系南方与北方的漕运中心,交通要道,通过大运河南来北往的明清两代文人骚客多汇聚在此,故而经济繁盛,文化昌明,杨以增在此任职8年间,凭此地利和权势,得以大量收购江浙藏书家善珍本书籍。其间又适逢道光、咸丰之交绛云楼、传是楼、汲古阁等藏书陆续散佚,杨以增在此南北冲要凭近水楼台之优势广为搜求,所获甚多,成为海源阁藏珍秘本之主要渊源。

很快,另一大契机又随之而来。咸丰三年(1853年)开始,太平天国时期战火燃至江浙一带,传统文化受到致命的冲击。一方面,太平天国实行了"武器的批判":"敢将孔孟横称'妖',经史文章尽日烧","搜得藏书论担挑,行过厕溷随手抛。抛之不及以火烧,烧之不及以水浇。读者斩,收者斩,买者卖者一同斩。书苟满家法必犯,昔用撑肠今破胆。"② 另一方面,幸脱漏兵燹的各家旧藏纷纷散出后,又遭驻扎南京孝陵卫的江南大营、驻扎扬州的江北大营的清军趁火打劫,转相售卖牟利。淮安、清江浦又是这些古籍流转售卖的必经之地,交易中心,故而杨以增此间购获甚多。其子杨绍和在《宋本新刊韵略》中记载此事道:"咸丰初,扬州始复,南北各军往来淮上,往往携古书

---

① 丁延峰,《海源阁藏书研究》,商务印书馆2012年版,第50页。
② 《中国近代史资料丛刊·太平天国》(第4册),第735页。

珍玩求售。"① 此外，从书贾之手所获和亲朋故旧代购中也时有所获，如书贾会定期送货上门，梅曾亮、刘燕庭、许印林、叶东卿、胡"斑"皆曾为之购买珍籍，但皆是可遇而不可求。

咸丰六年（1856年）杨以增逝世。其子杨绍和成为海源阁第二代主人。他在继承父亲藏书的基础上，又做出了一大贡献——搜罗了一批北京怡亲王府散佚的珍籍。

（二）北书入鲁

杨绍和（1830—1875）字彦和，号协卿，杨以增次子，长期随侍杨以增在各地宦游。咸丰二年（1852年）乡试中举，历任内阁中书、户部候补郎中等职。因父丧居乡守制三年，其间所获珍贵书籍，与当年在清江浦的状况不可同日而语，他感叹道："自丙辰（1856年）奉讳归里，于兹七载，从未一睹旧籍，恒用是悒悒。"② 咸丰末年，奉命在山东办团练佐理军务，以军功简放道员，同治四年（1865年）中进士，随即入京供职。杨绍和在《宋本证类本草》中说："予年来珥笔之暇，往往作海王村之游。而古书日少，较昔尤为难遇。今春（同治五年，1866年）乐善堂书散出，予得明刊宋元人集各子书善本百余种，而宋元本独鲜，此（指《证类本草》）与韩、柳二集、元椠《尔雅》可称珍籍。"③ 同治八年（1869年），他撰成《楹书隅录》正编5卷，次年成续编4卷，合成9卷，著录宋元本、校抄本268部，皆海源阁珍籍。杨绍和购得的这部分乐善堂藏书，成为海源阁珍藏秘本书又一来源。而乐善堂藏书渊源，也是来自江南：徐乾学、钱遵王之书半归黄丕烈士礼居，半又何焯介绍归乐善堂。所以《楹书隅录》著录的购自乐善堂的书籍，往往有钱、徐的题记、印章。

可见，总体说来，杨氏海源阁藏珍善本秘本书籍大都源于苏南浙北的毛、钱、徐、季、顾、黄等藏书大家。清末维新派人士、曾任湖南学政的江标看海源阁藏秘本书后梳理其来源说："吾郡黄荛圃（丕烈）先生所藏书，晚年尽以归汪阆源（士钟）观察。未几，平阳书库扃钥亦疏，在道光辛亥、壬子（应

---

① 李泉、王云著，《山东运河文化研究》，齐鲁书社2006年版，第222页。
② 同上书，第223页。
③ 同上书，第223—224页。

为咸丰元年、二年，1851年、1852年）间往往为聊城杨端勤公所得……甲申（光绪十年，1884年）冬，复随先生（指汪郎亭）观书于阁中，端勤（杨以增谥号）文孙凤阿舍人发示秘箧，举凡《艺芸书目》之所收、《楹书隅录》之所记，千牌万蕴，悉得寓目。大约吾吴旧籍十居八九，荛翁（黄丕烈）所藏又八九中居其七焉。"①其子杨绍和亦称："往岁随先大夫宦游南北，所收宋元椠本颇多"②。1912年春，董康为《楹书隅录》作的跋语也说："端勤父子宦迹所至，雅意勤搜，四经四史，卓然为诸藏书家冕。其中秘箧，大都百宋一廛中物。吴中先辈，考订源流，厘然有绪。"③1929年底，山东图书馆馆长王献唐受政府委派赴聊城清查海源阁藏书，次年著文指出：海源阁藏书来源主要有三支：一支是汪士钟艺芸书舍藏钱遵王、徐乾学、季振宜、黄丕烈诸家旧籍；一支是太平天国时期江南各地散出之旧籍；一支是北京乐善堂藏书。他说："近人多以杨书精本率出百宋一廛，余以目验所及，知其得于乐善堂者正不亚于艺芸书舍。今见海源阁宋本名抄每钤乐善堂印，故欲顶其藏书来源，应分左列两大支：甲，黄氏礼居旧藏。乙，清宗室乐善堂旧藏。"其得出结论是："杨氏藏书半得于北、半得于南。"④其实"北"之所得也源于"南"，这得益于大运河。

晚清另一著名的山东藏书家徐坊，其藏书也主要是在北京地区所得。徐坊（1864—1916），字士言，又字梧生，其父徐延旭在中法战争时期曾任广西巡抚，著有《越南辑略》。徐坊以父荫户部江南司主事，在北京着意寻访搜集典籍，受到福山王懿荣、江阴缪荃孙、上虞罗振玉等名士指点，故对善本珍籍鉴别甚有造诣，又与京师书林翰文斋主人韩子元等过从甚密，经多年搜求，所藏善本渐富，不乏绝世珍本。如被视为旷世奇宝的北宋端拱元年孔维奉敕校勘的孔颖达《五经正义》之首《周易正义》，北宋刊刻岳氏家塾本《春秋经传集

---

① 王绍曾、崔国光等整理订补，《订补海源阁书目五种（上）》，齐鲁书社2002年版，第665页。
② 《宋本脉经》，转引自李泉、王云著，《山东运河文化研究》，齐鲁书社2006年版，第223页。
③ 《楹书隅录》，转引自李泉、王云著，《山东运河文化研究》，齐鲁书社2006年版，第224页。
④ 王绍曾、崔国光等整理订补，《订补海源阁书目五种（下）》，齐鲁书社2002年版，第1250页。

解》，皆极为罕见。见于各家著录者（因其生前未自编书目）即有经部 24 种，史部 36 种，子部 27 种，集部 98 种，丛书三部 327 种，时代不明者 18 种，共计 525 种。

当然，海源阁、许坊的藏书最后也多损毁散佚：咸丰十一年（1861 年）捻军至肥城西境，据杨氏别墅陶南山庄一昼夜，海源所藏于此的占总量四分之一的藏书被焚，且其中孤本珍籍甚多。光绪二十六年（1900 年）庚子之乱，徐坊扈从两宫西逃，其在京寓藏书多有散佚，孑遗者归其婿所得。入民国后，海源阁和徐坊藏书多陆续落入京师各书商之手。到了战乱频仍的二十世纪二三十年代，皆最终散佚而出。除流出境外外，散佚范围多在北方，散佚路径也都是陆路。其主要原因是大运河北方段特别是山东运河已淤塞不通，南北丧失水陆联系的主干道，亦可见大运河对藏书的影响，正所谓"一样悲欢逐逝波"。

三、大运河与民俗形成、流播

大运河孕育的文化和产生的文化流动不仅表现在书籍、文士交流等"雅文化"层面，也表现在习俗等"俗文化"层面。就大千世界、芸芸众生而言，对这种"俗文化"的影响更加直接和强烈。

大运河在便利交通运输的同时，也孕育了运河两岸特有的民情风俗。人们依河而居、以水为生，一代又一代地在运河上及河畔生息、劳作，形成了运河沿岸特殊的生产、生活、节庆习俗，既反映了运河两岸的生活状态，又寄托了对未来的无限希望。大运河哺育的两岸民众的风俗里自然深深嵌着运河各处的影子。而大运河是流动的，往来于运河上的人们也多是四方杂处，民情风习各异。"一方水土养一方人，一方人有一方之俗""五里不同风，十里不同俗"，在长期的物质、文化交流中，异地风情与本土习尚相碰撞，最终促使沿运地区的民俗风情渐渐发生某些变化，融合成兼蓄南北、并包东西，既保留本地乡土特质，又兼带异域气息的各处大运河风情。

（一）缘水而成的民俗

世代以捕鱼行船为业，整日生活在船只、水面之上的渔家、船民，因其生活环境、生产方式的差异，自然形成了与岸上居民不同的生产、生活、节庆等方面的风俗习惯。

生产习俗。如江苏淮安的运河船家、渔民在其行船、捕鱼的生产过程中，形成了"交船头""汛前宴""满载会"等独特习俗：新造的船只投用前，要举行下水仪式，俗称"交船头"，亲朋好友前来致贺，成为船家一大喜事。鱼汛前，渔户备好渔具后，各船户主和捕鱼主要劳力在一起聚餐，同时分析汛情，商讨生产计划，交流作业方法，预祝丰收，彼此推杯换盏，一醉方休，称"汛前宴"。此外，渔家在春汛前还要做"满载会"：船上扯起白脚旗，船老大穿起长袍、马褂（这是体力劳动者平常不得"僭越"的特殊行为），上香参拜"龙王"，童子（即神汉）拉长声音高喊"满载而归"。这些习俗不独淮安，大运河各处或多或少皆有，表现了这一群体的希冀，已很难厘清何处是其渊源。

交易习俗。渔民捕鱼归来，同鱼贩交易时，双方也有一些约定俗成的习惯。如渔家捕获甚丰，则并不大声吆喝，而是用篙杆挑起一件衣服，竖在船头，表示有鱼要卖；鱼贩需要买鱼时，则在船头挑起一只底朝下的篮子，篮底朝下空着，表示要买鱼，以招徕渔家。这衣服和篮子，皆俗称为"物子"。如果渔家要卖掉渔船，便在河边湖中摘取芦荻之类的草秆，在秆顶编起一个多角形的草圈，置于船头，买家便可找船主洽谈购买事宜。

饮食习俗。"靠山吃山，靠水吃水。"大运河之水，不仅支撑着繁忙的漕运，还养育了大量的河鲜——鱼虾鳖蟹，同时也养活着众多的靠水吃水的渔户人家。渔家终日穿行于运河中，日常饮食的菜肴以鱼为主，淮安渔民至今流传不少关于吃鱼诀窍的顺口溜，如"春鲫夏鲤秋鳜冬鳊"；"冬吃头，夏吃尾，春秋两季吃划水"；"鲢子头，鲤鱼腰，青鱼尾巴耍大刀"；"戈子肚，厚子头，鳊鱼肚皮一镏油"等。他们在长期食鱼实践中创制的独特的食鱼方法，形成的食鱼本领，其技术之娴熟，常令人叹为观止。如江南运河、太湖地区渔民夹起鱼一抖，鱼肉即纷纷落下，只剩一副鱼骨架；洪泽湖、微山湖的渔民一条鱼三口就能吃净；更有甚者，一条完整的小鱼入口，随着嘴的嚅动，鱼肉和鱼刺在口腔中迅速分离，一根根鱼刺从嘴角吐出，一块块鱼肉入喉入肚，一眨眼工夫就能将鱼肉咂尽。食蟹，渔民能将蟹肉食尽后将蟹壳完整拼接，流风所及，据说出生在淮安的周恩来总理也具备这一本领。

鱼虾只是属于"菜肴"，而主食仍是稻米做成的粮食。这在大运河地区又表现为重视粮储的习俗。古时中国各地建仓储粮是保障供应、应对灾荒的制度

杭州富义仓

安排，大运河沿线历代一直设置有各类粮仓，包括国家储备仓、当地平抑粮价的常平仓和民间所建用于赈灾、济贫的义仓等。大运河畔之所以粮仓密集，其原因在于：一是这些地区粮产丰富，且输运便利；二是储粮备荒早已是这些地方的一种社会习俗，从隋唐时期开始已存在。王夫之在《读通鉴论》中即充分肯定过隋朝"开河以．转漕，置仓以递运"、"沿河置仓"的做法。① 又如杭州的富义仓，始建于清代光绪年间，位于京杭大运河东岸，在今胜利河与古运河的交叉口，是清代国家级战略粮食储备仓库，与北京的南新仓并称为"天下粮仓"，素有"北有南新仓，南有富义仓"之说。这里是杭州百姓最主要的粮食供应地，也是江南谷米的集散地，当年的朝廷贡粮也是从这里开始北运。又如南京、扬州，境内也是粮仓林立，从迄今仍留有的"平仓巷""板仓街""随家仓""大仓巷""小仓巷""水仓巷"等地名，可推见当年的盛况。

　　语言习俗。渔民、船民终年生活在水上，风险大，灾难多，为了图吉利，而在交流中尽量避免使用灾难方面的谐音词语，慢慢形成了若干语言禁忌。例如，"帆"与翻船"翻"同音，便称"帆"为"篷"；鱼吃了半边，要将另一半翻过来吃时，不能说翻，而是说"转个向""调个樯""正过来"，有的地方更

---

① 舒士彦点校，《读通鉴论》，中华书局2017年版，第525页。

不准翻食，只能从一面而食尽；盛饭的"盛"与沉没的"沉"声音相近，所以改叫"装饭"，等等。

节庆习俗。渔家、船家、傍河而居的人家，在沿袭中华传统节日如春节、元宵节、端午节，保留传统娱乐活动的同时，在一些娱乐活动中增添了具有运河文化特色的元素、色彩。

腊月初八，是农历新年的前奏，各地进入农历十二月后的第一个头等民俗日，其主要活动包括食腊八粥，并向附近或过往的穷人饿汉施舍；制作腊八醋和腊八酒，等等。但每年这一天，运河边上的沧州，还有一项"藏冰"的重要活动。《沧州志》卷四记载："十二月八日，食腊粥，兼饲贫。藏冰。"用以备暑的藏冰，既属皇家官府的奢侈品，也是一些行业的必需品，广有市场，故而藏冰的历史非常悠久，远在春秋时期，朝廷就专门设有"司寒"一职，来负责冰的收储与启用。明清两代的宫廷每年藏冰多达几十万块。其方法是，选择洁净水源处，凿出若干一尺见方的冰块，在腊八这天集中运到安定门及崇文门外以及大内武英殿旁深有两丈铺有新鲜的稻草与苇席的巨型冰窖中，同时将需要明年春天才出售的苹果一起下窖，封窖后在其上堆起土丘。沧州的藏冰也由官府出面完成，冰取自运河，具体方法与皇家相似，只是规模数量小很多，到次年四月二十八日祭祀药王的药王爷庙会上才出冰。造冰机发明之前，沧州的藏冰习俗始终保持，直到年代还在使用此法。

农历正月十五元宵节舞龙灯，运河地区的龙灯与陆路略有不同。通州是京畿漕运要地，潞县镇张庄村龙灯会中使用甚是少见的蓝色双龙而非陆上的金龙、彩龙，因为蓝色龙身代表"水"。微山湖渔民的龙灯则都要沿大运河周巡，将20多米长的庞然大物分载于五六只小船上，穿桥过闸，沿运河缓缓而行，璀璨灯火倒映波光潾潾的水面，蔚为壮观。

沧州正月则还有一个独特风俗，"开河鲜"。乾隆八年《沧州志》卷四《风俗》记载此俗在正月下旬："河泮取鱼，以鲤为上，名曰'开河鲜'"。① 古代的每行每业，其生产收获的重要阶段都有隆重的祭祀仪式，以求平安顺利。渔家开河鲜，好比学校开课、商家开张、工厂开业的庆典，时间要在河冰开始融化的节候，至于以鲤为上，想来多半是出于"吉利""顺利"的谐音。这种

---

① 《沧州志》，乾隆八年刻本。

仪式影响波及甚远，如远离运河的河间县，也有此俗。不过因为河的背景淡了，所以乾隆二十五年的《河间县志》所记不是"河泮取鱼"，而是"冰泮取鱼"，① 时间也不在正月下旬，而是稍晚，选在二月春分这天。

农历五月初五赛龙舟是民间的传统娱乐项目，而运河一带的龙舟赛自成特色。淮安流行的运河闹龙舟，是在端午节午后举行：船家驾驶装饰成龙的渔船到洪门外龙王庙烧香敬神之后，驶往闸口大塘。活动分为"丢标""抢标"和"捞标"三个环节："丢标"人将活鸭、铜钱（或洋钱）、鸭蛋壳等"标"物投入水中，"抢标"水手下水争抢、捞摸（俗称"放飞鸭""丢洋钱""衔鸭蛋壳"），水手一旦得"标"，船上人员即举起彩旗，以示祝贺。同时，得"标"水手需到"丢标"人面前道喜，才能得到茶食、水果甚至衣物等奖赏。

沧州运河的龙舟赛，还有其特殊背景：历史上，当地数次有过真正的"龙舟"——皇帝的座船经过。据统计约有：第一次，隋大业七年（611年）春二月，炀帝御龙舟渡黄河入永济渠，四月临朔宫（在今北京大兴），征天下兵马会于涿郡，讨击高丽。第二次，五代后周显德六年（959年）周世宗柴荣北伐，取乾宁军（今青县），乘龙舟，亲率水军向益津关进发，楼船战舰，首尾相连数十里，运河上帆樯如林，浩浩荡荡顺流北上。第三次，康熙二十三年（1684年）康熙帝第一次南巡回銮。第四次康熙三十八年（1699年）南巡。第五次乾隆三十六年（1771年）东巡。第六次乾隆四十三年（1778年）南巡等。与南方龙舟赛有所不同的是，沧州龙舟赛不是等赛完颁发奖品，而是先将整坛的雄黄酒作奖诱，来刺激选手们的斗志。

此外，农历七月十五中元节在运河中放河灯是运河一带民间的共同习俗，据传始于元代末期，经明清两代逐渐形成规模，其目的由最初的河神崇拜，祭奠河中冤魂，逐步演化为祈福求祥，庆祝丰收。河灯的制作材料、工艺并无特别之处，关键是河灯必须适合在河水中流放，能在水流中平稳漂流且保持灯火不灭。起始常用西瓜皮、面碗作底，棉花作芯，蘸上菜油，点亮后放入河中；随后制作无论是用材还是工艺皆越来越讲究、精细，出现糊制特大纸船，纸扎手持九环禅杖的目莲站在船上。一些大的商铺制作的船形河灯上更是亭台楼阁俱全，其上写有店铺名号或喜庆词语，如"风调雨顺""年年丰收"等

---

① 《河间县志》，乾隆二十五年刻本。

以示吉祥。中元节夜晚，人们纷纷点亮河灯，选择水流较平缓的河段，将河灯放到水面，放灯者有祈求子女在外平安的老人，有希望老人病体康复的孝子，有盼望丈夫远行早归的妻子，有祝福孩子金榜题名的父母，更有祝愿早日获得甜蜜爱情的青年男女。每盏河灯，都写有人们的心愿。一时间，大运河中千百盏河灯灯火通明，灯光、星光、水光辉映波动。放灯者满怀虔诚，静静地伫立岸边，目送自己的河灯随波逐流，忽明忽灭，似点点繁星，渐渐远去。通州、天津、沧州、德州、滕州、无锡等地至今仍保留这一习俗。如今人刘玉身《大运河忆旧》记述沧州放河灯的情况道："七月十五，天气初肃，秋水澄澈。刚擦黑儿，岸边已满是人群。孩子搬来凳子，供大人们坐，然后跑前跑后，时聚时散，像河湾里自在的小鱼儿。河灯由上游南关开始，北至麻姑寺止。月亮升起，五颜六色的河灯从上游漂荡而来。河灯由简单的一方彩纸叠成，四角向上，底部涂上油，以免渗水，中置一灯碗，灯芯注上清油，点燃放进河里，顺水悠悠，倒影入水，煞是好看。皓月高悬，愈发明亮，河灯也越来越多。移时，隐隐听见笙管笛箫吹奏之声，似从水中来，又像天籁鸣。慢慢等着，渐渐看见美丽的灯船顺水驶来。原来是两艘大木船卸去桅杆和篷帆，用铁链连在一起。上面搭一座彩棚，中间设一法座，法座上坐一大和尚。和尚身披袈裟，头戴大帽，口里念念有词。两旁还有一些和尚，也都披着袈裟，敲着木鱼，击着铜磬，随声附和。最前排却是俩道士，那丝竹正是他们演奏的。船前挑两盏汽灯，照得船上如同白昼。从初见河灯，到大船北去，足有两个小时。灯船驶过，游人渐稀。路远的，顺手捞起一只河灯照路。玩兴未尽的孩子们还要随船追逐，有的直追到麻姑寺，直看到油干灯尽，才踏着满堤的月色回家。"① 从其笔下所述，可知其方式、影响与几百年前无过多差异，唯一不同者，大概如今悼念亡灵的色彩已淡化，变成了民众的又一场狂欢节。

  漕运是大运河运输的重点，影响深远，所以，运河一带还有若干与漕运相关的仪式及娱乐活动，如通州的"开漕节"。此节原是由官府进行的颇为严肃的祭祀河神、祈祷本年漕运平安的仪式，定于每年农历四月十五日举行，届时由京城负责漕运的官员在通州北门外运河码头主持，当地官员和北关码头的主

---

① 《沧州文史研究》，2008年第4期，第55页。

事人都要参加。从南方驶来的数以百计官商船只依次停泊码头上，绵延数十里，十分壮观。两岸则挤满脚夫、车夫、搬运工及前来看热闹的民众，人山人海，热闹异常。仪式开始时，首先点燃挂在岸边脚手架上的"万头鞭"，随后即是被称为"起会"的花会表演，高跷（分文跷、武跷）、开路狮子、花钹大鼓、中幡（分红、黄、绿）、旱船、竹马等依次排列，自北门外码头伊始，沿运河西岸往南络绎前进，至小圣庙亦即河神庙进完香，整个仪式方告结束。上风下草，这一官方仪式后来演变成运河人家的娱乐节日。

有关大运河的特殊风俗还存在于迎亲上。运河两岸，咫尺之遥，通婚往来者众多。然而当时运河上没有桥梁，只有摆渡，大渡可过马车，小渡只能过单人。为避风险、求平安，当迎亲的队伍过河时，要向河中抛洒钱币，作为付给河伯、溺鬼的"买路钱"。

尚武风气。由于千里运河官商船只连樯接槕，各地情况复杂，伏莽众多，黑道盛行，治安常较薄弱，行旅为安全起见，必须加强自卫能力，从而使得民间护卫力量"镖行"因之兴盛，大量武术技艺高强的走镖者承担着保障货物和人员安全的重任，由此又激发了沿岸民众的尚武风气。相比之下，淮河以南地区因人口稠密、文风炽盛、统治相对严密而此风稍弱，从淮北宿迁、徐州起，习武、走镖成为时尚职业。北京是全国镖行的中心，清末北京有八大镖行。人称"大刀王五"的沧州人王正谊，是北京顺源镖局的镖头。沧州是走镖要道，镖行兴盛，"镖不喊沧州"成为南北镖行共同遵守的常规，由此沧州也成为著名的武术之乡。沧州武术还融入舞狮风俗之中。与他处表演不同的是：舞狮人一手持绣球，另一手则握着一把明晃晃的钢刀，舞狮实际是演示单刀技艺，这是全国舞狮风俗中所仅见的。（参见第八章）山东运河边的东昌府，也是"其俗刚武尚气力""人尚劲悍"[①]"窦家镖行"在当地独领风骚。

（二）应水而兴的信仰

人的社会实践中，信仰与风俗密不可分。风俗中蕴含着信仰，信仰常通过风俗来体现。同样，大运河又是导致所在区域民众特殊信仰问题的重要渊源，前述"开漕节"祭祀河神及其他习俗，就体现了这一点。

生活在大运河两岸、航行于大运河上的人们，世世代代享受着运河舟楫、

---

① 李泉、王云著，《山东运河文化研究》，齐鲁书社2006年版，第313页。

运输、灌溉、水产特别是明清以来发达的漕运导致的经济交流和繁盛等种种恩惠，无不感念运河的护佑，从而产生了对运河的深深崇拜。但另一方面，他们也会承受运河暴虐特别是泛滥所带来的种种苦难，因此也对运河产生了恐惧、敬畏。在生产力水平低下、迷信蒙昧充斥的旧时代，在奉行多神主义的人们心目中，河水的柔顺与暴虐均由河神主宰，所以，对运河的崇拜和畏惧皆转移到了河神身上。为了趋利避害，从而代代皆有向河神祈福消灾，祭祀河神的种种活动。对运河的崇拜和有关的神话传说，成为运河文化的又一重要内容。

运河漕运之神"金龙四大王"是大运河沿线民众祭祀的主要神灵之一。金龙四大王的原型为谢绪，在南宋亡时投水殉国，据传其死后曾显灵助明将傅有德，又助明成祖朱棣"复修漕运"，"凡河流淤壅，力能开之，舟将覆溺，力能拯之。神之显著于黄河特甚"。明嘉靖二年，兵部福使赵时春镇守德州时注意到：当时德州为水陆都会，运河经济尤为发达，人们行船、出漕及生活中均拜河神，但没有庙，不符祭祀礼仪。于是，他在西门外选地建造了河神庙。寺宇壮丽，背城面水。每年雨季河水上涨时，香火极盛。嘉靖中，又"奉敕建庙鱼台县。隆庆中，遣兵侍郎万恭致祭，封'金龙四大王'"。①

在官府倡导与民间自发信仰的双重推动下，运河沿线修建了众多的河神庙，相关的祭祀娱神活动通常在此和其附近举行。山东省汶上县南旺镇著名的汶水入运处，立有一龙王庙建筑群，四座大门直冲运河，大殿内塑造了22尊神像，正中是龙王坐像，左边是漳漕河督大王和金龙四大王，右边是宴公、萧公——皆是治河名臣——坐像，还有风神、雨神、雷神、闪神、雹神、土地爷和"运河指挥"的坐像，活脱脱一幅众神联合治理运河的立体图画。江苏宿迁皂河乾隆行宫，最初为祭祀河神的神庙。邳州西北约20千米的邳城镇泇口村，就有"七十二座船神庙"的传说，可推测这一带曾经建有的船神庙之多。更有甚者，随着时间的推进，这一原本庄严肃穆的祀神活动，又逐步演变为"人神共欢"的民间娱乐。如微山湖地区民众每年农历三月十三日和九月十七日要举行"大王会"即成为当地的特殊民间庙会，其间亲友邻里间把酒庆贺，通宵达

---

① 许广州，郭庆杰，杨晓新，《台前大运河——大运河台前段历史沿革与运河文化研究》，东北师范大学出版社2011年版，第146—147页。

杭州香积寺

旦，渔火辉煌，人声喧腾，宛如街市。

当然，运河民众信奉河神，并不意味着排斥其他神灵，他们能使各神各安其位，和睦相处。

如除金龙四大王外，德州民间还信奉传统的龙王、海运之神天妃、财义之神关帝。德州龙神庙在城内东岳庙西侧，龙王庙在北厂。天妃则是外来之神。德州民间原本无天妃供奉，道光年间，德州武状元昌伊苏曾任台湾总兵，遂将闽台民众虔诚信奉的天妃（妈祖）引入德州，在北厂运河东岸修建起"天后宫"，后由其后人移到城内大营东街住宅南园。由于当时德州民众不了解天妃，乃把天后当作泰山奶奶来供奉。财义之神关帝，是山陕商客请来的运河财神，山陕会馆的正殿里都供奉着关羽，故又称"关帝庙"。德州关帝庙众多，据《德县志》记，当时城内外有关帝庙16座之多。[①] 每当岁时伏腊，城里大商户会在这里祭祀关帝，报答他一年来的庇佑，祈祷来年财源滚滚。为了做好这些庙宇及民俗信仰方面的管理工作，明清时期，德州官府专门设立了管理佛教、

---

① 《德县志》，1935年修。

道教事务的机构僧正司和道正司。僧正司长官为"僧正",最初设立在州治的北面,后迁到永庆寺。道正司长官为"道正",原在州治的西北,后迁到位于城西北参将府后身的东岳庙内,僧正司、道正司的主要工作是从事官祭,如祭祷神灵、祈福禳灾、祈晴祷雨等。大运河每年冬季停漕、春季开漕前,都要在北厂大王庙前举行大规模祭拜活动。遇久旱无雨或淫雨成灾,僧正司、道正司的官差会设坛念经祈雨,或到西门外的大王庙去举行"接大王"的仪式,如祈雨成功,还要酬神唱戏。

又如曾是大运河畔浙江杭州湖墅的著名寺庙香积寺,始建于北宋太平兴国三年(978年),旧名"兴福寺",后由宋真宗赐名"香积寺",元末毁于战火。此处是杭嘉湖一带佛教信徒从运河到灵隐、天竺朝山进香的必经地,寺门前的大运河上船只密布,每天达千余只,往来频繁,直至夜晚还灯烛通明,佛祖、菩萨也担负着保佑运河区民众福祉的责任,在运河及杭州佛教界拥有很高地位。

(三)因水而变的民风

大运河作为中华民族交流和融合的桥梁,"舳舻转粟三千里,灯火临流一万家",沟通黄、淮、海、长、钱五大水系,跨越燕赵、齐鲁、荆楚、吴越等不同风俗文化区,在长期物质和精神层面的文化交流中,沿运的民俗风情染上异地异质的多种色彩,乃是必然。尤其是明清时期,伴随运河城镇的崛起和商品经济的发展,运河两岸城乡社会现实生活中的商品经济色彩大大加强,通过大运河所实现的规模最大、最为频繁的人际交流,无疑首推商人间的交流,从而导致在民风习尚方面也相应发生了一系列变化。

首先,价值观念的转变。随着商品经济在运河区域的普遍发展,人们在自觉或不自觉中被工商文化吸引,引起价值观念的转变——从"农本商末""重义轻利"到"舍本逐末""弃义趋利"。商业不再被视为末业,商人也不再被视为准贱民,相反掀起了一股崇商重利之风,这成为明清运河区域社会风俗变化最为突出的特征。这些地方的商人多有士人加入,如聊城"逐末者多衣冠之族",就是突出的例子。其次,生活由俭渐奢的转变。漕运兴盛,南北人口流动加剧,物资周转频繁,商品经济发展迅速,社会更加富庶,更使得运河沿岸民众的生活方式出现了由俭渐奢的转变,杭州、嘉兴、苏州、扬州等城镇尤甚。扬州两淮盐商"衣服屋宇穷极华靡,饮食器具备求工巧,俳优伎乐,恒舞酣歌，宴会嬉游，殆无虚日"。① 商人士绅豪奢的生活习气，间接推动了社会崇尚奢靡之风的兴起，时人曾有"人情以放荡为快，世风以侈靡相高"的感叹。这并成为不可逆转的趋势，"风俗自淳而趋于薄也，犹江河之走下，而不可返也"。② 不仅江南如此，历史上素以勤俭、质朴著称的山东济宁、张秋、临清、德州这些运河重镇，风气也悄然发生了变化。济宁号称"江北小苏州"，临清、张秋也获得"南有苏、杭，北有临、张"的称誉。《临清州志》载：临清自元代开通会通河后，"士女嬉游，故户弄珠玑，家称歌舞，饮食燕乐，极耳目之欢"；"仆亦绮罗，婢皆翡翠，陈歌设舞，不必缙绅，婚丧之仪越礼制而不顾，骄奢相效，巧成伪风"。又如德州原为控扼山东运河和鲁西北入直隶的军镇，临近儒家文化发源地，受孔孟之道影响深，民风同样原以节俭质朴为特色。但随着大运河的贯通和经济文化交流的发展，德州凭借其特殊的地理优势，也成为中转南北货物的集散地和南北文化水乳交融的承接点，"舳舻尾相衔，密次若鳞甲"，作为运河沿岸的四大名仓之一，年递运南粮一度达600万石，明永乐年间，已是"九达天衢，神京门户"，商贾云集，舟车如鳞，"四方百货，倍于往时"的商贸重镇，进入全国33个重要的工商业城市之列。明廷顺势于永乐九年（1411年）"招集四方商旅分城而治"，使之从军事重镇演化为商业名城。商业的发展、经济的繁荣，一方面促进了当地文教呈现"人文飙起，名卿蝉联，实甲山左"的盛世局面，体现在民间中就是好读书，重科举，尊师重教。③ 据统计，明清两朝以来，德州共考取举人400余人，进士近200人，涌现出李源、卢见曾、田雯等一大批文豪硕儒，一度成为世人向往的"燕齐之都"；但另一方面，源于传统农耕文化的德州人一下子又被裹挟进商业文化的洪波，明清以来，德州城镇奢华之风出现，许多年轻人开始不看重科举的"正途"，不注重真才实学，鄙视清苦生活，而是喜好穿华服，骑骏马，追逐奢侈享受。商人士绅尤盛。更有趣的是这种变化在德州区域分布明显：紧挨运河的城西部，街市繁荣，民风浮华，百姓则机智，却不免失之于奸猾；而离运河稍远的城东则相对冷清，民风近于质朴；在远离运河的郊区，居民则仍崇尚节

---

① 转引张正明撰，《明清晋商及民风》，人民出版社2003年版，第191页。
② 范濂，《云间据目抄》（卷2），《记风俗》，1928年奉贤储氏重刊版。
③ 胡朴安编著，《中华全国风俗志》（上编），河北人民出版社，1986年版，第10页。

俭，甚或失之固执。

再以窑湾为例。如前所述，窑湾古镇位于徐州新沂市西南约35千米，京杭大运河与骆马湖交汇东拐处，与宿迁、睢宁、邳州三市县一水相连，素有"东望于海，西顾彭城，南瞰淮泗，北瞻泰岱"和"鸡鸣听三县"之说。窑湾镇自唐武德元年（618年）即建置，迄今已有1400年历史，但作为商贾重镇，却因大运河而兴。明末清初，中运河开通后，窑湾镇又处于航程中点，扼南北水路之要津，南来北往船只均要在此停泊中转物资，休憩、补给，"日过桅帆千杆，夜泊舟船十里"，水运的兴盛带动了窑湾商业迅速繁荣，商贾云集，遂成为京杭大运河的主要码头之一、南北水运枢纽和重要的商品集散地、运河商贸中心，直至民国的鼎盛时期，这一弹丸之地竟拥有钱庄、当铺、商铺、工厂、作坊等达360余家，设有8省会馆、大清邮局和10个国家商业代办处，美、英、法、意等多国商人和传教士来此经商传教，遂又有"大运河的黄金拐点""黄金水道金三角""小上海"之称。

这种独特的地理、商业位置，通过商人的交流，促进了南北（包括东西）文化的交流，使各种地域文化和外来文化相互接触、融会、整合，形成了独具特色的，具包容性和统一性、扩散性和开放性、凝聚力和向心力的当地文化。如窑湾古建筑各具特色，山西会馆和山东会馆庄重宏伟；福建、江西会馆在南方园林富丽豪华，生动活泼，富有活力；山西人的住房布局结构严谨，呈现山西"天井院"的古建筑特色；福建住宅仿南方园林式建筑，整体砖木结构，青砖小瓦，院落宽大；江西、福建等地多注重室内装饰，悬挂家乡名人字画。此外还有北京四合院构造、欧洲宫殿式小洋楼，天主教堂则为典型欧洲哥特式建筑风格……但皆和谐融合于这片区域，生动体现南北交融风格。同样，窑湾古镇的民俗文化也体现了这种风格，如"夜猫子集市"（各地商人在此进行夜市交易、娱乐）中各地的文化多有陈列，如极具苏北鲁南特色的琴书，颇具江南风味的说唱，正宗山西韵味的皮影戏，以及巡街打更、抛绣球、茶馆扬琴、水龙会等各具地域特色。总体上，当地居民大多依赖商业而非传统的农业而生存，生活方式也早已不再是"日出而作，日落而歇"的农耕习惯，而是日益城市化、商业化、奢靡化。

受南北漕运影响，元明清三代繁盛的京杭大运河山东地段内的德州、临清、东昌（今聊城）、张秋、大安山、济宁、南阳、台儿庄等码头城镇，生活习俗与山东其他地区多有不同。这些城镇中大多有"竹竿巷",集中了江南常见的竹编店铺;济宁的玉堂酱园由苏州沿运河迁入,其产品至今保持着江南风味,并且仍用"姑苏老店"的招牌;临清的哈达织造,则因喇嘛沿大运河进京而兴旺。

江南的一些习俗,如民众喜爱的"皮包水"和"水包皮"——饮茶和洗澡习俗也通过大运河流传至山东运河沿岸城镇,在这些地方留下了深深的印记。

大运河为各种茶叶运输提供了方便,茶叶逐渐成为河运贸易的大宗。随着茶叶的普及,首先是这些临运城镇人士开始有了喝茶的习俗,不但酒饭后饮茶已经成为习惯,而且泡茶馆的风气也在北方流传开来。临清、聊城、济宁等处街面上茶馆林立,其铺面格局、卖茶饮茶风俗与江南茶馆大致相同。济宁民众最喜爱喝青茶,并喜好"泡茶馆",即在茶馆聚会、交流和娱乐,将其作为交易和解决问题的公共场所。临清人有"一日三茶"的习惯。又如清代天津,因近海、海水倒灌而水质欠佳,天津人更加注重喝茶以遮咸腥味。正兴德等大茶庄供应全国出产的名茶,市内同样茶馆众多,有名的四大茶楼实际上已成为演出剧场。普通劳动者也能到茶摊上去喝低劣的茶叶末戏称"高末"冲泡的"大碗茶"。

关于这些地方浴室的情况,明朝来华的日本僧人策彦专门记载山东济宁和临清皆有"混堂"即澡堂、公共浴室,如济宁南城水马驿"有混堂"。其中一家门面格式为:"门左右有'香水混堂'四字,又浴室额揭'香汤池'三大字。"① 其所记载的"香水混堂"这种招牌,据说与杭州等地澡堂十分相似。他在临清清源水马驿游览寺院祠庙后,与同行的三英、介休赴混堂洗浴。此外,江南以马桶陪嫁(俗称"子孙桶")的习俗,也在东昌沿运河的部分村庄流行。这些生活方式完全是江南一带的习俗翻版,大运河已使这些地区"江南化"。

到了近代,在中国被迫打开国门、欧风美雨接踵而至、大运河多处湮塞的情况下,受外来文化的冲击,民间特别是城市风习自然又一次有所变化。但被大运河养育、被传统农耕文化浸润千百年的运河区域的习俗并未立即改变,运河沿线民众互帮互助、积极向上的良好品格继续保持,特别是在远离城市的地方,仍保留其鲜明的特点和顽强的生命力。这一点,美国人明恩溥,做了一些

---

① 李泉、王云著,《山东运河文化研究》,齐鲁书社2006年版,第336页。

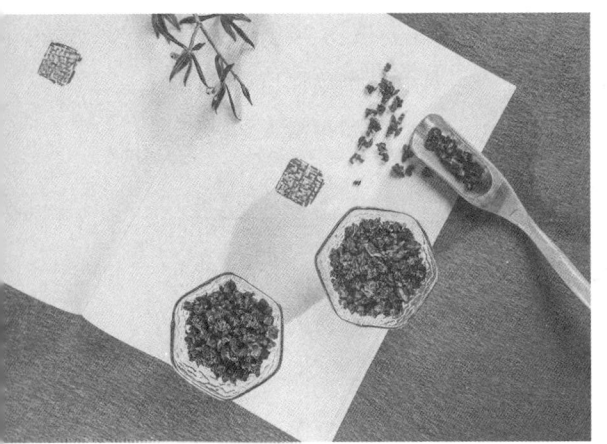
中国古代的茶文化

中国传统社会老茶馆场景

记录和说明。

明恩溥，1845年7月生在美国康涅狄格州，牧师之子。同治十一年（1872年）来华，在天津做传教士，不久南下到山东，光绪六年（1880年）后，他久居于一座运河边的村庄——武城庞庄里，从事农村布道、医药、慈善、教育等工作达25年之久。所著《中国人的特性》（1892年出版）和《中国的农村生活》（1899年出版）这两部著作，主要以运河两岸农村为背景，以庞庄人生活琐事为例，以外国人的眼光，剖析了大运河区域当时的世情百态，轰动一时，尤其是《中国人的特性》一书，被译成法、德、日等很多国文字，曾长期作为来华传教士了解中国的必读之作。可见，变与不变，是一个动态过程，无论是变还是不变，大运河的作用至关重要当确凿无疑。

四、大运河与饮食文化流播

民以食为天，人类的生存发展，首先要解决的是获取食物。在一定区域内，客观环境和民众的生活方式、文化心理导致逐步趋同的饮食习俗，当这种习俗进一步上升，即成为饮食文化。河流孕育着人类文明，也孕育着饮食文明。一方面，如前所述，大运河铸就了它流经的各个区域的民众的饮食，铸就了当地的饮食的风俗，同样，它也促进了特定区域内领誉海内、独步天下的饮食文化的形成；另一方面，由于气候、物产和人们生活习俗的差异，中国南北各地饮食文化又丰富多彩、形态各异。横贯南北的京杭大运河，则把中国南北，包括江南的稻作区和北方的旱作区不同的饮食文化连在一起，成为南北饮食文化交流的渠道，使中华文明核心区域不同的、丰富的饮食文化得以在不同的地域环境中相互交流、吸纳和融合，形成了来自各地域但又不完全等同于原地域的独特的、具有丰厚历史积淀的运河地带饮食文化风貌。

（一）哺育

大运河宛如乳汁哺育所流经的土地，造就了沿岸许多各具地域特色的饮食。以菜肴来看，在全长1500多千米的流域中，从北到南，分布着京菜、津菜、鲁菜、淮扬菜、苏菜、浙菜等不同的饮食体系，共同促生了运河饮食文明。

我们不妨从南到北数其荦荦大端。

宁波菜。宁波在浙江运河东段，濒临大海，其饮食、菜肴带有"河"与"海"的特色，以"咸""鲜""臭"而闻名。咸，一是为了保存食物特别是运河等淡水中所产鱼虾而多用盐进行腌制，二是捕捞的海产品本身即咸；鲜，则是由"咸"而衍生出一种"咸鲜"；臭也是由盐卤腌制出的若干蔬菜所具有的独特的味道。宁波就此形成的名菜有冰糖甲鱼、锅烧河鳗、腐皮包黄鱼、苔菜小方烤、火臆金鸡、红膏炝蟹、雪菜大汤黄鱼、网油包鹅肝、黄鱼鱼肚，以臭闻名的臭冬瓜、臭苋菜梗、臭菜心和以咸闻名的三抱咸鲞鱼等。

杭州菜。杭州在京杭大运河的南端，钱塘江下游，水产资源丰富，"钱塘自古繁华"。在宋代，凭借汴河等运河沟通，特别是宋室南渡、南宋建都于此后，杭州更加繁荣，号称"人间天堂"，南渡的贵族、仕宦、民众带来了中原的饮食，与当地饮食不断碰撞、结合，终于形成了南北口味、烹饪技艺双交融、富有人文底蕴的"京杭菜肴"，具有选料讲究、刀功精湛、味美醇香、原汁原味、咸中微带甜酸、清淡典雅、色彩鲜明、造型优美、清爽别致等特点。名菜有西湖醋鱼、清炖甲鱼、春笋缈鱼、生炒鳝片、火丁蚕豆、西湖莼菜汤（鸡火莼菜汤）、醉虾、鱼头豆腐、咸件儿、咸肉春笋、豆豉鱼、三虾豆腐、荷叶粉蒸肉、龙井虾仁、宋嫂鱼羹、东坡肉、叫花鸡等。当食客在西湖滨、运河边湖光山色中品尝这些佳肴时，常有恍若仙境，"此菜只应天上有，人间哪得几回尝"之感。

苏州菜。苏州处于江南运河中心，倚枕太湖鱼米之乡与杭州同称人间天堂，"红尘风流富贵中数一数二的地方"。此地自然也有丰富、深厚的饮食文化、松鼠鳜鱼、碧螺虾仁、鲃肺汤、响油鳝糊、叫花鸡、酱方、母油船鸭、樱桃肉、苏州卤鸭、清炒虾仁、西瓜鸡，号称苏州的十大名菜，其中松鼠鳜鱼、碧螺虾仁、鲃肺汤、响油鳝糊，加上冰糖莲心羹、大闸蟹，更是名闻遐迩。其烹调和制作技艺代代因承不断提高，形成了几大特色。

其一，讲究时令时鲜，主张春尝头鲜、夏吃清淡、秋品风味、冬讲滋补，遂春有碧螺虾仁、笋腌鲜，夏有西瓜鸡、清炒三虾，秋有鲃肺汤、大闸蟹，冬则有母油鸡、青鱼甩水等。相应地，苏式糕点更有春饼、夏糕、秋酥、冬糖的传统产销规律。

其二，讲究选料做工。以"生活鲜嫩""宁缺不代"作为选料原则，讲究刀工、火工、做工，精工细作。

其三，讲究花色品种。不仅用不同的食材，更善于用相同的食材烹制出各式的菜肴，琳琅满目，老少咸宜。

其四，讲究色香味形。色泽美、味道美、造型美三者融为一体，善于利用食物的天然色素点缀食品菜肴，并将绘画雕塑艺术手段运用于食品制作之中，匠心独运，巧夺天工，将苏州自然的美融入碗、盘方寸之内，令人叹为观止。

镇江菜。镇江是江南运河北端，濒临长江。其菜肴亦极有特色，自古以来就有"三鱼、三怪"之称，"三鱼"即号称"长江三鲜"的鲥鱼、刀鱼和鮰鱼。这三种鱼类产卵时皆要溯江洄游，镇江的焦山一带位置特殊，是三鱼集中之处。特别是镇江的鲥鱼最为肥美、鲜嫩，制作时带鳞清蒸（因鳞片多脂肪），色泽银白如故，鱼肉鲜爽而不腻，是古代八珍之一，无论是达官贵人、富商大贾、文人雅士，还是平民百姓无不喜爱。

镇江三怪则是：香醋摆不坏、肴肉不当菜、面锅里煮锅盖，皆涉及镇江的特色菜和食品。所谓"肴肉不当菜"是指镇江肴肉，又名"水晶肴肉"，亦叫"水晶肴蹄"，用硝和盐根据特殊工艺腌制，肉板结实，色泽红润，风味独特，成为驰名中外的菜肴。镇江醋是江苏镇江传统名产。《中国医学大典》都记载称在中国诸多醋品中，以江苏镇江的醋为最佳。"香醋摆不坏"，即指别具一格的镇江香醋，以优质糯米及黄酒糟为主要原料，具有色、香、酸、醇、浓五大特点，存放愈久，味道愈醇，而且不会变质，是制作菜肴的极好佐料，在海内外享有盛誉。"面锅里煮锅盖"，是指"锅盖面"，也称"镇江小刀面"，因系在大锅中煮面时放一浮在面汤上的小锅盖而得名，是中国十大名面之一，被誉为

"江南第一面"。其余的诸如蟹黄汤包、鸭血粉丝汤、老鹅、江鲜（包括河豚）、丁贵鱼等，也在全国独具特色。

扬州菜是蜚声中外的淮扬菜的主体，历史久远，流传至今有原焖鱼翅、扬州狮子头、大煮干丝、三套鸭、拆烩鲢鱼头、金葱砂锅野鸭、豆苗山鸡片、扒烧猪头等名菜。从这些流传至今的名菜中，仍可窥见历史上诸名菜之影子。扬州的点心、酱菜和扬州炒饭同样流传海内外。扬州菜的特点是：选料严谨，制作精细，讲究刀工，善用火候，装点高雅，风格雅丽，口味则兼容南北，清鲜平和，康熙、乾隆下江南驻跸扬州时，扬州名厨能制作满汉全席，加上各式淮扬佳肴，以博取皇帝青睐。此外扬州还因历史和地理等因素，扬州菜与淮安一带菜肴关系密切，从而最终形成了著名的淮扬菜，迄今仍为高级宴席包括国宴的主体、首选。

淮安菜。淮安饮食文化源远流长。淮安菜发轫于先秦，成形于隋唐，明清成为重要流派。流传至今有全羊席、全鳝席、全鱼席，平桥豆腐、豆瓣炖豆腐、炒豆腐等豆腐系列，蒲菜爆炒鸡、蒲菜烩五香鸡、燕窝蒲菜揎鸭子、蒲菜炒面筋、蒲菜炒肉等蒲菜系列。又以全鳝席为龙头，全羊席、全鱼席为两翼，其中全羊席、全鳝席，在清代全国五大宴席中独占其二。其口味，鲜咸适中，南北适宜，与扬州菜相通。

徐州菜。渡淮后，大运河淮北重镇徐州的菜肴也颇具特色。据传说，尧封篯铿居住彭城即今徐州，是为彭祖。篯铿善烹饪，曾调制味道鲜美的雉羹（野鸡汤），献给帝尧食用，治愈了尧的疾病，屈原曾在《楚辞·天问》中写道："彭铿斟雉，帝何飨？受寿永多，夫何长？"① 所谓"受寿永多，夫何久长？"是指尧、彭祖皆高寿，民间一直有"彭祖活了八百岁"之说，而"帝何飨"即帝尧为何喜欢品尝，说明此雉羹的鲜美。所以，雉羹是我国典籍中记载最早的名馔，被誉为"天下第一羹"。《中国烹饪史略》中也因此乃称彭祖"是我国第一位著名的职业厨师"。此后，历史上著名的"吃货"刘邦、项羽、吕布、曹操、苏东坡、乾隆皆莅临过徐州，对徐州的饮食特别是菜肴的发展起过重要的推动作用。迄今有地锅鸡、把子肉、龙门鱼、羊肉汤等驰名菜肴，具有介于南北风味之间，鲜咸醇厚、味道适中、清而不淡、浓而不腻、五味兼备偏辣的

---

① 屈原等撰，朱熹集注，《楚辞集注》，上海古籍出版社2001年版，第69页。

特色。

济宁菜。山东济宁在鲁运河会同河开通后，地位日益彰显，随着经济、文化的提升，饮食文化也得到了发展，形成了自己的菜系，包括孔府菜、四鼻鲤鱼、筒子鱼、漂汤鱼丸、八宝圆鱼、油爆鲫鱼卷、干贝熘黄菜、干崩虾仁、吉祥长寿、麻鸭卧雪（俗称香酥鸭）、糖醋鲤鱼（又称"鲤鱼跳龙门"），等等。这些菜明显是两个系列：一是厚重的孔府菜，是孔府在两千多年的生活中形成的一种公府菜，用料广泛，烹调技术全面，讲求色、香、味、形、器俱佳，有喜宴、寿宴、家宴之分。清代最高规格的孔府宴席是满汉全席，全席上菜196套。另一系列则是依托运河和微山湖的产品，其中四鼻鲤鱼、筒子鱼、麻鸭都是微山湖的特产。吉祥长寿又名"霸王别姬"，其食材是鸡与微山湖甲鱼，吉祥的"吉"取"鸡"的谐音，长寿，取长寿象征物"甲鱼"。其烹调则既有鲁地特色，也带江南的风味。

德州菜。其名菜有"八大碗"、"十大碗"、德州扒鸡等。

沧州菜。代表菜有沧州狮子头（铁狮子头）、东光全卤面、东光连镇烧鸡、黄骅毛蚶、流河火锅鸡、孟村清炖牛肉、任丘熏鱼等。其食材也多与环境密切相关。如任丘地近白洋淀，鱼虾极为丰富，一般做熏鱼会选择用鲂鱼、鲮鱼、鲢鱼等肉质细腻的鱼，这也造就了任丘熏鱼的鲜美的口感。除菜肴外，沧州在明清两代还盛产美酒，多汲取当地"麻姑泉"水酿制，称为"麻姑泉酒"。沧酒成名以后，又通过运河销往四方，南北过客到此停舟沽酒，络绎不绝，亦成为当地一景。

天津菜。得益于濒海、临河独特地利，得以资取富饶的河海物产，津菜擅长烹制海鲜、河鲜，并以咸鲜为主、注重调味、讲究时令的风格。然而，津菜更得益于大运河带来的外地美味佳肴，其招牌菜尤其如此。

北京菜。从系列来看，可分为宫廷菜、官府菜和平民百姓的市井佳肴，琳琅满目，透着浓浓的京味文化风情。包括明清宫廷名菜抓炒鱼片、红娘自配、脯雪黄鱼、满汉全席等；善烹海味以"黄焖鱼翅"为代表的谭家菜等官府菜；以牛羊肉为主的清真菜；全聚德烤鸭、全鸭席、烩鸭四宝、北京鸭卷，东来顺全羊席、烤肉、涮羊肉、煨羊肉等，集爆、烤、炒、涮于一体的雅俗共赏的北京大众家常菜肴，其中东来顺又是清真菜肴。从风格看，除宫廷菜选料特别珍贵外，各系列京菜皆有菜品繁多，季节分明，制作精细，调味细腻，菜名典雅，富有文化底蕴等特点。除菜肴外，北京的民间小吃如九龙斋酸梅汤、六必居酱菜、果脯、豆汁等皆名闻遐迩。

菜肴不仅仅满足人们的果腹需求，其制作工具、技艺、风味、造型、器皿、名称、享用方式，无一不深含文化底蕴，各地的丰富多彩的名肴，无不体现着大运河所孕育的文化特色。

（二）传输的历史脉络

大运河不仅培育出运河沿岸多彩多姿的美食，更将它们加以传播、交融，从而造就出更加丰富的饮食文化。

作为中国南北经济交流的一条大动脉，这种交流本是双向、多维的，但由于相比北地不断增强的南方经济和文化优势，南北经济、文化交流逐步由南向北输送，越往后越是如此。物产富饶的江南通过运河把各类物资包括饮食物资源源不断地输送到北方，因此，运河饮食文化也相应呈现出一种主要由南向北的输送风格。江南地区食材、食品和相应的制作方法、价值标准等伴随大运河波涛，通过大运河上的风帆滚滚流向北方，影响了当地的饮食结构，充实了北方的饮食文化。而苏州、杭州、扬州、淮安这京杭大运河南线的四大饮食重镇，更通过大运河把浙北江淮之间广大区域的"东南佳味"向北输送到中原腹地。由南向北，流风所及，各地饮食中都打上了南方的烙印。

如淮扬菜，始于春秋，兴于隋朝，盛于明清，素有"东南第一佳味，天下至美"之美誉，是由扬州的扬帮菜、南京及镇江的京帮菜、苏州及周边的苏帮菜和杭帮菜、徽帮菜加上淮安的淮帮菜等融合发展而来，其主体是扬帮菜。

扬帮菜与扬州的历史一样悠久。扬州考古发掘的许多古炊器、食器和原料化石，如在七里甸新石器时代晚期文化遗址发现的绳纹带足陶鬲，证实早在新石器时代，扬州的先民就已经开始使用陶质炊器火烹食。西汉枚乘所著《七发》中也开列了一份扬菜的菜单："熊蹯之臑，芍药之酱。薄耆之炙，鲜鲤之鲙。秋黄之苏，白露之茹。兰英之酒，酌以涤口。山梁之餐，豢豹之胎。"①虽是文艺夸张之笔，也可见当时扬州厨艺之高超，烹饪已有很大发展。

扬帮菜也是各地菜融合发展而成。隋炀帝从大运河乘龙舟游幸江都，将北

---

① 姚鼐纂集，胡士明、李祚唐标校，《国学典藏·古文辞类纂》，上海古籍出版社2016年版，第711页。

方烹饪技艺带到扬州，沿途州县竞献珍馐美味，扬州厨师为迎合这位暴君兼风流天子创制了松鼠桂（一作鳜）鱼、金钱虾饼、象牙鸡条、葵花斩肉四道菜，得到其首肯。唐代安史之乱之后，中原人士大批南下，推动了菜肴技艺在扬州的交流。宋代，欧阳修、苏轼、韩琦等文学大家先后出任扬州太守，不仅享用扬州美食，还写了很多美食诗文，提升了扬帮菜的文化内涵。同时，扬州作为开放型商业都会，历代商人，特别是盐商这一传统的高消费群体，也带来了不同地域的饮食文化，并逐步与扬州当地传统饮食融合，汇各方之精馔，熔南北风味于一炉，形成独特烹饪技艺和口味上"鲜咸适中，南北适宜"的特色。

淮帮菜的历史也同样悠久。唐宋时期的淮安也是著名的港口城市，吸引着海内外众多商人，唐宋时大食（波斯胡商）、日本、新罗（韩国）等国的商人来此贸易；并经楚州（淮安）过泗州去长安、汴京，其间也带来了若干异域的饮食。元代著名诗人萨都剌曾多次路过淮安，在《题淮安王氏小楼四首并引》中云："雪满寒江压酒旗，江南无处不堪题。小舟载得梅花去，渡领春风过水西"，① 是当时淮地饮食业繁荣的写照。经过千载积淀，在诸多因素的推动下，历代事厨者不懈努力，最终形成了淮帮菜。

而淮扬菜系的形成，主要就是扬帮菜与淮帮菜交流融合的结果，大运河则是不可或缺的媒介。

扬帮菜与淮帮菜的中心策源地扬州与淮安，两地毗邻，关系密切，气候、食材、民风皆相似，两地的饮食多有叠加、类同，如扬州"郡城居江、淮之间，南则三江营，出鲥鱼，瓜洲深港出此（下加黑）刀鱼，北则艾陵、甓社、邵伯诸湖，产鱼尤众。由官河乘风而下，城肆贩户，于此（扬州城北黄金坝）交易。肆中一日三市，早挑、中挑、晚挑，皆沿湖诸村镇中人为之。村镇设行，渔户取鱼自行交易，挑者输于城中，其行若飞"。②

淮安位于淮河中下游，紧靠洪泽湖，水产资源更丰富，气候温和湿润，淮盐、淮白鱼、淮秋豆、淮笋（蒲菜）、淮杞、淮蟹、淮山药、淮鱼（鳝鱼）等水产、植物不胜枚举，从而为淮帮菜提供了丰富的地产原料资源。

凭借大运河发达的交通，两地经济、文化、饮食得以密切交往。扬州的

---

① 萨都剌，《雁门集》，上海古籍出版社 1982 年版，第 228 页。
② 李斗，《扬州画舫录》，广陵古集刻印社 1984 年 10 月版，第 16 页。

水产品不少来自淮安，前引李斗所提艾陵、甓社皆在或近淮安境内。明中叶至清代淮北盐运分司设在淮安河下（称"西湖嘴"），此时不少扬州盐商也迁居此地，照搬了在扬州的生活方式，明代诗人邱浚在弘治年间所写《过山阳县》诗，"十里朱旗两岸舟，夜深歌舞几曾休；扬州千载繁华景，移在西湖嘴上头"。① 在频繁的交流中，两地百姓生活的许多方面，包括饮食习俗等早就融为一体，如出一辙，为"扬、淮"合流，最终形成"淮扬菜"。

明清时期，特别是清代，两地饮食空前发达，首先得益于大运河这条生命线的进一步开发，和在此基础上的政治、文化、经济发展的内驱力。

扬州、淮安作为盐运、漕运和东南水利中心的地位得到进一步巩固和发展，漕运、盐运、商贾形成了强大的物流、人流集散，带来百业繁荣，两地相应地更加繁华，两地联系更加紧密，从而更刺激了饮食的发达和交流。城内城外，店肆酒楼鳞次栉比，市不以夜息。其中，盐商和河工起到特别重要的作用，如《古今食事》中指出："河工与盐商对于中国烹调艺术的发展，发生过极大的作用。"②

扬州这一南粮北运、淮盐总汇的咽喉之地，康熙、乾隆、嘉庆年间繁华至极，如孔尚任诗所描述，"东南繁华扬州起，水陆物力盛罗绮。朱橘黄橙香若橼，蔗仙糖狮如茨比"。③ 后两句即指食品。两淮盐商在经营过程中积累了巨额资本，挥霍无度，豪宅、园林连片，出则仆从如烟，入则华筵连宵，征歌逐食，殆无虚日，为此不惜工本千方百计延揽名厨，搜罗珍品，烹调佳肴，借以与官宦、名流结交，抬高身价，满足虚荣。受盐商贿赂的盐政官员也奢侈无度，食不厌精，脍不厌细。如嘉庆、道光年间任两淮盐运使十多年的阿克当阿，号称"阿财神"，"每食必方丈，除国忌外鲜不见戏剧者"，农历四月中鲥鱼上市时，为一饱口福，他竟派小船在焦山一带江中捕捞，船上"置薪釜，一得鱼即投釜中，双桨驰归"，直达其宴集的平山堂下时"其味正熟，与亲在焦山烹食者无异"。④

明清时期，淮安作为漕运中枢，黄河、淮河、大运河于此交汇，因自然生

---

① 丘浚，《丘浚集》（第8册），海南出版社2006年版，第3834页。
② 高岱明，《淮安饮食文化》，中共党史出版社2002年版，第77页。
③ 《孔尚任诗文集》，中华书局1962年版，第13页。
④ 金安清，《阿财神》，《水窗春呓》（卷下），中华书局1984年版，第63页。

态恶化，水利工程空前繁重，"漕河盐榷"诸要政萃于此地，地位更加突显，清代更成为管理漕运、河工和盐务的漕运总督、南河总督、淮北盐运分司驻节之地，形成了"一城两督，官比民多"的格局，由此衍生出畸形繁华，"市不以夜息，人不以业名。富庶相沿，奢侈成俗"（《河下志》）。达官贵人、富商巨贾酬酢无虚日，同样极尽盛馔侈靡之能事，宴集不断，竞相从扬州一带聘请名厨，相互攀比，如南河河工官员的饮食即令人咋舌。号称"河工宴客，烹天煮海"，设在清江浦河帅府的"清宴园"为这一畸形饮食集中所在地。道光帝在道光二十年即曾愤慨指出："厅员奢侈挥霍，已成风气，间有二三朴实自好者，共指为不合时宜。"①此后他又多次进行过类似指责，许多官员也纷纷上书，揭露并鞭挞河工的"吃货"们奢费的种种黑幕。时人记载更是触目惊心。如乾隆末年以降，"首厅必蓄梨园，有所谓'院班'、'道班'者。"②"各厅署自元旦讫除夕，非国忌无日不演剧。"③每年霜降后为庆贺安澜，又要费数万近召苏州名优演戏，特别是穷奢极欲的吃喝风令匪夷所思。如一味菜竟要挞毙50余头猪，每头猪只取其背脊上的一小块肉，其余的部分皆弃去，据说是猪背受挞后"以全力获痛，则全身精华皆萃于背脊一处，甘腴无比，而余肉则皆腥恶失味，不堪复充烹饪"。一厨师称其执业两月，已这样毙猪数千头。还有生烹鹅掌、汤沃驼峰、吸食猴脑等，不一而足。"甚至食一豆腐而制法至有数十种之多，且须于数月前购集材料，选派工人，非数百金不能餐来其一箸也。"又因食物太多，往往每次宴会"恒历三昼夜不能毕，故河工宴客，往往酒阑人倦，各自引去，从未有终席者"。④

而康熙、乾隆南巡时，每次都"驾临"扬州、淮安。两地官、商为接驾，无不竭尽全力，扬州"'华祝迎恩'为八景之一。自高桥起至迎恩亭止，两岸排列档子，淮南北三十总商分派段，恭设香亭，奏乐演戏，迎銮于此"。⑤更大摆筵席，美味佳肴琳琅满目，争奇斗艳，以博取皇上一笑。据记载，天宁寺行宫附近的上买卖街，"前后寺观皆为大厨房，以备六司百官食次。第一份头

---

① 《清实录》，《宣宗实录》（卷402），第39册，中华书局1982年版，第31页。
② 金安清，《河厅奢侈》，《水窗春呓》（卷下），中华书局1984年版，第41页。
③④ 李岳瑞，《道光时期南河官吏之侈汰》，《春冰室野乘》（卷上），台北文海出版社1967年版，第121—124页。
⑤ 李斗，《扬州画舫录》，广陵古集刻社1984年10月版，第19页。

号五簋碗十件：燕窝鸡丝汤、海参烩猪筋、海带猪肚丝羹、鲜蛏萝卜丝羹、鲍鱼烩珍珠菜、淡菜虾子汤、鱼翅蚌蟹羹、麻姑煨鸡、辘轳锤、鱼肚煨火腿、鲨鱼皮鸡汁羹、血粉汤、一品级汤饭碗；第二份二毫五簋碗十件：鲫鱼舌烩熊掌、米糟猩唇、烩猪脑、假豹胎、蒸驼峰、梨片拌蒸果子狸、蒸鹿尾、野鸡片汤、风猪片子、风羊片子、兔脯、奶房签、一品级汤饭碗；第三份细白羹碗十件：炖猪肚、假江瑶、鸭舌羹、鸡笋粥、猪脑羹、芙蓉蛋、鹅肫掌羹、糟蒸鲥鱼、假斑鱼肝、西施乳、文思豆腐羹、甲鱼肉片子汤、茧儿羹、一品级汤饭碗；第四份毛血盘二十件：獾炙、哈尔巴、小猪子、油炸猪羊肉、挂炉走油鸡鹅鸭、鸽臛、猪杂什、羊杂什、白蒸猪羊肉、白蒸小猪子小羊子鸡鸭鹅、白面饽饽、什锦火烧、梅花包子；第五份洋碟二十件，热吃劝酒二十份，小菜碟二十件，枯果十彻桌，鲜果十彻桌"，作者还特别指出，此乃"所谓'满汉席'也。"①

又如淮安，乾隆四十九年（1784年）春，乾隆帝南巡路经淮安，盐商谕诸商人自伏龙洞至南门外起造十里园亭，以荻庄为行宫，开御宴。《淮安河下志》载：乾隆二十七年（1762年），乾隆帝南巡，平桥富商林百万为接驾，绞尽脑汁，用鲫鱼脑汁烹制豆腐，乾隆吃后赞不绝口，淮菜名肴"平桥豆腐"因此得名。又据乾隆三十年（1765年）《江南节次膳底档》记载：乾隆南巡，二月中旬路经淮安，三月中旬返京途径淮安，在海棠庵马头大营、平桥大营多次享用蒲菜及豆腐菜肴，有蒲菜爆炒鸡、蒲菜烩五香鸡、蒲菜炒面筋、蒲菜香蕈蘑菇炖人参豆腐、蒲菜炒肉、燕窝蒲菜撺鸭子、肥鸡豆腐片汤、豆瓣炖豆腐、炒豆腐等，另在宿迁、顺河、蒋坝等处行宫享受当地美味。

在帝王、官宦、富商的"示范"下，在畸形的社会需求、纸醉金迷、饕餮风靡的背景之下，淮扬饮食文化更加兴旺，自是必然。扬州、淮安民间也形成追逐美食的风气，佳肴美点，也流行于酒楼饭庄，积习熏染，居民从而效之，一般小康人家也讲究口味，精研烹技。其时烹饪虽仍被视为"末业"，但厨师的社会地位实际并不低，特别是名厨，更属奇货可居，为官、商争相延聘的"抢手货"。这就刺激各地名厨纷纷赴扬、淮一展身手，扬、淮两地厨师也不断"跳槽"到对方处谋生献艺，肆厨与官厨、家厨竞争激烈，各显神通，各展

---

① 李斗，《扬州画舫录》，广陵古集刻印社1984年10月版，第101—102页。

所长，激发了无限的聪明才智和创新精神，或穷搜天下奇珍异品，别出心裁地以稀有之味独领风骚；或以"烹龙炮凤"之手"烹小鲜"，凭借出神入化的技艺将凡鱼野蔬做成美食，并两地不断交流，不断提升厨艺。这几方面形成的合力，进一步促进了淮、扬菜的深度融合和发展，并吸收其他菜系的若干精华，最终进入"鲜花着锦、烈火烹油"的鼎盛时期，形成了植根运河特色风味、依附于财力、人文地位雄踞海内的淮扬菜大系。

然而，随着咸丰五年（1855年）黄河北徙入海，运河多处湮塞，咸丰十一年（1861年）清廷裁撤南河总督缺，漕粮遂多改由海运，直至宣统三年津浦铁路开通，大运河的漕运作用基本丧失。陶澍"盐纲改票"撤销淮南各盐场改为垦地，仅存淮北盐区的盐政改革，盐商手中总值千万"盐引"顿成废纸，两淮盐商也衰败下来。随着交通地位、工程地位、经济地位的下降，昔日繁华之地渐形衰落，宴饮等奢侈风气也被迫有所收敛。吴棠出任漕运总督后，规定宴请唯以淮产产品飨客，不得远购奇珍异味，接待贵宾亦然。这一举措的落实（虽是部分落实）在一定程度上促使淮扬菜减少贵族气派，更加走向民间，走向更多区域，推动淮扬菜体系的最终完善。

山东的饮食文化中，虽然自有鲁菜的渊源，但南方的饮食也不时存在。如德州的松鼠鱼、四喜丸子、锅塌豆腐等名菜，明显是苏州菜、淮扬菜的翻版。南方的时鲜，也会在运河城市闪现。如鲥鱼是长江下游生产的美味。明成祖朱棣迁都北京之后，对其仍念念不忘，遂指令由南京向北京进贡鲥鱼。在封建帝制的淫威下，南京官员在每年鲥鱼上市季节专设贡船，满载冰藏的新鲜鲥鱼，沿运河北上，昼夜兼程，奔赴北京。由于路途遥远，为保鲜，贡船每到一处，都要用当地藏冰更换旧冰，确保入贡鲥鱼的新鲜程度。《万历野获编》卷一七载："南京入贡船……系文皇帝初迁北平所设……其最急冰鲜，则尚膳监之。鲜梅、枇杷、鲜笋、鲥鱼等物，然诸味尚可稍迟，惟鲜鲥则以五月十五日进鲜出孝陵，始开船，限定六月末旬到京，以七月初一日荐太庙，然后供御膳。其船昼夜前征，所至求冰易换，急如星火。"[①] 这种制度明清两代皆一直沿袭。南京鲥鱼能历尽艰辛，到达北京，依然鲜味不变，首先是借助运河之力。否则，即便皇帝也无缘品尝江南鲥鱼的美味。而在鲥鱼北上时，运河沿线的官

---

① 沈德符，《万历野获编》（上），文化艺术出版社1998年版，第461页。

员、土豪也会利用更换藏冰之机窃得一些。如《金瓶梅》五十二回写黄四家给西门庆送礼，其中有"四尾冰湃的大鲥鱼"，然而西门庆似乎还并不知道这种冰镇鲜鲥鱼的价值，友人便餐时即已全盘端上，还指着前来弹唱的李铭说："都拿与他吃罢了，又留下做甚么？"应伯爵忙解释说："你们哪里晓得，江南此鱼一年只过一遭儿，吃到牙缝里，剔出来都是香的。好容易！公道说，就是朝廷还没吃哩！不是哥这里，谁家有？"① 当时山东运河沿线，只有济宁和临清两处大码头为贡船固定的换冰之地，西门庆家的鲥鱼应是从这两处窃得。令人感到讽刺的是，当西门庆吃上冰藏鲥鱼并"猪八戒吃人参果——全不知滋味"时，贡船还未到达北京，实在是暴殄"天物"。鲥鱼虽不能常见，但这些地方喜食南方烹制的鱼虾风气仍一直保留。

如前所述，天津得益于濒海、临河、近京的独特地利，得以资取富饶的河海物产，因此形成了擅长烹制海鲜、河鲜，并以咸鲜为主、注重调味、讲究时令的饮食文化风格。大运河的滋养可谓功不可没。运河上船只入津、进京的积聚地如天津侯家后一带，因船工、旅人的需求而饮食业繁荣，直接推动了津菜发展。

更重要的是，大运河的畅通不仅促进了物资的交流，也带来了文化的交融，其标志就是大运河使各地的饮食在天津汇集，给这一片河海区域带来了苏杭水乡、江淮平原、齐鲁大地以及京城内府的先进饮食文化，把各地的乡风食俗移植到这里。清代诗人形容是"十里鱼盐新泽国，二分烟月小扬州"② 和"七十二沽沽水阔，一般风味小江南"③ 的赞誉，说明这一北方运河重镇深受江南熏染的情况。大运河正是这种交流的最重要的因素。

天津的菜品首先受从运河传来的山东菜系的影响，天津竹枝词称"本地风光'八大成'，'四扒'馆亦最驰名"，"八大成"指聚庆成、聚和成、聚乐成、义和成、义升成、福聚成、聚升成、聚源成此八家著名饭馆。"八大成"饭庄门前一般悬挂着的"满汉全席""南北大菜""旨酒佳肴""山珍海馐"等金字牌匾，充分体现了其南北饮食兼容并包的风格。"满汉全席"显然是京菜的夸张

---

① 《张竹坡批评金瓶梅》（下）第 2 版，齐鲁书社 1991 年版，第 783 页。
② 天津市档案馆编，《天津运河故事》，天津人民出版社 2014 年版，第 25 页。
③ 潘超，丘良任，孙忠铨等主编，《中华竹枝词全编》，北京出版社 2007 年版，第 374 页。

说法。名菜"八大碗""四大扒"基本上是山东菜的做法。德州扒鸡、松鼠鱼、九转大肠、油焖大虾、四喜丸子、葱烧海参、拔丝山药、锅塌豆腐等名菜,至今也是天津人喜欢的菜肴。而淮扬菜则由南到北——沿大运河到此,也由北到南——由北京南下到此——因淮扬菜早在北京立足——进入天津,淮扬名菜叫花鸡、鱼头豆腐、扬州煮干丝、红烧狮子头、松鼠鳜鱼、水晶肘、清蒸鲥鱼、米粉肉、盐水鸭、酱汁排骨等,也在天津特别是上流社会中广泛流行。鲁菜和淮扬菜又在此适当融合而成了津菜。此外,南方的食材如广东、福建出产的海参、鱼翅等干制水产品,江南的腐竹、干笋、火腿等特产以及各种调味品,也通过大运河流入天津的市场。大运河还给天津输入了南方的诸多民间饮食。如天津民间原本喜食海货、鱼虾,天津竹枝词"曲巷深深晓日骄,鱼虾担重一肩挑。金米卖罢来银米,绕过黄花又白条",描写的是市井卖鱼虾的小贩,与山东、江苏沿海、临河等处的习俗相似。而临清的徐家煎包、窦家蒸包,南京小笼包、菜包,淮安、扬州等处的汤包,这些非天津本土所产者,在天津也有市场,同时天津的烹饪高手又集采众长而制作出"狗不理"包。淮安的"馓子"流行到天津后,又发展成"天津麻花"。山东的煎饼卷大葱,在天津则发展为"煎饼馃子",还将煎饼浇上卤和其他作料,做成另外一种名吃——"锅巴菜"。临清的托板豆腐在天津被浇上卤做成豆腐脑。天津的许多清真小吃如羊杂碎、热羊肚、羊蝎子、羊汤、牛肉饼、芝麻烧饼等,也多源于山东、江苏等地。

在酒的饮用上,天津同样呈现出南北交融的状况。清人谢埔在《食味杂咏注》中曾说:"南茶北酒,此语自昔传之,盖茗荈多产南方,而谷米独蕃北地。南酒惟糯稻为之",① 有研究认为,运河沿岸的人们尤其喜欢饮酒,这可能与北方人的豪放性格和运河上大批从事体力劳动的船工有关。天津民众多饮白酒,如清末大直沽烧锅、义聚永出品的直隶高粱酒、北京二锅头、沧州的麻姑泉酒、德州的罗酒等。但在江南风味的饭馆内也可以品尝到南酒,如高邮的五加皮酒,扬州的雪酒、木瓜酒,江阴的细酒,镇江的百花酒,丹阳的封缸酒,无锡的惠酒、状元红酒,苏州的坛酒、三白酒,杭州的腊白酒,绍兴的花露酒、女儿红、花雕酒、贞酒等,也是应有尽有。《天津竹枝词》写道:"消夜钟

---

① 谢埔,《食味杂咏注》,清抄本。

方一点交，无非蒸饺与汤包。花雕酒佐江南菜，小碗干丝几片肴。"① 在很长一段时期内，津菜在运河及内河一线的枢纽之地保持了烹饪技术中心的优势。津菜之所以能在数百年间迅速发展至鼎盛，享誉中国烹坛，离不开运河文化的滋养。

又如，形成京菜特色的主要原因是北京作为全国首善之地，自春秋战国以来一直是北方重镇，先后有辽、金、元、明、清五朝建都于此，长期是中国政治、经济、文化、外交中心，既皇室贵族、官僚绅士上层人士云集，又五方杂处，人口的流动性极大，各地文化在此融会交流，作为雅俗共赏的饮食文化尤为如此。菜肴原料天南地北，山珍海味、时令蔬菜应有尽有，各地名肴在京城立足开拓，争奇斗艳，并在竞争中相互融合和适应京城各类人士的需求，这些不同地域、不同流派的饮食文化在北京经过长时间的发展演化，最终形成了荟萃百家、兼收并蓄、格调高雅的京味饮食文化格局。其中借力大运河者得益匪浅，如淮扬菜多为上层人士青睐，鲁菜则在民间广受欢迎，菜馆林立，东来顺则是丁德山兄弟在光绪二十九年（1903年）从沧州"北漂"来京，从最初的小食摊，筚路蓝缕，艰苦打拼而逐步发展而成著名的字号，所以东来顺菜肴与沧州回民菜风味一脉相承。全聚德则是由干鲜果脯"德聚全"在同治三年（1864年）改为经营烤鸭（业主杨全仁），随后改名"全聚德"，而京杭大运河运送漕粮的进京船只时有粮米落入河中，北京积水潭一带遂汇聚了一批农民利用此资源养鸭，从而为全聚德提供了稳定的货源。

如果从另一社会角度来看，由于运河的繁荣，运河两岸集中了众多的群体，这些不同的群体产生了不同的饮食内容而逐渐形成几大类饮食文化，包括贵族饮食文化、官衙饮食文化、士人饮食文化、商贾饮食文化、农耕饮食文化、市井饮食文化等。这些饮食文化也都由大运河输送，经大运河整合，从而为运河饮食文化增光添彩。

总之，大运河在古代中国作为南北文化交流的最重要通道，其地位、作用，是无可替代、无可动摇的。

---

① 潘超、丘良任、孙忠铨等主编，《中华竹枝词全编》，北京出版社2007年版，第317页。

第七章
大运河与中外文化交流

大运河不仅将华夏结为一个整体，成为中华各地特别是南北文化交流的载体，也连接着中国与世界，是一条中外文明双向交流的廊道，它不仅在华夏进行文化传输，更在中华与世界的文化交流中发挥着重要作用。

一、大运河与文化输出

世界各国、各地区人民之间的友好交往和文化交流，是促进人类社会发展的重要因素。自古以来，中华民族在同世界上的其他国家、地区民众的交往中不断汲取外来文化的营养，并把本民族的优秀成果奉献给世界各国人民。交往就需要有交通，隋唐伊始，我国同亚、非、欧三大洲交往的陆地和海上丝绸之路，皆依托腹地贯通南北的大运河输送、连接、延伸，而将丝织工艺、陶瓷制造艺术、建筑技术、造纸、印刷术、指南针以及各种文化书籍传播到世界各地。同时，大运河也输运来外国人携带的各种异域物质、精神文化，融会进中华文明。从时间看，早期主要是中华文化向世界输出；明中叶后，则多有外来文化的输入。数千年汩汩流淌的大运河作为交流的载体，在中外文化交流中所发挥的作用之大，持续时间之长，地域跨度之广，影响力度之深，在历史上实属罕见，对整个人类社会的发展乃至现代文明世界的形成做出了巨大贡献。

隋唐以来，中华的先进政治、经济、文化光耀世界，吸引一批批外国人士包括使节、商人、传教士、旅行者前来，或从事政治活动，或经商，或学习。而大运河常为其取道捷径。不仅外国人所艳羡的各种物资由此运出，大运河沿岸旖旎的风光，此间华夏先民驾驭自然的神奇魅力，包括先进的农耕和闸坝、河道工程技术，由此形成的富裕繁华、人烟辐辏的城镇乡村，多彩多姿的风土民情，人与自然的和谐相处……这一切所构建的独特的大运河文化，成为外国人观察中华物质文明和地域文化最直观的窗口、最佳视角，无不吸引着他们的目光，激起他们浓厚的兴趣，给他们留下了深刻的印象。外国人怀着新奇的眼光来审视大运河，写下了诸多生动优美的文字，传递到他们的母国并转输世界各地，很大程度上转化为外国人对中华文明的认识，也就是说，大运河不仅是对外文化传输的载体，它本身就是中华文化输出的重要内容。

历史上，日本学习中华文化一度最为积极。据记载，自隋开皇二十年（600年）至大业十年（614年）的14年间，日本使华4次，隋使日1次。入唐以后特别是从唐中叶开始，日本所派遣唐使不下13次，每次总有留学生、学问僧多人随行。双方的民间来往则更加频繁，仅见于记载的较大规模者就达37次，当然仍是来多。日本人到达中国后，交通路线主要有3条，北路：由山东半岛的登州登岸，陆路经青、济、汴州入大运河下河段达洛阳转长安；中路：由长江口及苏北沿海一带从扬州入运河北上，至汴州、洛阳、长安；南路：由浙江沿海入浙东运河经越州（绍兴）抵杭州，入江南运河北上扬州，再抵京城。由于中路、南路充分利用了大运河的交通网，较北路为便捷，因此大运河成为当时日本与隋、唐朝交往的主要交通线。

同样，唐朝鉴真法师为弘扬佛法，六次东渡日本，而他的修持地就在扬州大明寺，数次由此沿运河，辗转出海，受挫返回，再出海。如第二次是由扬州出长江口狼沟浦至舟山群岛，至明州（宁波），至越州（绍兴），至杭州，至湖州，至宣州（宣城）；第四次从明州（宁波）至温州，至扬州；第五次从扬州至舟山群岛再辗转海南岛、广东、江州（九江）、江宁，回扬州；第六次则从扬州至苏州黄泗浦（张家港）最终到达日本，把大唐特别是扬州一带的诸多文化直接带到了一衣带水的东瀛，包括宗教、建筑、医药、钱币等，深刻影响了日本的发展。长江、大运河交汇的"江北第一雄镇"瓜洲，数度留下了鉴真的足迹，见证了

唐朝鉴真法师铜像

他悲天悯人的佛门情怀和弘扬佛法坚韧不拔的决心。

当时,与唐朝交往最频繁密切的国家还有朝鲜半岛的新罗,史书称为"有类中华的君子之国"。新罗十分仰慕大唐文化,派遣僧侣、学子入唐求法、留学成为该国时尚。新罗与唐来往的路径有两条,一条由朝鲜半岛渡黄海至山东半岛的赤山镇(今山东文登斥山镇),取陆路经青州(益都)、齐州(济南)、汴州(开封)西行至长安;另一条是沿山东、苏北一带海岸南下,在江苏涟水入淮河,至淮安转入京杭大运河,西达汴、洛,南下扬州。此线因便捷、安全,遂成为新罗人入唐的主要路线,沿线聚集了大量从事商贸的新罗移民,建有"新罗坊""新罗馆",为往来客商提供食宿之便。崔致远是新罗时代的学者、诗人,留唐十多年,潜心学习中国的儒释道、诗词文赋、书法棋艺,在扬州宦游的五年,是其文学创作臻于顶峰的阶段,代表作有《桂苑笔耕集》,对于研究唐政治、军事、外交包括沿运河的江南文化都很有参考价值。

阿拉伯人也积极发展与唐朝的商贸、文化交流。除丝绸之路外,波斯等国商人还多从海路到达广州,船上"所载香药、珍宝积载如山"[①],随后换小船溯北江至南雄入江西至南昌,再分两路:一路出鄱阳湖入长江,顺江东行至扬州;另一路东去仙霞岭,到衢州沿钱塘江抵杭州,两路皆进入大运河北上,都依靠大运河完成最终行程。所以隋唐特别是唐统治者极度重视对大运河的管理、维修,使之适应大规模贸易、交流的需要。

宋、元、明、清,大运河继续担当沟通南北政治、经济、文化和对外交往、传输中华文化的重任。

宋朝一个有趣的现象是:无论北宋定都开封,还是南宋偏安杭州,国都始终不离运河。北宋时社会经济得到恢复和发展,整个交通运输网呈现出以开封为中心、以运河为基干路径向四方辐射的格局,除利用汴河、江南运河、浙东运河沟通沿海港口,实现与日本、高丽、南海诸国及阿拉伯国家的交往外,另辟有走广济河入济水东去登州,与高丽交往的"京东路"和由汴河入黄河,转行渭水登岸、再由陆路转走通往西方的"丝绸之路",即也主要是依托大运河

---

① 《唐大和尚东征传》,段金录、姚继德主编,《中国南方回族经济商贸资料选编》,云南民族出版社2002年版,第68页。

来延伸其海外贸易。如史书评论说："汴水横亘中国，首承大河，漕引江湖，利尽南海，半天下之财赋，并山泽之百货，悉由此路而进。"① 足见大运河在北宋对外交通中所起到的重要作用。

北宋向海外输出的商品，除传统的丝织品外，还包括大量瓷器。大运河为瓷器由产地安全运往各地提供了最为便捷可靠的保障。开封官窑、越州哥窑就设在运河沿岸，定州定窑、汝州汝窑、禹州铜窑等名窑的产品也要由运河运往杭州，转至明州、广州港运往海外各地。正如宋代诗人梅圣俞在诗中所言："天王居大梁，龙举云必随，设无通舟航，百货当陆驰，人间牛驴骡，定应无完皮。"②

在物质输出的同时，大运河也为当时文化交流，主要是文化的输出提供了重要条件。高丽政府每次遣使到宋朝都要索求大量的书籍，宋朝政府也多次向高丽赠予大量的经卷典籍。这些书籍多由开封借助运河运往明州出海。除官方渠道，民间的书籍输出也是新罗求书的重要路径。这同样离不开大运河：宋代依托造纸业、雕版、活字印刷技术的迅速发展，在运河沿线出现了许多印书坊，民间商人常私刻中国经籍，通过运河运往高丽出售。苏轼曾称："福建狡商，专擅交通高丽……于杭州雕造夹注《华严经》，费用浩瀚，印版即成，公然于海舶载去交纳"③，从而对朝鲜文化产生了很大影响。

日本与北宋的文化交流也不断发展，其中一个重要表现是两国间的佛教徒经常性的互访，同样是日本来者居多。宋太宗天平兴国八年（983年），日僧奝然等乘宋商船渡海入宋，参拜天台山，再入大运河乘船北上到达汴京，次年晋谒宋太宗，后又北上参拜五台山，西巡龙门，再回汴京。雍熙三年（986年）由汴河南下台州，乘宋商船返国。宋太宗对其礼遇甚厚，赐予三品以上官员方能穿的紫衣，敕驻太平兴国寺，赐予宋版《大藏经》1000多卷、新译经286卷及其他众多典籍。数年后，寂昭、元灯诸日僧又相继来到宋朝，宋真宗分别授予大师称号，赐给紫衣，事后他们亦顺汴河南下至江南，在苏州吴门寺留住多年。

---

① 脱脱等撰，《宋史》（卷93），吉林人民出版社1995年版，第1482页。
② 吕留良、吴之振、吴自牧选，李宣龚校，《宋诗钞》（2），商务印书馆1935年版，第239页。
③ 《苏轼全集》（下），中国文史出版社1999年版，第805页。

宋神宗熙宁五年（1072年）三月，日本僧侣成寻和7名弟子于日本九州出发，约10天后到达明州，转杭州，又从杭州登陆到台州天台山参拜，留下了《参天台五台山记》的日记，其中记载了沿途的风物、观感，如叙述杭州城外运河的起点江口码头繁华热闹场景道："十三日壬戌，小雨下。巳时雨止，潮满满来，音如雷声。人人集出见之，造岸潮向来，奇怪事也。即出船了。未时著杭州凑口，津屋皆瓦葺，楼门相交。海面四方叠石，高一丈许，长十余町许，及江口河左右同前。大桥亘河，如日本宇治桥。买卖大小船不计其数。回船入河十町许，桥下留船。河左右家皆瓦葺无隙，并造庄严。大船不可数尽。"① 随后，一行再顺运河北上西行来到开封，成寻并在开封度过一生。

到了南宋时期，由于淮河以北的广大地区先后被辽、金占据，南宋政权控制下的运河仅剩淮河以南河段。都城临安（杭州）"左江右湖，河运通流，舟船最便"②，更加离不开江南运河。所以，南宋境内残缺的大运河仍充分发挥它的巨大作用，维系着各地间的交通运输，特别是都城与海港、与各枢纽、要隘的联系，"使余杭、四明、通藩五市，珠贝外国之物，颇充于中藏"。③ 为此，南宋政府投入大量人力物力疏浚运河河道，修治堤岸，以保持通畅。运河沿岸市井繁荣、交易活跃。明州"南则闽广，东则倭人，北则高句丽，商舶往来，物货丰衍，百货辏集"，④ 四方商舶停满三江口。12世纪末，由于日本实行奖励海外贸易的政策，"倭人冒鲸波之险，舳舻相衔"，⑤ 来华购物觅货。西亚、中东一带许多国家的客商也多由南海直航明州登岸，搜购南宋的丝绸、瓷器等商品，也带来了自己的货物。为方便这些海外客商，明州城出现多处波斯馆、清真寺。越州（绍兴）随着运河交通的发展也繁盛起来，城内栋宇栉比，舟车穿梭，一些宗教寺观竟然也演变成市场，开元寺即"旁十数郡及海外商

---

① 释成寻撰，白化文译，《参天台五台山记》，花山文艺出版社2008年版。
② 孟元老著，颜兴林译注，《东京梦华录》（外二种），二十一世纪出版社集团2018年版，第251页。
③ 脱脱等撰，《宋史》（卷88），吉林人民出版社1995年版，第1395页。
④ 张津，《乾道四明图经》，转自《中国历史大辞典·历史地理》，上海辞书出版社1996年版，第502页。
⑤ 梅应发、刘锡撰，《开庆四明续志》，《宋元方志丛刊》，中华书局1990年版。

估皆集玉帛、珠犀、名香、珍药、组绣、髹藤之器，山积云委，炫耀人目"①；南宋的文化也继续沿大运河向各国输出。开元寺进行中外贸易时，"法书名画、钟鼎彝器、玩好奇物亦间出焉"。② 这与辽、金统治下大运河湮塞残破，经济凋敝形成了鲜明的对照。

元灭南宋、实现了大一统，京杭大运河全线开通后，外国人来华或自南方进大都，或自大都返南方，多在大运河乘舟航行，大运河继续充当中外文化交流、特别是中华文化输出的载体。

著名的意大利旅游家马可·波罗（1254—1324）在中国的活动长达十七年之久，足迹遍及大江南北，考察行经各地的地理、文化、风俗、人情，并将亲眼所见、亲身经历写入《马可·波罗游记》带回欧洲，其中很多内容是大运河沿线经济状况与风俗人情，记述长江以北运河称："忽必烈已经开通了从瓜洲到大都的水路。这条水路是一条宽而深的航道，把江河、湖泊连接起来。"

位于杭州城内的马可·波罗雕塑

他在第六十六章《淮安府》写道："淮安府是一座十分美丽的城市，位于东南和东方之间。由于它的地理位置靠近黄河（注：时黄河夺淮，在江苏涟水入海）的河岸，因此过境的船舶舟楫川流不息。淮安府是大批商品的集散地，通过大河将货物运销各地，这里货产极其丰富，不但能够供应本城市的消费，而且还行销各地，大汗从中得到巨额税收。"

记录在山东一带看到的运河城市如临清、济南和东平等地的情况称："临清也是契丹（指原来的辽国）的一个市，位于南方，隶属于大汗。居民也同样

---

① ② 浙江省地方志编纂委员会编著，《宋元浙江方志集成》（第 4 册），杭州出版社 2009 年版，第 1770 页。

使用大汗的纸币。从景州到这里有五天的航程,途中经过许多城市和城堡,它们都是商业兴盛的地方。从这些地方征集的税收数额巨大。一条又宽又深的河流经过这里,给运输大量的商品如丝、药材和其他有价值的货物提供了便利。"济南府则"是一个宏伟的城市,大汗使用武力迫使它降服。这地方四周都是花园,围绕着美丽的丛林和丰茂的瓜果园,真是居住的胜地。这里丝的产量多得出奇。在司法上,这个城市管辖着帝国十一个小城市和为数相当的村镇。这是一些商业昌盛的地方,尤其是丝绸业"。"离开济南府,南行三天,路经许多工商业兴盛的大城镇和设防的要塞。这一带地方飞禽走兽非常丰富。日常生活必需品的生产和供应也很充足。第三天傍晚,便抵达东平州城。这是一个雄伟壮丽的大城市,商品与制造品十分丰富。所有的居民都是汗的百姓,使用大汗的纸币。有一条深水大河流过城南。……大河上千帆竞发,舟楫如织,数目之多,简直令人难以置信。这条河正好供给两个省区的航运便利。只要观察河上的船舶穿梭似的往返不断,运载着最有价值的商品船只的数量和吨位,就会令人惊讶不已。"

据其记载,马可·波罗曾受元朝皇帝委任,在扬州为官三年。《马可·波罗游记》对扬州及其所辖城镇的政治、经济、文化也做了详细记述。如其对扬州城描绘道:"城甚广大,所属二十七城皆良城也。此扬州城颇盛大,大汗十二男爵之一人驻此城中,盖此城曾被选为十二行省治所之一也","制造骑尉战士之武装甚多,盖在此城及附近属地之中,驻有君王之戍兵甚众也"。记离扬州不远的仪征道:"尚有一城,名称真州。城甚大,出盐可供全州之食,大汗收入之巨,其数不可思议,非亲见者未能信也。"扬州治下的宝应、高邮则是:"行此一日毕,则抵宝应美城。居民是偶像教徒,人死焚尸,臣属大汗。其货币为纸币,恃商工为活。有丝甚绕,用织金锦丝绢,种类多而且美,凡生活必需之物皆甚丰饶","离宝应城东南骑行又一日,抵高邮城,城甚大……凡生活必需之物悉皆丰饶。产鱼过度,野味中之鸟兽亦夥。物搦齐亚城银钱一枚不难购得良雉三头。"这些记载把"令人神往的中国文明"传播至欧洲,向欧洲人展示了全新的知识领域和文化视野,包括大运河这一人间奇迹,让西方认识了一个美丽富饶、拥有高度文明的中国,翻开了中西文化交流崭新一页。

继马可·波罗之后,另一名意大利人鄂多立克(1286—1331)也于元英宗至治二年(1322年)来到中国。他自广州登陆,经福州、杭州、南京至扬州乘船沿大运河北上，对运河沿岸的政治、经济、文化状况进行调查，在其所著的《鄂多立克东游录》一书中记录了许多亲眼所见的大运河畔状况，如称济宁马头镇，"它也许比世上任何其他地方都生产更多的丝，因为那里的丝在最贵时，你仍花不了八银币就能买到四十磅。该地区还有大量各类商品货物，尚有面食和酒及其他种种好东西"。①

明永乐帝迁都北京以后，大运河的地位更加重要，所起的中外文化交流特别是向外输出的作用更加凸显。明朝弘治元年（1488年）朝鲜济州等三邑推刷敬差官崔溥（1454—1504）乘船奔父丧途中遭遇风浪，在海上漂流了14天，二月十七日在宁波府属地获救登岸，由中国官员护送，从宁波沿运河北上，历时44天，纵贯东南腹地，成为明代行经运河全程的第一个朝鲜人。他所逐日记载的《漂海录》真实生动形象地展示了当时大运河区域经济生产（包括水利科技）、交通、文化、社会风貌。

崔溥认识到，大运河沿岸城镇仍是中国商品经济和社会、文化最为发达的地区。

如记载称：杭州为"东南一都会。接屋成廊，连衽成帷，市积金银，人拥锦绣，蛮樯海舶，栉立街衢，酒帘歌楼，咫尺相望，四时有不谢之花，八节有常春之景，真所谓别作天地也。"②苏州吴江县城中"屋舍壮丽，下铺础砌，上建石柱，以营湖水萦回，樯帆束立于间阎之中，所谓'四面渔家绕县城'者，此也"。从宝带桥至姑苏驿，"两岸市店相接，商舶辏集，真所谓'东南一都会'也"。③

山东临清作为华北最大的商品转输中心，"在两京（指南京、北京）要冲，商旅辐辏之地。其城中及城外数十里间，楼台之密，肆市之盛，财货之富，船舶之集，虽不及苏、杭，亦甲于山东，名于天下矣"。④

他得到的总体印象是：经济上，长江以南城镇分布稠密，"繁华壮丽，言不可悉"，"间阎扑地，市肆夹路，楼台相望，舳舻接缆"，"江以北若扬州、淮

---

① 鄂多立克撰，何高济译，《鄂多立克东游记》第36节，中华书局1981年版。
② 朴元熇校注，《崔溥〈漂海录〉校注》，上海书店出版社2013年版，第68页。
③ 同上书，第77页。
④ 同上书，第110页。

安及淮河以北若徐州、济宁、临清繁华丰阜，无异江南"，临清为尤甚"。①

明朝水利科技是崔溥关注的又一重点。《漂海录》记载了运河沿线的若干水利设施。如慈溪县西坝厅，"坝之两岸筑堤以石，断流为堰，使与外江不得为通，两旁设机械，以竹绹为缆，挽舟而过。至西屿乡之西堰。堰旧为刹子港颜公堰，后塞港废堰为田，导水东汇，至于广利桥之南。置此坝，外捍江湖，挽济官船，谓之'新堰'，概与西坝同。"②

过邳州的房村驿，记述所见到的吕梁大洪，因水势湍急，"东岸筑石堤，凿龃龉以决水势。虽鼻居舠，必用竹绹，须十牛之力，然后可挽而上。"③

他对山东境内的水利又特别重视。这是因为，为保证水源和航行，山东境内的会通河沿线建有众多闸坝堤堰，而被称为"闸河"，崔溥对这些水利设施的建制、作用有详细的记述：兖州新闸，"此闸即都水监也先不华所建也。会通河至此地，沙图瀗沱，水势散涣，不能负舟，前后置牏。自新店至师氏庄，犹浅涩不难处，每漕船过此，上下毕力终日叫号，进存退尺，必资车于陆而运。自立此新牏以后，舟行得其安且顺也。"④

特别是济宁一带的运河，"过其闸（指天井闸）至济宁州城。则东北有泗从曲阜、洸从徂徕，合鲁城（指兖州）东，来入漕河达淮，以入于海，逾淮为南京。西北有巨湖（指马场湖），东分入漕河，北分临清出卫河以达于海，逾海为北京。两京相望三千余里外，水皆从济宁中分。城之东畔洸河，西畔济河，二河萦抱，合流于城南底。两河之中有土阜，阜自东北起，蜿蜒而来，殆千有余里。阜之上有观澜亭，孙蕡所建也。由亭下至通津桥，桥当城南门道。桥南有灵源弘济王庙。至，宿于庙西北河岸。"南旺湖"弥漫无际，但西望远山而已"，"今为湮塞者湖中筑石长堤，名'官堰'……所谓官堰，至阙城铺而绝。堰中有闸，相见或八九里，或十余里，凡十有四。堰之长，亦过百余里。"⑤ "济宁州之北，有分水庙，自庙以南，水势皆南下，以北则皆北下。"⑥

---

① 朴元熇校注，《崔溥〈漂海录〉校注》，上海书店出版社2013年版，第164页。
② 同上书，第43—44页。
③ 同上书，第98页。
④ 同上书，第105—106页。
⑤ 同上书，第106—107页。
⑥ 同上书，第162页。

他更总结了这些设施总体功能和效用:"水泻则置堰坝以防之,水淤则置堤塘以捍之,水浅则置闸以贮之,水急则置洪以逆之,水会则置嘴以分之。坝之制:限二水内外两旁石筑作堰,堰之上置二石柱,柱上横木如门,横木筑一大孔,又置木柱当横木之孔,可以轮回之。柱间凿乱孔,由劈竹为绚,缠舟结于木柱,以短木争置乱孔以戾之,挽舟而上。上坝逆而难,下坝顺而易。闸之制:两岸筑石堤,中可容过一船。由以广板塞其流以贮水,板之多少随水浅深。由设木桥于堤上,以通人往来。又置二柱于木桥两旁,如坝之制,船至则撤其桥,以索系之柱,句上广板通其流,然后扯舟以过,舟过复塞之。洪之制,两岸亦筑石堰,堰上治撑路,亦用竹缆以逆挽之,挽一船,人契则百余人,牛十余头,若坝、若闸、若洪,皆有官员聚人契、牛只以待船至。至堤塘与嘴皆石砌,抑或有木栅者。"①

这些记载让我们今日还能窥见中华当时领先的水利技术。

书中还记载了沿途政治、宦官、盗匪、治安等状况。更有趣的是,他还以外来者的视角,观察分析了大运河所流经的南北方异同。

如地理环境,长江以南,地多"涂泥陂潴",淮河以即则"地多浸湖",以北则"地多坟起,漕河跟岸高于平地,决啮流移,水陆变迁"。② 生产方面,"自淮河以南,地多水田沃饶,稻粱为贱,徐州以北,无水田"。③ 江南多渔业,江北则除济宁南旺湖地区外,不见捕鱼。

南北民众的性情差异,江南人性情温顺,长江以北则民风强悍,山东及以北尤为如此。但江南、江北共同之处如习俗也不少,包括皆信鬼神,崇佛、道。"怒必蹙,口唾沫。"饮食皆粗粝,"同桌同器,论箸以食"。砧杵皆石制,推磨用牛、驴畜力。最有趣的是记载着南人和北人共同的捉到虮虱必入嘴"咀嚼"的习惯。④

崔溥应朝鲜国王要求写下此洋洋数万言之件,再次将大中华文化输入"小中华",从而当时在朝野上下引发轰动。并且这些记述多为此前乃至以后相当长时期同类记载所不备,颇具史料和学术价值,因而弥足珍贵,在城市史特别

---

① ③ 朴元熇校注,《崔溥〈漂海录〉校注》,上海书店出版社2013年版,第163页。
② 同上书,第162页。
④ 同上书,第165页。

是明代运河城市史研究中有着不容忽视的意义。

明代,日本继续从中国输入文化。除已逐渐成为祸患的倭寇入侵、掠夺外,商贸、文化交流活动仍是两国交往的主流。大运河当然仍在对日文化输出中发挥着巨大作用。

当时,在沿运河两岸活动持续时间最长者,应为日本的"勘合贸易使船"的成员。自宣德(1426—1435)年间至嘉靖(1522—1566)中叶,长达百余年中,日本政府向明朝派出 11 次勘合贸易船队。这些船只要先在宁波靠岸,经市舶司检查,使团成员即由宁波经杭州沿大运河进京。在途经的一些重要城市稍作停留,其间由当地官衙负责接待。《明会典·番夷土官臣下程》规定:"凡使臣进贡,沿途关支廪给口粮,回还亦如此。""凡使臣进贡,回还沿途茶饭廪给口粮之外支送下程。"除主要在宁波和北京贸易,往返途中"凡是要地,皆营贸易"。① 除进行官方贸易外,也可在地方官员监督之下从事一些私人间的小额贸易。当发生贸易纠纷时则由地方官府处理。这些优待举措极大地吸引了日方。起初,因明朝对进京的日本人人数没有限制,日本人乐得多派,往往达 200—300 人,由此常因成员良莠不齐而易引发事端,产生各种纠纷。如景泰四年(1453 年),"日本贡使至临清,掠夺居人,及令指挥往诘,又殴之几死"。弘治九年(1496 年)"日本国遣使入贡至济宁州,夷众有持刀杀人者,其正使寿冥(尧夫寿冥)不能约束"。② 暴露了日本封建时代特有的野蛮性,从而引起明廷的警惕。济宁事件以后,明政府遂下令将日本勘合船进京人数限制在 50 名以内,其余人员留在宁波,由当地市舶司官员监督进行贸易。

这一状况在《漂海录》中也有反映。当路过兖州鲁桥闸时,崔溥询问护送他的明官员傅荣:"自我到此,贵地人皆指我等曰,'大大的乌也机',此何等语也?"傅荣告知,这是日本人对我们的称呼,意为"大人",③ 这里的人把你们当成了日本人。从中可以看出,当时沿大运河往来的日本人之多、之频繁,以至运河周边的百姓也稍知"'运'泾浜"式的日语了。

来华日本勘合船人员中除使节和商人外,还有一些僧侣和文人,他们是以

---

① 申时行,《明会典·番夷土官臣下程》,转引自朱亚非,《明清史论稿》,山东友谊出版社 1998 年版,第 142 页。
② 转引自朱亚非,《明清史论稿》,山东友谊出版社 1998 年版,第 142 页。
③ 朴元熇校注,《崔溥〈漂海录〉校注》,上海书店出版社 2013 年 12 月版,第 105 页。

学习和游览为目的，多从事文化交流活动。大运河沿岸名胜古迹和城市是他们时常驻足之处。他们"往北京时，概行水路，由宁波经余姚、绍兴、萧山、杭州、嘉兴、苏州、常州、镇江、南京、扬州、淮安、徐州、沛县、济宁、临清、天津等地。往复途中，随处滞留，游历附近名刹胜境"，并同当地士大夫进行交游，借以吸取先进的中国文化。正如他们自己所言："尝附海舶于鸡林，今又有此行，是无它，中华山月风物美，寓之于目，玩之于心，而欲润色其文也。"① 山东运河沿线是他们活动的主要区域，如曾任日本勘合船使节的著名佛教僧侣了庵桂悟、策彦周良等人都数次往返于山东。

策彦周良（1501—1579），号怡斋，更号谦斋，日本京都天龙寺妙智院高僧，博学多才，通晓汉文，于明嘉靖十八年（1539 年）与嘉靖二十六年（1547 年）先后两次作为日本遣明使副使和正使使明，在中国逗留 5 年余，其间多次沿大运河南来北往。他把两次来华的经历写成记事性的诗文集《初渡集》《再渡集》，记载了许多有关大运河经济文化包括文化交流的内容，成为中日关系史的重要文献。如描述的广陵驿、邵伯驿、盂城驿、安平驿，有助于今天了解当年运河沿岸的驿站；邵伯的甘棠、宝应的街市，给策彦周良留下了深刻印象，有趣的是他特别记载了宝应城里和前述济宁、临清的澡堂，这是当时运河沿岸沐浴业发达的证据。扬州知府刘宗仁先后两次亲自到"扬州府广陵驿"看望使臣，赠送"美酿佳肴"和一部《张文潜集》。张文潜是北宋诗人，名耒，字文潜，为苏轼门下"四学士"之一。

在山东受到热情款待后策彦即兴赋诗："中华风物古来昌，渐觉他乡胜故乡。南贡蛮琛东海货，朝迎楚柂暮吴樯。愿言蓑笠伴渔隐，不料袈裟裹御香。欲写诗篇还自愧，行行棘句又钩章。"② 其感激、敬慕之情溢于言表。还有日本著名的画家雪舟等扬"漫游齐鲁之间"③，登泰山作画，与中国画家张有声等共同探讨绘画艺术，深受齐鲁文化风气影响。

明季，西方传教士纷纷踏上中国土地，传播基督教，其间翘楚首推明万历年间来华的意大利耶稣会传教士利玛窦。作为耶稣教会在中国的奠基人，也正

---

① 木宫太彦撰，胡锡年译，《日中文化交流史》，商务印书馆 1980 年版，转引自朱亚非著，《明清史论稿》，山东友谊出版社 1998 年版，第 143 页。
② 转引自牧田谛亮，《策彦入明记の研究》，松崎印刷株式会社 1955 年版。
③ 朱亚非、张登德著，《山东对外交往史》，山东人民出版社 2011 年版，第 178 页。

是他将中国和大运河文化再次推介到西方。

利玛窦,意大利的耶稣会传教士、学者,明万历年间来中国传教,其原名直译中文应为"玛提欧·利奇","利玛窦"是他自己起中国名,并取号"西泰",又号"清泰","西江"。

万历十一年(1583年),利玛窦与罗明坚进入中国。11年后,万历二十二年(1594年)到南京,后到南昌。万历二十六年(1598年)再从南昌回到南京。刚进北京,未得如愿见到万历皇帝,一个多月后,怏怏回到南京。

万历二十八年(1600年),利玛窦再赴北京。在《利玛窦中国札记》中他对明代大运河和漕运的有关情况做了详细描述,对从南京到北京沿途经过的扬州、淮安、徐州、济宁、临清等运河沿岸城市多有记载。

如他评价大运河作为南北运输的经济命脉对明朝的巨大作用说:"万历十年至三十八年(1582—1610年),每年南方各省要向皇帝

意大利人利玛窦雕塑

运送各种缺少或需要的物品,水果、鱼、米,做衣服用的丝绸等六百种物品,这一切东西都必须在规定的日期运到,否则受雇运输的人将受重罚。"建筑材料及其他物品也要经大运河运输,"(万历间)经由运河进入皇城,他们为皇宫建筑运来了大量木材,梁、柱和平板,特别是皇宫被烧毁之后,而据说其中有三分之二都被火烧掉……中国人喜欢用砖而不用石,供皇宫所用的砖可能是由大船从一千五百英里(2400多千米)之外运来的。仅是为此就使用了很多船只,日夜不断运行。沿途可以看到大量建筑材料,不仅可以建筑一座皇宫,而且还能建成整个的村镇。"①

---

① 利玛窦、金尼阁著,何高济等译,《利玛窦中国札记——传教士利玛窦神父的远征中国史》,广西师范大学出版社2001年版,第230页。

他又对明政府为应对大运河这种繁忙的运输状况实行的行政管制措施，采取的运输技术进行评价："从扬子江来的私商，是不允许进入运河的，但居住在背面运河的人们除外。通过这项法律，是为了防止大量船只阻碍航运，以便往皇城的货物不致糟蹋。然而，船只的数量是如此之多，经常由于互相拥挤而在运输中损失许多时日，特别是运河水浅的时候。为了防止这种情况，就在固定的地点设置木闸来节制水流，木闸还可以作为桥来使用。当河水在闸后升到最高度时，就开放木闸，船只就借所产生的流力运行。"[1]

万历二十八年（1600年），利玛窦再赴北京途中，在山东运河沿岸经历数月，其中，在济宁受到了著名思想家李贽和漕运总督刘东星等人的热情关照与帮助。利玛窦对此十分感激，在《利玛窦中国札记》中记载了双方交往、互动情况，如李贽"听说利玛窦神父要来，马上就转告自己的邻居（指刘东星），总督十分高兴，向神父发出了正式邀请，派出轿夫和轿子，把他接进府来。他们热情招待了神父。然后也谈了一些欧洲的情况以及总督十分关心的有关来世的问题"。"下午，总督又来到利玛窦进京的船拜访。总督最后上了船，行过正式访问时遵行的常礼，他赞叹不绝地观赏送给皇帝的礼物，他的属从莫不如此，不能拒绝他们参观。随他之后，来了该城的其他官员……第二天，利玛窦神父正式回访，作为交换礼物，他送给总督一些欧洲饰物，这些东西制作新奇，无法估价。他在官府中待了一整天，和李卓吾及总督的孩子们共同进餐。他发现这次访问是这样愉快高兴，以致他觉得自己是在欧洲的家里，或者跟他的朋友在教会的教学中，而不是在世界另一面的异教徒中。"[2] 利玛窦并不忘提到对大运河的观感和赞美，感慨道："感谢总督！我从南京过来时，一路顺畅。大运河实在是美极了，是世界奇迹啊！"

循河继续北上，利玛窦一行来到了临清。他遭遇了在此监税的权势熏天的太监马堂。马堂对利玛窦带赴京的礼品垂涎三尺，多方胁迫、拉拢、诱骗，以图分润。马堂曾邀请利玛窦赴宴，并在席间组织了精彩的杂技表演。利玛窦记载道："一个杂技演员耍着三把两掌长的刀子，一个接一个地扔向空中，然后

---

[1] 利玛窦、金尼阁著，何高济等译，《利玛窦中国札记——传教士利玛窦神父的远征中国史》，广西师范大学出版社2001年版，第229页。

[2] 同上书，第272页。

抓住一把刀柄，从不失误。另一个背躺在地上，用双脚耍一个大坛子，一下子又把它抛向空中，先使他向一侧旋转，然后又向另一侧旋转，即便用双手模仿这些动作都会是很困难的。后来他又用一面大鼓，继而又用一张四尺见方的大桌子做了同样的表演。衣着华丽、戴着假面具的巨人哑剧表演真是独一无二，在剧场中有人替这些角色进行对话。大概最有趣的节目是一个男孩的表演：他先跳了优美的舞蹈，后来仿佛是跌倒在地，但用双手撑着身体未接触地面，却变出一个穿着和他一样的胶泥人，这个胶泥人从他两脚中爬出来，优美地用双手而不是用双脚异常巧妙地模仿男孩的舞步，然后这个胶泥人跌倒在地上，他们两个人开始摔跤，四处翻滚，做得如此自然，看来真像是两个活生生的孩子在角力。"①

利玛窦为这些精彩的演技所震撼，发出由衷的赞叹："以前不管是在欧洲还是在印度，都从未见过如此奇特卓越的表演。"②

除利玛窦外，明清时期还有不少的传教士来华，从明到清初，包括麦哲伦（Ga1briel de Magalhaes）、罗儒望（Joao da Rocha）、郭居静（Lazaro Cattaneo）、金尼阁（Nicolas Trigault）、罗明坚（Michele Ruggieri）、利类思（Ludvico Buglio）、孟儒望（Joao Monteiro）、阳玛诺（Emmanuel Diaz）、艾儒略（Ciulio Aleni）、卫匡国（Martino Martini）、洪度贞（Humbert Augery）、殷铎泽（Prospero Intorcetta）、艾斯玎（Augustin Barelli）等，可谓不绝于缕。他们多将在中国的所见所闻撰写成书，在欧洲出版，其中不乏关于大运河的详细描述，因为他们都在这一世界独一无二的人工运河上游历过。

例如葡萄牙来华传教士加布里埃尔·德·麦哲伦（Ga1briel de Magalhaes，1609—1677）中名安文思，字景明，在明崇祯十三年（1640年）来到中国进入杭州，清顺治五年（1648年）到北京，在京居住了29年。康熙二十七年（1688年）他在巴黎出版了《中国新史》，这是西方早期汉文学发展史上的一步重要著作。其中专门记述了中国的大运河。关于为什么建造大运河的原因，他称是元统治者从南方向北方运输物资的需要："他们付出巨大的代价，以无

---

① 利玛窦、金尼阁著，何高济等译，《利玛窦中国札记——传教士利玛窦神父的远征中国史》，广西师范大学出版社2001年版，第276页。
② 同上书，第275页。

比的勤劳，开辟了一条穿越几省，长达三千五百中国运河。"对大运河上的船闸，特别是艰险的"天妃闸"，麦哲伦有专门的记载："这条运河为了减弱水势及储存深水，安装了七十二道水门，中国人称之为'闸'。闸门很大，由巨木制成，夜晚关闭，白天开放，让船只通行。绝大多数闸门可以顺利通过。但有些闸门难以迅速通行，非常艰险。特别是中国人所称的'天妃闸'（Then Fi Cha）。当船只逆流而上，到达这座闸门下时，船夫在船首系上许多绳索。由四五百人，有时更多人，视船的轻重和货物重量而定，在运河两岸拖拉。同时，另一些人推动闸门墙上的绞盘；闸墙很宽，由砂石筑成。除已提到的绳索外，还有很结实的绳索绕在大石柱或木柱上，以便在纤绳万一断裂时把船只系住。当这些绳索都系好时，他们开始用力拉拽，并与敲打水盆的声音合拍，刚开始时只是轻庆敲打，敲打之间有些间歇，但当船只至少升到上马渠道高度的一半时，这时因水流更为凶猛，他们便加紧敲打水盆，同时那四五百人和高喊'嘿嘿'的男子一起拉纤，一鼓作气，使船只迅速上升，并且停靠在运河两侧和潮流之间的死水水面上。另一侧的船只迅速和轻易地下降，但危险更大。为了防止出现险情，他们将许多绳索系在船尾，由那些在运河两岸执索的人小心观察，放松或者拉紧绳子。这时候船的两侧有另一些人用铁头长竿指引船只穿过运河中央，避免碰到关闭闸门的巨石。当船只通过时，他们放开防止船只迅速降落的绳，这时潮水把船只推向前行，迅如脱弦之箭，只到水势逐渐减弱，船只停住，再按正常的航道行驶。"①

麦哲伦也专门记载了济宁神奇的分水工程。如前所述（见第五章），在大运河中段山东济宁以北的南旺地带，此处南高于徐州运河段116尺（约38.7米），北高于临清运河段90尺（30米），被称为大运河的水脊。元朝开凿会通河后，修建了许多闸坝蓄水、截水，保证行船，但仍未解决水源匮乏问题。明代治河大臣宋礼历时九年，兴修筑坝蓄水、引汶河入运河等一系列工程，解决了这一难题，留下了千古传颂的治河佳话。后人感念他的功绩，在南旺水脊的运河岸边建了一座雄伟壮观的龙王庙。此庙位于汶河与运河呈"丁"字形的教会分流处，河水在此处"七分朝天子"北上，"三分下江南"南流，故称"分水龙王庙"。此后漕运一直通畅。清代又逐渐在龙王庙周围建起庙宇，形成了龙王

---

① 安文思著，何高济、李申译，《中国新史》，河南大象出版社2004年版，第73页。

庙古建筑群一大景观。"这条运河始于通州（Tun Chen）城。在同一个地点还有一条河，船只沿着河道向前航行，到达它注入另一条河的近海处；船只在这条河上行驶数日，然后进入一条人工开凿的运河；当你航行了一段时间之后，到达一座分水庙（Fuen Hui Miao），即把水流分开的神庙。在到达这个地方之前，你一直是逆流而行，但当你一到达这左庙前，你就顺流而行了，只用桨划就行了。现在我真想问问我们欧洲的工程师和著名智慧之士，这怎么可能呢？它是人工的还是自然的工程？一艘船横在运河中央，穿透向西面庙的一侧，船尾却朝东。而河水一边流向西北，另一边流向南。要揭开这个谜，你应当知道，在东边大约半天行程的高山间有一大湖，湖水使一条转向东海的大河满溢。现在中国人堵塞了那个出口，打通了山，开辟了一条运河把水音像寺庙。在当地他们开凿另两条运河，一向北，一向南；两河确实堆成，渠道大小一致，所以河水到达庙前中央饰分开，一部分水仍流向北，另一部分水流向南。"①

麦哲伦还记载了大运河上的船只。"因此可以说，中国有两个王国，一在水上，一在陆地，好像有许多威尼斯城。这些船是船主当房屋使用的……他们的船有的相当重，有的轻些。有的属于皇帝，有的属于曼达林，有的属于商人，有的是百姓的。属于皇帝的船中，有一种他们称作'艚船'，是用来送官吏上任及返乡用的。……还有'粮船'，即是说，他们是派往各省把粮食运回朝廷的船。"他对运粮船的数量大感兴趣，得知此船"约有九千九百九十九艘，我经常打听，想知道为什么不加一艘，凑足一万之数……这类船比前一种要小"，"第三种皇帝的船叫作'龙衣船'，即给皇帝运送衣裳、丝绸纱缎到皇宫的船。船的数目和一年的日子一般多，即三百六十五……最后还有一种叫'兰舟'，与别的船相比则很轻很小，它的长度和宽度差不多一样。这类船供文人及其他富人和有地位的人往返于京城时使用……这最后一类船有几种不同的形状，四人的船只几乎难以计算。"②

晚清，英国传教士、汉学家理雅各（1815—1897）是牛津大学第一位中国语言和文学教授。他不仅翻译中国典籍，还著书立说，系统论述孔子、孟子以

---

① 安文思著，何高济、李申译，《中国新史》，河南大象出版社2004年版，第72页。
② 同上书，第81—82页。

及中国的文学和宗教。在牛津任职之前，他于同治十二年（1873年）从上海出发，坐船经大运河访问北京，回程时去泰山和曲阜，再经大运河返回上海。他对中国文化的译介，可以听到大运河的水声。

慕雅德（Moule Arthur，1836—1918年），出生于英国西南部多塞特郡一个著名的传教士家庭。咸丰十一年（1861年）被英国圣公会派到宁波，同治四年（1865年）到杭州。慕雅德撰写的关于中国的论著有《英国圣公会浙江传教团的故事》(1878年)、《新旧中国：来华三十年的个人回忆和观察》(1891年)和《在华五十年：回忆与观察》等，尤以《新旧中国》一书的描述最为全面详细。在这本书中，多处涉及大运河。慕雅德述道，他于1865年5月的一天离开宁波，乘坐一条住家船只前往杭州。当时的交通方式主要是走水路。他看到，江南不少河流包括运河上没有水闸，如果要从一条运河进入另一条运河的话，就得用人工或是驱赶着水牛把船拉上一个称作"坝"的高耸堤岸。当船被拉上坝的顶端之后，再用力一推，让它沿着一条泥泞的滑道顺势滑入另一条运河的河道。当时，照相技术已产生。慕雅德及其同仁英国圣公会格罗夫斯在中国拍摄了大量照片，并收录书中。在《新旧中国》一书中，有一张格罗夫斯所摄关于杭州运河翻坝的照片：一条装满货物的平底帆船在七头水牛的奋力拉拽下刚刚登上翻坝顶端那一瞬间的场面，那种恢宏的气势，足以摄人心魄。如今已按这张照片为原型创作了大型雕塑《运河魂》耸立在杭州艮山门附近的京杭大运河边，展现了一种顽强奋发团结向上的民族精神。

明清时期，外国的若干使团（使团）访华，大运河仍是捷径。来自东南亚暹罗（今泰国）、苏禄外交使节曾多次到北京朝贡，都是自海路在广州、宁波等港口登陆，再沿运河到北京。朝鲜的贡使返国有时也从北京沿运河到济南，再东经登州入海。值得注意的是西方使团人士对大运河的观感。如荷兰尼霍夫（1618—1672）清初来华访问，于顺治十二年至十四年（1655—1657年）在华逗留两年。其后在所著《荷使初访中国记》有若干对大运河的记载。如："五月二十一日，我们来到扬州。该城位于运河左岸，距仪征六十里（30千米），呈四方形，建有高墙堡垒，方圆步行约三个小时，运河右岸有一片漂亮的郊区，商业也十分繁荣。"淮安清江浦"这个镇分布在河两岸，房舍美观，宝塔壮丽，位于运河和黄河的连接之处，方圆有一华里。该城商业发达，居民富裕，还有很多船坞，制造各种船只出售。"济宁的情况是："所有的客栈和茶馆都拥有自己的戏旦来取悦观众，顾客只需付六七文日本钱就可坐着整天看戏。而这么富有情趣、衣着华丽的男女戏子竟也能依靠客人所给的如此微薄的钱生活，真是不可思议。"

乾隆五十七年（1792年）英国国王乔治三世以给乾隆祝寿名义，向中国派遣了一个由马戛尔尼勋爵率领，共5艘船只、近700人的"史上最大来华使团"。次年6月到澳门，8月循海路到北京，9月14日（乾隆生日前两日），马戛尔尼和副使斯当东在热河避暑山庄谒见乾隆，10月7日，使团经乾隆特许，从北京出发，沿着运河南返，进行了一次史无前例的33天的运河之旅。斯当东所著《英使谒见乾隆纪实》和其他文件同样详细记载了大运河本身状况及沿途风光、观感，并绘制了图画（使团配有专职画师）。

如该书对大运河总体的观感描述道："我们的帆船进入了皇家大运河，它是世界上最古老的运河。它流过高山，穿过谷地，还与众多河流湖泊相交。""这是个天才的工程，它旨在使帝国的南北各省能够相互沟通。"①

北京城东数十里的通州，是大运河北端，也是马戛尔尼离京南下的第一步。马戛尔尼认为这是一个人口稠密、码头贸易繁荣的京畿门户。

从通州沿运河出京南下的第一个大都市是被英国人称为"中国利物浦"的天津。位于白河和运河交汇处的天津，贸易发达，人口众多，也是北京出海的要道。马戛尔尼两度经过天津，留下了深刻的印象：白河两岸排列着餐馆、戏院、仓库、船厂等各类建筑，河面上密密麻麻挤满了舢板。商业繁荣，市面热闹，他们记载道，每当有重要人物莅临之时，码头上临时搭起的戏台就会响起高亢的锣鼓。这种面向河面的戏台被装饰得色彩斑斓，演员们身穿华丽的戏服，轮番上演各个时代的悲喜剧。演出常一整天不间断地进行。直隶总督府对面白河岸边这座装饰华丽的戏台上上演的原汁原味的中国戏剧，给他们留下了难忘的记忆。

进入山东境内后，使团观察到，如每逢节日，山东运河沿线呈现出一派热闹景象："10月18日船到达山东省境。北直隶省的招待人员在这里换上了

---

① 张环宙、沈旭炜编，《外国人眼中的大运河》，杭州出版社2013年版，第128—130页。

山东省的。当天下午路过了两个城,在每个城前都停泊了许多船。今天是中国农历九月初三沿路居民昼夜不停地举行宗教仪式,爆竹声、锣鼓声、烧香拜神等,从午夜起一直搞到第二天天亮。"①

10月22日船抵临清州,他们看到临清城北卫运河东岸边有座九层高塔,此塔是建于明万历三十九年(1611年)的仿木结构楼阁的砖塔,塔平面呈八角形,共九层,远眺雄浑高峻,巍峨壮观,他们对其赞叹不已:"临清州外有一九层宝塔。中国人喜欢在多山地带建塔。这个高大建筑一般总是建在山顶上。整个高度是塔底直径的四倍到五倍。一般总是单数,五层、七层或九层,越到上层越小,塔底面积最大。""临清州的塔不是建在山上而是建在平地,这在中国是少有的。可能运河是从这里开始挖的,也或者是挖到这里为止。从塔的建筑位置来看,它不是作为守望楼用的,大概为的是纪念这个有实用的天才工程的开工或完工。"②塔周围有各式各样的身影:打把式卖艺、斗蟋蟀、斗鹌鹑、踢毽子、放风筝,热闹非凡。

乾隆五十八年(1793年)11月3日,船队离开清江浦进入扬州府境内。使团被告知"这里是帝国最富庶的地区",有"多得令人难以置信的帆船和百姓"。他们记载了沿岸地区特有的风物:在里下河地区的沼泽地里,农民在漂浮的竹筏和木箱上铺土种植蔬菜,"小山坡上种有茶树",他们还喝到了羊奶,"味道像奶油一样"。还绘下了运河畔的庙宇、风力独轮车及鱼鹰捕鱼的场景。③ 11月4日晚抵扬州城下,使团得知"该城因其规模及优美的建筑而闻名于中国。"但因不得入内,只能沿运河眺望扬州城,"从船上估计其繁荣的程度"。专职画师还绘制了沿运河眺望扬州城、船队过船闸等场景,这些记录运河之旅的写生作品至今保存在大不列颠图书馆。11月6日黎明到达瓜洲入江口,马戛尔尼在行记中写道,在瓜洲渡口望去,"只见江面上的波浪如海涛般汹涌澎湃,我们还见到了江豚"。而不远处的金山、焦山,则"犹如一位巫师通过魔法在江面上变出迷人的建筑"。他们开始相信中国的山水画有现实主义风格,"奇境不是在想象中,而是存在于中国的大自

---

① 斯当东撰,叶笃义译,《英使谒见乾隆纪实》,商务印书馆1963年版,第430页。
② 同上书,第431页。
③ 张环宙、沈旭炜编,《外国人眼中的大运河》,杭州出版社2013年版,第130页。

然中"。①

使团也注意到大运河上的水利科技设施,记述了为调节水位以供船只通行,京杭运河沿线遍布的各种水闸:"御河的水倾入运河之后,为了防止水流太急,又在运河上认为需要的地方安了几道水闸,有的相距不到一里,这在其他地方是没有的。同欧洲的水闸不一样,运河水闸没有高低水门。它的水门构造非常简单,容易控制,修理起来也不需要很多费用。它只是几块大木板,上下相接安在桥砧或石堤的两边沟槽里,当中留出开口来足够大船航行。""水闸只在每天固定时间开。聚集的船只通过时需要交一点通行税。这项通行税专门用在修理水闸和河堤。每次开闸所消耗的水量不大、水位只下降一点,很快可以从同运河合流的水补充起来。在水流急、水闸与水闸距离大的地方,开闸的时候,水位可能降低一二尺深。"②并且详细统计过,运河全线共有72个船闸。但在有的地段则使用起旱拉船的方法:"在那些大自然过分妨碍运河走向的地方,就用固定在岸上的绞盘把船拖上斜坡或平坡面,从一个河段拉到下一个河段。有十五六人在操作,每次将船吊起再放入水中的过程不超过三四分钟。"③

京杭运河穿越黄河时具有很大的危险性,当时船工和水手有祭祀河神的习俗,使团也专门记载了这种习俗:"使节团船只穿过黄河的地方水流很急,为了保证行船的安全,来往船只都在这里祭供河神。使节船船长在一群水手包围之中,手里拿一个公鸡,走到前甲板把鸡头割下抛到水里,然后用鸡血滴在船的甲板、桅杆、锚和房舱门口并在上面插上几根鸡毛。船头甲板上摆上几碗肉类菜肴,摆成单行,前面又摆上酒、茶、油、盐各一杯。船长跪下来,磕了三个头,两手高举,口中念念有词,似乎在祷告神灵。水手们同时大声敲锣、放鞭炮、烧纸、烧香。船长在船头奠酒,依次把酒、茶、油、盐等抛到河里。仪式完毕之后,水手们围坐在甲板上,把祭神的肉食大家痛快吃一顿。等到船只平安渡过对岸,船长还要出来在原处磕三个头答谢河神。"④

当然,使团也暗中调查运河沿线清朝内地的武备和防卫情况,从而对从京

---

①③ 张环宙、沈旭炜编,《外国人眼中的大运河》,杭州出版社2013年版,第130页。
② 斯当东著,叶笃义译,《英使谒见乾隆纪实》,商务印书馆1963年版,第431—432页。
④ 斯当东著,叶笃义译,《英使谒见乾隆纪实》,商务印书馆1963年版,第440—441页。

城附近及外地城市的八旗、绿营兵的构成、装备、战斗力、职责都有了较全面了解，如：大清全部八旗、绿营兵数量，八旗与绿营各方面包括服饰、装备、俸饷的差异，清政府真正信赖的职业军队是八旗而非绿营；沿途的驻防军队是地方绿营兵，称为"汛兵"，除维护治安，这些汛兵还担负税收和管护水闸以保障水路畅通的职责。当有重要人物经过时，他们会换上华丽的装束在岸边列队，鸣放专用火铳，以示敬意。在扬州城下，使团受到250名用弓箭武装的绿营士兵的列队欢迎。在镇江，更有2000多名绿营士兵在旌旗簇拥、鼓乐伴奏之下接受使团检阅。然而，马戛尔尼一行却透过清军的华丽外表和耀武扬威的夸张举止看穿了大清外强中干的实质：城墙年久失修，军队武器装备落后，使用弓箭、盾牌和粗笨的刀剑等过时的冷兵器和粗制火绳枪，而无欧洲普遍使用的精制步枪，军服花哨而不实用，管理拙劣，训练流于形式，士兵缺少尚武精神，阅兵时"他们更像是要登上舞台而不是去进行军事操演"①，根本不具备作战的资格、能力和条件，无法有效抵御有组织的攻击，即使抵抗也将是软弱无力的。甚至暗中记下，天津白河口的水深、地形、地貌、每月潮汐时间；认为镇江和扬州之间的江段适合进行登陆，并可以借此掐断大清帝国的经济命脉——中断大运河的南北通行。这些记载，在数十年后的中英鸦片战争中，皆为英军战胜清军提供了宝贵的资料。第一次鸦片战争，英军正是先攻占了镇江和瓜洲，切断了京杭大运河南北通道而迫使清廷在南京静海寺签订了城下之盟；第二次鸦片战争，英法联军则是从白河一线攻占大沽炮台再循运河入京的。悲夫！

11月9日，使团船只到达杭州，结束了33天的运河之旅。12月19日南下到达广州，结束了中国之旅。至今，此行留下的有关大运河的档案（包括图片）仍保留在大英博物馆中。

晚清，大运河仍吸引着外国人特别是学者的视线。威廉·埃德加·盖洛（William Edgar Geil，1865—1925）是20世纪美国著名的履行家和地理学家，曾四次来华长途旅行，对中国内地进行过广泛而深入的考察。他得出的结论是：中国的大运河与国外运河不同。"运河是被设计用来运输的，在乡间也被用作灌溉，偶尔它们也被用作其他各种用途。各种垃圾都倒在运河里

---

① 张环宙、沈旭炜编，《外国人眼中的大运河》，杭州出版社2013年版，第131页。

面,洗衣服、清洗食物、养鱼,就连饮用水也是从这里获取。为了对当地居民公平起见,必须说明,这些水总是放在铜壶里烧开并沏成茶之后才加以饮用的。所以说,这些运河不仅提供肉食,也提供饮料:因为在河里可以轻易地捕得鱼、蟹和小虾。从运河里也可得到丰富的蔬菜供应……中国人对于所有这些载的水中植物(指各种藻类)都没有给出明确的名称,只是把它们都叫作'水草'。"①他还详细记述了杭州一带运河的特点:"杭州的水系十分发达,有五个城门的名称跟水有关:清波门、候潮门、望江门、钱塘门和涌金门。跟荷兰一样,这里的运河大都运输十分繁忙。荷兰的运河被用来排除低洼地的积水,而杭州的运河则为灌溉提供了水源。而且,这里的运河没有被用作排污的下水道,因为农民们太珍惜肥料的价值,经常疏通河道,用河泥来肥沃农田。在运河里洗澡的人并不多,但淘米和洗衣服等都是在这儿进行的……运河还盛产鱼,而河面上漂浮的菱角则为人们提供了茶点。船闸在这里并不为人所知。当需要把一条船转移到另一个水平面不同的河道去时,就用泥泞的滑道充数。城里有许多石桥横跨水面,围绕他们还有许多迷信。如桥下有船时妇女不准过桥;还有,在穿过某些哑桥的桥洞时谁也不许讲话,等等。"②

但外国人对大运河的描述,并非仅限于见闻。他们此时更注意研究大运河对中国的政治、经济、文化的影响。英国学者吉恩斯在光绪十六年(1890年)在伦敦出版的《世界各国的水道和水运》中提到,"就许多方面来说,世界上最值得注意的是中国的大运河。它也是所有其他运河中,我们了解最少的。"1895年出版的《时代世界地图集》中载有中国大运河的地图。1912年10月,美国《国家地理杂志》刊登F.H.金的学术论文,题目是《中国的运河,人类的奇迹》,该文对江南运河地区河网密布做了详细的记录。1917年在伦敦出版的《百科全书·中国》,也收有关于大运河的词条。

近代大运河的对外输出的文化中,还少不了通俗文化这一部分。近代历史上,大运河流域的一些大城市出现了若干著名的艺人活动聚集区,如北京的天

---

① 盖洛著,沈弘、郝田虎、姜文涛译,《中国十八个省府》,山东画报出版社2008年版,第168页。
② 同上书,第20页。

桥、南京的夫子庙、天津的"三不管"等江湖艺人俗称的"杂八地"。吴桥又是一例。吴桥位于河北省东南部冀鲁交界处，京杭大运河贯穿全境，是我国"杂技之乡"。该处杂技最早可追溯至汉代，大运河贯通后，漕运兴盛，两岸日益繁华，带动沿河流域码头、城镇兴起，宋代以后，一度囿于宫廷的吴桥杂技逐渐走入民间，杂技艺术得到广泛传承和发展。吴桥杂技艺人沿大运河走出家乡，北上南下，"小小铜锣圆悠悠，学套把戏江湖走。南京收了南京去，北京收了北京游。南北二京都不收，运河两岸度春秋"[1]，这首杂技人行走江湖的歌谣传唱了千年，全国各处几乎都有吴桥杂技艺人，江湖上也就有了一种"没有吴桥不成班"的说法。更重要的，近代吴桥杂技又经大运河走出了国门，远涉重洋到欧美闯世界，赢得了巨大的国际声誉。

二、大运河的文化输入和接纳

大运河不仅向世界输出了中华文化，使西方通过大运河了解了中国；中国也输入并接纳了众多的异域文化。在大量输入中国商品、中国文化的同时，各国也向中国带来了自己的物质、精神产品。这同样离不开大运河。

各国商人通过大运河运来本国商品。如唐朝，扬州就有众多的波斯商人，带来了各种香料、奇珍异宝等，以至迄今扬州还留有"波斯庄"，存在"波斯献宝"的俗语（意为炫耀、少见多怪等揶揄之意）。北宋时期，大运河沿岸的杭州、苏州、明州、扬州、真州等地都是中外商人聚集交易之所。在这些城市和汴京，各种海外奇珍异品琳琅满目。如高丽国是与宋朝交往最密切的国家，宋神宗"待高丽最厚，沿路亭传，皆名高丽亭"。[2] 由于双方贸易频繁，宋朝政府在浙东运河沿岸的明州（宁波）设立"来运司"专门负责与高丽的往来贸易业务，并配备巨舰二艘、小船百余只供高丽商人使用。又在此设立"高丽行馆"，为高丽商人提供食宿之便。高丽的马匹、纸张、高丽参成了从高层到民间的抢手货。

十三、十四世纪以后，特别是明中叶以后，近现代西方文化则开始沿大运

---

[1] 王智主编，《走进魅力村镇——河北电台大型采访活动作品集》，河北人民出版社2016年版，第164页。
[2] 朱彧撰，《萍洲可谈》，金沛霖主编，《四库全书子部精要（下）》，天津古籍出版社、中国世界语出版社1998年版，第766页。

杭州凤凰寺

河传布。这是历史使然：西方资本主义诞生、发展逐步执时代的牛耳后，开始向世界扩张势力，富饶美丽的东方自然是其觊觎的对象。而已进入封建主义社会晚期的中国则逐步落后于时代潮流。在此情况下，西方的文化不断输入慢慢成为中外文化交流的主流，即所谓"西风东渐"。大运河，又成为这种输入的重要载体。因为当时外国人在中国南来北往，仍多要借助大运河，必然雁过留声，在两岸留下其文化烙印。

首先输入的还是宗教。前述意大利人鄂多立克途径临清时，他的助手贝纳德按其吩咐留此传教并终其一生。贝纳德的墓葬于光绪十八年（1892年）被来华的西方传教士维拉在临清城外10千米处发现。与该墓同时被发现的另一座西方传教士墓碑，因字迹残缺墓主人姓名不详，但尚能看出安葬时间为明洪武二十年（1387年），其活动时间当在元末明初，估计为贝纳德的继承人。从目前已知史料中可以推断，贝纳德是西方基督教最早在山东传教的传教士，反映在元代西方文化已开始传入山东。

明清之际是基督教传教士来华的一个高峰时期。他们不仅是虔诚的信徒，其中不少人又是著名的学者、科学家。他们千辛万苦来华的目的当然是传播基督教。而为了在中华传统文化大一统中打开局面，他们又在华大力推介当时西方先进的科技文化，以彰显基督教的神圣，两者相辅相成，相得益彰，这成为明清两代西方传教士奉行的圭臬。大运河沿线也得先沐此欧风美雨，并借助大运河加以传播，从而在客观上促进了中国科学技术的进步。

前述的利玛窦就是其中一位突出的代表。他之所以能在华立足和得到一定的发展，很大程度上得益于他作为学者善于向皇室、士大夫展示了神奇的西方科技文化的魅力。利玛窦赍送万历帝和刘东星的礼物，起到了令中方震撼的效果，就此深深获得了上层的信任。随后，他又积极传播西方天文、数学、地理、水利等科学知识，得以广结社会各界名流。在此前提下再宣传、灌输基督教理论，就水到渠成，事半功倍。从利玛窦在华的著作可以清晰地看到这一路径：与徐光启合译的《几何原本》（前六章）、《坤舆万国全图》、《两仪玄览图》（第三版中文世界地图）、《同文算指》、《测量法

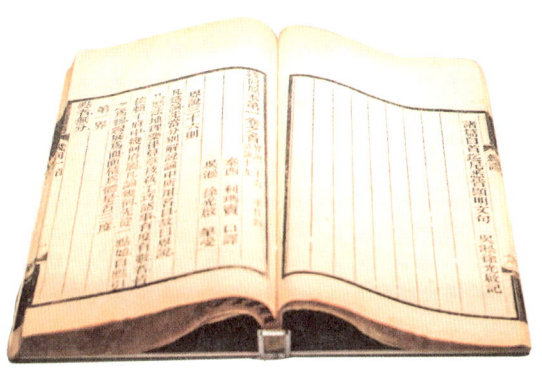

利玛窦与徐光启合译的《几何原本》

义》、《圜容较义》《浑盖通宪图说》、《乾坤体义》、《西国记法》、《西字奇迹》、《西琴八曲》，介绍了西方的几何学（包括圆与球面几何）、世界地图、算术代数、测量学、天文学、快速记忆法、拉丁字母汉字注音法、风琴乐曲，是推介纯西方科学知识。《天主实义》、《二十五言》，是直接介绍基督教；《畸人十篇》、《辩学遗牍》，则辨析、阐释其宗教理念。这些知识特别是科技知识，是中国传统文化语境闻所未闻的。他将其与宗教观点巧妙结合，从而极大地提升了基督教的影响力。因此，基督教很快在江苏、山东、北京立足。一批士大夫如著名科学家徐光启等纷纷信仰基督教。甚至天启、崇祯两朝宫廷，上自皇后、公主、妃嫔，下至宫女、太监皆洗礼入教。其中徐光启与利玛窦结交甚深，曾师从利玛窦学习数学、天文学、地理学等知识，不仅与利玛窦合力翻译了《几何原本》和《测量法义》等科学著作，并且利用从利玛窦那里所学的天文学知识，编纂了《崇祯历法》，奠定了我国现行农历的基础。特别是在《几何原本》的翻译出版，引入了欧氏几何体系，所创造的许多数学名词，沿用至今，仍有广泛影响。明朝京官李之藻同样拜利玛窦为师学习西方科技，与利玛窦合作编译了《同文指算》等书籍。曾有学者正确指出："400 多年前，被誉为'沟通中西文化第一人'的利玛窦把现代数学引进了中国。"[①] 入京一年后，万历帝允许利玛窦长驻北京，直至万历三十八年（1610 年）5 月 11 日在北京病逝。

[①] 曾峥、孙宇锋著，《利玛窦——中西数学文化交流的使者》，暨南大学出版社 2015 年版，第 58 页。

位于北京西城的利玛窦墓

在利玛窦影响下，又有大批传教士到中国来，他们纷纷效仿利玛窦，向中国传播西方科学知识，对西学东渐同样做出了重要贡献。利玛窦逝世后由意大利人龙华民任驻北京耶稣会会长。从崇祯十一年（1638年）开始，龙华民"在山东许多城市里，包括著名的济南府，建立了基督教会，赢得了省城几位官吏和文人的信赖。"① 他们是明清时期最早受到西方文化洗礼的山东人。

法国传教士金尼阁（1577—1628）在利玛窦逝世后不久抵达北京，并发现了利玛窦的札记。几年后，金尼阁返回欧洲，他身着中式服装出入于各国公共场合，以感人肺腑的演讲宣传利玛窦和其他在华传教士们的功绩，并着手整理翻译《利玛窦中国札记》。该札记于1615年在德国出版，从而掀起了欧洲的"中国热"。1618年，金尼阁离开里斯本第二次来华时，携带了在欧洲各国募集的7000册图书和一批仪器，其中包括哥白尼的《天体运行论》和开普勒的《哥白尼天文学概要》等一批重要的科学典籍，从杭州沿大运河抵达北京，在

---

① 朱亚非，《明清史论稿》，山东友谊出版社1998年版，第144页。

中国建立了第一个外国图书馆。金尼阁本人估计书籍和仪器在离开欧洲时价值1万金币。他并拟定了一个把"西书七千部"介绍给中国知识界的庞大计划，为此联络艾儒略、徐光启、杨廷筠、李之藻、王徵、李天经等中外人士共同翻译出版这些书籍。金尼阁二度来华后，先在南方进行传教和译著工作，较长时间住在杭州，并以杭州为中心沿大运河到嘉定等地活动。明崇祯元年（1628年），金尼阁在杭州去世，计划流产，大部分书籍流失。三百年后，1938年，北平天主教堂整理藏书楼时还发现了其中残存的数百部。

继龙华民以后，西班牙传教士利安当到山东传教。他于清顺治七年（1650年）开始先后在济南、兖州、泰安、济宁、临清等地设立教堂，吸引当地群众入教。在山东传教期间，利安当还完成了《中国诸教派》及其他几本有关宗教礼仪的著作。

当时，大批欧洲年轻传教士申请赴华，其中不少人为西学东渐做出重大贡献。

在明末清初，这些西方传教士受到了朝廷的信任和重视，如汤若望、南怀仁、张诚等皆被委以重任，他们皆以所拥有的科学知识为朝廷服务，包括修订历法、负责钦天监观测、参加《中俄尼布楚条约》谈判、翻译文献等，其中德国人汤若望（1592—1666）是杰出的一位。汤若望历经明清两代，入清后，深得顺治和其母亲孝庄皇太后的倚赖，甚至对康熙继位起了一定的作用——顺治立储君时对人选一度犹豫不决。其间汤若望进言称：玄烨已出过天花，将终身免疫，这对"出痘"畏之如虎的满人来说，是最大的优势，是以玄烨最终得立为"大阿哥"。孝庄和康熙对汤若望极为感激，康熙称其为"亚父"，当政敌要置汤若望于死地时，又是孝庄一言九鼎使之转危为安。

康熙四十七年（1708年），清廷又委任一批外国传教士用西洋测绘法测绘全国地图，经其努力，最终绘制成《皇舆全览图》。从此，西方测绘学、地理学知识也随之传入中国。康熙五十年（1711年），传教士雷孝恩、麦大成率队在山东地方官员和一批知识分子的配合下，以大运河为中轴，先沿运河南下再转内陆，历经十几个月努力，第一次用西方测绘知识绘制成山东地图（部分），进一步扩大了西方测绘学、地理学知识当然还有基督教的影响力。相应地，康熙帝对基督教采取了默许存在的态度。大运河城镇特别是山东境内大运河地区和一些内陆基督教有所传播和发展。到康熙六十一年（1722年），"山东各地

南怀仁塑像　　　　　　　　　　汤若望塑像

都有教徒团体"①。

雍正年间（1723—1735），基督教在华开始全面遭禁。乾隆初期，这一禁教政策曾一度放松，在京的西方传教士又进入各省传教，大运河沿线仍是重点。乾隆三十年（1765年），在山东活动的西班牙传教士康利之等人给国王的一份报告中提到，山东有教徒2471人，活动区域除省府济南外，另以临清为中心，沿运河一线向德州、东昌（今聊城）、堂邑、茌平、冠县、莘县、阳谷、东阿、平阳、嘉祥、成武等县发展。到鸦片战争前的道光十九年（1839年），罗马教廷又任命伯洛来山东传教，十多年后的道光三十年（1850年），山东境内有3名外国传教士，5736名教徒，仍主要集中在济南和济宁、临清、德州等地。足以证明，明清时期外国传教士主要是在运河一带城市开展活动。

这些西方传教士带来的当时西方一些先进的科学技术，影响了一批中国知识分子，从另一个方面对中西文化交流起到了推动作用，而得其风气之先者仍在大运河两岸。除前述徐光启等人外，还有一批中国知识分子能不落传统的科举、八股时文的窠臼，冲破世俗的偏见，转而学习西方的科学和技术等先进的知识。如清初淄博人薛风祚，曾沿大运河南下几经辗转到南京，拜波兰传教士

---

① 朱亚非，《明清史论稿》，山东友谊出版社1998年版，第145页。

穆尼阁为师，学习、研究西方的天文、算学，除将穆尼阁的《天步真原》翻译刻印外，还与穆尼阁合著了《天学会通》《历学会通》，此三部书均被收入《四库全书》天文算法类中。《天步真原》详尽介绍对数、开方、平方、立方等西方的代数学知识，《天学会通》《历学会通》除介绍对数、三角等知识外，则主要介绍天文学，用西方数学方法来计算太阳、月亮、行星天体运行的规律，推算历法。可以说，薛风祚也是最早将西方先进的数学和天文学知识系统推介到中国的学者，对此后中国数学和天文学的发展做出了重要贡献。

鸦片战争之后，外国传教士凭借不平等条约的规定，大批进入中国，"合法"传教，在19世纪末20世纪初，浙江北部的运河城市早已成为一些外国传教士在中国活动的基地和大本营。嘉兴的文生修道院西临大运河，1902年建成之后到1908年，是天主教中国遣使会的唯一总修院。嘉兴的天主教堂在1930年建成，号称当时中国第一、远东第三大教堂。南长老会海外传教的第一个基地是杭州，以后沿大运河逐步向嘉兴、苏州、江阴、南京等地扩展。曾经担任美国驻华大使的司徒雷登（1902—1962），即出生在杭州，父母均是美国南长老会在杭州的传教士。1904年，司徒雷登在美国结束学业，回到杭州开始传教，他的传教足迹也是沿大运河迤逦北去。

问题在于，传教士在传播"基督福音"的同时，仍然要传播世俗的科学与文化。否则，"福音"在具有独特中华文化的中国，不会有多少市场。

19世纪后半期起，大运河沿岸城市建立了相当数量的教会学校。教会学校最直接的贡献就是把现代教育模式移植到了中国。经过多年经营，在整个20世纪上半叶，13所教会大学和几十所教会中学为中国融入现代文明、为教育和社会的现代化做出了重要贡献。而这些学校中相当一部分如南京的汇文、金陵大学、金陵女子文理学院，上海的圣约翰大学、东吴法学院，山东的齐鲁大学，北京的燕京大学、协和医学院等皆在大运河沿线或与大运河关系甚为密切的城市。教会大学各校名师云集，各有自己的长项和特殊专业，办学有声有色，学生中才俊辈出。金陵大学作为一流的教会大学，本科毕业生可直接入美国一流大学的研究生院。燕京大学的社会学系和新闻系，在全世界都有影响力。在"二战"后的"东京审判"中，中国法官中的大部分是毕业于东吴大学。医科更是教会大学的强项，协和医学院、湘雅医学院以及齐鲁大学的医科，为中国培养了最优秀的医学人才。当然，教会大学也产生了许多革命者。

曾任新中国外交部部长的黄华，就是燕京大学外文系的学生。

很多人惊异于19世纪末20世纪初江浙一带大量涌现文人、政客这一现象，细究起来，却不难看出大运河的作用。正是大运河使得整个地区经济繁荣，积聚深厚的文化底蕴，使得中外文化交流得以在各个层面广泛深入进行，在此能较早和较好地接触到西方先进的科学文化知识，人才辈出乃是理所当然，将大运河称为中华人才成长的"乳汁"，应是恰如其分、实至名归。

第八章
大运河与中华南北城市（江北城市）

一、大运河与北京城市文化

古城北京有着3000多年历史和850年建都史。北京自古地势"形胜"，明末清初政治家孙承泽在《天府广记》一文中称："幽燕自昔称雄"，"左环沧海，右拥太行，南襟河济，北枕居庸"，并引唐杜牧之语，"王不得不可为王之地"，又引明人桂文襄之谓，"形势甲天下，依山带海，有金汤之固"，"成万古帝王之都"。①北京城建史可追溯至商末周初。公元前11世纪，武王灭商后，在此建燕、蓟两个封国。后燕国日强，向冀北、辽西扩张，吞并蓟国，并建都蓟城，北京"燕都"之称由此而来。自秦汉起，北京始终是古代北方重镇，两汉、魏、晋、唐均将此地设为幽州。辽（契丹）建立政权后，升幽州为南京，列为陪都，故北京又有"燕京"一说。金在北方建立统治后，于1153年改燕京为中都，定为都城，这是北京成为王朝首都肇始。此后，元、明、清和中华民国（北洋政府时期）均定都北京，北京因此有六朝古都的美誉。

北京是京杭大运河最北端城市，也是古代运河漕运的终点和中心，与大运河历史源远流长。隋朝开凿大运河，以洛阳为中心，北至涿郡，即今北京一带，名永济渠。这一时期永济渠主要功能在于军事而非漕运。金以燕京为中都，开始成漕运中心。其时，供给中都粮饷先运至通州，再由通州运抵城内，因通州与中都有25千米之遥，故又开凿漕渠、闸河等人工水道助运，但效果不佳。作为统治中心，漕运至关重要，所谓"国家大事在漕，漕运之务在河"，因此元朝统一以后，为稳固统治并保障都城供应，高度重视运河的修造和管理：先是截弯取直，开通山东境内运河；又由郭守敬主持，开凿了通州至大都

---

① 孙承泽纂，《天府广记》，北京古籍出版社1984年版，第6页。

运河，即通惠河。通惠河上建有桥闸数十处（座），漕船由此可溯流而上直驶大都城内。工程完工，京杭大运河全线贯通，江南漕船可沿运河一路北向，最终循白河（北运河）驶入京城积水潭。明清两朝，更加重视运河管理与维护，京杭大运河始终担负着交通南北、国家漕运之重任。

北京段大运河全长约82千米，通惠河、白河为其主线，坝河、南长河为其支线，整个流势自西北而东南，大体分西郊、老城、通州三个流段。又以通州段地位最为显著。通州为北京东大门，京畿众水汇集下游，通惠河的端点，更是运河物流由津入京的必经之路。通惠河开通后便成为重要的运粮河，通州因此成为南北物资重要集散地，京畿仓储之重地。据史书记载，元明清三代，每年江南诸省经由运河抵京漕粮多达三四百万石，最多时达500多万石，其十之二三储存于通州。故元在通州建13仓，明设4仓（大运西仓、大运南仓、大运中仓、大运东仓），清时仍沿用明4仓中的中、西仓。其时，通州每年运粮漕船多达2万余艘，首尾相衔，十几余里，浩浩荡荡，蔚为壮观，赢得"天下船运之物皆凑集于通州"，"舟楫之盛可敌长城之雄"之赞誉，"万舟骈集""舳舻蔽水"也因此成为古通州享誉天下的重要景致。

通州运河北端西岸，有一座高约49米佛塔，被称为通州镇河之塔。因塔内原有一尊燃灯佛石像，故名燃灯佛舍利塔，简称燃灯塔。塔始建于南北朝时期，迄今已有1300多年历史。相传清时，举凡经大运河从南方千里迢迢往京城去的人们，只要远远看见燃灯佛塔就会激动不已，这是因为见到塔就意味着到通州了，也就是说朝思暮想的京城已经近在咫尺，顿时所有的旅途劳顿、千辛万苦都消失了，留在眼前的只有通州的繁华和对未来的憧憬。燃灯塔是古通州的城市地标，是运河行人心中的希望之塔。因此，古往今来不少人写诗赋词歌

北京通州燃灯塔

咏燃灯塔，如光绪年间通政司副使王维珍所写的《文昌阁十二景·古塔凌云》一诗，可谓其中代表，诗曰："云光水色潞河秋，满径槐花感旧游。无恙蒲帆新雨后，一枝塔影认通州。"①

古城北京以其悠久历史、统治中心地位而成为多样文明交融的中心，积淀了深厚的文化底蕴。大运河的开通，进一步促进了南北文化的交流与融合，绽放出更加璀璨的文明之光。

运河城市文化离不开河，自然也就离不开与河相生相伴的桥。古运河上的桥不仅是以往人们赖以通行的路，更是一段历史记忆和一种文化缩影。北京运河开通后历朝均修造过许多桥，包括闸。据明代《漕运通志》载，郭守敬主持修建通惠河，"置闸二十有四，跨诸闸之上，通京师内外，经行之道置桥百五十有六"，"桥与闸初置以木"，后"易木为石"，②可见北京运河桥梁的繁盛。运河古桥通常分为梁桥和拱桥。梁桥即以"梁"为主要受力构件之桥，又分石梁与木梁。位于西直门西七里的广源闸桥，是郭守敬所建"二十四闸"中现今唯一保留下来的木梁桥，是通惠河上的头闸，对于调节运河水量至关重要，故被称"运河第一闸"。广源闸桥建成后既调水，又行人，还是靠船码头，发挥了多重用途。当然，桥梁不仅仅是人们的"经行之道"，当桥梁与周围美景搭配时，就成为人们赏景抒怀的绝佳场所。"秋色西来好，因之谢吏人……系马曾游处，青帘白石桥。曲阑依窈窕，古塔郁岧峣。画本才横幅，花枝尚短条。银河通尺五，未敢问轻桡。细水才如涧，涛奔怒不流。虹梁收别墅，雪瀑溅高秋"，③这是《藤阴杂记》中所录一诗，正是诗人驻足广源闸桥近观运河奔流时的浮想。运河上另一种常见古桥是拱桥，又分为砖拱、石拱和砖石拱三类。大运河北京段现存7座拱桥，即南长河的高梁桥（元）、积水潭的德胜桥（明）、银锭桥（明）、玉河的万宁桥（元）、东不压桥（明）、通惠河的永通桥（明）、萧太后河的通运桥（明），均为石拱，虽历经千百年，今仍翘然伫立古河之上。

每一座桥都有自己的故事，都见证过一段悠悠往事。位于通州张家湾的通

---

① 高建勋等修，王维珍纂，《通州志·卷十》，光绪九年（1883年）刻本。
② 杨宏、谢纯撰，荀德麟、何振华点校，《漕运通志》，方志出版社2006年，第279页。
③ 戴璐，《藤阴杂记》，北京古籍出版社1982年版，第114页。

运桥俗称萧太后桥,名字正源于桥下的萧太后河。萧太后是一位赫赫有名的历史人物,辽景宗皇后、圣宗生母,曾亲自带兵征伐北宋,并主持开挖这条运兵运粮之河,故名萧太后河。萧太后河是北京最早人工运河,比通惠河还早300多年,开通后成为皇家漕运的重要通道。横跨其上的通运桥,本是明嘉靖四十三年(1564年)所建一座木桥,其作用甚大,却不耐久用,未几即多毁损,故明神宗时改建石桥,万历三十三年(1605年)始成,并由万历皇帝亲赐"通运"之名。桥东百米即为京杭大运河,河口以南则是运河物流重要集散码头。通运桥建成后,曾繁忙无比,每年由此"通运"的漕船数以万计。据史书记载,当时河面船只穿行,河岸行人如织,繁华如同江南水乡一般。

永通桥位于通惠河通州段西段起点,系明神宗时所建,因距通州最高行政长官官署八里,俗称八里桥。桥"东西五十丈","南北二百尺","两旁皆以石为栏,表二坊,题曰'永通桥',盖上所赐名也"。① 八里桥为三孔石拱桥,"宏敞延袤,非他桥可比"。八里桥同样见证通州昔日繁华:桥下"舳舻千里",一望无际;桥上行人如梭,川流不息;桥河两岸,宅第相望,朱门粉壁,耀人眼目。八里桥景致也十分别致,著名的通州八景之一"长桥映月"即闪耀于此。故每到月夜,特别是中秋之夜,三孔桥洞各自掩映一轮明月,天上皎月如盘,桥下月影浮动,水月交辉,宛如一幅写意国画。清代通州知州吴存礼是这样描绘八里桥景致的:"银河忽驾彩虹来,俯瞰波光曙色开。历历清霜晴草木,晖晖皓月照池台。桂宫若引浮槎客,蟾窟应舒题柱才。吟眺壕染莹洁甚,冰心相映即蓬莱。"② 当然,提及八里桥,留存记忆的不全是美景,还有当年那场令人刻骨铭心的血肉之搏。咸丰十年(1860年),清将僧格林沁指挥三万清军与英法侵略军在此展开激战,血染长桥,惨烈失败,史称"八里桥之战",英法联军由此长驱直入,直抵京城,火烧圆明园。历史是一面镜子,以史为鉴,才能更好珍惜当下。

古城北京,相伴运河而兴的,除了桥梁、码头、水闸、仓储等水利附属设施,还有令人叹为观止、金碧辉煌的宫廷建筑。北京从辽时起即为都城,作为王朝统治中枢、首善之地,其规划、设计自然与众不同。首先,皇城设计

---

① 杨宏、谢纯撰,荀德麟、何振华点校,《漕运通志》,方志出版社 2006 年版,第 248 页。
② 杨家毅,《通州八景之一》,《北京晚报》,2017 年 11 月 29 日,第 34 版。

北京故宫太和殿

极为讲究,富有"思想",既要合乎礼制、风水,还要体现统治理念,能够表达君临天下的意思。如元大都,其设计规划完全遵循《周礼》规制:"匠人营国。方九里,旁三门。国中九经、九纬,经涂九轨。左祖右社,面朝后市。市朝一夫。"① 所谓"左祖右社,面朝后市",即祭祖太庙设于皇城之东,社稷祭坛位于皇城之西,办公衙署置于皇城之南,商贾之肆列于皇城之北。元大都完全按此营建,呈长方形,有三重城垣,前朝后市,左祖右社,列经纬街道和纵街横巷。明、清两朝则在此基础上,"增卑补薄,培缺续断",最终形成京城"凸"字形格局,整个布局"中轴对称,平缓开阔,轮廓丰富,节律有序",集中体现了中国古代建筑规划之精华。故宫建筑更是其中杰出代表。故宫旧称紫禁城,是明清两朝的皇宫,先后有 24 位皇帝居住于此,是现今世界规模最大、保存最完整的木质宫殿建筑。故宫位于北京中轴线中心,其规划设计同样遵循古制,左右均衡,浑然一体,又高低起伏,错落有致,并借助建筑布局、色彩搭配等体现星宿、五行、阴阳等重要天运理念。其次,皇宫乃"真命天子"居

---

① 陈戍国点校,《周礼》,岳麓书社 1989 年版,第 129 页。

所，为彰显"天子"尊贵、君主权威，历朝统治者对皇城建设总是倾尽全力，竭其所能，大兴土木，故皇城建筑大多气势宏伟、富丽堂皇。如元大都占地约50平方千米，由外城、皇城、宫城三重城垣组成，内外城门11座，气势宏大。故宫建筑占地72万平方米，于明永乐四年（1406年）开始兴建，到永乐十八年（1420年）方才"告成"，前后历时15年。此外，除了宫廷，皇室还建有许多宫外建筑，如祭天地、祈五谷的天坛、地坛，安葬皇帝、皇后的陵寝等，无不规模浩大、气势磅礴，尽显皇家气派。

雄起的城墙，巍峨的城楼，窈窕的角楼……这些辉煌、精美的建筑实际上都离不开运河的助力。可以说，没有京杭大运河，就不会有这君临天下、辉煌灿烂的明清皇城。明朝为建造北京城，首先下大力气整修通往北京的运河，这才使得成就宏伟皇城的精砖细瓦、高木良材源源不断地运了进来。如太和殿俗称金銮殿，是紫禁城规模最大、级别最高的殿宇，支撑其重檐庑殿顶的是72根盘龙鎏金柱，其中一根顶梁大柱高12.7米，直径1.06米，外饰堆彩泥金，其重量可想而知，这些顶天立地、整块整料的金丝楠木均来自云贵川广等地深山老林。太和殿地面所铺方砖，通一色二尺见方，人称大金砖，产自苏州等地。据说大金砖烧制极为不易，不仅要制坯，还要在砖坯中调入香糯米汁，经千百遍反复揉摔，然后送窑烧制，窑火也十分讲究，要精控火候，烧制八个月左右才出窑，出窑后还要用桐油浸泡百日，直至"敲之有声，断之无孔"方才成品。如此精工烧制，大金砖才有了"密如汁，重如金，明如镜"的独有特色。太和殿像这样经运河而来的大金砖共计4781块。除了宫殿，皇城还有内外16座城门，周围几十里城墙马路道附带的瓮券，以及规制同样宏大的皇家陵墓等，这些建筑的材料也都要经由大运河转辗运至，无怪乎北京老话说是"漂来的北京城"。实际上，大运河"漂来的"不仅有天南地北的建材，当然还有五花八门的皇家贡品、地方特产，如江南的稻米、瓷器、绸缎、茶叶以及各种时蔬生鲜等，由此维系皇室、贵族的奢侈生活，甚至京城数十万军民经年累月的衣食住行。

大运河和北京文化的交集，皇家园林不可或缺。所谓园林，即人们有意识改造的环境：有的依托自然山水，有的立足有限空间，通过筑山、叠石、理水、植林以及建造楼阁亭榭等，打造一个可供人们游玩、观赏、休憩的域所。园林既是建筑技术，也是美学艺术，属于环境艺术的一种。中国古典园林历史悠久，风格独特，对世界影响十分深远。其类型通常分四种：皇家园林、私家园林、寺庙园林、风景园林。其中又以皇家园林影响最大。皇家园林又叫"帝王苑囿"，古籍还有"苑""囿""宫苑""御园"等别称，包括大内御苑、离宫御苑、行宫御苑等，作为古代皇室生活环境重要组成部分，蕴含了丰富的文化内涵。其主要特点是多选址自然，真山真水，规模宏大，园中建筑布局工整，高大气派，色彩艳丽，金碧辉煌。与皇家园林相对的则是私家园林，园主多为文人贤士，故称"文士园"，其特点是规模较小，多假山假水，园中建筑追求巧致，曲折深邃，色彩淡雅。两汉以前，中国园林以北方皇家园林为主，成就远高于私家园林。唐宋以后，私家园林不断兴起，造园水平日见其长。明清之际，私家园林特别是江南一带空前兴盛，出现诸如拙政园、留园、怡园、耦园、网师园、个园等一系列堪为经典的杰作。而苏州拙政园更可谓其中佼佼者，盛享"中国园林之母""天下园林典范"的美誉。

皇家园林到明清之际又有极大发展。表现在，一方面造园数量众多，如明朝先后建造了御花园、慈宁宫花园、万岁山、西苑、兔园、东苑等；清室更是倾心尽力，先后营造了静宜园、静明园、清漪园（颐和园）、圆明园、畅春园、西花园、熙春园、镜春园、淑春园、鸣鹤园、朗润园、自得园等90多座山水园林。另一方面造园的技艺日臻纯熟。这一时期皇家园林由于受江南园林影响日深，园林建造中开始不断引入江南私园的审美情趣和建造理念，出现南北融合的鲜明特点。这一过程当然离不开大运河所起的重要作用。明成祖迁都北京，江南不少达官显贵、文人士子纷纷离开江南沿着运河一路来到北京，并将南方的生活风俗一并带来，其中就包括私家园林的营造方式。如明朝中叶，京城有不少官僚豪族羡于北京西郊海淀一带风光，纷纷买地造园，刻意仿造江南风范，竟蔚成风气。这对皇家园林建造也产生很大影响。清时引用、借鉴江南园林的情形更加突出，甚至江南一些著名画师、工匠纷纷来到京城，直接参与皇家园林的设计与建造。如康熙年间，江南著名造园家张然就奉诏为西苑的瀛台、玉泉山静明园堆叠假山，并与江南画家叶洮共同主持了畅春园的规划设计。这也是江南造园技艺正式大规模引入皇家园林的开始。乾隆皇帝对江南园林更加青睐，对江南造园技艺的引入更积极、更广泛。乾隆皇帝曾乘船沿着运河六下江南，对沿途所见美景总是啧啧称赞，对典雅别致的园林更是艳羡不已，因此每当看到赏心悦目的布局、构造，总是命随行画师即刻摹绘成粉本，以为日后皇家园林建造的参考。回京后更是时不时请江南造园技师北上，江南多用的各种造园素材也经由运河源源不断地运抵北京，由此掀起皇家造园取法江南的新热潮，其结果进一步促进南北园林艺术的融合。

　　清皇家园林素有"三山五园"之说。"三山"通常所指香山、万寿山、玉泉山，"五园"则是静宜园、清漪园（颐和园）、静明园、畅春园、圆明园。"三山五园"是清朝皇家行宫苑囿的总称，始于康熙，盛于乾隆，其中又以颐和园面积最大。颐和园前身为清漪园，是以杭州西湖为蓝本，依托昆明湖、万寿山，汲取江南园林营造手法建成的一个大型皇家园林。玉泉山和万寿山均位于北京西郊，这一带泉水丰沛，湖泊罗布，山水相依，宛如江南丽景。两山之间由泉水汇合而成的是一池湖泊，明时就直接称之为"西湖"，成为京杭大运河北京段即通惠河的重要调剂水源。清漪园是"三山五园"中最后兴建的一座园林，乾隆皇帝直接下令建造的。清漪园营造更深深嵌入江南印记：西湖底本，江南手法，甚至连园中景致也与江南园林无二。如谐趣园是颐和园中最著名的"园中园"，高仿的是无锡惠山寄畅园，甚至一开始就叫作惠山园，后溪湖买卖街仿的是苏州七里山塘，西所买卖街仿的是扬州二十四桥，就连湖中所筑西堤也照搬的是苏堤。后来乾隆皇帝将园中西湖改名叫昆明湖，并在湖中遍植荷、蒲、菱、茭，堤岸广栽绿杨垂柳，营造了北山南水，别具特色的绮丽风光。对于这样的"江南"美景，乾隆皇帝自然很是熟悉，也一定自鸣得意。作为一位诗情皇帝，面对如画般的风景，又怎么能不诗兴大发呢？正如乾隆皇帝在《昆明湖泛舟之作》中所描绘："雨后湖山上下鲜，兰舟缓棹破溪烟。千重云树绿才吐，一带霞桃红欲燃。卖酪声稀禁火后，流觞景试禊朝前。六桥那畔犹堪赏，水足陂塍待治田。"① 并且，乾隆皇上也毫不掩饰，明白告诉大家："面水背山地，明湖仿浙西。琳琅三竺宇，花柳六桥堤。"（《万寿山即事》）② 也就是说，如此美妙景致我仿的就是那"浓妆淡抹总相宜"的杭州西子。和乾隆皇帝一样兴致勃勃、诗兴大发的还有同朝名臣、著名诗人、江南人氏沈德潜。沈

---

① 故宫博物院编，《清高宗御制诗》（第 4 册），海南出版社 2000 年版，第 326 页。
② 同上书，第 99 页。

北京颐和园

曾在园中漫步,触目所及,美不胜收,似乎尽是熟悉的味道,不由赋诗一首:"左带平田右带湖,晴虹一路绕菰蒲。波间柳影疏间密,云际山容有忽无。遗臭丰碑旧阉竖,煎茶古寺老浮屠。闲游宛似苏堤畔,欲向桥边问酒垆。"[①] 该诗题作《西湖堤散步同雷翠庭大银台作》,不难看出,这位"江南老名士"真是感同身受,直接就把昆明湖唤作"西湖"了。颐和园是皇家园林的杰出代表,被誉为"皇家园林博物馆",更是南北文化交融相汇的典范。而这恰恰是京杭大运河的杰作。

默默千载、奔流不息的大运河赋予古城北京的不仅仅是气势恢宏、风格别致的皇家建筑、皇家园林,作为一条文化之河、交流之河、传播之河,大运河的开放与包容,与帝都"中心"之势,天作地合,交相辉映,成就了京城璀璨多姿的文化形态,并浸润到社会生活的每一方面,衣、食、住、行等。

京城众多老字号正是这种文化生态的一种具体体现。作为运河终点城市,帝王之都,北京成为四方人员辐辏之所,天下物流云集中心,由此带来工商业的巨大繁荣。特别是明清之际,伴随运河漕运日兴,北京经济更加繁盛,其间

---

① 顾廷龙主编,《续修四库全书》,编纂委员会编,《续修四库全书 1424·集部别集类》,上海古籍出版社 2002 年版,第 400 页。

蕴含的勃勃商机，吸引了众多精明的行商坐贾，纷纷来到京城，他们带着梦想与期盼，几十年如一日，艰苦打拼，不懈努力，成就了一个又一个响当当、独具特色的品牌，最终伴随历史岁月流逝，成为影响深远的中华老字号。据统计，如今北京约有老字号320个，其中百年以上的有90多家。一些老字号最早在明朝中后期即已出现，如鹤年堂药铺（1525年）、六必居酱园（1530年）等，迄今已逾400多年。清时京城老字号更多，如顺治年间的王麻子剪刀，康熙年间的同仁堂药铺、王致和腐乳等，乾隆年间的牛栏山二锅头、都一处烧卖、天福号酱肘子、长春堂药铺等，道咸年间的同和居饭庄、便宜坊焖炉烤鸭、内联升鞋店、谦祥益丝绸、步瀛斋布鞋、全聚德挂炉烤鸭等，光绪年间的泰丰楼饭庄、瑞蚨祥丝绸、张顺兴刻刀、吴裕泰茶叶、稻香村糕点、荣宝斋书画、张一元茶庄等，可谓五花八门，琳琅满目。

　　老字号是一种优秀的商业民俗，既代表一种品牌、一种品质，还有深厚的文化底蕴。在漫长的岁月中，这些老字号形成一些共同的经营理念和商业文化特征，如他们大多"前店后厂"，拥有自己的"绝活"；他们大多世代传承，坚守传统，又出陈创新；他们秉持工匠精神，追求工艺，精益求精；他们以人为本，讲究货真价实，童叟无欺。他们还大多拥有自己独特的企业精神，如全聚德一贯秉承"全而无缺、聚而不散、仁德至上"的理念，同仁堂始终坚守"炮制虽繁必不敢省人工，品味虽贵必不敢减物力"的祖训，王致和坚持致力"酿人间美味、造百姓口福"的追求，吴裕泰一直恪守"制之唯恐不精，采之唯恐不尽"的初心等。老字号是一种品牌，也是京城一道靓丽的文化风景线。"头顶马聚源，脚踩内联升，身穿瑞蚨祥，腰缠四大恒。"这是老北京人的口头禅，说的是京城四个老字号，即马聚源的帽子，内联升的鞋子，瑞蚨祥的衣裳，四大恒的银票子，都是顶呱呱的牌子，身上有了这四样，那就是不一般的身价。人们在顺口溜时，除了夸赞东西好，炫耀之情更是溢于言表。实际上，类似关于京城老字号的"说道"又何其多，如"不到长城非好汉，不吃（全聚德）烤鸭真遗憾""东来顺的涮羊肉——真叫嫩""六必居的抹布——酸甜苦辣都尝过""同仁堂的药——货真价实""砂锅居的幌子——过午不候""刘伶不比渴相如，豪饮唯求酒满壶。去去且寻谋一醉，城西道有柳泉居""都城老铺烧卖王，一块黄匾赐辉煌。处地临街多贵客，鲜香味美共来尝"等，不胜枚举。这些生动的民间歇后语、谚语背后，就是大众口碑，它们与众多老字号一起，

北京老字号同仁堂

绘成京城一幅独特的历史文化画卷。

更有意思的是,每个老字号都有自己一些不同寻常的故事。其中不少又和大运河紧密相关。如北京同仁堂,其创办者乐氏祖先,正是明朝永乐年间从宁波出发,从浙东运河、京杭大运河,一路风波,转辗千里,来到北京,从最初走街串巷行医卖药,到康熙年间创办临街"药室",最终以其一以贯之"货真价实"的追求成就享誉四海、历久不衰的老字号"同仁堂"。又如与"同仁堂"同龄的"王致和",以经营腐乳、臭豆腐名闻天下。其创办者王致和,安徽宁国府人,康熙八年(1669年)进京赶考,落第后便在京城卖豆腐为生,一个十分偶然原因,发现了臭豆腐的美味,于是把握商机,潜心专研,不断改进,最终成就"扑鼻生奇臭,入口发异香""臭名远扬"的老字号"王致和"臭豆腐。如前所述,京城老字号商铺,大都追求工艺,讲究用料,这其中正是得益于京杭大运河的南北畅通,才使得商铺源源不断获得天底下最称心如意的优质原材料,为老字号的精工匠作锦上添花。如京城老字号吴裕泰茶庄,光绪年间创办,以拼配花茶为经营特色,特别是镇店产品茉莉花茶,始终遵循"自采、自窨、自拼",所需茶叶均从安徽、浙江、福建等原产地直接采购,并派专人在福州、苏州等地窨制,再经水陆交通——由大运河船运至通州,再以大车拉进东直门,最终送达位于北新桥的吴氏茶庄,随即就是供不应求的抢购一空。

正是大运河成就了一个又一个京城老字号,并将老字号的名号流播四方,享誉天下。

京城老字号中,有不少和人们饮食、小吃有关,如大顺斋的糖火烧,烤肉宛的烤牛肉,都一处的烧卖,天福号的酱肘子,砂锅居的白肉,天兴居的炒肝,全聚德的烤鸭,稻香村的糕点,东来顺的涮羊肉等,个个都是让人垂涎欲滴的美味,它们还汇成一个共同的文化名号:北京小吃。

北京小吃是古城北京又一张了不起的文化名片,其历史悠久,极具特色。如清人杨米人曾在《都门竹枝词》中专门写道:"日斜戏散归何处?宴乐居同六合局。三大钱儿卖甜花,切糕鬼腿闹喧喧。清晨一碗甜浆粥,才吃茶汤又面茶。凉果炸糕聒耳多,吊炉烧饼艾窝窝。叉子火烧刚买得,又听硬面叫饽饽。烧卖馄饨列满盘,新添挂粉好汤圆。宋公腐乳名空好,马粪熏黄豆腐干。果馅饽饽要澄沙,鲜鱼最贵是黄花。甘香入口甜如蜜,索勒葡萄哈密瓜。瓦鸭填鸡长脖鹅,小葱盖韭好调和。苦麻根共茼蒿菜,野味登盘脆劲多。两绍三烧要满壶,挂炉鸭子与烧猪。铁勺敲得连声响,糊辣原来是脚鱼。爆肚油肝香灌肠,木须黄菜片儿汤……"①这大概是对老北京小吃最生动、最细致的描写,足见其丰富与多彩。据统计,北京小吃有二三百种之多:有的是佐酒小菜,如白水羊头、爆肚、白魁烧羊头、芥末墩子等;有的是百搭面点,如小窝头、肉末烧饼、羊眼儿包子、五福寿桃、麻茸包、艾窝窝、驴打滚等,举不胜举。甚至一些著名的酒肆饭庄也经营制作小吃,并形成自己的招牌,如仿膳饭庄的小窝窝、肉末烧饼、豌豆黄、芸豆卷,东来顺的奶油炸糕,合义斋的大灌肠,同和居的烤馒头,北京饭庄的麻茸包,大顺斋点厂的糖火烧等,在京城个个都家喻户晓。经年累月,北京人还评出自己心目中最叫好的小吃,俗称老北京"十三绝":豆面糕、艾窝窝、糖卷果、姜丝排叉、糖耳朵、面茶、馓子麻花、蛤蟆吐蜜、焦圈、糖火烧、豌豆黄、炒肝、奶油炸糕。当然,虽然叫小吃,却个个用料讲究,制作精心,即便是那穿梭在厂甸庙会熙熙人群之中,或者走街巷串胡同、沿河叫卖的"冰糖葫芦",制作也从不随意。这就是北京小吃的一个特点。

---

① 杨米人等著,路工编选,《清代北京竹枝词(十三种)》,北京古籍出版社1982年版,第22页。

实际上，小吃之所以叫小吃，最主要是因为它不用那么讲究，无须那么规正，什么桌椅齐备，碗筷正经的，通通都可以不要，谁都可以吃，随时可以吃，随便怎么吃，十分接地气。如早先北京小吃都是在庙会或沿街集市叫卖，人们无意间就会碰到，打个招呼，寒暄几句，因此老北京人又形象地将小吃称为"碰头食"或"菜茶"。正因为如此不拘一格，又别有风味，数百年来，北京小吃享誉中外，盛名天下。并且，似乎"草根"的小吃，却从来也不耽误它的"风雅"。古往今来文人墨客们在大快朵颐、赞不绝口同时，也着实没忘记赋诗著文歌咏一番。如清人杨静亭所著《都门杂咏》一书，专立"食品门"一项，专门歌咏、赞美老北京的特色小吃。如有赞荷包巷奶酪的，"闲向街头啖一瓯，琼浆满饮润枯喉。觉来下咽如脂滑，寒沁心脾爽似秋"；有夸福兴居鸡面的，"面白如银细若丝，煮来鸡汁味偏滋。酒家唯乘清晨卖，枵腹人应快朵颐"；有称道致美斋馄饨的，"包得馄饨味胜常，馅融春韭嚼来香。汤清润吻休嫌淡，咽后方知滋味长"；有歌咏小有余芳蟹肉烧卖的，"小有余芳七月中，新添佳味趁秋风。玉盘擎出堆如雪，皮薄还应蟹透红"；有夸赞月盛斋烧羊肉的，"喂羊肥嫩数京中，酱用清汤色煮红。日午烧来焦且烂，喜无膻味腻喉咙"① 等。小吃艾窝窝是老北京人最喜爱的面点之一，因此留下了不少专门吟诵艾窝窝的竹枝词，如《首都杂咏》中有关艾窝窝的描绘："形似元宵不用摇，豆黄玫瑰馅分包。外皮已熟无须煮，入口甘凉制法高。"②《燕都小食品杂咏》中有关艾窝窝的歌赋："白粘江米入蒸锅，什锦馅心面粉搓。浑似汤圆不用煮，清真唤作艾窝窝。"③ 近人夏仁虎则在《旧京秋词》中写道："菱糕切玉秾黄窝，午膳居然玉食罗。饭饱湖滨同啜茗，夕阳窗外见残荷。"并在诗后注道，"北海有肆曰仿膳，昔为御厨，制点甚精，菱花粉做花式曰'菱角糕'；以新磨蜀黍粉仿贫民所食曰'窝窝头'。但小缠如指耳，即此端尚见当日深宫思民疼苦云"，④ 原来此诗歌咏的是京城仿膳的宫廷小吃：菱角糕、豌豆黄、小窝头。可见，北京小吃绝不一般。

---

① 杨米人等著，路工编选，《清代北京竹枝词（十三种）》，北京古籍出版社1982年版，第80页。
② 雷梦水等编，《中华竹枝词》，北京古籍出版社1997年版，第409页。
③ 戈兆一编著，《北京魅力·古人笔下的北京》，商务印书馆2018年版，第214页。
④ 王景山编著，《国学家夏仁虎》，浙江文艺出版社2009年版，第180页。

北京小吃兴盛自然也离不开悠悠千载的大运河。帝都与运河的交汇，带来京城的经济富庶，带来四方人群的汇集，也带来天南地北的饮食风俗，于是乎东西南北，宫廷内外，各种美食交相荟萃，形成京城独特的饮食文化。此外，美食离不开地道食材，正是借运河交通之便，各地美味食材如谷米、香茶、海鲜、河鲜、果蔬、调味品、糕饼点心、坚果蜜饯等才能源源不断运抵京城，才能为北京小吃赢得名扬天下的招牌。如延续明清两朝的江南鲥鱼入贡，即是借运河成就美食的典型事例，试想如果没有运河，春夏之际，京城皇室、贵族哪会有最鲜美的鲥鱼品尝。大运河让各方美食、各种厨艺融合竞生，争奇斗艳，成就了老北京舌尖上的辉煌。

小吃是京城文化特色的一个缩影。作为运河城市，北京文化实际上处处体现出四方融合、与运河相伴而生的特点。如其戏曲艺术。

北京的戏曲艺术种类繁多，绚丽多彩，昆曲、京剧、河北梆子、大兴诗赋闲、柏峪燕歌戏、相声、岔曲、单弦、京韵大鼓、京西太平鼓、秧歌戏等。其中，最具代表性的莫过于京剧。京剧的形成和兴起，生动诠释了运河城市文化演绎的鲜明特点。如前所述，如果没有大运河，或许就没有乾隆皇帝的六下江南，驻跸扬州，并在不经意间对以唱吹腔、高拨子、二黄为主的"俗戏"动心，也就不会有后来的"徽班"进京和惊艳世人的京戏横空出世。

作为一条交流之河，大运河不仅输入文化，也输出文化，总是把运河沿岸的优质文化源源不断地向四方辐射，使其不断发扬光大。如京剧形成后，很快便称雄京华，成为京城最流行的戏剧。随后借助运河向各地流播。最早是京畿周围，如天津、河北等地，接着是运河向南沿岸各省、市，如山东、江苏等地很早就有专业戏班的京剧表演。随后又由运河沿岸省、市向全国各地散播，北至东三省，南到闽粤，西至云南，最终成为全民共赏的戏剧，称为"国剧"。京剧在传播过程中，还常常与当地文化融合再生，形成一些具有地方特色的新的表演形式，表现出京剧强大的发展张力。如同治六年（1867年），京剧进入上海，经过20多年的磨合、发展，最终形成独具特色的"海派"京剧，成为与"京派"各有千秋的一大京剧流派。京剧的传播及其在各地的演绎发展正是运河文明的重要特质之一。

古都北京，历史悠久，底蕴深厚，文化丰富多彩，更因运河文明的默默浸润，而更加绚丽多彩，光耀四方。

二、大运河与沧州城市文化

运河古城沧州，地处冀省东南，因滨"沧沧之海"——渤海而得其名，始建于北魏孝明帝熙平二年（517年），迄今已有1500多年历史。州治初设饶安，即今盐山千童镇。千童镇秦时称"千童城"，是当年秦始皇为求长生不老仙药，"遣徐福发童男女数千人，入海求仙"①的东渡之地。元末明初，伴运河漕运兴起，州治迁至长芦（今沧州市区），初为土城，后"创建砖城"，开始具有今天意义上的沧州。

沧州与大运河关系可谓历史久远。早在三国时，为攻打乌桓，曹操即在沧州主持开凿运河，名为平房渠，起至呼沲（即滹沱河），下至泒水（今天津独流附近），"潜粮"以北征。隋初，炀帝"诏发河北诸郡男女百余万开永济渠，引沁水南达于河，北通涿郡"，②正是在对曹魏旧渠疏浚、改造基础上，形成今日沧州运河的基础河段，时称御河或卫河。大运河的开凿使沧州渐成南北交通要道，城市经济日渐繁荣。为应运运河漕运需要，明洪武二年（1369年），州治"徙于长芦"，长芦位于运河西畔，沧州从此与大运河朝夕相伴，成为南北往来的水陆要津、重要码头。

明清之际，运河漕运日益兴盛，沧州也步入一个辉煌发展阶段。据史书记载，这一时期每年约有400万石漕粮经沧州转运至北京，另外还有不计其数的南北物产、皇家贡品。一时间，沧州运河两岸商贾云集，往来不断，货积如山。明代诗人瞿佑曾在《沧州城》一诗中生动地描绘了这一繁盛景象："沧州城，城何高，城上楼橹城下壕。龙跳虎踯怒咆哮，阵云纷起战麈麈。落日无光照白旄，只今偃武弓矢橐。但见运河绕郭流滔滔。高桅大舵长短篙，自南而北连千艘。漕夫叫噪挽卒劳，朔风刮面穿征袍。我倚船窗望远皋，手掬清波照鬓毛。朗诵招魂歌楚骚，忧心为汝徒忉忉。"③清时画家、沧州人刘梦在《述沧州诗》中也生动、细腻地描述了沧州城的繁华、富庶："汉之渤海

---

① 司马迁著，《史记》，延边人民出版社1995年版，第22页。
② 魏徵等撰，《隋书》（第1册），中华书局1973年版，第70页。
③ 王爱军主编，《魅力沧州》，河北人民出版社2008年版，第194页。

郡,唐宋为沧州。长芦迁自明,国朝隶几畴。东上临碣石,西城浇御流。南接姬姜域,北望倚神幽。中开古官治,往往有贤侯。膏腴负四郭,男耕女织作。秋风扫场圃,妇子亦云乐。城中罗冠盖,锦堂连画阁。科第每魁元,况复皆英弱。清禄皆华秩,澹乎乐近壑。年来益文嘉,词艺各成家。时当岁节际,富贵多称嗟。佳人爱贤雅,游子骋骊骃。工商如云屯,行舟共曳车。漕储日夜飞,两岸闻喧哗。粒盐甘如果,游舟鲜过花。倚遂丽如山,调管拨琵琶。市上争美酒,门前垂茂柳。楼上客箕踞,楼下酒人走。公子尚幽清,人人好诗友。歌妓何娇明,个个称行首。有时泛西河,中流杯在手。乘醉登南楼,题书永不朽。禅林尤深静,名胜有八九。向上列芳园,东郊复大薮。秋冬风起时,鸣弦走黄狗。如斯诚乐国,致治夫何有。天王正乾纲,四海乐未央。闾阎足粱肉,貂裘灿锦裳。行者安其步,卧者安其床。体恤莫偏废,昊命永无疆。"①

大运河沧州段,今南起吴桥县第六屯村南,北至青县李又屯村北,全长215千米,主城区河道13.7千米,是京杭大运河所流经城市中里程最长一段。尤为独特的是,沧州段运河与南方利用水闸来控制水流方法不同,而是利用天然河道弯度来减缓水流速度,这既保证航船平稳,又减少坝体受力,故沧州段运河弯道众多,逶迤曲折,极具特色,尽呈"三弯抵一闸"的古老河道生态。运河沿岸堤坝建造工艺也与众不同。夯土大坝用的是灰土和糯米浆,逐层夯筑而成,俗称"糯米大坝",这种坝体紧致牢固,经久耐用,因而一些夯土坝至今仍保存完整。沧州段大运河历经千年风雨,仍保持其原始、朴拙的古老形态,充分体现出"天人合一"的巨大魅力。

沧海茫茫,运河汤汤。运河汇沧海,带来了沧州繁华与富庶,也孕育、滋养了沧州深厚的地域文明,并赋予其独特的文化气质:武术之乡、杂技之乡、铸造之乡、仓酒文化、河间打鼓、沧县狮舞等,仿佛一幅幅瑰丽画卷。

沧州武术历史久远,蜚声中外,被誉为"武术之乡"。其兴起则是多方面因素:首先,由于历史、地理原因,沧州自古便是兵家必争之地,长期以来,战火连天,生灵涂炭,百姓痛苦不堪,为生存计,人们纷纷习武以图自保。其

---

① 李浚之编,毛小庆点校,《清画家诗史》(上),浙江人民美术出版社2014年版,第45页。

沧州运河景观

次,沧州古时地处"九河下梢",土地瘠薄,灾害频发,百姓生活十分困苦,遭遇大灾之年,更是被迫卖儿鬻女,或四处乞讨,人们穷尽各种办法渴望维持生计,却惨遭官府打压,为反抗欺压,百姓纷纷习武以求自救。此外,古时沧州被视为"远恶之郡",地势偏远,人迹罕至,常作为朝廷犯军发配之地。如《水浒传》中八十万禁军教头林冲,就曾发配至沧州充军,最终演绎一出"逼上梁山"的精彩故事。沧州也因此成为许多朝廷叛将的蔽身良所,时人甚至直呼沧州"小梁山"。一些受朝廷缉拿的叛将,寻沧州民众强悍喜武之俗以蔽其身,隐姓埋名,传艺维生,故沧州习武之风日盛。凡此种种,造就沧州习武、尚武的风俗,并养成幽燕大地淳朴、刚直、强悍之民风。正如乾隆时期的《沧州志》所述:"沧邑俗劲武尚气力,轻生死,自古以气节著闻。承平之世,家给人足,趾高气扬,泱泱乎表海之雄风。一旦有事,披肝胆,出死力,以捍卫乡闾,虽捐弃顶踵而不恤。"①

大运河开通让沧州"武术之乡"威名远扬。作为运河之城,沧州成为南来北往交通要冲,重要水陆码头以及官府巨富走镖要道。沧州携武业之长而镖业

---

① 徐时作等修,胡淦纂,《沧州志·卷十六》,清乾隆八年(1743年)刻本。

兴昌，这一时期沧州，城厢内外，镖行林立，镖师济济。除本地武师外，各地武艺高强之人也纷纷汇集沧州，出任镖师，担当走镖，并与沧州武术切磋，使沧州的武术门派、拳械技艺日益丰富，武业日隆，天下立威。及至清末，已有"镖不喊沧州"一说，威震四方，竟成南北镖行之规矩。所谓"镖不喊沧"，据《武术汇宗》载称："实则沧州一带，最出镖师，高人尽多也"，① 各地镖局为表示对沧州武界尊重，镖过沧州，皆扯下镖旗，自觉噤声，悄然而过；另一方面，过境镖车如遭遇麻烦，沧州武林定会仗义出手，绝不坐视不管，镖车断无危殆之虞。正是伴随运河畅通，沧州武术起于唐，兴于明，盛于清，获得"武术之乡"称誉。

沧州武术独树一帜，特点鲜明。首先是武术流派、种类众多。直接起源或流传于沧州的有八极、劈挂、六合、燕青（迷踪）、明堂、太祖、功力、螳螂、苗刀、戳脚、阴阳枪等多达52种，占全国武术门类、拳械的40%，是中华武术当之无愧的发源地。"文有太极安天下，武有八极定乾坤"，这正是沧州人对起源于沧州的"太极拳""八卦拳"的交口赞誉；而沧州人独创的"八极拳"和"劈挂拳"则被列为中华武术最具代表性的十大优秀传统拳种。沧州武术具有自己独特的特点。其套路既有大开大合的勇猛长势，也有推拨擒拿的实战绝技，且长短相济，攻防兼备。此外，沧州武术还尽显中华传统文化之精理，其一招一式中无不蕴含阴阳、内外、刚柔、方圆、天地、义理等儒、释、道的理念和意蕴。

作为"武术之乡"，沧州武师名家辈出。据统计，仅明清两代，沧州武举人、武进士就多达1800余人。沧州武师不仅武艺精湛，且大多武德高尚，他们始终秉持中华武术一贯倡导的武德精理，留下一个又一个行侠仗义、扬善惩恶、保家卫国的感人故事。如自创"迷踪拳"，大胜日本武士，威震津门的大侠霍元甲；助谭嗣同变法名震京城的大刀王五；"一剑抵天下"、屡败外国大力士的"千斤神力王"王子平；"手攀房梁，股夹马起"绝艺震武林的李冠铭；首创中央国术馆，人称"国术馆之父"的张之江；行侠仗义、善名远扬的"燕子李三"李云龙，此外还有铁壮士丁发祥、神枪李书文、八极初祖吴钟、宣统

---

① 万籁声著，《武术汇宗》，中国书店1984年版，第3页。

帝武师霍殿阁、"沧州二杰"之一的佟忠义等，可谓举不胜举。保家卫国，抵御外侮，更是沧州武林义无反顾的壮举。如明时沧州人刘焘曾率兵并领沧州武侠三千，在东南沿海抗倭十多年，屡扫倭寇嚣张气焰。刘焘还大胆起用因谗言而赋闲在家的戚继光。戚继光在抗倭中根据实际情况改长刀为苗刀，并演练一套技法，即"辛酉刀法"，给倭寇以重创，杀得东南沿海一带倭寇几尽绝迹。后抗战期间，中国军队中有不少大刀队，其刀法就直接或间接借鉴苗刀之长以对付日本刺枪，并在喜峰口、卢沟桥事变、台儿庄等战事中，打得日本侵略者魂飞魄散，让沧州武乡之名响震华夏。

"上至九十九，下至刚会走，吴桥耍玩意儿，人人有一手。"这首民谣生动描绘出沧州吴桥杂技之乡的独特风貌。在沧州，除了武术，杂技是另一个极具特色的地域文化，是运河文明带给沧州的又一个文化奇观。吴桥杂技历史悠久，早在1500多年前汉魏时期就有倒立、肚顶、转碟、马术、蝎子爬等多种杂技表演。元朝以后，吴桥杂技表演日兴，每逢节日，如元宵节更是"掌灯三日，放烟火，演杂剧，士女喧阗，官不禁夜"，① 到处都是"耍玩意儿"的。明万历年间吏部尚书、东阁大学士范景文（吴桥人氏）曾在《游南园记》中记述其返乡探亲在祭台（吴桥旧县城南门外）看马戏的表演盛况："闻有祭风台，盖往观之，御骑以往，至则数健儿在焉，见所乘马跷腾，不胜气作，命取驰骤道上，于时，人马相得，据鞍生风，蹄蹴电飞，着眼俱失，急于雾中，细辨之，见马上起舞，或翻或卧，或折或蹐，或坐或欹，或抱或脱，或跃而立，或顿或侧，时手撒辔，时脚蹑趴，时身离蹬，以为势将坠矣，而盘旋益熟，观者无不咋舌，而神色恬然自若也。"②

吴桥杂技最初兴起原因有类沧州武术。古时吴桥，四面环水，土地贫瘠，环境恶劣，每逢天灾、战祸，百姓民不聊生。为了生存，人们被迫练杂耍，变戏法，耍耍大刀，卖艺糊口，渐渐成为社会风气。由汉至唐，吴桥杂技表演日渐兴盛。但这一时期主要是为官宦、有钱人家表演、逗乐，表演空间有限。宋元时起，杂技开始走向民间，成为市井百姓茶余饭后的消遣。彼

---

① 倪昌燮等，施崇礼等纂，《吴桥县志·卷一》，清光绪元年（1875年）刻本。
② 倪昌燮等，施崇礼等纂，《吴桥县志·卷十二》，清光绪元年（1875年）刻本。

时，吴桥佛事兴盛，境内庙宇林立，庙会者甚蕃。为了吸引人潮，敛聚人气，庙会除了做法事，还时常举办一些娱乐性表演，如马戏、狮子舞等。由此，形成了庙会和杂技之间良性互动：庙会为杂技提供表演舞台和发展空间，杂技为庙会招徕香客、助推香火。在这一过程中，吴桥杂技不断兴盛，日趋繁荣。

大运河开通则进一步助推吴桥杂技发展，使其有更广阔表演空间，更高发展境界，并四海传扬，天下闻名。"小小铜锣圆悠悠，学套把戏江湖走。南京收了南京去，北京收了北京游。南北二京都不收，运河两岸度春秋。"① 这是一首旧时吴桥街头艺人历代相传的"锣歌"，却是杂技艺人最真实的生活写照。歌谣中所说"条河"，就是民间对大运河的别称。大运河南北畅通，带来沿岸城市经济繁荣，也让这些城镇拥有最可观的消费能力和最大的消费群体，成为杂技艺人们"跑码头"最重要的去所。以艺立身，卖艺为生，为了谋生，艺人们不断创新表演，精益求精，使吴桥杂技发展不断走向新高度。遥想当年，吴桥杂技艺人正是沿着运河，从南到北，从东到西，从一个城镇到另一个城镇，在滔滔奔流中度过人生春秋。据吴桥杂技老艺人国家级非遗传承人王保合回忆小时候和父亲沿河卖艺的情形："当时，我们主要活动地是运河两岸的大小城镇，北上连镇、东光，再北天津、北京……南边到德州、济南，基本上沿着运河闯江湖，运河两岸就是我们的市场和舞台。"② 大运河就是吴桥杂技艺人的舞台和人生，就是艺人的希望和梦想，伴着滔滔河水，把吴桥杂技艺术不断推向辉煌，成就其"没有吴桥不成班"的鼎鼎名号。闻名天下的吴桥杂技艺人，又带着他们精湛演技从运河沿岸走向全国各地，从国内发展到海外。到新中国成立之初，吴桥杂技艺人已遍布世界各地，并以精湛技艺征服世界，盛享"世界杂技艺术摇篮"的美誉。1954年，周恩来总理出访西欧十四国，所到之处华侨中无不有吴桥杂技艺人，周总理十分欣喜，脱口赞道："吴桥真不愧是杂技之乡！"

运河之城沧州，文化绚丽多彩。沧州不仅是著名的"武术之乡""杂技之

---

① 李学通著，《运河与城市》，河北人民出版社2012年版，第167页。
② 《运河申遗三周年·大运相连汇沧海》，《沧州日报》，2018年6月8日，第1版。

乡"，还是赫赫有名的"铸造之乡"，其高超的铸造艺术，同样展示出不一样的文化魅力。

中国铸造技术，可谓源远流长。早在商周时期，即臻于成熟，形成一系列独特的铸造工艺。如后母戊鼎、四羊方尊等都是这一时期出现后来震撼世界的铸造精品。沧州铸造业最主要集中在泊头。泊头现为沧州一县级市，位于沧州境内西南，古时即紧濒大运河畔，是运河漕运一重要码头，号"津南第一大商埠"。沧州泊头以其铸造历史悠久，铸造技艺精湛，拥有众多铸造艺人而赢得"铸造之乡"的天下美名。

"沧州狮子景州塔，东光县的铁菩萨"，这句在河北近乎家喻户晓的民谚，说的是"冀中三绝"——沧州狮子、衡水景州塔和东光铁佛寺。其中，沧州铁狮子、东光铁佛这两件铁制铸品都出在沧州，充分见证了古代沧州高超的铸造技艺。

沧州铁狮子成于后周广顺三年（953年），原坐落于旧沧州城内开元寺前，"高一丈七尺，长一丈六尺……右项及牙边皆有大周广顺三年铸七字"，[①] 是我国现存年代最久、形体最大的铸铁狮子。对于铁狮子的来历和作用，民间说法历来不一，较常见的是说：旧沧州滨海，时有海啸发生，民不堪其苦，为消弭水患，人们主动捐钱，邀请当时名师李云铸造此狮，以镇海啸，名曰"镇海吼"。

铁狮子自铸成已800多年历史，虽因饱经风雨，锈蚀严重，却依然昂首挺立，威风凛凛，霸气逼人，令人叹为观止。沧州铁狮堪称一绝，其特点一是外形精致。铁狮身披障泥，"背负巨盆（莲花盆）"，莲花盆底直径1米，上口直径2米，通

沧州铁狮子

[①] 李学谟等修，张坪纂，《沧县志·卷十三》，沧县志书局出版。

高 0.7 米，并可拆卸。狮身鬃毛呈波浪状或卷曲状，披垂至颈，胸前及臀部束有飘带，带端分垂于两肩及胯部，头顶及项下两处各有"狮子王"字样。铁狮内外并铸有许多精美文字。整个造型气势恢宏、栩栩如生。清代文人、沧州进士曾对此作精彩描述："飙生奋鬣，星若悬眸，爪排若锯，牙列如钩。既狰狞而躞蹀，乍奔突而淹留，昂首西倾，吸波涛于广淀；掉尾东扫，抗潮汐于蜃楼。"（《铁狮赋》）① 二是铸造工艺特殊。铁狮重约 32 吨，如此巨物铸造起来极为不易。沧州人因此采用了一种特殊的铸造方法——"泥范明铸法"，即以整块泥模为芯，分节叠铸，整个过程一共用去 30—50 厘米见方铸范 600 多块。以 1000 多年前手工冶铸技术，能铸出如此精美大物，足见其工艺水平高超，更彰显出古代沧州劳动人民的聪明才智。铸成后的铁狮，威武雄壮，气势磅礴，成为沧州人的骄傲，被视为沧州的象征与标志，沧州也因此被称为"狮城"。

沧州另一个铁铸巨物是铁佛像，位于东光铁佛寺内。铁佛寺原名"普照寺"，因供奉了一尊硕大铁佛像而称"铁佛寺"，意为"铁菩萨金光普照东光"。铁佛寺始建于北宋开宝五年（972 年），距今已有 1000 多年历史。铁佛像则是位于寺庙大雄宝殿正中的一尊释迦牟尼佛，佛像中空，全部由生铁铸造而成，高 8.24 米，重 48 吨，是现今我国最大坐式铁铸佛像。

关于铁佛像的由来，沧州民间至今仍流传许多动人故事。传说宋太祖开宝到至道年间，东光大雨频繁，洪水泛滥，造成无数死伤，人们为乞求神力，决定铸一尊铁佛，以镇天灾。遂有吴桥镇一位张姓铁匠，带数百工匠，支起百余盘熔炉，化铁水以铸佛。但铸至平肩，头部却怎么也铸不成。因为每当工匠端着铁水登上两丈多高脚手架时，铁水就已冷却，无法浇铸。众人对此一筹莫展。这时来了一位白发长髯老者，口中反复吟唱，"要想铁佛成，必须脖儿平"，吟罢即扬长而去。工匠们经过一番琢磨，顿时心领神会，于是在铁佛周围垫土筑台，与肩部相平，在台上安炉，熔铁浇铸，很快便大功告成。后来，人们又为铁佛周围建起庙宇，题名"普照寺"。

另一个民间故事，则说铁佛是从运河里漂来的。传说古时东光城内有一眼泉水，时常泛滥成灾，百姓深受其苦。东光自隋唐时起传入佛教，善男信女

---

① 徐时作等修，胡淦纂，《沧州志·卷十六》，清乾隆八年（1743 年）刻本。

颇多，是远近闻名的佛乡，人们纷纷烧香祈福，祈望能镇水避灾。铁佛原在京东香河县金鸡寺，因心中系念佛乡东光的善男信女，故每天僧人撞钟时就发出"东光、东光"的声音。金鸡寺和尚意识铁佛要去东光，就用铁链将铁佛右臂紧紧锁住，但铁佛去意已决，后挣断锁链，留下右臂，沿运河逆流而下。沿途各县见河里漂来个大铁佛，纷纷在河边修建接佛寺，希望能留下铁佛，但铁佛不为所动，目不斜视，一意向南，直至东光码头停下。但这样的庞然大物如何能搬动？众人极为犯难。这时岸边来了一个小和尚，其貌不扬，饭量却极大，一口气吃了十多屉包子，然后俯身把铁佛背上岸，放了了泉水泉眼上。从此，泉水再无泛滥。后来人们在泉眼上建起佛庙，取名"铁佛寺"。再后来工匠为铁佛铸造右臂，然佛高数丈，铁水每端至佛肩就已冷却，令匠人无辙。一日，小和尚又经此地，口中吟唱道，"要想铁佛成，必须脖儿平"，说罢扬长而去。工匠们心领神会，立即在佛身周边围土筑台，与肩部相平，将化铁炉置于台上，佛臂很快便浇铸成功。据说小和尚就是铁佛化身，铁佛下有一口井，深不可测。

民间传说是一种集体记忆，具有鲜明地域色彩，虽非真实历史，但故事背景及情节中往往包含着一些真实历史因素。如透过上述传说，不难看出"运河"、"铸造"等情景因素在古沧州人心目中的地位与作用，尤其是朝夕相伴的大运河，更有举足轻重的影响。

沧州历史文化谱系中，不能不提及"沧酒"。曾经的沧酒闻名遐迩，堪称酒中王者。沧州酿酒历史久远，早在隋唐时已有记载，所酿佳酿称为"沧酒"。北宋时，沧酒已蜚声天下。据文献记载，宋神宗熙宁时，沧州就凭借230万贯酒税雄踞北方市场。另据《山堂肆考》载称："沧州有桃花酒、菖蒲酒，饮之神气清爽"，① 可见"沧酒"已成一方特色。明清之时，沧州佳酿更以"沧酒"之名闻达四海。许多人品评后，纷纷赞叹不已。如清浙西词派创始人一代名士朱彝尊在《食宪鸿秘》一书中就指出："北酒，沧、易、潞酒皆为上品，而沧酒尤美。"② 清烹饪巨著《调鼎集》中品论天下名酒，则推崇酒中"四须"，即位列诸酒之上，乃沧酒、绍酒、浔酒和川酒。③ 沧酒属黄酒一种，为北派黄酒，

---

① 彭大翼撰，《山堂肆考·卷191》，《四库全书·子部》（第977册），上海：上海古籍出版社1987年版，第774页。
② 朱彝尊撰，《食宪鸿秘》，上海古籍出版社1990年版，第36页。
③ 童岳荐，张延年校，《调鼎集》，中国纺织出版社2006年版，第242页。

故时人常与绍兴黄酒比较，甚至以为，其品质要胜于绍兴黄酒。如清人梁章钜在《浪迹续谈》中就说："沧酒之著名，尚在绍酒之前。"① 袁枚在《随园食单》一文中也指出："余性不近酒，故律酒过严，转能深知酒味。今海内动行绍兴，然沧酒之清，浔酒之洌，川酒之鲜，岂在绍兴下哉！"② 袁枚非饮酒之人，故对酒之优劣有更严格评判，亦对沧酒赞叹不已，足见沧酒品质之优。亦有人将沧酒与绍酒比肩而论，称绍酒是"南酒魁首"，沧酒为"北方冠冕"。

酒在中国传统文化中具有特殊地位与作用。古往今来，不管达官显贵，文人贤士，还是黎民百姓，许多人对酒有特殊喜好，酒在人们情感世界、居家生活中扮演着极为寻常而又十分特殊的重要角色。所谓喝一杯美酒，品百味人生，消万古忧愁。正如酷爱美酒的大诗人李白在《将进酒》中所说："古来圣贤皆寂寞，唯有饮者留其名"，仅此一句就道出酒在人们心目中的重要地位。沧酒醇美，回味甘长，更引无数好酒文人争相而来，开怀畅饮，酒酣性逸之际，挥毫泼墨，留下许多赞美、歌咏沧酒的传世佳作。如乾隆时期翰林蒋士铨痛饮沧酒后，诗兴大发，挥笔写下43韵整整430字的五言古风："酿法古亦多，于今荡无遗。海内指数者，南北分属之。北酝尚烧春，乾和实其师。御寒疏滞淫，立效过良医。风月歌无筵，文字莺花卮……泱泱沧州水，渌渌波沧漪。土人汲而酿，五齐六法施。湛炽器复良，滴滴珠槽滋。品居通介间，弗敖弗诡随。清冽异刚愎，和易难狎嬉……本作醇醪文，讵同甘醴嗤？请觅社公酒，报德为医治。"（《谢吴百药肇元侍读饷沧酒》）③ 这首诗堪为歌咏沧酒的经典之作。此外，还有许多人赋诗著文赞美沧酒。如同为乾隆朝翰林的董元度写诗赞道："河豚入市思拼命，沧酒盈樽不遣愁"（《天津杂诗》）④ 福建宁化诗人、乾隆朝进士伊朝栋诗曰："麻姑城近不可到，江草日日颠风吹。来航帆峭急流顺，隐几瓶罄晨忘炊……垆头沧酒何日买，拟似长鲸吞漏卮。"（《沧州江中阻风》）⑤ 四川绵阳诗人李调元似乎最知沧酒，登临沧州朗吟楼，把酒临风，即兴

---

① 梁章钜著，刘叶秋、苑育新校注，《浪迹续谈》，福建人民出版社1983年版，第82页。
② 袁枚著，别曦注译，《随园食单》，三秦出版社2005年版，第277页。
③ 蒋士铨著，《忠雅堂集校笺》(2)，上海古籍出版社1993年版，第822—823页。
④ 梅成栋纂，卞僧慧、濮文起校点，《津门诗钞》(下)，天津古籍出版社1993年版，第956页。
⑤ 伊朝栋著，《赐砚斋诗钞》(卷四)，嘉庆十二年刊于扬州郡斋，南京图书馆藏。

赋诗："麻姑城上朗吟楼，锁断风烟数百秋。乘鹤仙人今去远，骑鲸客子昔来游。瀛洲未解三生恨，沧酒难消万斛愁。长啸一声自归去，白云终古两悠悠。"（《登沧州朗吟楼》）① 清学者王士禛曾写有《河间从山公乞沧酒》一诗，对沧酒喜好之情溢于诗赋："五畤新成礼百神，同时衔命帝城闉。朔风初过毛苌里，西日难遮庾亮尘。丹荔黄蕉炎海路，茂林修竹镜湖滨。今宵且乞麻姑酒，别后俱为万里人。"② 《红楼梦》作者曹雪芹之父曹寅在扬州为官，得沧酒后最大一愿望是"期至扬州饷同诸人"，并为此赋诗一首："沧州酒滑碧琉璃，小榼分携步步随。笑对马军驰不得，缓归犹及送梅时。"（《南辕杂诗》）③ 曾在明清两朝为官的名士钱谦益，早在明崇祯年间就写有赞誉沧酒的佳作，如《沧酒歌》一诗："君初别我新折柳，归帆约载长芦酒。今我南还又早秋，也沽沧酒下沧州。轻舟一叶三千里，长瓶短瓮压两头。与君去国如去燕，一水差池不相见。沧州芦花如雪披，沧水东流无尽期。沧州好酒泻盏白，照见行人鬓上丝。东皋秋清月舒彩，西湖采莲歌欸乃。期君开怀酌沧酒，醉拉程生戏墨海。"④ 此诗简直就是沧酒的代言广告。而他另一首诗《后饮酒》则描绘人们争购沧酒时的情景："停桡买沧酒，但说孙家好。酒媪为我言，君来苦不早。今年酒倍售，酒库已如扫。但余六长瓶，味甘色复缥。储以嫁娇女，买羊会邻保。不惜持赠君，君无苦相嬲。涂潦泥活活，僮仆手持抱。郑重贮船舱，暴富似得宝。明灯吐新花，夜雨响秋草。君如不快饮，负此酒家媪。"⑤

清大学士、沧州人氏纪晓岚同样从不饮酒，戏称"平生不饮如东坡，衔杯已觉朱颜酡。今日从君论酒味，何殊文士谈兵戈"，⑥ 他却对沧酒做了最为神奇的描述。纪晓岚在其笔记体小说《阅微草堂笔记》中多次提及沧酒，并辟文字专门细说。如在《阅微草堂笔记》卷二十三《滦阳续录（五）》中写道：沧酒必庋阁至十年以外，"乃为上品，一罂可值四五金"，但人们"耻于贩鬻"，而是以此"互相馈赠"；同时为防官府征求无厌，"相戒不以真酒应官，

---

① 李调元著，《童山诗集》(3)，中华书局 1991 年版，第 241 页。
② 王士禛著，惠栋、金荣注，《渔洋精华录集注》（下），齐鲁书社 1992 年版，第 1244 页。
③ 曹寅著，《楝亭集笺注》，北京图书馆出版社 2007 年版，第 345 页。
④ 钱谦益著，钱曾笺注，钱仲联校，《牧斋初学集》，上海古籍出版社 1985 年版，第 242 页。
⑤ 钱谦益著，钱曾笺注，钱仲联校，《牧斋初学集》，上海古籍出版社 1985 年版，第 253 页。
⑥ 纪昀著，孙致中等校点，《纪晓岚文集》（第 1 册），河北教育出版社 1995 年版，第 490 页。

沧州人氏清朝大学士纪晓岚

虽笞棰不肯出,十倍其价亦不肯出",故"保阳制府尚不能得一滴"。因沧酒珍奇,又一向"不应官",以至有为官者得饮沧酒后,竟"深悔不早罢官"。① 此外,文中还特别记述了沧酒酿造之奇、存储之奇、品饮之奇,真与一般的酒大不同。如沧酒酿造,"其酒非市井所能酿,必旧家世族互相授受,始能得其水火之节侯";沧酒存储,"畏寒""畏暑""畏湿""畏蒸""犯之则味败",十分挑剔;沧酒品饮,同样极为讲究,"或运于他处,无论肩运车运舟运,一摇动即味变,运到之后,必安静处澄半月,其味乃复","取饮注壶时,当以勾平挹,数摆拨则味亦变,再澄数日乃复"。② 沧酒琼浆,真可谓求之不得,品之不易。

沧酒醇美,盛名天下,离不开大运河的无私馈赠。正是得益于大运河的优质水源,沧酒佳酿才远胜于他。据乾隆朝《沧州志》记载:沧酒,"酿用黍米,曲用麦面,水以南川楼前者为上味。醇而冽,他郡即按法为之不及也。陈者更佳。"③ 纪晓岚在《阅微草堂笔记》中更直接道出其中奥妙:"水虽取于卫

---

① 纪昀著,孙致中等校点,《纪晓岚文集》(第2册),河北教育出版社1995年版,第557—558页。
② 纪昀著,孙致中等校点,《纪晓岚文集》(第2册),河北教育出版社1995年版,第557页。
③ 徐时作等修,胡淦纂,《沧州志·卷四》,清乾隆八年(1743年)刻本。

河，而黄流不可以为酒，必于南川楼下，如金山取江心泉法，以锡罂沉至河底，取其地涌之清泉，始有冲虚之致。"① 亦即，要酿造上乘沧酒，须划船至运河中心，用长绳系水罐，沉入河底，取出其下泉水——此泉即为传说中的麻姑泉，藏匿于运河江心水下，终日得运河庇护，用此水酿酒，才会醇厚甘冽。毫无疑问，沧酒之美正是"以水胜"。除了水好，运河开通，带来沧州交通便利，经济繁荣，消费旺盛。明清之际，沧州运河两岸，酒旗飘展，酒肆林立，各地人们纷纷慕名而来，"舟行来往，皆沽于岸上肆中"，② 极大促进沧酒酿造技术发展和酒业兴盛。正是大运河，成就了沧酒美名，令其行销天下。

大运河带给古城沧州不仅有绝世美酒，还有绚丽多姿的民间曲艺。如沧州木板大鼓，起源于民间草根，伴随运河成长、兴盛，是全国独有的艺术曲种，曾对北方大鼓曲群如西河大鼓、京韵大鼓、乐亭大鼓等产生重大影响，甚至被称为"京韵大鼓的母根"。又如沧州民俗舞蹈沧县狮舞，历史更加久远，汉朝即有，明清盛行，其表演狮分"文""武""文狮"主"逗"，状憨形萌，神态逼真，令人捧腹；"武狮"主"动"，威风凛凛，上下翻腾，豪情万丈。正如蕴含深厚的运河文明，沧县狮舞神形具备，文武兼通，在腾挪跌宕中将沧州文化精髓和民风气质淋漓尽致地展现出来。

由沧州木板大鼓（见第四章）衍生的沧州河间大鼓更是威震四方，号"天下第一鼓"。大鼓首先是因其大而得名。按鼓行规定，鼓面直径在1.8米以上者为大鼓，2.0米以上者为特大鼓。河间大鼓正是借助此类大鼓开展的群体性表演。为确保鼓的质量和音色，河间大鼓制作十分讲究，通常选用上乘牛皮作面，牛皮不得有鞭伤、刀痕、针眼等任何瑕疵，精心蒙制而成，如此制出的大鼓方能鼓声高亢、声音悦耳。河间大鼓表演活动已有千年历史，在漫长岁月中，又演绎出许多套路和流派。鼓谱也极为丰富。据统计，河间大鼓曾有100—150套鼓谱，故表演时内容丰富多彩，节奏千变万化。其演奏乐器通常由大鼓、小鼓（俗称引鼓）、大镲、小镲、大铙、大锣（个别）、小锣、云锣等组成。大鼓鼓手一般2—6人，整个鼓队20—40人，表演时所有人员均穿或红或绿或黄的古代武士服装，头包彩巾，别上红缨球，腰扎三寸多宽的彩带，胸

---

①② 纪昀著，孙致中等校点，《纪晓岚文集》（第2册），河北教育出版社1995年版，第557页。

前胸后都佩饰护心明镜，个个精神抖擞，人人威武英俊。演出时，场面十分热烈，到高潮际，更是鼓声隆隆，惊天动地，再合以数十副大镲、大铙、大锣齐鸣，铿铿锵锵，响彻云霄，整个场面气势恢宏，极为壮观，令人震撼不已。河间大鼓是民间艺术的瑰宝，不仅好看、观赏性强，而且能在激情火爆的演出中给人以无限豪情、无穷力量。明清之际，曾几何时，沧州各路鼓手，沿着运河，敲着大鼓，一路北上，晋京献演，其恢宏的气势、精湛的演技将河间大鼓威名传遍了津京，由此赢得"天下第一鼓"的名号。

大运汇沧海，造就沧州独特的文化气质。古往今来，沧州名人众多，灿若晨星。如战国神医扁鹊，西汉学者韩婴，唐朝地理学家贾耽，元朝水利学家马之贞，清之重臣张之洞、张之迈等。沧州不仅武术名家辈出，文人、学士同样不计其数。如西周政治家、文学家尹吉甫，不仅武略盖世，文采亦超群，是中国历史上最早有姓名记载的诗人，他的诗作《崧高》《烝民》《韩奕》《江汉》等均收录至中国古代第一部诗歌总集《诗经》。唐朝著名边塞诗人高适，他的作品《燕歌行》《蓟门行五首》《塞上》《塞下曲》等，均是脍炙人口的诗歌名篇，特别是《别董大》中"莫愁前路无知己，天下谁人不识君"一句，更是千百年来世代传咏的佳句。唐朝诗人刘长卿，郡望河间，其传世之作《逢雪宿芙蓉山主人》可谓家喻户晓，千古流芳。元代著名戏曲家、沧州东光人氏马致远，不仅创作出《汉宫秋》等一批戏曲大作，还为世人留下《天净沙·秋思》这首千古绝唱。清朝大学士、"河间才子"纪昀，字晓岚，"敏而好学可为文，授之以政无不达"，更以才学名世，曾任《四库全书》总纂官，苦心孤诣十多年，编成中国古代最大一部类书——《四库全书》，其作品《阅微草堂笔记》同样以经典传世。凡此种种，不胜枚举。

大运河孕育沧州文明，让古城沧州焕发出勃勃生机。大运河之如沧州，正如当代作家、沧州人蒋子龙所真情抒发："历史是在河边长大的，是水养育了人类文明。现在人们喜欢谈梦，而梦的源头是童年的快乐，童年的快乐又多半与水有关。倘若生命中有一条河能陪伴终生，那便是人生一大幸运。如果某天夜里我做了一个让自己能笑醒的梦，那一定与家乡有关。但凡梦到家乡沧州，就少不了运河。运河，是水的经典。"①

---

① 蒋子龙，《大运河，水的经典》，《河北日报》，2017年10月27日，第9版。

三、大运河与临清城市文化

临清古称清渊，位于山东西北，西汉设县治，已有 2000 多年的历史，后赵石勒建平元年改称临清，取临近清河之意，沿用至今。

元朝以前，临清一地无城。其兴起缘于大运河临清段——会通河的修凿、开通。此前，运河漕粮运行路线主要是江南运河、淮南运河、河南御河，最后由直沽（今天津）、通州经陆路运抵大都。这一行程，水陆交替，需反复装卸，耗时费力，所经河道也多曲折盘桓，行程极为不畅。因此，元初对大运河进行截弯取直改造，开凿南起济州（今山东济宁），北至须城（今山东东平）安山镇全长约 75 千米的济州运河，使大运河穿山东而过，实现了南北直航。但是，由于连接济州河的重要航段大清河时常泥沙淤积，通航不便，终遭废弃。随后漕粮改行东阿，由东阿经陆路运抵临清，再转水道经御河运达通州。如此一来，同样需经历水陆两次转运，周折费力，十分不便。特别是，东阿至临清一段，虽只 100 多千米，却需役使 13200 多民户来运粮，所经茌平一带，地势低洼，每逢夏秋霖雨，道路泥泞不堪，运输十分艰难，官民均苦不堪言。

因此，开通临清水路势在必行。元世祖至元二十六年（1289 年）正月，工程正式上马，仅半载，大功告成。此人工河，南起东平路须城（今山东东平）安山镇西，中经东昌府（今山东聊城），西北至临清会通镇，连通济州河与御河二河，全长约 125 千米。初名安山渠，后由元世祖赐名"会通河"。由于会通河所处地势高昂，为控制和调节水量，整个河段先后建造许多闸门，"其长二百五十余里，中建闸三十有一，度高低，分远迩，以节蓄泄"，① 故会通河又有"闸河"之称。会通河的开凿，"开魏博之渠，通江淮之运，古所未闻"，② 是大运河水利工程的一次重大改造。

会通河开通使临清成为运河临岸城市。明时临清又由仓上迁至临清闸附近，另建新城。临清地处京杭运河与隋唐运河交汇之所，是运河沿岸重要交通枢纽、水路码头，由此开启临清的巨大繁荣。临清借运河交通之利，迅速崛起，发展成北方最大商业城市。此时临清，河上舳舻相接，白帆点点，百里不

---

① 宋濂等撰，阎崇东等校点，《元史》（中），岳麓书社 1998 年版，第 901 页。
② 陈邦瞻原著，《元史纪事本末》，商务印书馆 1935 年版，第 67 页。

绝，城里"环四周为市廛，金银钱布，贝玉珠玑堆积如山"。① 据统计，明万历年间，临清有布店 73 家，绸缎店 32 家，杂货店 65 家，纸店 24 家，典当铺 100 多家，粮店 100 多家，瓷器店数十家，客栈数百家。城内商贾云集，又以"徽商"最多，"晋商"次之。不仅商业兴盛，手工业同样发达。运河开通，临清手工业发展迅猛，运河两岸汇集众多手工业部门，城内更是"百工云集"。据史书记载，明朝临清城有 81 条街巷，以手工业命名者即有 31 条，较大行业有 26 个。其中，哈达织造更是全国闻名。临清哈达织造业始于元，主要由晋商出资兴办，前后历时 500 多年，其织造技术和主要生产原料均由江南地区经运河引进。明末清初，临清哈达业走向兴盛，有织机 5000 台，织工万余，产品远销国内外，成为临清"日进斗金"的三大行业之一。除了哈达，临清因河而兴，还有许多颇具特色的手工业品以及天下闻名的特产。如当地一首歌谣所传唱："临清宝，真不少，瓜干枣脯千张袄，陈家剪子毕家刀，王一摸镰刀不用挑。竹油篓，柏木筲，桑家秤杆灵又巧。甜酱瓜，百籽糕，晋京腐乳味道好。"②

伴运河漕运兴起，临清不断走向辉煌。明清之际，临清已成全国性著名商业大都会，城内人烟浩穰，近百万之众，盛享"繁华压两京""小天津"美誉，人们甚至将其与江南苏、杭并列，称"南有苏杭，北有临张"，"临"即临清，"张"即聊城张秋，均是运河临岸的城市；运河南北，还有许多大小城镇被冠以"小临清"之名，以喻其富庶。朝鲜人崔溥曾遭遇海难，获救后沿运河北返，途经临清，目睹临清繁盛，赞叹不已，并记录其《漂海录》中："繁华丰阜，无异江南，临清尤为盛"，临清"在两京要冲，商旅辐辏之地。其城中及城外数十里间，楼台之密、市肆之盛、货财之富、船舶之集，虽不及苏、杭，亦甲于山东，名于天下矣。"③ 连四次驻跸临清的乾隆皇上也忍不住写诗赞道："临清傍运河，富庶甲齐郡。"(《临清叹》) ④

运河滔滔，千年奔流，带给临清的不仅有繁华、富庶，还有异彩纷呈的地域文化。如运河开通后，临清运河沿岸迅速建起许多因河而生的建筑，充分展

---

① 于睿明等修，胡悉宁等纂，《临清州志·卷四》，清康熙十二年（1673 年）刻本。
② 高志超主编，《运河名城临清》，山东友谊出版社 1990 年版，第 179 页。
③ 朴元熇校注，《崔溥漂海录校注》，上海书店出版社 2013 年版，第 110 页。
④ 故宫博物院编，《清高宗御制诗四集》(第 11 册)，海南出版社 2000 年版，第 349 页。

临清鳌头矶　　　　　　　　　清乾隆年间所建临清"登瀛楼"

示临清非凡的建筑文化魅力。

如鳌头矶，是位于中州古城区一组明清时期楼阁式建筑群。临清古城，四面环水，西有卫运河，北有元会通河，南有明会通河，在会通河与卫河之间狭长地界，是一块陆地，人们称为"中洲"。鳌头矶正处中洲会通河两支分叉最高处。明正德年间在此叠石为坝，因其状如鳌头，称鳌头矶，两座河闸如同鳌足，广济桥在鳌头矶之后，形同鳌尾。后石坝上所建筑群亦称鳌头矶。明代书法家、临清人方元焕曾为鳌头矶阁楼题写"独占"二字，取"独占鳌头"之意。康熙帝南巡时曾在此登岸，为坝上阁楼御笔亲题"鳌头矶"三字，由此鳌头矶遂成阁楼之名。

鳌头矶阁楼始建于明嘉靖年间，原为"弘润庵"，清乾隆年间又建"登瀛楼"（望河楼），咸丰七年增设"甘棠祠"，渐成建筑之群。今存古建筑一组，周围楼阁环抱，北殿称"甘堂祠"，南楼名"登瀛楼"，西殿曰"吕祖堂"，东楼谓"观音阁"。阁建楼上，呈方形，正檐挑角，木隔落地，玲珑别致。底部为砖砌方台，中有东西两向拱形之门，门楣上书"独占"二字。整个建筑，结构精巧，古朴典雅，是明清时期北方地区木结构建筑群典型代表，素有"鳌矶凝秀"美称。明清之际，常有文人骚客登临楼阁，远眺运河，赋诗唱和，寄情抒怀。如明代大学士李东阳曾过此地，即登临鳌头矶，赋有《临清二绝》二首，其一曰："十里人家两岸分，层楼高栋入青云。官船贾舶纷纷过，击鼓鸣锣处处闻"；其二曰："拍岸惊流此地回，涛声日夜响春雷。城中烟火千家集，江上帆樯万斛来"，①生动地描绘了临清运河两岸美丽景致和繁华景象。

除了鳌头矶，临清舍利塔也是人们时常登高望远，寄情抒怀的处所。临清舍利塔位于临清城北，卫河东岸，与通州燃灯塔、杭州六和塔、扬州文峰塔并称"运河四大名塔"，原称"观世音菩萨塔"，始建年代今已不详。据史书记载，明万历二十九年（1601年）临清文人缙绅聚议，以为临清"两榜遂至乏人，而商贾亦渐萧条"，均系"风水"不利之故，商决将观音大士像移至城北，并建一座宝塔，所建之处乃临清汶、卫两河汇流北上的"天关"，可"扼塞两河水口，弘开万里天关"。于是推举赋闲在家的工部尚书柳佐主管其事，"建舍利塔九级"，自万历三十九年（1611年）至万历四十八年（1620年），"九年乃成"。②塔为九级八面楼阁式砖塔，高61米，通体垂直，仿木结构，刹顶呈盔形，此构造在山东省内绝无仅有。塔身二层以上均辟有门窗。各层檐下皆出砖雕仿木斗栱，塔檐吊有铜铸小钟铃，每每风吹铃响，其音悠远，清脆悦耳，令人怦然心动，成为古临清"塔岸闻钟"的一大独特景观。舍利塔建筑宏伟，匠工精致。据《临清州志》载："塔九级，嵌空玲珑，极工人巧。上出重霄，下临天地。风生八面，五月清秋。旁有禅林曰永寿，林木周遭，楼阁巍焕，水陆往来，咸瞻仰流连，忘人间世。时有好事者，放舟临彼岸，听晚钟静，梵铎响松涛，琴韵思清，江声欲起，殆不仅以多宝琉璃侈壮观也。"③塔建成后，不少文人墨客纷纷登塔赏景，留下许多即兴佳作。如临清人张树梅曾作有《塔岸钟声》一诗："孤塔临河岸，峥嵘插碧天。鸦归红树外，人语白云边。帆影望中没，钟声暮后园。应知名利客，到此欲栖禅"，④淋漓尽致地擘画出古塔、钟声、运河、夕照相映生辉之美。临清舍利宝塔成为京杭大运河沿线又一标志性建筑。

鳌头矶南300米大运河西岸的古建筑是临清钞关，也是目前我国硕果仅存的一处运河钞关。所谓钞关，又称"钞部"，是明清时期设在内河航线征收过

---

① 李东阳著，《李东阳集》（第1卷），岳麓书社1984年版，第622—623页。
② 张度等纂修，《临清直隶州志·卷十一》，清乾隆五十年（1785年）刻本。
③ 于睿明等修，胡悉宁等纂，《临清州志·卷四》，清康熙十二年（1673年）刻本。
④ 张自清修，张树梅、王贵笙纂，《临清县志》，1934年铅印本。

往船只船税的机构。因明朝称纸币为钞,最初征收的也是纸钞——大明通行宝,故称为"钞关"。明宣德四年(1429年),官方规定在南北两京之间运河沿线,分五段即南京至淮安、淮安至徐州、徐州至济宁、济宁至临清、临清至通州进行收税,择"商贾舟车之会",设钞关11处,皆置署命官,以榷其利,"量舟大小修广而差其额,谓之船料",①临清钞关即是其一。

由于临清一地货运频繁,榷税甚丰,明宣德十年(1435年)升临清钞关为"户部榷税分司",由户部直管,"督收船料商税之课","课无定额,大约岁至四万金"。②户部榷税分司办公形制大,初为一建筑群,自运河而西依次建有南北三进院落,内设正关、阅货厅、牌坊、玉音楼、正堂、后堂、仓库、仪门、巡栏房、舍人房、船料房、后关、官宅等多个处所。玉音楼上刊刻有宣德皇帝专为钞关颁发的圣旨,其文规定:"南京至北京沿河船只,除装载官物外,其一切装载人口货物,或往或来,每船一载按其料数若干,程途远近,照现定例纳旧钞。著有风力御史及户部官,分投于紧要河道处所监收。如有隐匿及恃权豪势,要不纳钞者,船没入官,仍将犯人治罪。若空过船只,往回不系揽载者,不在纳钞之例。"③为防止有船越关逃税,在阅货厅前河内,置铁索直达两岸,"开关时则撤之"。明万历二十四年(1596年),又在钞关前建浮桥,并另设7处分关(前关、南水关、北桥、德州、魏家湾、尖庄、樊村厂),分别稽查水陆船货。为方便查验,"又于卫河广济桥东岸建验货厅,以免卫河商货调至关前查阅之苦"。④明隆庆元年(1567年)钞关进一步拓建,大小房舍总计达400余间,占地约4万平方米。

到明万历年间,运河沿线钞关主要有崇文门钞关、河西务钞关、临清钞关、九江钞关、浒墅钞关、扬州钞关、北新钞关、淮安钞关8处,临清钞关岁征83200两,超过京师崇文门税关,位列八大钞关之首。其时,山东全省税课折银约8860两,仅及临清一州1/10左右。另,清时重修临清钞关,专设铸币熔炉,以便将收敛碎银及时熔铸。按清制,铸币局一般设省会,一省一个。唯独山东是个例外,设有两铸币局,一为济南宝济局,一为临清宝临局。宝临局

---

① 李洵著,《明史·食货志校注》,中华书局1982年版,第241页。
②③ 张度等纂修,《临清直隶州志·卷九》,清乾隆五十年(1785年)刻本。
④ 张度等纂修,《临清直隶州志·卷九》,清乾隆五十年(1785年)刻本。

也是清政府唯一一个设在州县的铸币局。由此可见临清钞关在历史上的重要地位。临清钞关是运河沿岸最早设置也是最后一个关闭的钞关,存续时间最长,400多年岁月充分见证了大运河的历史沧桑。

作为运河城市,临清有许多依河而建的河闸,它们既是重要水利设施,也是水利建筑文化重要体现,同样独具特色。会通河在临清段仅有1.2千米,但由于地势高企,开通以后,为调节水势,控制蓄泄,保证河道畅通,这一段先后修建大量航闸,如元有31座,明清有40余座。会通河也因此成为中国古代较早以多级船闸调节水量的运河航道,故有"闸河""漕闸"之说。

元代修造的河闸中有临清闸、会通闸、隘船闸、魏家湾闸、戴湾闸等。临清闸是会通河上第一闸,建于至元三十年(1293年),次年又在与之相距1千米处建的会通闸。二闸均以柱石白灰为底,以临清特有城砖筑墩,左右延以雁翅,两墩之间开槽嵌入闸板以节蓄泄,引送漕船航行。隘船闸,顾名思义为限制商船超载、超重而设。元英宗延佑元年(1314年),在会通河北临清、济州河南沽头、金沟各建隘闸一座,"宽九尺"以限制200料以上大船通行,凡违者船货没收并治其罪。后为限制行船长度,又在南北闸下各立二石(即石标尺),测量船身,凡船长超65尺者皆不得行。临清闸、会通闸与隘船闸合称运环闸,是元会通河上最重要的水利工程。明永乐年间,会通河上修造南支运河,并建河闸两座,分别为南板闸、新开闸,亦称板闸、砖闸。会通河漕运地位由此被南支运河取代。此后,临清闸、会通闸借墩筑拱,改建成桥,分别取名问津桥、会通桥,两桥之间又建"鸽子桥"(月径桥),三桥均为单拱,砖石构造,形制典雅,仿佛会通河北支的三条玉带,被誉为"玉带三桥"。

临清桥闸是古代临清人民治理、运营运河的典范,是运河文明的重要见证之一。桥闸修建后,造福一方,给人们带来极大便利,亦留下不少赞美、歌咏的文学艺术作品。如明《永乐大典》副总裁王洪写有《临清闸》一首,诗曰:"鸣筲出古镇,挂席凌长河。风湍下滩险,春色入关多。津树朝烟合,汀花暮雨过。榆钱缀古岸,荇带乱回波。顺水扬舲去,中流击节歌。非复乡关感,遗思在岩阿。"① 清康熙帝曾三次巡幸临清,写下不少诗词,其中一首就是关于临清闸的:"岸转蒲帆速,樯回树影低。波倾闸势险,溜紧浪声齐。连岁歌云汉,今

---

① 朱彝尊编,《明诗综》,上海古籍出版社1987年版,第378页。

春释惨凄。往还为赤子，注意在黔黎。"(《过临清闸》)① 清初著名画家石涛，则以其娴熟笔墨擘画了临清二闸口舟过船闸的繁忙景象，将秋色壮美与滔滔运河、巍峨闸墩、弄水过闸漕船融为一体，为后人留下《舟过临清闸图》的绝世佳作。

明清之际，由运河经临清往京城去的商船，均有一项"效劳"义务，捎带砖料——临清"贡砖"至通州，以为皇城建造之用。"贡砖"曾是临清的骄傲，是临清历史文化一张耀眼名片，也是运河文明的重要体现，被称为"大运河中走出来的一段传奇"。

临清制砖业历史悠久，早在汉代已开始。但成为官窑，专烧贡砖，始于明朝。据记载：临清砖窑始于明永乐初。永乐年间，明成祖朱棣为迁都，在北京大兴土木，营建皇家宫苑城池，历时长久，仅故宫就达15年。皇城建设需用大量建筑材料，尤其是砖料。初始，明政府曾在多地设官窑烧砖烧瓦，如北京设琉璃厂烧制琉璃瓦，山东、河南以及直隶河间诸地均建窑烧砖，江苏等地也有烧砖之责。到嘉靖九年（1530年），明政府取消河南、直隶河间诸府砖窑生产，独在临清开窑招商，在中洲"设工部营缮分司督之"，所在地称工部厂，"颇甚宏壮"。② 由此，临清所烧窑砖以其品质优异成为皇家专供建材，时称"临清砖"。临清砖成为皇家专贡，有其必然的原因。

首先，烧砖土质独特。临清地处于黄河冲积平原，又因运河长期浸润，形成独特的土壤结构，俗称"莲花土"。其形成机理是，每当河水泛滥，即带来细沙土，覆盖在原有黏性土壤上，如此反复，久而久之，形成沙土与黏土层层叠加构造，沙土呈浅白色，黏土呈赤褐色，红、白、黄相间，宛如荷花莲瓣，人称"莲花土"。此种"莲花土"细腻无杂质，沙黏适宜，并含有适量铁，以此烧制砖料，击之有声、断之无孔，坚硬茁实、不碱不蚀，硬度甚至比许多石头还强。

其次，烧制工艺精湛。临清在长期烧砖、制砖活动中，形成了包括选土、碎土、澄泥、熟泥、制坯、晾坯、验坯、装窑、焙烧、洇窑、出窑、成砖检验等在内一整套复杂而又精细的制作环节。每一环节都有严格的技术规范和专门的工艺，十分讲究。如备泥，先用大筛子过，再以小筛子过，然后如滤石灰一

---

① 爱新觉罗·玄烨著，王志民、王则远校注，《康熙诗词集注》，内蒙古人民出版社1994年版。
② 张度等纂修，《临清直隶州志·卷九》，清乾隆五十年（1785年）刻本。

般,将土用水过滤,滤满一池,待泥沉淀,从滤池取出,用脚反复踩匀,如此方能用来脱制砖坯。又如焙烧、泅窑,每窑砖需烧制半月方能停火。停火亦不可立即出窑,此时砖是红色而非青色,须在窑顶预留的水槽内放水,让水慢慢渗入窑中,水不能太多也不能渗淌太急,否则易至窑体炸裂,此之称泅窑。泅窑六七日,砖方可出窑。此外,烧制过程中,为保证窑火均匀,燃料只用豆秸或棉柴,故用量甚巨。据《临清州志》载,每烧一窑砖,用柴八九万斤不等,需有专门筹措,"办柴州县除东昌府外,还有东平府、东阿、阳谷、寿张等18处,每年领价办柴送往各窑","具由运河载送"。[①]

为保证质量和要求,贡砖实行严格责任制,所烧贡砖每块均需打印烧造年月、窑户、作头、工匠姓名等,大小制式也有统一规定,成砖出窑后要进行多次检验,"以体质坚,细色,口声响者方入选",[②] 合格者用纸封裹,搭船解运至天津张家湾码头,再经检验,方可经陆路运入京城。

再次,交通运输便利。临清贡砖种类繁多,有城砖、副砖、券砖、斧刃砖、线砖、平身砖、望板砖、方砖、脊吻砖、刻花砖等,且重量不等,城砖一般50斤上下,最重者七八十斤。明时临清每年"岁征城砖百万"。如此重物,经年累月运送,若无交通便利很难实施。临清因傍京杭运河,行船运物极为便利,故自明初始,"临清砖就漕艘搭解,后遂沿及民船装运"。[③] 实际上,由运河商船捎带砖料,明洪武时即有规定,要求各处客船量带沿江烧造官砖,交纳工部。永乐三年(1405年)明确规定,船每百料带砖20块,沙砖30块;天顺间,令粮船每只带城砖40块,民船依照梁头,每尺带6块。嘉靖三年(1524年)又规定,粮船每只带砖96块,民船每尺带10块。嘉靖十四年(1535年)更增至粮船每只带120块,民船每尺带12块。量带砖料均为义务,具有强制性,损失还须赔偿。毫无疑问,临清若如无运河交通便利,恐怕也很难成就"紫禁城上有临清"的历史辉煌。

另外,临清烧窑,做工之人众多,主要来自山东、河南、河北、安徽等地,其中大多数又为朝廷犯人,既要解决吃饭问题,又要保证地方安定。而临清为国家粮仓、地方粮仓、军仓三大仓所在地,粮食充足,足以解决众多人员吃饭;同时,临清还是朝廷重要卫所,驻扎有大量军队,虽有诸多犯人集中,

---

①②③ 张度等纂修,《临清直隶州志·卷九》,清乾隆五十年(1785年)刻本。

亦可确保社会稳定。

正因上述原因，临清成为明清两代最重要的贡砖烧制基地。明在临清设工部营缮分司，专门负责管理贡砖的烧造、解运，清则以山东巡抚领之，东昌府监办，临清州承办。为运输方便，所有砖窑均设于运河沿岸，故临清城外沿河一线长达三四十千米范围内，曾密布无数砖窑，最密处甚至每隔几步就有一个。据史料记载，明清两代，临清共计有384个窑，最盛时，沿岸烧窑窑工和各种杂工多达四五十万之众。从明初到清末，历时500余年，临清窑烧不断，运河船运不断，成就一大批蜚声中外的经典建筑，如北京故宫、天坛、地坛、日坛、月坛、各城门楼、钟鼓楼、文庙、国子监及各王府，明十三陵、清东陵、清西陵等皇家陵园，此外南京中华门城墙、玄武桥，曲阜孔庙，德州减水坝，张秋荆门、阿城、七级等闸坝等，到处都有临清砖影子；在临清，据《临清县志》载述，"自明初至清中叶，境内之城垣、庙署、寺观及一切伟大建筑，均取材于此。"①

由临清砖铺就的北京天坛地面

---

① 张自清修，张树梅、王贵笙纂，《临清县志》，1934年铅印本。

由临清砖铺就的北京明十三陵地面　　　　　由临清砖建造的山东曲阜孔庙地面

作为贡砖,既与皇家相关,自然有其"威仪"。为保证贡砖烧制不受干扰,明清两朝均赋予窑户一定特权,如窑前设禁区,立御赐虎头牌、黑红棍(清还曾赐窑户黄马褂)等。如今在临清仍流传这样一则故事:馆陶县(与临清毗邻)一人,因杀人跑到临清张家窑避难,说自己力大无比,推土、搬砖什么活都能干,请求留在窑上干活。窑户段乔岭遂收留他。不久,馆陶知县得知此人下落,亲自带人前来索要凶犯。窑户段乔岭拒不放人并蛮横地说:"这个人在我这里干活,已经三年没有回家了,不会在你那里杀人。"县官无奈,只好悻悻离去,无功而返。让知县不敢越雷池一步进窑场拿人的,正是立于窑场大门两侧御赐虎头牌和黑红棍(一半漆红一半漆黑),尤其是那根直径约10厘米、长约2米的黑红棍,虽为木质,却形同尚方宝剑,是皇朝权威化身,按照王朝体制,凡有私闯窑场或在窑场闹事者,用此棍打死,窑户不负任何责任。这则故事从另一个侧面反映出临清贡砖的历史地位。总之,临清贡砖烧造时间之长,数量之多,影响之大,是中国历史上任何地方都无法比拟的。

临清贡砖是运河文明浓墨重彩的一笔,是临清人的历史骄傲。古往今来,同样有不少诗词文赋歌以咏之,如《十朝诗乘》中所载清人袁启旭的《官砖使者行》一诗,堪称其中代表。其时江南进士袁启旭客居临清,目睹了贡砖窑烧盛况,诗云:"秋槐月落银河晓,清渊土里飞枯草。劫灰助尽林泉空,官窑万垛青烟袅。朱花钤印体制精,陶模范埴觚棱好。监窑使者上都来,小队牙旌挤不开。群驹各有飞腾势，走卒直皆鹰犬枋。官司络绎供道左，宝顶朱缨上头坐。绮席烟飞鞦鞯尘，银瓶香喷葡萄火。玉河秋水流涓涓，舳舻运砖如丝连。官家厮养披丹锦，民舍蓬蒿半土缠。燕山去年火轮怪，蓬莱摧塌铜龙坏。灾异偏兴宵旰余，花砖影落烟痕在。圣王从古重茅茨，恭俭垂裳世所知。寄言持节承恩者。好忆深宫避殿时。"①该诗既赞叹贡砖精美，也描绘河运盛况，更将窑烧之景与运河夕美融为一体，给人们留下无限遐想的空间。

运河孕育的文明总是丰富多彩。临清文化也是五彩斑斓。在临清，其饮食文化特别是小吃同样别具特色，极富地域色彩。临清小吃种类繁多，风味万般，如托板豆腐、热羊肚、下凡肉、王四辈熟牛肉、窦家蒸包等，五花八门，令人垂涎欲滴。汤更是一绝，有鱿鱼汤、干贝汤、海米汤、银耳汤、木耳汤、口蘑汤、紫菜汤、鸡腰汤、肉丝汤、鸡子汤、对鱼汤、西红柿鸡子汤、海参汤等，个个制作精细，口味鲜美，远近闻名。临清饮食特色与京杭大运河息息相关。运河穿城而过，临清绾毂南北，其饮食文化亦呈现南北融合、食兼四方的特点。这在以临清为写作背景的古代文学作品中得到鲜明体现。如《金瓶梅》是一部与临清关系十分密切的经典小说。一百回本《金瓶梅》从第四十七回开始，先后二十五次直接写到临清，涉及临清社会生活、风物环境各个方面。如第九十二回描写临清市井繁华："这临清闸上，是个热闹繁华大码头去处，商贾往来，船只聚会之所，车辆辐辏之地，有十二条花柳巷，七十二座管弦楼"。《金瓶梅》中涉及临清的佳肴美馔更多，据统计，达300多种，包括面食、菜肴、糕点、茶酒、干果等，其中绝大多数至今仍在临清流行，体现临清小吃的悠久历史。这些美食、小吃，很多反映出运河城市南北交汇、相互借鉴的特征。如书中时常提及的临清炸酱面、温面，本是北京等地主要面食，因为运河也成为临清的日常饮食。如《金瓶梅》第五十二回中关于吃炸酱面、温面的描写："画童儿用办盒拿上四个小菜儿，又是三碟儿蒜汁，二大碗猪肉卤……然后拿上三碗面来"，所谓"猪肉卤"即甜酱炸肉丁，临清称之"猪肉卤"，是吃炸酱面的主要调料。又第九十六回所写："因向敬济：'兄弟，你吃面吃饭？'量酒道：'面是温淘'……须臾掉上两三碗面来。"这和北京吃炸酱面、温面方

---

① 龙顾山人纂，卞孝萱、姚松点校，《十朝诗乘》，福建人民出版社2000年版，第261页。

式完全一致。大运河也让江南特色菜肴和风味小吃源源不断涌入。菜肴如酸笋、鱼酢、糟鱼、醉蟹、鲥鱼等，面点如白糖万寿糕、雪花糕、定胜糕、玫瑰花饼、玫瑰元宵等，米粥如软糯粳米粥、梅桂白糖粥、粳粟米粥等，都在《金瓶梅》有关描说中涉及，今在临清仍多常见。（见第六章）临清小吃正是得益于运河贯通，南北食材、厨艺交流丰富，融合本地传统，形成独特的饮食风格、饮食风貌。

实际上，在临清因运河南北交汇而兴的文化又何止小吃，其戏曲艺术同样具有这一鲜明特征。特别是明清之际，伴随漕运兴盛，作为"运河大码头"的临清更成为南北小曲荟萃之地，各种小曲在此碰撞、交流、竞生，争奇斗艳，形成一种又一种面貌一新的民间曲艺，时人甚至称为"戏曲中心"。

如已有500多年历史的临清时调即是其一。所谓时调，即时新曲调，是一种由民间俗曲、小调、山歌、民谣、民间曲牌等发展而来的说唱艺术。民间俗曲，早年如烧砖窑工所唱，称为"窑调"，女人缝衣纳鞋时靠在山墙头所唱，称为"靠山调"等；又因伴奏乐器多为丝弦，亦称"丝调"。时调以叙事为主，内容多表现爱情故事和四季美景，结构简单，形式质朴，曲调生动，充满浓郁的乡土气息，因而深受城乡百姓喜爱，有"九腔十八调，唱的老套套，从古唱到今，还是忘不掉，一辈传一辈，越唱越热闹"的说法。临清时调正是在不断吸收南北民间小调、小曲基础上逐步演变形成的，其以民歌为主体，融入京韵大鼓、河南坠子、山东琴书等多种艺术表现形式，集几种形式于一身，似曲又似歌，风格别致，表现丰富，成为临清代表性的戏曲表演。

"闲言碎语不要讲，表一表好汉武二郎"，"铛里个铛，铛里个铛"。这句耳熟能详的说表正是闻名天下的山东快书。在中国山东快书可谓家喻户晓、妇孺皆知，是曲艺快书类中影响最大、传播最广的一支。山东快书兴起已有一百多年历史，因开始专说梁山好汉武松的故事，所以被人们称为"说武老二的"，"说大个子的"，或直接叫作"武老二"。据有关考证，山东快书起源于临清，临清语是山东快书的母语。至于山东快书如何形成，民间则有不同版本。一个较公认的说法是：清道光六年（1826年），一批进京赶考落榜的书生沿着运河结伴乘船回乡，途中遇雨，滞留临清。考场的失意，生活的落魄，凡此种种，都使他们心情郁结、愤懑难平。为了发泄心中块垒，并聊以打发时光，他们就以临清一带流行的武松故事为基础，你一言，我一语，编凑了一个《武松传》的说唱底本。作者之一的李长清把这个底本带回茌平老家，传给具有说唱艺术才能的表侄傅汉章。傅得后潜心研究，并不断加以充实，十年后即在曲阜"林门会"（孔林前春秋庙会）上正式"撂地"演出，其令人耳目一新的表演形式，立即受到当地群众热捧，由此开启山东快书的艺术先河。其他版本与此说有所不同。但不管何种传说，艺人们始终有着一种共识，即山东快书是从"河"里走出来的。这个"河"，不是别的什么河，正是南北畅通的京杭大运河。

古城临清，伴河而兴，因为运河，成就了光辉灿烂的历史岁月以及绚丽多姿的地方文化。运河之于临清的意义，正如当代著名学者、临清籍人士季羡林先生所说："我们临清市，在过去一千多年的历史上，曾经是中国南北通大动脉运河上的经济文化重镇。交文人学子、达官贵人、贩夫走卒，只要从南方进京，几乎无不通过临清。遥想当年舟舶星聚，帆影云展；市尘扑地，歌吹沸天；车水马龙，商贾联翩。景象何等繁华动人！"①

四、大运河与淮安城市文化

运河名城淮安，位于江苏省北部，江淮平原东部，历史悠久，早在五六千年前即有先民在此活动，留下著名的青莲岗文化遗址。秦时境内置县邑，始有淮阴（治今淮阴区码头镇）、盱眙（治今盱眙县城东北）、东阳（治今盱眙县马坝东南）三县，距今已有2200多年历史。明清时境内置淮安府，辖山阳、清河、安东等9县2州，府治设于山阳县（今淮安区）。清末，曾设江淮行省，淮安为江淮巡抚驻节之所。淮安历史上曾是漕运枢纽，盐运要冲，为漕运总督府、江南河道总督府驻所。

淮安与大运河历史久远。早在公元前486年，吴王夫差为北上伐齐在扬州附近开凿一条人工河，南起邗城（今扬州）以南长江，几经周折，一路北向，最终在淮安旧城以北2.5千米处接入淮河。此即邗沟，全长约150千米，由此沟通长江、淮河两大水系。邗沟系京杭大运河肇始，也是世界上第一条有确切纪年的人工运河，淮安从此与大运河朝夕相伴。

---

① 山东省临清市地方史志编纂委员会编，《临清市志》，齐鲁书社1997年版，第21页。

淮安历史上曾是漕运总督府、河道总督府驻所

邗沟本为军事征伐目的，东汉时已作漕运之用。隋初，炀帝"诏发淮南民十余万，开邗沟，自山阳至扬江入江"，① 对邗沟大规模整修，进一步提高其漕运能力。此后，随着北方经济重心南移，淮安因地处南北分界，为"南船北马，舍舟登陆"之地，独具"南必得而后进取有资，北必得而后饷运无阻"特殊地位，渐成为南北交通之要津、物流转运之中枢。故自隋时起，历朝统治者均在淮安设置专门机构，加强对运河水利和漕运管理。如隋在淮安设漕运专署，宋设江淮转运使，元设总管府。明清之际，漕运在国家财政、经济上的作用日隆，所谓"京师根本重地，官兵军役，咸仰给于东南数百万之漕运"，② "上游朝祭之需、官之禄、主之廪、兵之饷，咸于漕平取给"，③ 淮安作为运河漕运咽喉，地位更加凸显，故明在淮安设"漕运总督"，专职司掌运河漕运；清沿明制，并设"总督漕运部院衙门"，此为掌管全国漕运事务之唯一机构。"漕运总督"通常官至正二品，辖各省粮道及押运、领运诸官，且不受当地总督、巡抚管辖，不受部院节制，直接对皇帝负责，足见其地位特殊重要。明清两朝，有近300位朝廷要员在淮督漕或署理漕运总督一职，如史可法、蔡士英、郎廷极、施世纶、琦善、刘统勋、杨锡绂、铁保、福济、李瀚章、张之万等，个个声名显赫，不同一般。

隋唐时期，随着经济重心南移，淮安日渐富庶。明清之际，伴漕运兴起，淮安渐成运河沿线的漕运指挥中心、河道治理中心、漕船制造中心、粮食储备

---

① 司马光编撰，沈志华、张宏儒主编，《资治通鉴》，中华书局2012年版，第7466页。
② 贺长龄撰，《皇朝经世文编》（第15册），中华书局1992年版，第132页。
③ 董恂撰，《江北运程》，《四库未收书辑刊》（第7册），北京出版社2000年版，第310页。

淮安漕运总督府

中心、淮北食盐集散中心,号称"五大中心",日臻兴盛,时人甚至将其与杭州、苏州、扬州并称运河"四大都会"。漕运总督、河道总督均驻节淮安,城厢内外理漕官吏、护河兵丁计有12万多人;大运河上,漕船、商船舳舻相接,绵延百里。淮安经济发达,商业繁荣,南朝北马,百货萃集,烟火数十万家,富豪蚁聚,往来商贾络绎不绝;运河两岸,店肆酒楼鳞次栉比,市不以夜息,俨如省会,尽显奢华。淮安的繁华、富庶以及其隽秀景致,引无数文人墨客歌咏赞叹。如唐朝大诗人白居易在《赠楚州郭使君》一诗中写道:"淮水东南第一州,山围雉堞月当楼。黄金印绶悬腰底,白雪歌诗落笔头。笑看儿童骑竹马,醉携宾客上仙舟。当家美事堆身上,何啻林宗与细侯。"①盛赞淮安是"东南第一州"。明朝文学家、政治家姚广孝在游览淮安万柳池(今勺湖)后,情不自禁写下《淮安览古》一诗:"襟吴带楚客多游,壮丽东南第一州。屏列江山随地转,练铺淮水际天浮。城头鼓劲惊乌鹊,坝口帆开起白鸥。胯下英雄今不见,淡烟斜日使人愁。"②同样赞美淮安为"东南第一州"。明初大学士丘濬则在《夜泊淮安西湖嘴》一诗中描绘淮安的奢华景象:"十里朱旗两岸舟,夜

---

① 周振甫主编,《唐诗宋词元曲全集·全唐诗》(第8册),黄山书社1999年版,第3280页。
② 姚广孝著,乐贵明编,《姚广孝集》(1),商务印书馆2016年版,第96页。

深歌舞几曾休。扬州千载繁华景,移在西湖嘴上头。"诗人并在诗前注曰:"唐诗称扬一益二,是天下繁华地,扬州为最,今其地阛阓人烟之盛,视淮阴反若不及焉。"① 可见其时淮安之繁盛。

大运河穿城而过,被淮安人深情称为"母亲河"。大运河赋予淮安繁荣、昌盛,也造就其多姿多彩的文化景观。

作为运河城市,国家漕粮转运中枢,淮安有许多与运河水利和漕粮输送有关的建筑设施。如仓廒。仓廒是古时用以储存粮食的粮仓。运河作为"运粮河",其沿岸重要城镇多设此类粮仓,以临时存放或转运漕粮。一些仓廒极负盛名,如杭州的富义仓,镇江的转搬仓,北京的南新仓等,均被冠以"粮国命脉""天下粮仓"的称号。淮安因扼南北交通要冲,其漕粮转运中枢地位更加突出,据乾隆朝《淮安府志》记载:"凡湖广、江西、浙江、江南之粮艘,衔尾而至山阳,经漕督盘查,依次出运河。虽山东、河南粮艘不经此地,亦皆遥禀戒约,故曹政通乎七省,而山阳实咽喉要地也。"② 故从明初至清末,淮安始终为国家漕粮储备中心,建有许多巨型粮仓,同享"天下粮仓"美誉。

所建仓廒,如明洪武元年(1368年),即在淮安山阳等地广建仓廒,令扬州及所属通州等地秋粮,俱输淮安存储。洪武三年(1370年),淮安知府姚斌于新城东门外建"仁"字坝,后明水利专家、明清漕运制度确立者、总兵官陈瑄,又陆续增筑"义、礼、智、信"4坝,合计5坝,置转搬仓于淮安,船货分过,"江南运船,由仁、义2坝入淮河","商船从礼、智、信3坝入淮河"。明永乐十三年(1415年),朝廷在淮安府清江浦玉带河南岸建常盈仓一处,"令江西、湖广、浙江民运百五十万石于淮安仓"。③ 常盈仓由时任漕运总督——也是中国漕运史上第一任漕运总督陈瑄负责督造,整个建筑规制宏大,质量上乘。据胡瓘所著《常盈仓周垣记》载述:该仓"俯临大淮,廒凡八十有一,联基广凡二百七十八步有奇,周凡一千五百四十四步有奇","周垣则屹如城堞,色且积铁然,盖水次诸仓所未有者"。④ 常盈仓计有仓廒81座800余间,

---

① 丘濬著,《丘濬集》(第8册),海南出版社2006年版,第3834页。
② 卫哲志等修,叶长扬、顾栋高纂,《淮安府志·卷九》,清咸丰二年(1852年)刻本。
③ 杨宏、谢纯撰,荀德麟、何振华点校,《漕运通志》,方志出版社2006年版,第292页。
④ 杨宏、谢纯撰,荀德麟、何振华点校,《漕运通志》,方志出版社2006年版,第292页。

主要存储江、浙、两湖等地的漕粮。"南漕"入仓后，即由淮安卫、大河卫等船将漕粮转运至通州仓场。常盈仓储存量丰，常年保持在30至100万石以上。除常盈仓，另设平常仓2处，预备仓3处，庄仓（民间储粮库）5处，以确保漕粮随时解运京师。明嘉靖年间，常盈仓圮毁严重，遂由都御史王宗沐原址复建，计有40区仓房，皆"坚基广厚，倍于常制"，"江、湖、浙、直之民，输粟淮上，储于仓候兑"。① 由明入清，因常盈仓于漕粮地位重要，故屡做修缮。道光二十三年（1843年），河库道徐泽醇再在原址复建，并易名"丰济仓"，这是"老丰济仓"。咸丰十年（1860年），捻军攻下清江浦，将丰济仓烧毁。同治九年（1870年），驻节清江浦的漕运总督张之万决定异地重建，此为"新丰济仓"。新丰济仓先后建有瓦房106间，草房27间，并有散处镇署街、仓东街市、河下竹巷街等地草、瓦房88间，计有房屋220余间。另有大量田产，年收稻谷2000余石。同光年间，丰济仓置田益广，入库租粮日多，故管理丰济仓的候补知县许佐廷，奉檄建淮安西门城楼，并以西门城楼为粮仓，移稻谷2000石储存于此。

运河仓廒既是存储、转运漕粮重要建筑设施，也是运河文化重要组成部分。不同时期的仓廒，虽然历史特征和建造风格不同，但往往形成以仓廒为中心的城市建筑组合，如仓廒所建之处，常常伴随仓巷、仓桥、仓道等建筑出现，形成独特的"仓廒文化"。如现今淮安区西长街与撒珠巷之间，有一条东西走向小巷名为仓巷，即因历史上巷内曾设有粮仓"西新仓"而得名。横跨淮安区文渠之上，连接锅铁巷与三台阁巷之间有一座南北走向的青砖拱桥，则被称为"仓桥"。据《山阳县志》载，明永乐十六年（1418年）府学东向建有"预备仓"群4处，以征兑漕粮，于文渠之上所架设通往该仓之桥，即名为"仓桥"。

在淮安，具有千年历史、被誉为"水上长城"的洪泽湖古堰——高家堰，是京杭大运河留给古城淮安另一份宝贵历史文化遗产。

高家堰俗称"石工堆"，是大运河水利工程重要历史见证。始建于东汉建安五年（200年）。其时淮阴太守陈登在防洪大堤北段武家墩至西顺河一带，筑捍淮堰15千米，即洪泽湖大堤雏形，后经历代修造，不断延展，至

---

① 谈迁撰，汪北平点校，《北游录》，中华书局1960年版，第19页。

淮安洪泽湖高家堰大坝

明万历年间基本落成，成为今北起淮阴区码头镇，南至洪泽区蒋坝镇，全长70多千米的洪泽湖大堤，又称高家堰大坝。高家堰工程创当时多项世界之最，是世界最长也是技术水准最高的水坝，充分体现古代淮安人民的聪明智慧。

为更好地抵水护堤，明万历八年（1580年）起，高家堰改为石坝，增筑直立式条石挡水墙及滚水坝，俗称"石工墙"。"石工墙"由6万多块条石及糯米石灰浆砌筑而成，所砌条石，一般15层，低者13层，高者21层。最上层纵向并砌，往下横向错缝平砌，再以糯汁浇粘，一些关键部位则用铁锔（即铁锭）相连，确保连接紧固。"石工墙"由明朝河臣潘季驯始建，所选条石均为坚固玄武岩，精心雕琢，每块条石长约1米、宽0.5米、厚0.4米，重及千斤，故整个"石工堆"规制统一，筑工精细，整齐严密，其水工技术世界领先。如今保存最为完整的，是位于洪泽湖大堤45千米处的周桥大塘。道光四年（1824年）11月，因凌汛洪泽湖大堤周桥段决堤，造成洪水泛滥，房毁树倒，百姓受灾严重。为迅速治理水患，修复大堤，清政府令正在家中为母守孝的林则徐到淮督办大堤修复工程（林时为江苏按察使）。林则徐义无反顾,到淮后,身着素服,不辞辛苦,吃住工地,不半载即将溃堤修复。为表示对工程质量终身负责,林则徐还令人将每一连接条石的铁锔,均铸刻"林工"二字(即林则徐工程段)。洪泽湖大堤周桥段从此固若金汤。

"石工堤"不仅挡水护堤,还富有浓厚的文化气息。它以《千字文》为记程单位,每字合100丈,并分段镌刻图案和铭文。图案为半浮雕式,有麒麟、仙鹤、灵芝、银锭、宝葫芦、庙宇等;铭文则主要记载石工段承修人姓名、时间、长度以及一些太平吉语如"风平浪静""一帆风顺""金堤永固"等。"石工堤"大堤顶宽约10丈,堤上建有"仁、义、礼、智、信"五处减水坝以为泄水之用。为保大堤平安,康熙四十年(1701年),由河督张鹏翮主持,在淮阴区码头镇铸铁牛16只,名为"镇水犀",分置洪泽湖大堤、废黄河、大运河等工程险要处,借以镇堤防浪。铁牛现存5只,每只长1.73米、宽0.83米、高0.8米,重达2.4吨,呈昂首屈膝伏卧状,背部铸有铭文,全文为:"维金克木蛟龙藏,维土制水龟蛇降,铸犀坐镇奠淮扬,永除昏垫报吾皇。康熙辛巳年午日铸,监造官王国用",以此表达永革水患、天下太平之愿望。

洪泽湖大堤上的镇水铁牛

高家堰事关每年 400 万石以上漕粮北运以及周围百姓安危，因此明清统治者均对高家堰的管理、修护予以高度重视。清朝尤甚。如 1703 年春，康熙帝第四次南巡，途经洪泽湖，乘舟阅视，见坝石有残缺，竟用苇草搪塞，极为不悦，即谕诫河道总督张鹏翮："高堰工程关系重大，保安最为紧要。朕今日乘舟，由洪泽湖阅视，见有残缺石工，以苇草镶填，倘遇水发，危险堪虞……其残缺石工，着即兴修，乘水未长之前完工，用资捍御。"①而每当高堰工竣，清帝都会著文、赋诗，以示纪念、庆贺。如雍正十年（1732 年），高家堰大坝增修告竣，雍正皇帝御笔亲题《高家堰碑文》。乾隆皇帝留下的墨宝更多，仅诗词就有《阅高堰工有作》《阅高堰坝示河臣》《阅接筑高堰堤工》《阅接筑高堰堤工诗以纪事》《命接筑高堰砖工诗以纪事》等多首。其中，《阅高堰工有作》诗云："皇考重河防，神谟定庙堂。帑金颁太府，高堰卫维扬。济运南输北，安流清汇黄。申咨惟善守，千载固苞桑。"②《阅高堰坝示河臣》更是脍炙人口的名篇："建堤以卫民，民安赖堤利，设仍民受灾，堤存亦何济？洪湖寔巨浸，高堰为障蔽，犹虞盛涨时，莫御汪洋势。三坝建尾闾，节宣原有制，何人倡邪说，强与安名字。云开天然坝，每岁成故事，吸川所不恤，涝田所不计。惟保石堤固，河臣能事毕，以此云称职，夫谁不能逮？高斌觉此非，力排众浮议，戒以邻为壑，下河实受惠。但尚虞意外，添坝请予示，予谓三已多，况五可轻试。是与开天然，实同名略异，因与定恒规，率视昨岁例。仍旧贯者三，更新名者二，三犹涨不减，许可及次第。下河数县民，庶免饥溺累。昨过清江浦，名宦堤旁祀，皆昔保堤人，对民能弗愧。"③乾隆皇上苦心孤诣以诗赋形式昭告天下高家堰的重要性。

洪泽湖本是浅水小湖群，据光绪朝《盱眙县志稿》所载："湖中有湖四：曰万家、曰泥墩、曰阜陵、曰洪泽……洪泽之为湖，甚小也"，④高家堰修筑，使其变成中国古代最大一处人工水库，水利功能亦从最初的捍淮屯田，扩展为"蓄清、涮黄、济运"等多重用益，特别是调剂、保障运河水量，更成为洪泽湖重要功用。改造后的洪泽湖碧波万顷，波光粼粼，湖岸绿茵环抱，湖中千

---

① 傅泽洪辑录，《行水金鉴》（第 4 册），商务印书馆 1937 年版，第 1009 页。
② 故宫博物院编，《清高宗御制诗二集》（第 3 册），海南出版社 2000 年版，第 316 页。
③ 同上书，第 366 页。
④ 王锡元修，高延第等纂，《盱眙县志稿·卷二》，清光绪十七年（1891 年）刻本。

淮安洪泽湖的秀美景致

帆林立，水舟相映，成辉成趣，可谓天人合一的如画丽景。古往今来，多少文人墨客赋诗著文歌咏、赞美洪泽湖丽景。据统计，包括李白、苏轼创作的有关古诗文就多达500多篇。浩渺的洪泽湖在守护大运河同时，也孕育出自己独特而丰富的湖文化、渔文化，包括许多与之相关的民间故事、民间传说。如在洪泽湖周边，大禹锁镇巫支祁、九牛二虎一只鸡、水漫泗州城、水母娘娘和泗州城、龙护高家堰等民间故事，千年来一直为人们口耳相传，可谓家喻户晓。如"九牛二虎一只鸡"，说的是老子助百姓打败了洪泽湖里的妖龙，使其不敢再兴风作浪。老子走时，又在湖边大青山留下九头牛、二只虎、一只鸡，以庇护周边百姓与山林，人们从此安居乐业。民间传说往往是人们对美好生活愿望一种表达，在现实生活中又常会有所观照。如康熙年间，洪泽湖大堤石工墙建成，人们就用生铁铸造了九牛二虎一只鸡，分别安放在大堤险工地带，以祈平安。种种动人传说正是洪泽湖渔文化重要组成部分，也是运河文明的重要体现。

运河文明博大精深，孕育的文化更是五彩斑斓。古城淮安，受千年灵动运河行水浸润，形成绚丽多姿的文化园囿，具有鲜明地域特色。如淮安民间戏曲淮剧即是其中之一。

淮剧是淮安一带独有的地方戏曲，源于江苏省境内长江以北、淮河以南、运河以东的上河清江、淮安，里河宝应、高邮和下河盐城、阜宁等地。最早称为香火戏，始于清道光年间，是民间酬神、祭祀、兴集、庙会或喜庆活动时举行的具有娱神性质的一种演出。其曲调融合了牛歌、秧歌、田歌、劳动号子等乡土音调。又因流行地点不同分上河调和下河调。上河调分布在清江、淮安、宝应一带，声腔高亢、粗犷；下河调分布在盐城、阜宁一带，声腔委婉、抒情。早期香火戏艺人多半农半艺，忙时种田，闲时唱戏。光绪年间，因洪泽湖水患严重，一些艺人循着运河、陆路逃荒至江南等地，搭墩子、唱茶馆、演会戏以谋生，被当地人称为"江淮戏"。淮剧的形成时期，正是旧苏北天灾人祸经年不绝之际，百姓生活凄苦，故和中国其他地方戏曲不同，淮剧表演往往十分"悲苦"，且悲得真切，悲得自然，悲得呼天抢地，常常催人泪下，令观者唏嘘。而淮剧这种"悲苦"，恰恰是旧社会底层民众生活凄惨、内心愁苦的真实反映，因此淮剧表演深得群众喜爱，在苏北运河一带十分流行。

如果说淮剧多了些悲苦，洪泽湖渔鼓舞则表现了江、湖渔家欢快劳动、丰收喜庆的愉悦场景。洪泽湖渔鼓舞是盛行于洪泽湖流域、具有浓厚渔家韵味的民间舞蹈，最早起源于唐。前身为流行于北方的太平鼓，由北方逃荒而来的难民传入。渔鼓最初主要用于湖区神头（神汉）跳神、祈祷之用。随着大洪泽湖形成，渔鼓开始成为湖区渔民用于烧大纸祭祀、大王会、家谱会等集体活动时跳神者不可或缺的伴奏工具。鼓的形制、样式也发生一些变化，如鼓面多为大红鲤鱼等吉庆形象，以寓意岁岁太平、年年有余，形成最初的渔鼓。渔鼓舞原是一种祭祀舞蹈，伴奏曲调主要是嚷神咒、念佛记等，又因敲击渔鼓时发出"咚咚"叠音，渔民又形象地称为"咚咚腔""娘娘腔"。清末民初，渔鼓舞内容和形式都发生很大变化，逐渐由一种祭祀、祈神活动变成逢年过节、家族聚会必不可少的歌舞娱乐。表演时，除了击鼓，还融合苏皖一带流行的肘鼓子和快板说唱以及劳动中的渔家号子、渔歌和民间舞蹈等，成为真正的腾挪跌宕的渔鼓舞。渔鼓舞表演者多为男性，女性则以男扮，所着服装艳丽，尽显喜庆。表演人数多时可达千人以上，整个场面气氛热烈，蔚为壮观。表演场地均在船头，规模大时则由数条渔船拼合，临时搭建水上舞台。渔鼓舞舞姿优美，节奏欢快，并融入摇船、织网、布钩、下卡、拉网等诸多渔民生活元素，充分展示

淮安的淮扬菜文化博物馆

出渔民歌唱劳动、庆祝丰收、乐观豁达的进取精神。

作为运河枢纽城市,淮安文化鲜明特点是南北交融,丰富多彩,这也是大多数运河城市文化共同特点。在淮安文化谱系中,淮扬菜是其中浓墨重彩一笔,是中国饮食文化的杰出代表,同样体现了运河文明特征。

所谓淮扬菜,是指以古时扬州府和淮安府为中心的淮扬地域性菜系。实际上,"扬"是指以扬州一带为代表流行于长江流域的扬菜,"淮"是指以淮安一带为代表流行于淮河流域的淮菜,两者融合发展,逐渐形成"东南第一佳味,天下之至美"的淮扬菜系。

说起淮菜,历史可谓久远,早在先秦时期,即崭露头角。如《尚书》中就有"淮夷贡鱼"记载。邗沟开凿,沟通了长江与淮河两大水系,淮安水产、食材更臻丰富,淮菜影响也日益扩大。西汉时著名文学家、淮阴人氏枚乘曾在辞赋《七发》中为楚国太子描述了一份美食佳肴:"犓牛之腴,菜以笋蒲。肥狗之和,冒以山肤。楚苗之食,安胡之饭,抟之不解,一啜而散。于是使伊尹煎熬,易牙调和。熊蹯之臑,芍药之酱。薄耆之炙,鲜鲤之鲙。秋黄之苏,白露之茹。兰英之酒,酌以涤口。山梁之餐,豢豹之胎。小飰大歠,如汤沃雪",

并直言"此亦天下之至美也"。① 据说这是淮菜美肴最早描绘,亦有人称为最早的淮扬菜谱。淮菜主要以河鲜为食材,特别是白鱼和白鱼所制菜肴,更是历史悠久、名闻遐迩。许多文人雅士在尽享白鱼美食后,赞不绝口,纷纷赋诗以志。如北宋诗人梅尧臣在《和杨秘校得糟鲐》一诗中赞道:"食鱼何必食河鲂,自有诗人比兴长。淮浦霜鳞更腴美,谁怜按酒敌庖羊。"② 南宋著名诗人杨万里在《初食淮白》一诗中赞曰:"淮白须将淮水煮,江南水煮正相违。霜吹柳叶落都尽,鱼吃雪花方解肥。醉卧高丘名不恶,下来盐豉味全非。饕人且莫供羊酪,更买银刀二尺围。"③ 南宋诗人曾几也有吃白鱼一诗:"十年不踏盱眙路,想见长淮属玉飞。安得玻璃泉上酒,藕糟空有白鱼肥。"(《食淮白鱼》)④ 品尝佳肴美味,当然少不了美食家东坡居士,苏轼有诗云:"明日淮阴市,白鱼几许肥"(《发洪泽中途遇大风复还》),⑤ 又在《赠孙莘老七绝》一诗中写道:"三年京国厌藜蒿,长羡淮鱼压楚糟。今日骆驼桥下泊,恣看修网出银刀"⑥,对白鱼美食垂涎之情,尽溢言表。

淮菜名扬天下,离不开京杭大运河。大运河开凿及古代帝王沿河巡幸,使淮菜不断丰富,日臻鼎盛。如隋炀帝三下江都,不仅将北方烹饪技艺带至南方,并且使宫廷厨艺流传坊间,极大促进南北餐饮技艺的切磋、融合。清初,皇帝巡幸江南,屡屡经过淮安,各路州县为博上悦,纷纷上贡珍馐美馔,各地厨师也刻意求工,争奇斗艳。据《淮安河下志》载:乾隆二十七年(1762年),皇帝南巡,淮安平桥富商林百万接驾,为膳待皇上,林费尽心思、绞尽脑汁,后急中生智,想出一招,用鲫鱼脑烹豆腐,乾隆皇上用后果然十分满意,连声叫好,淮菜名肴"平桥豆腐"从此一鸣惊人。

借运河之利,淮菜日益繁荣。明清之际,"运河之都"淮安成为各路富商麋集之地。特别是徽商,他们腰缠万贯,挥金如土,往来酬酢,月无虚日,更促进淮菜、扬菜、徽菜之间取长补短,相互融合。与此同时,淮安的富庶、繁

---

① 枚乘著,余冠英译,萧平注,《七发》,中华书局1959年版,第34页。
② 梅尧臣著,朱东润校注,《梅尧臣集年校注》,上海古籍出版社1980年版,第509页。
③ 杨万里,《四部丛刊·诚斋集·卷27》(2),上海书店1989年版。
④ 方家藩修,傅绍曾纂,《盱眙县志·卷二》,清同治十二年(1873年)刻本。
⑤ 苏轼著,李之亮笺注,《苏轼文集编年笺注·诗词附11》,巴蜀书社2011年版,第35页。
⑥ 同上书,第61页。

华,也使普通百姓的观念日渐生变,人们开始注重享乐,追求美食,讲究排场。如据《淮安府志》载,淮安原本民风淳朴,"民间尤朴实,布衣蔬食,席不过五簋",然到明万历年间已饮食华侈,及至清初,"涉江以北,宴会珍错之盛,淮安为最。民间或延贵客,陈设方丈,伎乐杂陈,珍氏百味,一筵费数金。"① 在此氛围影响下,人们追求美馔,讲究口味,食不厌精;厨师精研烹技,力求极致,不断攀高……这些都极大推进淮扬菜系发展。到清中叶,淮扬菜终于一鸣惊人,享誉四海,成为与鲁菜、川菜、粤菜比肩的中国四大古典菜系之一。

正是得益于运河畅通,淮扬菜融汇南北,调和东西,形成了口味清鲜平和、咸甜浓淡适中独具魅力的地方菜系。淮扬菜自成名,始终为人们所津津乐道。1949年9月30日,新中国政协第一届全体会议闭幕,当晚在中南海举行国家招待晚宴,率先上桌的就是淮扬菜代表菜肴"软兜长鱼"。从此"软兜长鱼"即赢得"共和国第一菜"的美誉。共和国总理、淮安人周恩来对淮扬菜更是赞誉有加,称其精工细作,讲求韵味,就像写诗作画,具有浓厚的中国传统文化底蕴。

古城淮安钟灵毓秀,人杰地灵,数千年来,在博大精深的运河文明哺育下,形成人文荟萃的璀璨局面,造就一大批彪炳史册的历史名士。如"国士无双""战必胜,攻必取"的军事家韩信,汉赋鼻祖枚乘、枚皋父子,东汉著名政治家、军事家臧旻、臧洪父子,"建安七子"之一陈琳,南朝文学家鲍照、鲍令晖兄妹,唐代大诗人赵嘏,北宋诗人、苏门四学士之一张耒,南宋抗金名将、巾帼英雄梁红玉,明嘉靖状元、抗倭名士沈坤,明朝小说家、《剪灯新话》作者瞿佑,中国古代四大名著之一《西游记》作者吴承恩,朴学大师、清代汉学研究先导阎若璩,清朝著名爱国名将、民族英雄关天培,晚清女弹词家、《笔生花》作者邱心如,著名画家、"扬州八怪"之一边寿民,晚清四大谴责小说之一《老残游记》作者刘鹗等,灿若辰星,不胜枚举。

淮安文化底蕴深厚还表现在历史上曾拥有世所罕见的科场盛况。自隋开科举、唐设进士科,淮安共出过文、武进士395人。其中,文科进士301人,武科进士94人。特别是明清两代,共有进士369人。且状元、榜眼、探花三元俱全,有文科状元2人(沈坤、丁士美),榜眼2人(汪廷珍、李宗昉),探

---

① 卫哲志等修,叶长扬、顾栋高纂,《淮安府志·卷九》,清咸丰二年(1852年)刻本。

淮安历史名人枚乘雕塑　　　　　　　枚乘故里

花2人（陈澜、夏曰瑚），武科状元2人（叶允武、徐开业）。其中，文、武进士又以运河"咽喉要地"山阳县（今淮安区）为最。明清淮安全部369名进士中，山阳占259人（文科进士183人，武科进士76人）。河下是山阳治下一运河古镇，虽面积不大，却盛享"进士之乡"美名。这里仅明清两代就出过进士67人，举人123人，翰林12人，博学鸿儒司5人。从官职看，有担任翰林、侍郎、尚书者，有任职御膳房总管、光禄大夫者，还做过道光皇帝的老师（翰林院学士、礼部侍郎汪廷珍）。河下不仅进士、举人众多，还有许多为人津津乐道的科场佳话。如"河下三鼎甲"。河下曾出过状元、榜眼、探花，三鼎甲俱全，即明崇祯四年（1631年），河下人夏曰瑚参加会试，考中进士，殿试钦点第三名——探花，他与明嘉靖二十年（1541年）状元及第沈坤、清乾隆五十四年（1789年）榜眼汪廷珍被乡人誉为"河下三鼎甲"。"五世巍科"。河下刘氏家族连续五世（刘一临、刘自竑、刘芳声、刘昌言、刘愈、刘始恢）皆有进士，一门六进士。此外，河下古镇还有许多父子同科进士、兄弟同科进士、父子同试等科场美谈，令人惊叹不已。

　　名人辈出，以人才望天下，这就是古城淮安的骄傲，运河文明的魅力。

第九章
大运河与中华南北城市（江南城市）

一、大运河与扬州城市文化

"淮左名都，竹西佳处"，说的是有着"中国运河第一城"美誉的古城扬州。扬州早在春秋时建城，迄今已逾2500多年的历史。扬州在春秋战国时称"邗"，秦、汉时叫"广陵""江都"，南北朝名"吴州"，隋朝改扬州，并设总管府，治所初在丹阳（今南京），唐迁江北，大体形成今天的管辖范围。

扬州和运河关系十分密切。扬州是大运河原点城市。春秋时期吴王夫差开

扬州段大运河美景

凿运河，起点在邗城（今扬州）以南，此即邗沟。邗沟是大运河最早开凿的一段，也是世界上最早的人工运河。扬州由此与运河相伴，与运河同龄。隋炀帝时，进一步大规模开凿运河，在邗沟基础上，南北扩掘，打通了黄河、淮河、长江流域，扬州由此成为东南西北水陆枢纽，日渐兴盛。元朝多次对大运河扬州段进行整治，基本形成今天走向。明清时期，伴运河漕运兴起，特别是皇帝屡屡巡幸，扬州空前繁华。现今扬州段大运河北起湾头镇（古称茱萸湾），曲折南向，横贯城区，至南郊高旻寺，全长约20千米。

大运河被称为扬州的母亲河，运河带来扬州持久兴盛，造就扬州自汉至清近乎通史式繁荣。早在汉时，吴王刘濞"即山铸钱、煮海为盐"，开盐河（通扬运河前身），促进扬州经济崛起。隋初，运河航运兴起，扬州四方商贾云集，日益繁荣。唐时，扬州农业、商业、手工业已相当发达，经济实力雄厚，"富甲天下"，人称"东南第一大都会"，有"天下之盛扬为首""扬一益二"（益州，即今成都）的美誉。唐朝诗人张祜曾赋诗盛赞扬州繁华："十里长街市井连，月明桥上看神仙。人生只合扬州死，禅智山光好墓田。"（《纵游淮南》）① 北宋时期，扬州持续繁荣，富敌皇城，年税约8万贯，列全国三甲。元明之际，漕运日盛，扬州繁华再起，工商业极尽发达，"富商大贾，动愈数百"，商业主营为两淮盐业和南北货物，盐税之入几与粮赋相等。清康乾时期，扬州更臻昌盛。其时，全国赋税之半来自盐课，而"两淮盐课又居天下之半"，足见扬州之富足。扬州城内手工业作坊甚多，不少是专为皇家、贵族、富豪生产奢侈用品的。康熙年间，孔尚任曾奉命在淮扬治理河道，居留扬州三年，目睹了这座城市的繁华，曾赋诗赞道："东南繁华扬州起，水陆物力盛罗绮。朱橘黄橙香者橼，蔗仙糖狮如茨比。一客已开十丈筵，客客对列成肆市……"（《有事维扬诸开府大僚招宴观剧》）② 这一时期扬州人口甚众，熙熙攘攘，愈50万之数，列全国第八。

借运河之利、交通枢纽，扬州发展迅速，成吞吐四海、沟通宇内的国际性商业大都会。古丝绸之路东端本在洛阳，隋唐运河的开凿，使其延伸至扬州，扬州由此成为大运河与陆上、海上丝绸之路相连相汇的交点，成为中外交流的

---

① 周振甫主编，《唐诗宋词元曲全集·全唐诗》（第10册），黄山书社1999年版，第3799页。
② 孔尚任著，《湖海集·卷一》，古典文学出版社1957年版，第6页。

荟萃之地。唐宋时期，扬州与广州、泉州、杭州被西方并称"东方四大商港"，朝廷在扬州设司舶使，专门管理中外贸易和友好往来。借助运河，内地丝绸、金银器、铜镜、瓷器等精美制品经由扬州远销海外，海外香料、珠宝、玻璃器等也经由扬州转运内陆甚至直达京城。扬州城内因此云集大量外国人士，经商的、传教的、观光的，有波斯人、大食人、婆罗门人、昆仑人、新罗人、日本人、高丽人等，来自四面八方，又以波斯人、阿拉伯人为最。据称当年旅居扬州的阿拉伯人、波斯人多达 7000 余人。其中一些人为中国人所熟知并广受尊敬。如阿拉伯人普哈丁，南宋咸淳年间（1265 年），也就是他 61 岁时来到中国，经商传教，并在扬州建造第一座礼拜寺——仙鹤寺，成为全国四大清真寺之一。因扬州古有"鹤城"之称，普哈丁便遵从乡俗，将清真寺建成鹤形，并取名"仙鹤寺"，受到当地民众的欢迎。这也是中外文化合璧的经典。普哈丁在扬州生活整整十年，公元 1275 年在从山东回扬州的路途中，在运河船上，普哈丁不幸病逝，遵照老人生前遗嘱，人们将他安葬在了扬州大运河河畔。又如意大利人马可·波罗，元世祖时来到中国，受到器重，曾在扬州做官三年（1282—1284），亲身感受了扬州的繁华、富庶，并记录在他的中国行记中。

受千年运河润泽，扬州的自然风景秀美绝伦。古往今来，无数文人墨客、达官贤士纷纷慕名而来。他们泛着小舟，游历运河，醉心于扬州的绿杨城郭，留下许多赞美扬州的佳文丽句、千古诗篇。如唐朝"吴中四杰"之一的张若虚，曾写有被誉为"诗中的诗，顶峰上的顶峰"，"以孤篇压全唐"的诗句："春江潮水连海平，海上明月共潮生。滟滟随波千万里，何处春江无月明。江流宛转绕芳甸，月照花林皆似霰"（《春江花月夜》），① 极其生动地描绘扬州的月夜美景。李白送好友孟浩然去扬州，赋诗一首："故人西辞黄鹤楼，烟花三月下扬州。孤帆远影碧空尽，唯见长江天际流"（《黄鹤楼送孟浩然之广陵》），② 更是家喻户晓、千古流芳之作。唐朝诗人刘长卿送女婿到扬州，深深感受到扬州宜人风物，写下"落花逐流水，共到茱萸湾"（《送子婿崔真甫李穆往扬州四首》）③ 的名句。唐朝诗人徐凝则用一句"天下三分明月夜，二分无赖

---

① 周振甫主编，《唐诗宋词元曲全集·全唐诗》（第 3 册），黄山书社 1999 年版，第 830 页。
② 同上书，第 1225 页。
③ 同上书，第 1027 页。

是扬州"(《忆扬州》),① 表达对扬州的极尽溢美。刘禹锡在扬州盛情款待好友白居易,宴席间写下"沉舟侧畔千帆过,病树前头万木春"(《酬乐天扬州初逢席上见赠》)② 的千古绝句。唐朝悯农诗人李绅夜宿扬州,被星汉满天、市井繁华的扬州夜景深深打动,留下"嘹唳塞鸿经楚泽,浅深红树见扬州"(《宿扬州》)③ 这样浓墨重彩一笔。诗人杜牧更以"春风十里扬州路,卷上珠帘总不如"(《赠别·其一》)④、"二十四桥明月夜,玉人何处教吹箫"(《寄扬州韩绰判官》)⑤ 等一系列精美诗句,擘画出独具魅力的扬州胜境。北宋王安石赴京任官,曾泊舟扬州运河与长江交汇口——瓜洲,写下了"京口瓜洲一水间,钟山只隔数重山。春风又绿江南岸,明月何时照我还"(《泊船瓜洲》)⑥ 的不朽诗篇。南宋爱国诗人陆游在运河河口则用"楼船夜雪瓜洲渡,铁马秋风大散关"(《书愤·其一》)一诗,⑦ 深深表达他壮志未酬的爱国情怀。元代萨都剌几番路过扬州,也写下许多赞美扬州的诗文,其中一首"落叶正飞扬子渡,行人又上广陵船。过江载得秋多少,老雁一声霜满天"(《同御史王伯循济扬子江》),⑧ 描绘了扬州秋色的美轮美奂。总之,无数歌咏、赞美扬州的诗文,为人们全方位展示出运河古城扬州的不朽风韵。

脉脉运河,千载不息,不仅造就扬州的美丽、富饶,也孕育出其绚丽多姿的地域文化,为扬州绘就一幅五彩斑斓、精美瑰丽的文化画卷。

运河开凿,让扬州兴起许多古城、古镇、古村,如宝应、高邮、江都、邗江等,仿佛一串串耀眼珍珠镶嵌在运河两岸。高邮,古称"秦邮",因秦在此筑高台,置邮亭,设驿站,故得其名;又因北宋文学家、高邮人氏秦观有诗:"吾乡如覆盂,地据扬楚脊。环以万顷湖,粘天四无壁……"(《送孙诚之尉北海》),⑨ 故又有"盂城"别称。高邮盂城驿是目前国内已知建站时间最早、规

---

① 周振甫主编,《唐诗宋词元曲全集·全唐诗》(第9册),黄山书社1999年版,第3502页。
② 周振甫主编,《唐诗宋词元曲全集·全唐诗》(第7册),黄山书社1999年版,第2664页。
③ 周振甫主编,《唐诗宋词元曲全集·全唐诗》(第9册),黄山书社1999年版,第3562页。
④ 周振甫主编,《唐诗宋词元曲全集·全唐诗》(第10册),黄山书社1999年版,第3910页。
⑤ 周振甫主编,《唐诗宋词元曲全集·全唐诗》(第10册),黄山书社1999年版,第3908页。
⑥ 王安石著,《临川先生文集》,中华书局1959年版,第233页。
⑦ 陆游著,《剑南诗稿校注1—3》,上海古籍出版社1985年版,第1346页。
⑧ 萨都剌著,《雁门集》,上海古籍出版社1982年版,第213页。
⑨ 徐培均笺注,《淮海集笺注》,上海古籍出版社1994年版,第1371页。

模最大的一座古代驿站。高邮文游台同样远近闻名。文游台始建于北宋太平兴国年间，原为东岳庙，因苏轼过高邮时曾与当地乡贤秦观、孙觉、王巩等在此饮酒论文而名扬天下。由此，许多文人雅士纷纷效行，登台远眺，并留下许多诗文。如宋代诗人曾几曾赋有《文游台》一诗，诗曰："忆昔坡仙此地游，一时人物尽风流。香莼紫蟹供怀酌，彩笔银钩人唱酬。"①

高邮界首古镇

江都邵伯是一有1600多年历史的运河古镇。原名步邱，东晋时扬州刺史谢安为帮百姓免受水患之害，"筑埭于城北"，随时蓄泄，防涝保灌，因而"田获其收，民被其泽"。②当地百姓为感谢谢安，将他比作西周召伯，将步邱改叫召伯，防洪堰取名"召伯埭"，周围湖水改称召伯湖。后来，人们又将"召"改成"邵"，直至今日。清康熙年间，邵伯一带屡遭水害，为镇水安澜，清廷在淮河下游至运河入江口处共安置12只动物，俗称"九牛二虎一只鸡"。其中一只大铁牛就置于邵伯，长1.98米，高1.10米，重逾两吨。铁牛体形虽硕，却造型精美，做工精致，栩栩如生。邵伯古镇自古即有"运河第一渡"美称，乾隆皇帝曾六次南巡，均驻跸邵伯，邵伯"大马头"即为当年皇帝停泊龙舟的河岸码头。因为运河，邵伯成为南北货物转运和集散地，一度兴盛无比。

长江、运河、丝绸之路三者交汇，使扬州成为联通四方的交通要冲，文化上也表现出南北碰撞、东西交融、中外合璧的鲜明特色。

扬州宗教文化发达，城内汇聚多种宗教和众多信徒，如今扬州仍保有大量古代宗教建筑，如大明寺、高旻寺、天宁寺、重宁寺、文峰寺、天主堂、普哈

---

① 杨宜伦修，夏之蓉、沈之本纂，《高邮州志·卷十一》，清乾隆四十八年（1783年）刻本。
② 陆朝玑修，程梦星、蒋继轼纂，《江都县志·卷八》，清雍正七年（1729年）刻本。

扬州大明寺

丁园、仙鹤寺等,它们是古代扬州宗教文化兴盛的历史见证。

大明寺是其中杰出代表之一。大明寺位于扬州北郊蜀冈,已有1500余年历史,因始建于南朝刘宋孝武帝大明年间(457—464),故名。而历史上大明寺又有多个名称。如隋时因建塔"以供佛骨",称"栖灵寺""西寺";唐末称"秤平";清初因讳"大明"二字,一度沿用"栖灵寺"之称,乾隆皇帝曾巡游大明寺,亲笔题书"敕题法净寺",故又名"法净寺"等。大明寺更因唐代高僧鉴真曾任大明寺住持而著名。鉴真历经艰险,成功东渡至日本(见第七章)。他弘扬佛法,并把盛唐文化及先进技术传至日本,受到日本人民敬重和爱戴,被誉为日本"文化之父""律宗之祖"。大师去世后,日本人民为永久瞻仰,在他遗体上用麻布包裹7层,干后拿下来,成功复制鉴真大师原型。这尊麻布原型坐像现供奉在日本国家文物收藏馆,被视为日本国宝。

大明寺景色秀美,建筑风格特色,处处彰显扬州深厚文化底蕴。寺内建筑平山堂,系欧阳修任扬州知府时所建。据说欧阳修曾在此坐堂,望"江南诸山,拱揖槛前,若可攀跻",似与堂平,故名之"平山堂"。① 平山堂专供人们赏景雅兴,古往今来,有无数文人雅士慕名前往,留下许多丽辞华章。如北宋时著名文学家苏辙和秦观曾畅游大明寺,在平山堂赋诗唱和,兴致盎然。秦观触景生情,妙笔生花,写下《次韵子由题平山堂》一诗:"栋宇高开古寺间,尽数佳处入雕栏。山浮海上青螺远,天转江南碧玉宽。雨槛幽花滋浅泪,风卮清酒涨微澜。游人若论登临美,须作淮东第一观。"② 大明寺由此有"淮东第一

---

① 李斗著,《扬州画舫录》,中国画报出版社2014年版,第272页。
② 秦观,《淮海集》(一),国家图书馆出版社2018年版,第152页。

观"的美称。欧阳修本人也曾在离扬八年后重返此地，睹物思人，不禁感慨万千，挥毫写下《朝中措·平山堂》一词："平山阑槛倚晴空，山色有无中。手种堂前垂柳，别来几度春风？文章太守，挥毫万字，一饮千钟。行乐直须年少，尊前看取衰翁。"① 清时皇帝南巡，每到扬州，必至大明寺，在惊叹于寺景幽美同时，也留

大明寺内"淮东第一观"石刻

下许多墨宝、御题。如雍正帝题大明寺联："万松月共衣珠朗，五夜风随禅锡鸣"；乾隆帝题联："淮海奇观，别开清净地；江山静对，远契妙明心"，题额"蜀冈慧照"②。

扬州不仅自然景秀"甲天下"，其人文造景园林同样"甲于天下"。据清人李斗所著《扬州画舫录》载："杭州以湖山胜，苏州以市肆胜，扬州以园亭胜，三者鼎峙，不可轩轾"，③扬州园林盛名早已是享誉天下。

扬州园林兴起，离不京杭开大运河的默默影响。大运河带来扬州富甲天下，也养成其特色鲜明的休闲与消费文化。明清时那些寓居扬州富可敌国的盐商，更起推波助澜作用，他们个个挥金如土，穷奢极欲，对栖身居所也十分讲究，大兴土木，广建园林，并相互攀比。对此，连乾隆皇帝也禁不住感叹万分，说："扬州盐商，皆系平民，因拥有厚资，其居室园囿，无不华丽崇焕，即安澜园、寄畅园等处，虽云为朕巡幸而设，岂非伊等之产而何？"④ 诚如乾隆皇帝所言，他南巡驻跸扬州，临时栖身歇脚的行宫，均系盐商出资兴建，足见盐商阔绰富有。这成为推动扬州私家园林不断兴盛的一个重要原因。据统计，

---

① 周振甫主编，《唐诗宋词元曲全集·唐宋全词》（第 1 册），黄山书社 1999 年版，第 310 页。
② 李斗著，《扬州画舫录》，中国画报出版社 2014 年版，第 269 页。
③ 李斗著，《扬州画舫录》，中国画报出版社 2014 年版，第 103 页。
④ 《清实录·高宗纯皇帝实录·卷 1257》（第 24 册），中华书局 1986 年版，第 886 页。

扬州私家园林之盛之时多达200余处。而皇帝南巡和大运河的南北交流功能，也让南北园林技艺相互切磋，不断融合，南北园林匠师频繁往来，借鉴长短，由此进一步推动扬州园林的发展、兴盛。因此在扬州，为数众多的大小园林，既有皇家园林的金碧辉煌、高大俊丽，也有南方园林的清秀婉约、俊俏雅致，无不融南秀北雄于一体，展现独特的艺术魅力。

瘦西湖是自然美景与人文艺术的完美结晶。瘦西湖本是扬州大运河水系一环，始终和大运河保持水源相济关系。其名最早见于清初扬州词人吴绮《扬州鼓吹词序》有关"小金山"的条目："城北一水通平山堂，名瘦西湖，本名保障湖……日夕归来，小舟点点如蜻蜓，掩映夕阳，直如画境，而扬州之风景游览，亦以此为最盛焉。"① 之所以名之"瘦"，概系湖水水道狭长故。乾隆元年（1736年），钱塘诗人汪沆慕名前来，饱览秀美风光，并与杭州西湖做比较，赋诗曰："垂杨不断接残芜，雁齿虹桥俨画图。也是销金一锅子，故应唤作瘦西湖"（《咏保障河》），② 瘦西湖之名由此天下远扬。瘦西湖景色奇异，"两岸花柳全依水，一路楼台直到山"，湖长十余里，既有水光山色、绿杨垂柳，又有亭楼阁榭、小桥画舫，沿着两岸湖堤渐次展开，俨然一幅天然而成的水墨山水画，成就其"园林之盛，甲于天下"美名。

扬州园林个园的叠石

扬州古典园林中以个园历史最悠久，保存最完整，艺术价值最高。个园是一处典型的私家住宅园林，系清嘉庆年间两淮盐业商总黄至筠在明寿芝园旧址上扩建而成。因宅主爱竹，竹叶形似"个"字，且园内种竹万竿，故名"个园"。个园不仅池馆清幽，水木明瑟，竹木茂

---

① 吴绮著，《扬州鼓吹词序》，中华书局1985年版，第15页。
② 李保华选注，《扬州诗咏》，苏州大学出版社2001年版，第186页。

密，更以四季假山惊艳世人。分峰叠石是其别具匠心的设计。假山用石讲究，且种类众多，有笋石、湖石、黄石、宣石等等，分别叠成春、夏、秋、冬四季假山，四时山水旨趣新颖，各有妙处，正如北宋画家郭熙在《林泉高致》中所阐述："春山澹冶而如笑，夏山苍翠而欲滴，秋山明净而如妆，冬山惨淡而如睡"，①令人叹为观止。个园假山堆叠技艺，充分体现运河城市南北文化交融的特色，如有的用黄山石叠成，山腹有曲折磴道，盘旋登顶，为北派叠石技法；有的用太湖石叠成，流泉倒影，逶迤一角，乃南派叠石技法。特别是个园将造园法则与山水画理融为一体，这在我国园林建造史上绝无仅有，堪称"孤例"。

位于运河古畔的何园同样体现包容并蓄、融合出新的园林艺术风格。何园原名"寄啸山庄"，取陶渊明《归去来兮》中"倚南窗以寄傲，登东皋以舒啸"句意，②又因园主姓何，人们习惯称为何园。何园始建于清同治元年（1862

被誉为"晚清第一名园"的扬州园林——何园

---

① 郭熙、郭思著，《林泉高致》，山东画报出版社2010年版，第26页。
② 陶潜著，逯钦立校注，《陶渊明集》，中华书局1979年版，第160页。

年），光绪九年（1883年）园主何芷舠归隐扬州，购得吴氏片石山房旧址，不断拓展，前后历时13年，成为今日之园林。何园建造既融入了西方建筑特色，并蓄皇家园林和江南私宅庭园之长，并广泛使用新园艺材料，具有中西合璧、南北兼容的突出特色。园内1500米长复道回廊，在中国园林史上是绝无仅有的，它左右分流，高低勾搭，衔山环水，登堂入室，将园林艺术的回环变化和四通八达之美，淋漓尽致地展现在世人眼前，号"天下第一廊"。园中片石山房的"天下第一山"，是清朝画坛巨匠石涛和尚叠石的"人间孤本"。何园整个设计建造，匠心独运，一改传统私家园林前宅后园的布局，而把住宅家居巧妙融入叠石理水的园林之中，构成一幅天人合一的精美图景，这同样也是江南园林中的孤例。何园是扬州私家园林最后问世的一件"作品"，堪称压轴之作，被誉为"晚清第一名园"。

扬州历史底蕴深厚，文化多姿多彩，雕版印刷技艺是扬州文化百花园中一朵靓丽小花。雕版印刷是一种运用刀具在木板上反向雕刻文字或图案，再用墨、纸、绢等材料刷印、装订成册的一种特殊技艺，是中国古代劳动人民一项了不起的发明创造。隋唐时，这一技艺日臻纯熟。扬州是雕版印刷技艺的重要发源地之一，历史久远，已有1300多年。大运河开凿，扬州经济繁荣，文化发达，成为雕版印刷技艺兴起的重要条件。特别是隋时起扬州佛事兴盛，佛经佛像需求量巨大，更成为雕版印刷兴起的直接动因。唐时，扬州雕版印刷技艺有了更大发展，市肆中元稹、白居易等人诗集作品大量刻印售卖。明朝中后期，扬州刻书之风日盛，官刻、家刻、坊刻并兴。进入清朝，可谓盛极一时，各种刻印精品层出不穷。如康熙四十四年（1705年）皇帝命两淮盐政曹寅在扬州天宁寺设诗局，刻印超过3000卷内府书籍，且多为精品，世称"扬州诗局本"。其中《全唐诗》刻印，耗时近两年，全书分装120册、12函，写、刻、校、印

古代扬州用于印刷的雕版

无一不精，连康熙皇帝阅览后都大为赞赏，御笔朱批："刻的书甚好"①。《全唐诗》刻本因此被誉为"中国雕版印刷第一书"。

扬州雕版印刷对活字印刷术推广、传播同样起到重要作用。沈括的《梦溪笔谈》最早记载了毕昇活字印刷术，《梦溪笔谈》则是因扬州州学刻本而得以面世。换言之，彼时若无扬州州学刻本，就不会有《梦溪笔谈》及活字印刷术及时、广泛传播，进而广为人知，日渐兴起。即便活字印刷术出现后，很长时间也未能取代雕版印刷的地位，相反扬州雕版印刷以其独特魅力和现实价值，在社会生活领域长期存在，影响深远。如活字印刷作品《武英殿聚珍版》丛书刊行后，扬州淮南书局随即影刻该丛书，以便更好、更长久地进行保存。扬州雕版印刷技艺源远流长，世代传承，先后涌现一大批技术精湛的艺人，并形成一个独特的匠人群体。如扬州南郊杭集镇，有清以来麇集众多雕版艺人，写工、刻工、印工、装订工齐全，且高手辈出，世称"杭集扬帮"，集中代表了中国传统雕版印刷技艺的发展高度以及一段辉煌的历史。

大运河是一条蕴含丰富的文化之河。大运河与历史古城的相交相汇，孕育出五彩斑斓的文化形态，包括思想、学派、绘画、戏曲艺术等。

扬州学派是一个以"扬州"命名却有全国性影响的地域性学术流派。扬州学派形成于清乾隆、嘉庆时期，因其主要代表人物王念孙（扬州高邮）、王引之（王念孙之子）、任大椿（扬州兴化）、汪中（扬州江都）、焦循（扬州甘泉）、阮元（扬州仪征）等均系扬州籍人士，他们学术思想也主要师承久客扬州的学术大师惠栋、戴震，故称"扬州学派"。扬州学派自成一体，悉心考研经学，从事校勘、笺注，旁及文字、训诂、音韵，同时在天算、地理、乐律、典章制度、金石碑铭等方面也极有建树，是清代朴学最重要流派之一，乾嘉汉学集大成者，其学术成果斐然。扬州学派深远影响，历史学家张舜徽在《清代扬州学记》中指出："余尝考论清代学术，以为吴学最专，徽学最精，扬州之学最通。无吴、皖之专精，则清学不能盛；无扬州之通学，则清学不能大"，"夫为专精之学易，为通学则难。"② 可见，扬州学派最大特点是"通"，所谓"通"，既指求知领域通广，更强调兼容并包、融会贯通、不囿学术门户。正因

---

① 李斗著，《扬州画舫录》，中国画报出版社2014年版，第112页。
② 张舜徽著，《清代扬州学记》，广陵书社2004年版，第2页。

如此，扬州学派成为中国学术史上的一座高峰。

扬州学派形成与京杭大运河有着密切关系。扬州位置优越，"百货通焉，历尽四海"，持续繁荣为科学、教育、文化事业发展奠定重要的经济基础。扬州盐业发达，明清以来，聚集大量富有盐商，他们在许多方面深刻影响了扬州。两淮盐商除一掷千金、奢靡消费外，许多人还崇儒好古，矜饰风雅，喜交天下名士、学人。如人称"扬州二马"的盐商马曰琯、马曰璐兄弟，"好学博古，考校文世"，对"四方之士"始终优待礼加。又如两淮盐运使卢见增，广纳学者名流，"座中皆天下士"，扬州学派重要启蒙之师惠栋、戴震都曾入主卢幕，久居扬州。此外，两淮盐商还十分重视教育，在扬州出资建书院，办义学，为诸生提供膏火银两，使家境贫困学生能够安心读书，潜心研学，成就学业。如扬州学派重要代表人物汪中、顾九苞、任大椿、焦循、刘文淇等早年家境贫寒，都是靠书院膏火银解决生计，最后学有所成。两淮盐商在文化教育方面的所作所为，为扬州学派形成创造了重要条件，因此养成一大批重要人才。

实际上，深受盐商影响的不仅有扬州学派，还有以"扬州八怪"为代表的扬州画派。"扬州八怪"是清康熙中期至乾隆末年活跃在扬州一带风格相近的一些书画家统称，其人员构成说法不一，通常所指是罗聘、李方膺、李鱓、金农、黄慎、郑板桥、高翔、汪士慎这八人。"扬州八怪"作品，无论取材立意，构图用笔，均富有创新，独树一帜，在中国美术史上影响深远。扬州画派

郑板桥雕像

郑板桥笔下的竹

形成与扬州盐商作用同样密不可分。挥金如土的扬州盐商，多好附庸风雅，喜收藏古玩字画，热衷和书画家结识交往。不少技艺高超的书画家，生活拮据，穷困潦倒，如"八怪"中的汪士慎"乞米难盈瓮，担书竟满车"；黄慎"匣有千金砚，囊无一酒钱"；李方膺"十日厨烟断未炊"；郑板桥"聊以卖画佐朝餐"。迫于生计，他们或卖画为生，或放下清高接受盐商接济、资助和延请，往来于豪门之间。如这一时期在扬画家华嵒、陈撰、黄慎、李鱓、金农、高翔、边寿民等，都曾在大盐商江春、贺君召、马曰琯等家中寓居，有的甚至一住经年。盐商们不仅在经济上对书画家慷慨相助，并为他们开展艺术创作创造各种有利条件。如举办文酒雅集邀请书画家参加，将珍藏字画借阅给书画家，赞助书画家刊印个人作品，为书画家出游积累素材提供资费等等。盐商的资助、扶持以及对绘画风格偏好，客观上推动扬州画派的形成和扬州书画艺术的繁荣。

除了书法、绘画艺术，明清之际扬州戏曲艺术也极为繁荣。伴随运河漕运兴盛，扬州更加富庶，加上皇帝巡幸，富商麇集，市民群体不断扩大，扬州休闲娱乐文化特别是戏曲艺术日益繁兴，扬州弹词、扬州评话、扬州清曲、花鼓戏、香火戏、木偶戏以及外来的昆曲、弋阳腔、徽班等，均在扬州展演，同台竞技，异彩纷呈，争奇斗艳。扬州城厢内外则布满各式演出场所，散布在私人园林庭院、私家会馆、行宫戏台、司徒庙、城隍庙、重宁寺等各个角落。大小戏班活跃于运河两岸、大街小巷，除职业戏班外，还有众多私人家班，穿梭往来，热闹非凡。许多戏曲创作大家也频繁出入扬州，如李渔、查继佐、孔尚任、洪升、尤侗、毛奇龄等都曾旅居扬州，或带班表演，或创作作品，极大促进扬州戏曲艺术繁荣。"千金一唱在扬州"，正是扬州戏曲表演繁荣昌盛的生动写照。荟萃扬州的各种戏曲艺术，或同台竞技，或切磋比较，或碰撞融合，最后沿着运河走向京城，走向其艺术发展的辉煌。而扬州评话、扬州清曲、扬州弹词更是充满扬州乡土色彩的艺术瑰宝。

古扬大地，运河滔滔，运河孕育的文明，恰是一缕缕怡人春风，和着那醉人的三月烟花、绿杨掩映的城郭，一起融入扬州五彩斑斓的文化大花园。

二、大运河与苏州城市文化

运河古都苏州，历史悠远，自有文字记载已有4000多年岁月。春秋时期，公元前514年，吴王阖闾命伍子胥主持修建阖闾城，为苏州城之肇始。此后，城郭沟池大体未变，一直处在春秋建城"原始"位置，时间逾越2500多年。苏州古称吴，是吴文化重要发祥地，也是江南地区政治、经济、文化中心。隋朝开皇九年（589年）开始称"苏州"，又因唐朝诗人张继一句"姑苏城外寒山寺，夜半钟声到客船"（《枫桥夜泊》），① 使"姑苏"这一古已有之的典雅别称家喻户晓。

苏州段大运河源远流长，被称为"最早的人工运河""大运河的发祥地"。早在春秋时期，吴楚争霸，吴王阖闾即命伍子胥主持开凿胥溪，自苏州胥门起，入太湖，过宜兴、溧阳、高淳，经芜湖汇长江。公元前495年，阖闾之子吴王夫差为北上争霸，又开挖自苏州经无锡的人工河道，在常州奔牛镇与孟河相接，最终通达长江。这两条人工河即是江南河最早开挖河段，亦称江南河雏形。至隋，隋炀帝下令开凿大运河，在原有河段进一步拓展，江南河苏州段由此基本形成，唐时完全定型，此后历经千年，虽屡有重筑、修缮，大运河苏州段始终保持着"原始路线"。

大运河苏州段属江南河中段，它北起与无锡交接的望亭镇五七桥，南至与嘉兴交界的吴江鸭子坝，穿城而过，全长82.35千米，占整个江南河的40%，是江南河十分重要的一段。整个河道又分西、中、南三段。西段自望亭镇五七桥至枫桥，称为苏锡段，长约18千米；中段原自枫桥经苏州古城阊、胥、盘三门外闹市区，穿觅渡桥至宝带桥，又称市河段，长约14千米；南段原自宝带桥，经松陵、八坼、平望、盛泽等镇，出省境至浙江嘉兴，称苏嘉段，长约50千米。20世纪80年代，为缩短线路，进行水道整改，不再经行嘉兴，苏嘉段遂成历史。大运河苏州段贯穿了作为大运河主航道的山塘河、上塘河、胥江、护城河等河流，并与苏州内城水系融为一体。

京杭大运河开凿极大地促进苏州经济繁兴，使江南这块沃土更加繁荣昌盛，也让古城文化更加灿烂多姿。伴着运河，首先是运河沿岸各种古城、古镇、古街、古桥、古道等人文建造如雨后春笋般兴起，形成独特的古建筑文化景观。

苏州古街、古巷众多。春秋时伍子胥奉命造城，"相土尝水，象天法

---

① 周振甫主编，《唐诗宋词元曲全集·全唐诗》（第5册），黄山书社1999年版，第1805页。

千年古街七里山塘美景

地",①构筑了"水陆并行、河街相邻"的双棋盘城市格局,以及"三纵三横一环"的水道系统,并设水、陆城门各 8 个,城外有护城河,城内有水道相连,水门沟通内外河流,并与运河相通,整个城市坐落在纵横交错的水网之中。街道依河而建,建筑临水而造,绘就一幅"小桥流水、粉墙黛瓦"意蕴独特的水墨风景画。"君到姑苏见,人家尽枕河。古宫闲地少,水港小桥多。夜市卖菱藕,春船载绮罗。遥知未眠月,乡思在渔歌。"②唐朝大诗人杜荀鹤这首《送人游吴》,淋漓尽致地描绘出苏州水城的独特意境。岁月沧桑,时至今日苏州仍保存着 30 多条古街、古巷。其中,更以山塘街远近闻名,誉称"姑苏第一名街"。

山塘街的形成在苏州有一段家喻户晓的历史佳话。据史书记载,唐宝历元年(825 年),白居易在苏州为官,一次去虎丘巡察,所经之处见河道淤塞、水陆不通,百姓往来十分辛苦,心中不忍,回去便组织人力帮助百姓修建一条

---

① 张觉校注,《吴越春秋校注》,岳麓书社 2006 年版,第 56 页。
② 周振甫主编,《唐诗宋词元曲全集·全唐诗》(第 13 册),黄山书社 1999 年版,第 5120 页。

阊门西至虎丘的河道，并与运河相通，此即山塘河，挖出的淤泥堆积在河道两岸为堤，由此极大地便利百姓出行。后来当地百姓为感谢白居易，就将河堤称为白公堤，日久天长，"堤"变成了"街"，最后成为赫赫有名的山塘街。山塘河与山塘街都长约七里，人们又习惯将此称为"七里山塘"。白居易堪称"山塘始祖"，为官一任能够造福百姓，白居易想必自己也很心满意得，故赋诗曰："自开山寺路，水陆往来频。银勒牵骄马，花船载丽人。菱荷生欲遍，桃李种仍新。好住湖堤上，长留一道春。"(《武丘寺路》)①

山塘河的开凿，大大便利灌溉与交通。山塘河与运河相通，得运河之利，山塘街一带迅速发展，成为四方物流集散中心以及万商蚁聚的经营之所。其时山塘街，店肆林立，会馆集聚，人头攒动，极尽繁华热闹。明朝文学家、画家、"吴中四才子"之一唐寅曾作诗描绘了山塘盛景："翠袖三千楼上下，黄金百万水西东。五更市卖何曾绝，四远方言总不同。"(《阊门即事》)② 苏州民歌"大九连环"四方流唱："上有天堂，下有苏杭。杭州有西湖，苏州有山塘。两处好地方，无限好风光"，③ 将苏州山塘与杭州西湖比肩称誉。四大名著之一《红楼梦》也有关于苏州山塘的描绘，如第一回中即称苏州阊门、山塘一带，"最是红尘中一二等富贵风流之地"。清朝著名画家徐扬所作《盛世滋生图》又名《姑苏繁华图卷》，是一幅比《清明上河图》还要长的恢宏画卷，作品以姑苏城为背景，细致入微地刻画盛世苏州的"一村""一镇""一城""一街"，所谓"一街"即山塘街。画家以其精工妙笔淋漓尽致地展现出山塘街"居货山积，行云流水，列肆招牌，灿若云锦"的繁华景象。乾隆皇帝曾六下江南，每次都游历山塘。1762年，乾隆皇帝兴致勃勃游历山塘后，似乎意犹未尽，挥笔御题"山塘寻胜"四字墨宝。与此同时，对山塘美景情有独钟的乾隆皇帝，回京后立即命人将山塘景致在京城园林中重塑。七里山塘，风物万般，美不胜收，人称"老苏州的缩影，吴文化的窗口""一条活着的千年古街"。当代学者、红学家俞平伯曾赋诗赞叹："山塘七里繁华梦，赢得姑苏一炬红。"(《吴下

---

① 周振甫主编，《唐诗宋词元曲全集·全唐诗》(第8册)，黄山书社1999年版，第3277页。
② 唐寅著，《六如居士集》，西泠印社2012年版，第60页。
③ 《苏州郊区志》编纂委员会编，《苏州郊区志》，上海社会科学出版社2003年版，第60页。

旧惊》)①

离山塘街不远便是号称"吴中第一名胜"的虎丘,在七里山塘西尽头,故苏州老话也说"七里山塘到虎丘"。虎丘山位于苏州城西北郊,为一独立小山,"绝岩纵壑,茂林深篁",气象万千,"为江左丘壑之表"。"虎丘"一名来历,有不同传说,一说春秋时吴王夫差葬其父阖闾于此,葬后三日有白虎踞其上,故名"虎丘";一说丘"如蹲虎,以形名"。但不论何说,虎丘之美是有口皆碑。苏东坡就说:"到苏州不游虎丘乃憾事也。"明朝著名文学家袁宏道的《虎丘记》一文,描绘了虎丘山游人如织、昼夜不息的热闹景象:"其山无高岩邃壑,独以近城故,箫鼓楼船,无日无之。凡月之夜,花之晨,雪之夕,游人往来,纷错如织",尤其是中秋,"每至是日,倾城阖户,连臂而至"。②更有众多文人墨客慕名而来,络绎不绝,甚至自明时起,养成三月三雅聚虎丘,仿晋人兰亭聚会修禊,吟诗作画之习俗。

苏州虎丘塔

虎丘塔又名云岩寺塔,始建于五代后周显德六年(959年),成于北宋建隆二年(961年),是江南现存唯一一座五代多层古塔,高约48米,为八角七级仿木结构楼阁式砖塔,唐宋风格。虎丘塔令人惊异的是,自明时起塔身偏向北斜,迄今已偏约2.34米,被誉为"中国第一斜塔",甚至不少人将其与意大利比萨斜塔相比,称之"东方比萨斜塔"。实际上,虎丘塔比比萨塔还要早200多年历史。虎丘塔建造独特,是一种套筒式结构,塔内有两层塔壁,相当于大塔套小塔,塔层之间用叠涩砌作的砖砌连接,整个结构紧密稳固,故虽历经千年塔却斜而不倒。虎丘塔外部设计也开创先河。塔壁外建平座栏杆,可使

---

① 俞平伯著,《俞平伯全集》(第1卷),花山文艺出版社1997年版,第518页。
② 袁宏道著,《袁宏道集笺校》(上册),上海古籍出版社1981年版,第157页。

登塔者自由走出塔体，放眼四野，极目天阔。而此之前所有砖塔，并无塔外建平座栏杆的先例，如西安大雁塔，只能从塔体门洞向外张望，视野极为局促。虎丘塔还是中国古代民间造塔的典范，彰显劳动人民的聪明智慧。虎丘塔是苏州古城地标性建筑，屹立山巅，和山脚下不远处京杭运河遥相呼应，相映成趣。彼时，运河上南来北往过客，乘着扁舟，风尘仆仆，每当远远看到虎丘塔，都会神情振奋，兴奋不已，因为看到了虎丘塔，就意味着"人间天堂"之姑苏就近在眼前。

山塘街东尽头是阊门。阊门是苏州最具代表性的古城门。据唐朝《吴地记》所载，苏州有八大城门：西阊、胥二门，南盘、蛇二门，东娄、匠二门，北齐、平二门。其建造历史直可追溯至春秋时期伍子胥造城。"阊"有通天道之意，古书曰"立阊门者，以象天门，通阊阖风也"，①人们以此祈盼神佑，故名阊阖门。史上吴王阖闾曾率大军远征楚国，军队勇猛出征和凯旋班师均从阊门，因此阊门又有"破楚门"的壮称。阊门雄伟壮丽，气势恢宏，令人震撼。西晋文学家、苏州人陆机曾在《吴趋行》中赞道："楚妃且勿叹，齐娥且莫讴。四座并清听，听我歌吴趋。吴趋自有始，请从阊门起。阊门何峨峨，飞阁跨通波。重栾承游极，回轩启曲阿"。②唐时白居易曾在苏州任刺史，登临阊门，伫立城楼，极目远眺，心旷神怡，不由得诗兴大发，挥笔写下《登阊门闲望》一诗："阊门四望郁苍苍，始觉州雄土俗强。十万夫家供课税，五千子弟守封疆。阖闾城碧铺秋草，乌鹊桥红带夕阳。处处楼前飘管吹，家家门外泊舟航。云埋虎寺山藏色，月耀娃宫水放光。曾赏钱唐嫌茂苑，今来未敢苦夸张。"③

"吴趋自有始，请从阊门起"。阊门见证了苏州历史沧桑。作为京杭大运河沿河水陆要津，阊门成为南北交通、物流往来的中心枢纽，"凡南北舟车，外洋商贩，莫不毕集于此"，各种货物，琳琅满目，"四方难得之货靡所不有"。④明清之际，伴漕运不断兴盛，阊门一带码头林立，其重要者有六，阊门更被称为"天下大码头"。沿阊门登岸，运河两畔，吴阊至枫桥一路，商贾云集，店

---

① 张觉校注，《吴越春秋校注》，岳麓书社2006年版，第56页。
② 陆机著，金涛声点校，《陆机集》，中华书局1982年版，第72页。
③ 周振甫主编，《唐诗宋词元曲全集·全唐诗》（第8册），黄山书社1999年版，第3270页。
④ 郑若曾著，《江南经略·卷二》，文渊阁《四库全书》本。

苏州阊门夜景

肆林立,"列市二十里","四方万里,海外异域珍奇怪伟、稀世难得之宝,罔不毕集"。阊门尤为繁华,有"天下财货莫不聚于苏州,苏州财货莫不聚于阊门"之说,成苏州最繁盛的商业街区。唐寅曾在《阊门即事》一诗中写道:"世间乐土是吴中,中有阊门更擅雄。翠袖三千楼上下,黄金百万水西东。五更市卖何曾绝,四远方言总不同。若使画师描作画,画师应道画难工。"① 康熙朝进士孙嘉淦在其《南游记》中同样描绘阊门的繁华、兴盛:"虎邱南六七里,苏州城也。姑苏控三江,跨五湖而通海,阊门内外,居货山积,行人水流,列肆招牌,灿若云锦,语其繁华,都门不逮。"② 清嘉庆年间的《韵鹤轩杂著·戏馆赋》则赞称:"繁而不华汉川口,华而不繁广陵阜,人间都会最繁华,除是京师吴下有。"③

---

① 唐寅著,《六如居士集》,西泠印社 2012 年版,第 60 页。
② 孙嘉淦著,张清林、张贵荣点校,《孙嘉淦文集》(上),山西古籍出版社 1999 年版,第 231 页。
③ 谢小彬、杨璐主编,《谢国桢全集》(第 5 册),北京出版社 2013 年版,第 368 页。

苏州工商业发达，清时称"东南一大都会""天下四聚"之一，尤其以"店肆胜"。其中又以阊门一带最多。十里金阊，店铺多达数万，如丝绸、染织、烟草、米行、杂货、药材、珠宝、古玩、茶寮、酒肆、菜馆（蜚声中外的苏州菜的基地）、戏院等，五光十色，应有尽有。其中，仅制售桃花坞木刻年画的画铺就多达50多家。

桃花坞木刻年画是运河古城苏州一大特色，极富地域色彩。中国木版画和木刻书籍差不多同时产生，木版画最初用作书籍插图，是由绣象画演变而来的。宋时，木版画开始单独印行用于年画。木刻年画由于内容贴近生活，价廉物美，深受城乡百姓喜爱。明清之际，木刻年画异军突起，风靡大江南北，形成河南朱仙镇、苏州桃花坞、山东潍坊、四川锦竹、天津杨柳青五大民间木刻年画中心。特别是天津杨柳青、苏州桃花坞更成全国木版年画南北两大中心。桃花坞木刻年画则是南方流传最广、影响最大的一支。

所谓桃花坞木刻年画，是因苏州年画作坊主要集中在桃花坞一带，故常以桃花坞木刻年画代称。桃花坞木刻年画有自己的艺术特色和创作风格，人称"姑苏版"年画。其特点通常以红黄绿黑蓝五种颜色搭配，又多喜好紫红色调，整个画面色彩绚丽，构图精美，形象突出，表现出优美清秀、严密工整、与众不同的艺术风格。年画题材亦丰富多样，品种繁多，大致分为门画、农事画、儿童画、美女画、装饰图案画、历史故事画和神州传说画等，充满浓郁的生活

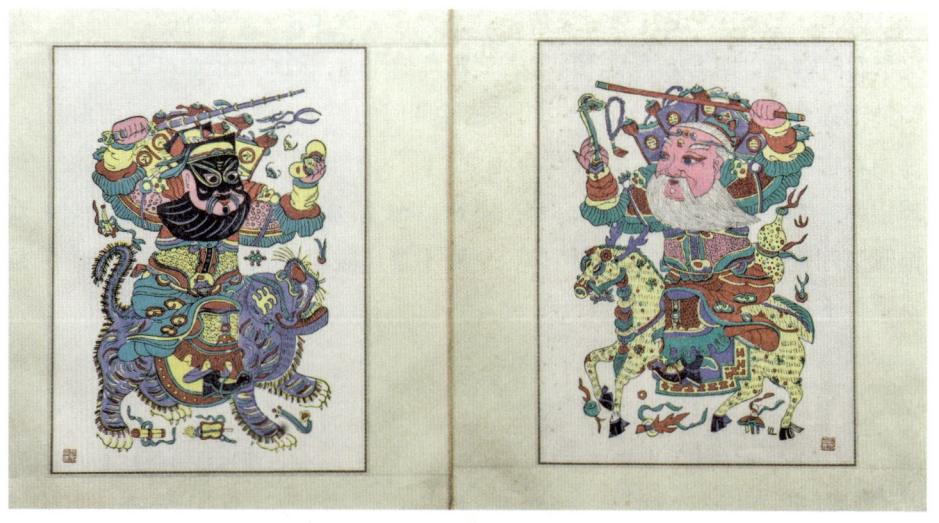

苏州桃花坞木刻年画

气息。清雍正、乾隆年间，桃花坞木刻年画质量、销量空前提高，年产百万张以上，畅销大江南北，甚至远销海外南洋等地。

位于阊门内北城下的桃花坞，风景宜人，秀色可餐，更因风流才子唐伯虎曾在此筑墅"桃花庵"，隐居其中，广为人知。特别是唐伯虎所赋《桃花庵歌》一诗："桃花坞里桃花庵，桃花庵下桃花仙。桃花仙人种桃树，又摘桃花换酒钱。酒醒只在花前坐，酒醉还来花下眠。半醒半醉日复日，花落花开年复年。但愿老死花酒间，不愿鞠躬车马前。车尘马足显者事，酒盏花枝隐士缘。若将显者比隐士，一在平地一在天。若将花酒比车马，彼何碌碌我何闲。别人笑我太疯癫，我笑他人看不穿。不见五陵豪杰墓，无花无酒锄作田"，①更令"桃花坞"美名天下，家喻户晓。

除商铺店肆外，苏州城内还有为数众多商业会馆。会馆是伴随商业经济发展而出现，是异地流动或寄寓他乡的商人建造的一种公共处所，以为同乡商人提供聚会联谊、商情交流、生活帮助等便利，具有同乡会、行业同会等性质。会馆兴起于商品经济日益发达的明清时期，最早会馆是明朝永乐年间在北京出现的芜湖会馆，此后会馆日益兴盛，清中期臻至鼎盛。苏州地处京杭大运河交通要冲，"商贾辐辏，百货骈阗，上自帝京，远连交广，以及海外诸洋，梯航毕至"，②因此会馆数量众多，其中又以阊门、山塘等商业繁华地带最为集中。据史料记载，苏州历史上先后有260多处会馆公所。全晋会馆则是其中最具代表性的一个，充分体现明清时期苏州会馆文化的特色。

全晋会馆亦名山西会馆，顾名思义是在吴经商的山西商人所建，又因其门前造型"一坊一桥二杆"使用的是汉白玉料，别称白玉会馆。全晋会馆最初由在苏从事汇票、印账和办货的钱业晋商于乾隆三十年（1765年）集资兴建，地址位于山塘街半塘桥畔，这是老馆；后因兵燹毁损，复由山西丝茶商人重建，是为新馆，地址在苏州旧城张家巷，即今日所见会馆。会馆占地面积约6000平方米，坐北朝南，分东、中、西三路建筑。中路为正，是晋商举行庆典、"三牲"祭祀和娱乐活动的场所，包括门厅、戏楼、正殿等一干建筑，气势雄伟，富丽堂皇。西路有门房、桂花厅（鸳鸯厅）、花园、楠木厅等建筑，

---

① 唐寅著，《六如居士集》，西泠印社出版社2012年版，第19页。
② 刘献廷著，《广阳杂记·卷四》，中华书局1957年版，第170页。

整个建造庄重朴实。其中,楠木厅和鸳鸯厅为晋商交流商情、相互借贷、调剂资金的洽谈场所;万寿庵则是在苏晋商灵柩暂时停放之处,适时再将灵柩迁回晋地故土。东路为四进,依次为门房、厅堂和前后两进楼厅,楼厅之间则以厢房贯通,计有房屋数十间。东路建筑主要供短期来吴晋商寄存货物,以及破产晋商暂住之用。会馆是一种独特的商业文化现象,其历史蕴含丰富,正如全晋会馆戏楼两侧立柱所写的对联:"看我 / 非我 / 我看我 / 我也非我;装谁 / 像谁 / 谁装谁 / 谁就像谁",让人回味无穷。

江南水乡,运河古城,纵横交错的水网河道,为苏州带来多姿多彩、韵味无穷的古桥建筑艺术。白居易在《正月三日闲行》一诗中曾生动描绘这一景致:"黄鹂巷口莺欲语,乌鹊河头冰欲销。绿浪东西南北水,红栏三百九十桥。鸳鸯荡漾双双翅,杨柳交加万万条。借问春风来早晚,只从前日到今朝。"[1]刘禹锡也做过精彩擘画:"江南春色何处好,燕子双飞故宫道。春城三百七十桥,夹岸朱楼隔柳条。"(《乐天寄忆旧游,因作报白君以答》)[2]苏州古桥首先是数量众多,据唐陆广微《吴地记》所载:苏州"城中有大河,三横四直。名标十望,地号六雄,七堰八门,皆通水陆,郡郭三百余巷,吴、长二县古坊六十,虹桥三百有余",[3]就是说,唐时苏州城内即有桥300多座。另据史书记载,宋时有桥314座,明时有329座,清末为311座,真是"水巷小桥多"。

不仅数量众多,其建造皆"工奇致密",别具匠心,极富文化意蕴。仅从古桥之名,就可窥见一斑:有的桥以人名,如陆侍郎桥、周太保桥、李师堂桥、三太尉桥、顾家桥等;有的桥以事名,如渡僧桥、饮马桥、剪金桥、过军桥等;有的桥以景名,如青山绿水桥、虎山桥、窥塔桥、移影桥、海涌桥、行春桥、塔影桥等;有的桥以典故名,如张公桥、葛家桥、查家桥、李公桥、陈千户桥、曹胡徐桥等;有的桥以动物名,如凤凰桥、鹤舞桥、青龙桥、金狮桥、麒麟桥、骆驼桥、螺蛳桥等;有的桥以功名、愿望名,如状元桥、三太尉桥、官太尉桥、兴隆桥、寿安桥、吉庆桥、福寿桥、吉利桥等;有的桥以故事名,如临顿桥、觅渡桥、接驾桥、五龙桥、钱万里桥;有的桥以营商名,如谷市桥、醋坊桥、枣市桥、果子行桥、木柴桥、鱼行桥、丝行桥等,真可谓绚丽

---

[1] 周振甫主编,《唐诗宋词元曲全集·全唐诗》(第8册),黄山书社1999年版,第3273页。
[2] 刘禹锡著,《刘禹锡集》,上海人民出版社1975年版,第305页。
[3] 陆广微著,《吴地记后集》,中华书局1985年版,第18页。

多彩。不少桥还附会许多动人故事、美好传说。如乘渔桥,说的是古代贤人琴高乘河中大鲤羽化成仙的故事;落瓜桥则是宋初吕蒙正落难苏州的故事,如此等等,不一而足。古桥的设计、建造多富有艺术特色。石桥两旁多设置精致雕花栏板,桥头立桥碑,设碑亭,布楹柱等。桥碑一般记述修桥经过。碑亭内设坐槛,供行人遮风挡雨、歇脚小憩。楹柱上刻有楹联,楹联有的在碑亭抱柱而雕,有的在拱桥桥洞两侧,还有少数在桥顶栏柱之上,这通常叫门联。雕花栏板、小石狮、桥碑石、碑亭、楹柱等,伴桥而生,虽为小品,却同样典雅精致,匠心设计,一丝不苟,并与传统文学、书法、绘画、雕刻艺术完美结合,成为苏州文化百花园中一朵奇异小葩。

  不少古桥建于运河之上,如上津桥、下津桥、吴门桥、觅渡桥、渡僧桥、宝带桥、枫桥、万年桥等,个个历史久远,风韵独特。如宝带桥,堪称古桥中的经典和典范,与赵州安济桥、北京卢沟桥、福建洛阳桥并称为"中国四大古桥"。明代陈循《修宝带桥记》中记载:"苏州府城之南半舍,古运河之西,有桥曰宝带。"[①] 宝带桥始建于唐代元和年间(816—819)。桥名由来,据称唐时为发展运河漕运,时任苏州刺史王仲舒捐出自己腰佩玉石宝带资助建桥及河岸纤道,为纪念此事,人们将桥以"宝带"命名。宝带桥横跨澹台湖与大运河交汇口,与运河平行,桥长317米,面宽4.1米,共计53孔,是大运河沿线最长的一座多孔石桥,桥孔之多,实属国内罕有。宝带桥多孔狭墩,桥身不高,平坦宽阔,且无栏杆,整个造型经济适用、美观大方。桥体构造联拱低平,桥梁因此十分稳固,桥身平坦宽阔,又便于挽舟拉纤和行人过往。桥拱中央设三个大孔,其余均为小孔,大孔有助大船畅通,小孔便于洪水泄出。如此神奇设计,连乾隆皇帝也忍不住赋诗赞叹,"金阊清晓放舟行,宝带春风波漾轻。孔五十三易疏泄,涨痕犹见与桥平"(《过宝带桥有咏》)[②]。宝带桥的设计与建造充分体现古代苏州人民的聪明才智。宝带桥宏伟、壮丽、灵动、洒脱,与周围远山近水融合一体,尤其是远远观之,桥如长虹卧波,又似苍龙浮水,令人叹为观止。清人顾嗣立曾在中秋月夜游石湖观宝带串月,写下了脍炙人口的《串

---

① 朱惠勇著,《中国古桥录》,杭州出版社2002年版,第120页。
② 爱新觉罗·弘历著,孙丕任、卜维义编,《乾隆诗选》,春风文艺出版社1987年版,第196页。

运河最长石拱桥宝带桥

月歌》:"治平山寺何岩峣,湖光吐纳山动摇。烟中明灭宝带桥,金波万叠风骚骚。年年八月十八夜,飞廉驱云落村舍。金盆出水耀光芒,琉璃迸破银瓶泻。散作明珠千万颗,老兔寒蟾景相吓。鱼婢蟹奴争献奇,手擎桂旗吹参差。水花云叶桥心布,移来海市秋风时。吴侬好事邀新客,舳舻衔尾排南陌。红豆新词出绛唇,粉胸绣臆回歌席。绿娥淋漓柂楼倒,醒来月在松杉杪",① 在诗人的笔下,宝带桥与中秋月夜融汇成一派"天人合一"的景象。

"江南园林甲天下,苏州园林甲江南。"享誉天下的苏州园林是苏州一张重要的城市文化名片。提及苏州,人们不禁想到那闻名中外的古典园林。苏州古典园林可谓历史源远流长,最早可追溯至春秋时期吴王所建的园囿。另据史书记载,东晋时苏州人氏顾辟疆,家有名园,名辟疆园,这是中国最早私家园林的记载。陆龟蒙曾有诗曰:"吴之辟疆园,在昔胜概敌。前闻富修竹,后说纷怪石。"(《奉和袭美二游诗·任诗》)② 辟疆园号称"吴中第一"。此后,苏州私家园林不断发展,宋时日趋成熟,明清则达到鼎盛。这一时期苏州园林,一是

---

① 沈德潜选编,吴雪涛、陈旭霞点校,《清诗别裁集》,河北人民出版社1997年版,第440页。

② 周振甫主编,《唐诗宋词元曲全集·全唐诗》(第12册),黄山书社1999年版,第4616页。

数量众多。苏州经济富庶，百业兴盛，官富民殷，江南士人、达官权贵乃至一般殷实家庭普遍追求家居环境，兴建私园之风极其盛行，据《吴风录》记载："吴中豪富，竞以湖石筑峙奇峰阴洞，凿峭嵌空为妙绝。下户亦饰小小盆岛为玩。"① 据统计，最盛之时，苏州有名的私家园林和庭院，多达280余处。至今存留且保存完好的，如宋代的沧浪亭、网师园，元代的狮子林，明代的拙政园、艺圃，清代的留园、耦园、怡园、曲园、听枫园等，无不别具一格，各领风骚。二是营造技艺高超。苏州园林造园艺术拔萃，匠心独运，风格独特，方寸成境。如通过叠山理水、栽植花木，建造楼台亭榭、粉墙黛瓦、小桥流水，再配以唐诗宋词、楹联雕刻、棋琴书画，将自然之美、人造之美与传统文化之美融为一体，形成景致别致、意境独特的写意山水园林，置身其中，让人尽享"不出城廓而获山水之怡，身居闹市而得林泉之趣"。

  苏州古典园林集中体现了中国江南园林风格，在中国乃至世界园林发展史上，都具有不可替代的地位。联合国教科文组织世界遗产委员会这样评价苏州园林：没有哪些园林比历史名城苏州的园林更能体现出中国古典园林设计的理想品质，咫尺之内再造乾坤。苏州园林被公认是实现这一设计思想的典范。中国园林是世界造园之母，苏州园林是中国园林的杰出代表。这些建造于11—19世纪的园林，以其精雕细琢的设计，折射出中国文化中取法自然而又超越自然的深邃意境。② 苏州古典园林的造园工艺，对后世园林发展产生深远影响。其中一环，正是借助大运河的交流功能，苏州园林的精华要旨传播到京城要地，对晚清皇家园林建造产生重大而深远影响，进而远播海外，对世界园林艺术产生重要影响。

  水是最具灵性的，脉脉千载的大运河，不仅润泽了姑苏大地，赋予苏州骄人的美丽、富饶，还造就其五彩缤纷的文化生态。如戏曲艺术表演，就是其中浓墨重彩的一笔。悠悠历史，让苏州戏曲花园百花齐放，昆曲、评弹、苏剧等等，无不天下闻名。（见第三、四章）

  如昆曲发展400多年，成就了一大批优秀剧作家和音乐家，如梁辰鱼、汤显祖、洪升、孔尚任、李玉、李渔、叶崖等，可谓名家辈出，灿若星辰；并形成一大批优秀经典剧目如《琵琶记》《牡丹亭》《长生殿》《鸣凤记》《玉簪记》

---

① 黄省曾著，《吴风录》，中华书局1991年版，第2页。
② 徐静主编，《吴文化概说》，苏州大学出版社2013年版，第183页。

《红梨记》《水浒记》《烂柯山》《十五贯》等，在中国古典戏曲舞台经久不衰。

苏州底蕴深厚，人文荟萃，千百年间，涌现出一大批杰出历史人物。如"百世兵家之师""东方兵学鼻祖"孙武，曾被阖闾授将，所著《孙子兵法》，获"兵学圣典"之称，置《武经七书》之首。北宋著名政治家、苏州吴县人氏范仲淹，曾登临岳阳楼，抒发"先天下之忧而忧，后天下之乐而乐"的理想抱负，成千古流传佳句。明中叶苏州四位文人唐寅（唐伯虎）、祝允明（祝枝山）、文徵明、徐祯卿，才华横溢、性情洒脱，人称"吴中四才子"。明末清初思想家、昆山人氏顾炎武，博学多才，倡导"经世致用""实干兴邦"，发出了"天下兴亡，匹夫有责"的呐喊，成为中华民族抵御外侮的力量之源、精神支柱……不难看出，运河古都苏州人杰地灵，钟灵毓秀，文化璀璨。

三、大运河与杭州城市文化

历史文化名城杭州，8000年前就有先民在此繁衍生息，5000年前的良渚文化，充分展现人类稻作文明进程，被誉为"文明的曙光"。东周时，杭州隶"扬州之域"，这是因为大禹治水时，天下九州，长江以南泛称"扬州"之故。公元前21世纪，夏禹曾乘舟南巡，途经此地，舍其杭（即方舟）于此，故又有"余杭"一说。秦朝时设县治，称钱塘，隶会稽郡，迄今已逾2200多年。隋开皇九年（589年）废郡为州，置杭州，"杭州"之名历史首现。开皇十一年（591年），杨素依凤凰山筑城，"周三十六里九十步"，此乃古杭城之肇始。五代吴越国和南宋朝均以杭城为都。杭州历史灿烂，列中国六大古都之一。

大运河与杭州历史渊源长远。一般意义上大运河即以杭州为起、迄点，杭州因此常被视为运河最南端城市。杭州境内的运河最早可追溯至吴越时期。公元前496年，吴王夫差下令开凿百尺渎（又称百尺浦），连通吴城（今苏州）和钱塘江以北。秦朝在此基础上进行疏凿、延展，据《越绝书》载："秦始皇造道陵南，可通陵道，到由拳塞，同起马塘，湛以为陂，治陵水道到钱唐，越地，通浙江。"① 正是陵水道，沟通苏州与杭州的水路联系。隋炀帝大业六年（610年），下令开凿江南运河，"自京口至余杭，八百余里，广十余丈，使可通龙舟，并置驿官、草顿，欲东巡会稽。"② 隋在陵水道基础上，借助一些自

---

① 袁康、吴平辑录，俞纪东译注，《越绝书全译》，贵州人民出版社1996年版，第65页。
② 司马光编撰，沈志华、张宏儒主编，《资治通鉴》，中华书局2012年版，第7526页。

然河道,由此形成真正意义上的京杭运河杭州段。杭州段大运河北起余杭塘栖,南至钱塘江,全长约39千米,横贯城内。杭州从此与大运河城水相连、水城相拥,生生相伴,大运河更被视为杭州"城之命脉"。大运河开通后,杭州城日益兴旺、昌盛。北宋婉约派词人柳永曾生动、细腻地描绘古城杭州的俏丽、富庶:"东南形胜,三吴都会,钱塘自古繁华,烟柳画桥,风帘翠幕,参差十万人家。云树绕堤沙,怒涛卷霜雪,天堑无涯。市列珠玑,户盈罗绮,竞豪奢。重湖叠巘清嘉。有三秋桂子,十里荷花。羌管弄晴,菱歌泛夜,嬉嬉钓叟莲娃。千骑拥高牙。乘醉听箫鼓,吟赏烟霞。异日图将好景,归去凤池夸"(《望海潮·东南形胜》)[1]。元时意大利人马可·波罗也曾来到杭州府,同样被杭州的美艳、奢华折服,惊叹杭州是"天城""世界最富丽名贵之城"。

"水光潋滟晴方好,山色空蒙雨亦奇。欲把西湖比西子,淡妆浓抹总相宜。"[2] 苏轼这首《饮湖上初晴后雨》,堪称描绘西湖最经典的传世诗文。西湖之美,美如西子,盛名天下。然西湖之美离不开运河润泽,西湖因运河而兴,而

杭州西湖美景

---

① 周振甫主编,《唐诗宋词元曲全集·唐宋全词》(第1册),黄山书社1999年版,第259页。
② 苏轼著,《苏东坡全集》(1),北京燕山出版社2009年版,第209页。

成就美名；大运河也离不开西湖，是浩渺西湖让大运河千载滔滔，奔流不息。

西湖，最早称武林水，因水从武林山出之故，据《汉书·地理志》载："武林山，武林水所出，东入海，行八百三十里"①。后西湖又有众多别称，广为天下熟知者二，一曰钱塘湖，一曰西湖。因杭州古称钱塘，故名钱塘湖；又因湖在杭城以西，故称西湖。"西湖"之名最早见于唐朝诗人、时任杭州刺史白居易的《西湖晚归回望孤山寺赠诸客》和《杭州回舫》两首诗作中。《西湖晚归回望孤山寺赠诸客》一诗称："柳湖松岛莲花寺，晚动归桡出道场。"②所谓"柳湖"即西湖，而诗歌题名就直接用了"西湖"称谓。《杭州回舫》一诗则写道："自别钱塘山水后，不多饮酒懒吟诗。欲将此意凭回棹，报与西湖风月知。"③由此，西湖之名家喻户晓，妇孺皆知。

唐朝以前，西湖时滥时涸，对杭州用益不大。唐代宗时李密任杭州刺史，第一次将湖水引至城内，并在人口稠密处凿井六处，史称"六井"，解决城内居民饮用淡水问题。白居易到杭州做刺史，大规模疏浚西湖，并修筑堤坝，提高水位，扩大蓄水量，还借助运河水道将湖水引至杭州城郊，进一步解决钱塘（杭州）至盐官（海宁）之间农田灌溉难题，这一善政极大推动当地农业经济发展，造福一方百姓。西湖景致也由此日益美奂。西湖修浚后，白居易曾春游西湖，面对旖旎春光，美妙景致，想到自己为官一方所做贡献，不禁怡情高涨，诗兴大发，挥笔写下千古流芳之佳作："孤山

杭州西湖苏堤

---

① 班固著，颜师古注，《汉书·地理志·卷28》（第6册），中华书局1962年版，第1591—1592页。
② 周振甫主编，《唐诗宋词元曲全集·全唐诗》（第8册），黄山书社1999年版，第3231页。
③ 同上书，第3263页。

寺北贾亭西，水面初平云脚低。几处早莺争暖树，谁家新燕啄春泥。乱花渐欲迷人眼，浅草才能没马蹄。最爱湖东行不足，绿杨阴里白沙堤。"①（《钱塘湖春行》）北宋末，大文豪苏轼第二次到杭州任官，这时西湖已淤塞严重，流水不畅，故苏氏对西湖又进行一次全面疏浚、改造，动员民工20余万，并将挖出的葑草和淤泥，堆筑一条自南而北横贯湖面长约2.8千米的堤坝，后人称之为"苏堤"。由于有"苏堤"区隔，湖水自此分为东西两部分，并沟通南北两山。西湖经此治理，既保障城内百姓饮水，城郊农田用水，又更好地解决运河水源问题，杭州段大运河从此水量充沛，千载奔流。

运河蜿蜒奔腾，如丹青妙笔，绘就杭州如画风景，孕育丰富而独特的文化景观，让千年古城处处闪烁文明之光。

大运河开通后，杭州城内水利设施、沿河建筑如雨后春笋般涌现，桥梁、码头、船闸、水坝、堤岸、货栈、特色民居、寺庙道观、教堂楼所、地方会馆、皇家园林、官商庭院等，林林总总，形成了杭州古城独特的建筑文化景观。

首先临河古桥。"运河水乡处处河，东西南北步步桥"。因为运河，杭州城内遍布古桥，横亘东西南北，连通大街小巷，如登云桥、永安桥、江涨桥、大关桥、潮王桥、李王桥、丁桥、斜桥、拱宸桥、祥符桥、卖鱼桥、德胜桥、广济桥、里万物桥等，可谓数不胜数。不少桥与运河相伴长久，岁月沧桑。"北新关外五里遥，三十六丈拱宸桥。来樯去橹桥下走，长年摇手客闭口。默尔相对意云何，江湖走老禁忌多。不问出门与归里，但愿人人学桃李。"（《拱宸桥嗓口》）这段说辞讲的是杭

杭州拱宸桥

---

① 周振甫主编，《唐诗宋词元曲全集·全唐诗》（第8册），黄山书社1999年版，第3230页。

州运河古桥拱宸桥。拱宸桥位于大关桥之北，东西向横跨运河之上，桥长98米，高16米，是杭州段大运河最长、最古老的一座石拱桥。拱宸桥始建于明崇祯四年（1631年），其时为应运河漕运带来的交通与贸易繁兴，由举人祝华封、商人夏木江倡议并募集资金而建，桥名取自《论语·为政篇》孔子之言"为政以德，譬如北辰居其所而众星共之"，①意为百姓拥戴实行德政的统治者。清朝以来，拱宸桥几经兴废，至清光绪十一年（1885年）由杭州士绅丁丙再次发起募集并主持修建。拱宸桥为三孔薄墩联拱驼峰石拱桥，桥身用条石错缝砌筑，整个建造巍峨高大，气魄雄伟，尽显我国古代桥梁建造的卓越技艺。拱宸桥对于杭州和运河具有特殊意义，它是传统意义上京杭大运河最南端地标性建筑。古时，经运河从外地返回杭城的人们，每每看到拱宸桥，就知道梦萦魂绕的故乡近在咫尺了，心情顿时激动不已。

广济桥是大运河保存至今规模最大的一座石拱桥，也是硕果仅存的一座七孔桥。广济桥又名碧天桥、通济桥，是明弘治年间鄞人陈守清所募资建造，位于余杭塘栖镇西北，南北向横跨于运河之上。桥身长78.7米，面宽5.2米，拱券采用纵联并列分节砌置，整个造型俊俏秀丽，宛如长虹卧波，美艳惊人。广济桥距今已有500多年历史，在漫长岁月中，正如杭州城其他古桥一样，与人密切相融，渐成一体，甚至演变成社会生活、民俗文化重要载体。如这一带因桥而生的"走桥"习俗：每年正月十五晚上，男女老少除了吃元宵、赏花灯、猜灯谜，还要四处走桥，以祈福许愿。据说走的桥越多，福分就越大。因此每到当日夜晚，运河最大石桥广济桥上下总是挤满成群结队的人，桥上桥下，运河两岸，人们提着花灯，往来游走，熙熙攘攘，远远看去，灯火闪烁，热闹非凡。

除了古桥，运河两岸的交通要口、水陆码头，还常常形成人群麇集的商业街区。一些古街区如桥西街区、小河直街、大兜路街区等，古往今来，闻名遐迩。桥西街区即桥拱宸桥西历史街区，位于杭州段大运河主航道西，是一处以拱宸桥为水陆交通枢纽而形成的居民聚集区域。桥西历史街区完全因运河而兴。明朝以前，拱宸桥西还属荒郊僻壤，明初大运河改道，这一带渐成水陆交通枢纽、南北商贸中心，经济日益繁兴，至清朝同治年间，始终繁盛无

---

① 杨伯峻译注，《论语译注》，中华书局1980年版，第11页。

比。伴随历史发展,拱宸桥西渐渐成为人口密集、商贾辐辏、店铺林立的繁华街区。小河直街位于杭州运河、小河、塘河三河交汇口,形成历史更早一些,可追溯至唐宋时期临安城外的草市,因毗邻运河,成为各种商货贸易的集中场所。元时,借运河之利,小河直街渐成交通要津,往来船只络绎不绝。清中、晚期时起,小河直街依托于河埠码头,发展蓬勃兴旺,成为热闹非凡的商业街区。大兜路历史街区位于运河上大关桥至江涨桥一段东岸,曾是运河南端"十里银湖墅"的中心区域。宋时这里便是杭州城北贸易中心,商贸频繁,明时已有大兜路之名并形成完整街区,清时这里并设官办粮仓和集市,成为杭州城北最重要的贸易中心、仓储中心,整个街区商铺林立,人头攒动,繁华无比。

历史古城杭州,文化底蕴深厚,内涵丰富,就像大运河造就的天堂丽景,文化景观五光十色、绚丽多姿。

杭州扇文化举世闻名。扇子在我国历史悠久,商周时期即有扇子面世。最早扇子"五明扇",传为"舜所作也"。扇子最初为奴仆执掌,除为主人遮风蔽日外,更多是一种权威和地位象征。后来扇子形制和样式不断演变,渐成为朝野俱爱的用物。伴随岁月发展,扇子既是日用品,也成为我国优秀传统文化的重要组成部分,具有鲜明民族特色,不仅种类繁多,样式多样,且常常集书法、绘画、髹漆、文学、艺术为一体,成为一种独特的文化现象。另外,由于产地不同,扇子还形成鲜明的地域代表,如苏、杭以折扇为主,四川以竹扇为胜,广东以葵扇为强,浙江青浦、湖州则以麦秸扇和羽毛扇为优,形成苏扇、杭扇、川扇等不同地域流派。

折扇以杭州最出名。杭州自古是制扇名城,所制之扇,形制精致,装饰优美,素有"杭州雅扇"之美誉。宋室南迁,定都临安(今杭州),故有大批制扇工匠和书画艺人,追随皇室南渡,循运河东行,汇于杭州,故杭州城内制扇店坊云集,规模浩大。如清河坊以东有一"扇子巷",长逾一千米,满是扇铺,著名商号有徐茂之、周家、陈家等,所制扇子品种繁多,如细画绢扇、细色纸扇、影花扇、藏香扇、漏尘扇等,琳琅满目,"买卖昼夜不绝",热闹非凡。杭扇盛名,影响颇大,据《杭州府志》记载,东坡在杭时,民有诉扇肆负钱二万者,逮至,则曰,天久雨且寒,有扇莫售,非不肯偿也。公令以扇二十束,就

杭州黑纸扇

判事笔随意作行草及枯木竹石,付之。才出门,人竞以千钱取一扇,所持立尽,遂悉偿所负。① 南宋时起,杭扇成为皇室贡品,与杭剪、杭线、杭粉、杭烟并称"五杭",扬名四海。明清以后,杭扇制作更加兴盛,作坊遍布城厢。到清中叶,"杭州经营纸扇者总计有 50 余家,工人之数达四五千人",另据杭州兴忠巷扇业祖师殿碑文记载,该殿内供奉的扇业老艺人达 462 人。杭扇名气也更大,并开始与丝绸、龙井齐名,号称"杭州三绝"。

杭扇代表品种有黑纸扇、檀香扇、香木扇、白纸扇、细花绢扇、装饰扇、舞扇等,其中又以黑纸扇最有名。黑纸扇来自民间,曾称"武夫扇",据清人王廷鼎所著《杖扇新录》记载:"此扇本为仆隶佣人所执,嘉道间士商尚不入手。同光后忽行于士大夫家,近则王公大臣争用之矣。遂有棕竹、象牙为骨,以泥金作书画,或写蝇头细楷,凡外官赠送京员,以此扇为盛仪也",到光绪年间,黑纸扇已作为杭州特产进贡皇室,称"贡扇"。黑纸扇一体黑色,扇面所用为浙江特产质地绵韧的桑皮纸,将精心调和的黑色柿漆在桑皮纸上反复涂抹,晾晒之后,即呈乌黑透亮之色。黑纸扇制作工艺精湛、复杂,往往要经过糊面、折面、上色、整齐、砂磨、整理等86道工序,这样制出的黑纸扇才能扇骨光滑,色泽乌黑,并且日晒不翘,雨淋不透,既可遮阳消暑,又能挡风防雨,故有"一把扇子半把伞"的赞誉。

黑纸扇除制作精致,质量上乘,其上书画艺术更是令人叫绝。黑纸扇扇面特殊,其上书法、绘画方式也别具一格。扇面书法常见有楷书、草书、隶书、篆书等,一般用真金粉书写小楷,假金粉书写行、草,偶尔用到朱砂;内容则涉及诗词、歌赋、经文等,有些甚至是长篇大作。黑纸扇绘画也与一般作画差别甚大,无论是素面还是金面,色彩配置,技巧发挥,都极为讲究。画家胡佩衡在《画筌丛谈》中就指出:"作画于此种扇面,非用泥金,即用朱砂,亦有

---

① 郑沄修、邵晋涵纂,《杭州府志·卷五十三》,清乾隆四十九年(1784 年)刻本。

用石绿或铅粉者，用笔须有力，不可有一重复笔。盖此种画，无浓淡之分，只可于笔力中求美观也。"①黑纸扇绘画技艺要求高，题材十分丰富，有京剧人物脸谱、民间故事、山水、花鸟鱼虫等，尤其是杭画花鸟，色彩厚重，富丽堂皇，堪称艺术精品。

除了扇文化，杭州伞文化同样久负盛名。伞最早由中国发明，已有3000多年历史，民间甚至有鲁班妻子发明一说。古时，人们将伞称为"盖""伞盖""罗伞"，最初用羽毛后用罗绢制作，一直是宫廷礼仪不可或缺的重要器物，也常用作权贵等级象征和民间巫人扮神法器。随着纸张的发明，人们开始用纸做伞面，上涂桐油，这就是油纸伞，如《河工器具图说》中所载："元魏之时，魏人以竹碎分并油纸造成伞，便于步行"，"非此无以避雨，在工者所必需也"，②渐成今日意义的日用之伞。伞作为日常生活用件，同样蕴含着丰富文化内涵。在漫长的历史岁月，从宫廷到坊间，人们赋予伞各种文化功能以及精神意象。广为人知的如《白蛇传》中许仙和白素贞，因为一把油纸伞而在西湖断桥相识结缘，伞成为爱情信物和象征。此外，在中国传统社会，许多地方在儿女婚嫁时将油纸伞作为一个重要物件备置，以此表达人们有子（油纸）、早生贵子（纸）、多子（纸）多孙、顺利、团圆、大吉大利等的美好祝福和愿望。

西子湖畔，烟雨杭州。提油纸伞，人们就不能不想到杭城诗人戴望舒的《雨巷》："撑着油纸伞，独自/彷徨在悠长、悠长/又寂寥的雨巷，我希望逢着/一个丁香一样的/结着愁怨的姑娘……"正是这首《雨巷》，带给人们无尽遐想和心灵的碰撞，也让油纸伞成为杭州一个重要的历史记忆。

杭州制作油纸伞已有230多年历史，最早油纸伞店是清乾隆三十四年（1769年）董文远九房所开设。油纸伞都以手工制作，是一项独特的手工技艺。江浙盛产竹木，油纸伞都以手工削制的地产竹条做伞骨，以涂刷天然防水桐油的皮棉纸做伞面，从伞骨选材到制作伞架、糊伞、晾伞、烤伞、上桐油直至成品，整个过程需要90多道工序。每一道工序都不容易，每一道工序都有专门讲究。如伞面糊纸，传统工艺选用的是桃花纸，浸入柿子漆后，再一张一张地黏

---

① 胡佩衡撰，《画筌丛谈》，长兴王氏泉园1926年版，第18页。
② 王云五主编，麟庆纂辑，《万有文库第二集·七百种河工器具图说》，商务印书馆1937年版，第54页。

至伞骨，放置阴凉处慢慢阴干，方可上油。上桐油（清油）也绝不能一刷了之，同样有其技术要求。正是这种匠心制作，才成就杭伞的美名天下。

到20世纪30年代初，杭伞家族中"绸伞"脱颖而出，成为中国绸伞最优秀的代表。"绸伞"又叫"西湖绸伞"，全称"西湖竹骨绸伞"，是杭州地区特有的传统手工艺制品。西湖绸伞以竹作骨，以绸张面，伞头则多借鉴西湖"三潭"，整个造型小巧玲珑，精致典雅，既能遮阳，又作装饰，融实用性、艺术性于一体，人称"西湖之花"。实际上，以丝绸做伞在我国历史悠久，唐时即已流行。宋室南迁，临安为都，杭州因此成为全国制伞中心。这一时期杭州城内、运河两岸，各种绸伞种类繁多，争奇斗艳，有大小黄罗伞、清凉伞、红绿小伞、方伞等，琳琅满目。随着绸伞推广、普及，近代以来，西湖绸伞成为绸伞家族中最靓丽的一种。西湖绸伞之所以名闻遐迩，一是杭州盛产优质丝绸，伞面所用丝绸更是精挑细选，颇为讲究。二是伞骨用材考究。一般选用浙江安吉、德清、富阳一带竹子，但不是毛竹，而是淡竹，也不是什么样的淡竹都能采用，通常选择生长期3年以上，口径五六厘米粗的竹子，且不能有阴暗面，只有如此，所选竹材制作的伞骨，才会竹质细洁，色泽玉润，即使烈日曝晒也不弯曲。三是制作工艺精致。整个过程包括选竹、伞骨加工、车木、伞面装饰、伞骨撇青、上架、串线、剪边、折伞、贴青、刮胶、装杆、包头装柄、穿花线、钉扣、修伞、检验、包装等多道工序，每道工序都有严格规范，都需要精工细作。四是装饰精美。绸面装饰既有印染也有刺绣，印染有大红、枣红、和平蓝、墨绿、桃红、橘黄等多种色彩；绘饰图案有山水、风光、花鸟、人物等多个门类，品种有西湖十景、仕女、龙凤、奔马、梅雀、花草、蝴蝶、飞鸟等，多达几十种。一把成品杭州绸伞，常常集

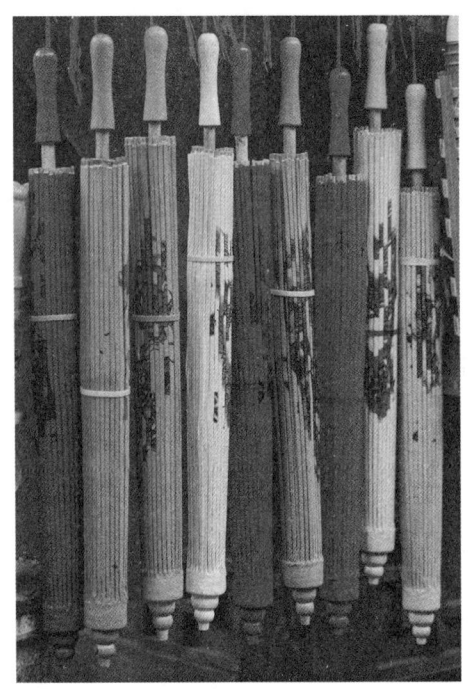

风情万种的杭州绸伞

秀瑰丽，令人赏心悦目，回味无穷。

"快似风走润如油，钢铁分明品种稠，裁剪江山成锦绣，杭州何止如并州。"（《参观杭州张小泉剪刀厂》）[1] 这首诗是著名剧作家田汉为杭州张小泉剪刀所作，生动描绘了张小泉剪刀品质优异、做工独特、内涵丰富等鲜明特点。在杭州传统文化中，"五杭"即孔凤春"杭粉"、王星记"杭扇"、都锦生"杭锦"、宓大昌"杭烟"、张小泉"杭剪"是家喻户晓的杰出代表。其中，张小泉剪刀更以其优异的质量，广泛的实用性，享誉天下，成为杭州刀剪文化的集中体现。

张小泉剪刀是中国手工业传统品牌，历史悠久。创始人为张思家，即张小泉之父，原安徽黟县人，世代从事制剪，幼时曾在以"三刀"闻名的芜湖学艺，后在黟县城边开"张大隆"剪刀铺，专业制剪，因所制剪刀品质优良，广受人们赞赏。张小泉从小受其父熏陶和训练，同样练得一手制剪好手艺。明末清初，为躲避战祸，父子二人沿着运河一路向东逃至杭州，在城隍山下开一剪刀作坊。张氏父子做事用心，悉心研究技艺，乐于求新，如运用"嵌钢"（即铺钢）技术，改变以往用生铁锻打制法，同时用镇江特产的、极为细腻的泥砖精心磨削，因而剪刀刃口锋利，光亮照人。由于所制剪刀质量上乘，生意格外兴隆，远近闻名，乾隆年间更被列为皇家贡品。

张氏剪刀坊初名"张大隆"，因同行冒名仿制，遂将招牌改为"张小泉"。张小泉子承父业，立"良钢精作"为家训，潜心研习，不断创新，进一步提高了制剪技术，如首创"镶钢锻制"技艺，把钢的坚硬和铁的柔性有机融合：刀口用钢，锋利耐用，剪体用铁，易于造型；加上所选材料优质，经过72道工序精心制作而成，故所制剪刀钢铁分明、剪切锋利、开合和顺，经久耐用。除了品质优异，张小泉剪刀还在表面进行手工凿花，刻上飞禽走兽、西湖山水等纹饰，使得剪刀件件堪称传世精品，誉为"剪刀之冠"。张小泉剪刀是中华老字号的杰出代表，具有世界影响。如英国费顿出版社出版的《经典设计》一书，收录世界范围999款经典产品，其中与美国哈德森火车、英国飞机和瑞士劳力士手表齐名的正是中国张小泉剪刀，且排列在该书中第一位。张小泉剪刀300多年发展历程所积淀的企业精神、文化内涵，至今仍闪烁着耀眼光芒。

---

[1] 屠岸、方育德编，《田汉全集·诗词》（第12卷），花山文艺出版社2000年版，第344页。

在杭州文化谱系中,杭绣同样独具魅力。杭绣属中国刺绣一种。刺绣,又称"针绣",是一种十分古老的传统工艺,商周时期已有"衣画而裳绣"之说。伴随岁月发展,中华大地出现种类繁多、风格各异、具有鲜明地域色彩的刺绣,如苏绣、粤绣、陇绣、湘绣、蜀绣、杭绣、顾绣、京绣、瓯绣、鲁绣、闽绣、汴绣、汉绣、麻绣、苗绣等,不胜枚举。其中,源于杭州一带的杭绣可谓一枝独秀。

杭绣又叫吉绣,历史悠久,汉时已出现。杭州盛产丝绸,素有"丝绸之府"之称,为杭绣发展提供重要先天条件。宋时杭绣日益兴盛。特别是南宋,偏安临安,京城画师、绣工纷纷随往,汇集杭州,成为杭绣迅速发展的重要阶段。南宋朝廷在城内设专门织造机构,以监制宫廷服饰制作,其中在文绣院内专为皇家、内宫绘绣各种服饰、技艺出众的绣工和画师就多达300余人。宫廷杭绣运用彩线绣和金银绣,所绣服饰光彩夺目,极尽皇家气派。据明人董其昌在《筠清轩秘录》中记述:"宋人之绣,针线细密,用线止一二丝,用针如发,细者为之,设色精妙,光彩夺目,山水分远近之趣,楼阁得深邃之体,人物具瞻眺生动之情,花鸟极绰约逸喙之态,佳者较画更胜,望之三趣悉备",① 这段文字足以说明宫廷杭绣技艺之精湛,绣品之精美。除了宫廷绣,杭州的民间绣也十分兴盛,宋元至明清,久盛不衰。城内许多地方曾经绣工云集,仅后市街、天水桥、三元坊、弼教坊等地,就有刺绣作坊(绣棚)10余处,从事官服图谱、花轿帐幔、供桌圆屏、佛堂挂幡、龙船稍旗、神服戏装乃至嫁妆衣饰等刺绣制作,艺人多达200余人。

与其他地方刺绣相比,杭绣有自己的绝活。杭绣吸收并融合了苏、湘、蜀、粤四大名绣之长,绣法灵活多变,主要针法有平绣、乱针绣、叠绣、贴绫绣、借底绣、发绣、穿珠绣、帮绣、点绣、编绣、网绣、纱绣等。杭绣的品种众多,尤以盘金绣、包金绣、银线绣、彩丝绣著称于世,且各具特色,各有千秋。如盘金绣,雍容华贵;包金绣,层次分明,交相辉映;银线绣,古朴文雅,素而不俗;彩线绣,细密艳丽,形象活泼。杭绣图案设计,内容丰富,手法独特,大多取材民间喜闻乐见的龙、凤、麒麟、蝙蝠、孔雀、牡丹、寿桃、如意、八卦、西湖风景等传统图案,表现手法夸张;杭绣图稿一般只画白描

---

① 胡世庆编著,《中国文化通史》(上),浙江大学出版社2005年第2版,第373页。

图，不上色彩，至于图案用什么配色，走什么针法，全凭匠人艺术功底和制作经验。此外，绣工也不同于其他。宋时，杭绣进出宫廷的绣工主要是男性，因此宫廷绣又叫男工绣。一直到民国初年，杭绣仍以男工为主，并形成只收男工不收女工、只传媳妇不传女儿的行道规矩。杭绣文字记载甚少，技艺传承，皆由师徒口口相传。

杭州文化五彩斑斓。其重要原因之一，正如学者余秋雨在《杭州宣言》中所说："杭州这地方，本来并没有像黄山、九寨沟、长白山天池、张家界那样鬼斧神工般的天然美景……杭州后来能变得这样美丽，完全是靠人力创造。"①所谓"人力创造"，主要就是大运河的开凿。因为大运河，杭州有了天堂般美丽；因为大运河，杭州文化绽放出多姿多彩的光芒。也是因为大运河，杭州让所有去过的人流连忘返，难怪诗人白居易也要说"江南忆，最忆是杭州"。②

四、大运河与绍兴城市文化

广义上，大运河与浙东运河一线相连，向东延伸，直至宁波出海口。故绍兴也属于运河一线古城。绍兴历史悠久，春秋时期於越族就以这一带为中心建立了越国，已有2500多年历史。秦征服越国后改称会稽郡，隋炀帝大业元年（605年）改称越州，南宋高宗赵构避金兵之乱南渡，于绍兴一年（1131年）正月改绍兴，取"绍奕世之宏休，兴百年之丕绪"之意，升越州为绍兴府，府治山阴，绍兴之名由此而来，沿用至今。

绍兴是一座被古运河盘桓萦绕的水城。绍兴古运河全长100多千米，是浙东运河的核心地段，有着和古城绍兴一样悠久历史。绍兴古运河始称"山阴故水道"，春秋时期开凿，如古书所载，"出东郭，从郡阳春亭。去县50里"，终至今上虞市城关镇东关练塘，全长约20.7千米，此乃浙东运河之肇始。山阴故水道和邗沟一样，都是我国最早有确切记录的古代人工运河。西晋时，会稽内史贺循主持开凿西陵运河（即西兴运河），沟通郡城与西陵（今杭州西兴），北过钱塘江，直抵健康。南宋时，绍兴古运河已形成西起钱塘江东至大海的完整河段，成为东南沿海地区重要的航运河道。

---

① 余秋雨，《文化苦旅》，长江文艺出版社2014年版，第75页。
② 周振甫主编，《唐诗宋词元曲全集·唐宋全词》（第1册），黄山书社1999年版，第30页。

绍兴古运河自春秋战国时起，跨越 2500 多年，不仅带来绍兴千年不绝的繁华、兴旺，也造就绍兴卓而不俗、不同凡响的水乡文化。

俗话说，有水路的地方就有桥，就有船，就有河岸行道。水、桥、船、道正是古运河在绍兴构筑的第一道文化风景线。绍兴是水乡，也是桥乡，"垂虹玉带门前来，万古名桥出越州"，赞的正是绍兴古桥。绍兴自古以来建桥无数，如今横亘于各河流之上的桥梁还有上万之多，比意大利水城威尼斯的桥还要多 5.5 倍。绍兴桥梁不仅数量众多，且大多历史久远，经历过漫长岁月。如炼剑桥，仅凭桥名就能想象出那段尘封千年的越国往事。绍兴古桥建造在唐、宋之际达到全盛，造桥技术日益精湛，且所建之桥构思精巧，形制各异，异彩纷呈。据宋《嘉泰会稽志》所载，绍兴时有桥梁 210 座，仅府城内就有 99 座，如八字桥、小江桥、东双桥、广宁桥、题扇桥、大庆桥、景明桥、谢公桥、光相桥、火珠桥（宝珠桥）、拜王桥、锦鳞桥、望花桥、张斗桥（金斗桥）、黄泥桥（凰仪桥）、虹桥等。其中，位于绍兴越城区的八字桥十分独特。八字桥始建于南宋嘉泰年间，已有 800 多年历史，因两桥相对而斜，状如八字而得名。八字桥为石壁石柱墩式石梁桥，建于三河三路交会处，其设计别致，结构独特，故行人、纤夫、走船，东南西北，可各行其道，互不相扰，令人啧啧称奇。八字桥被誉为中国最早的"立交桥"。

一些古桥还被赋予神奇的民间传说。如位于绍兴市西郭门外的会龙桥，就是一个有故事的古桥。会龙桥又称"会源桥""瓜咸桥"，在县城西 4.5 千米外运河之上。这座踏步式石梁廊桥，据说是当年南宋天子宋理宗赵昀的发迹之所。宋理宗原名赵与莒，据《宋史·理宗本纪》记载，他是宋太祖十世孙，时山阴尉赵希瓐之子，"家于绍兴府山阴县，母全氏，以开禧元年正月癸亥生于邑中虹桥里第"。①传说宋宁宗时宰相史弥远与太子不和，想废太子，即命幕僚余天锡秘访皇室宗子之贤者，以承皇嗣。《越中杂识·古迹》则记述，一日秋暑，余天锡乘船回庆元老家省亲，途经绍兴时忽逢雷雨，此时赵与莒与兄弟赵与芮正在河中洗澡戏水，为避雷雨，躲到行船的舷侧。余天锡船正在船中沉睡，忽梦船被一条龙高高托起，顿时惊醒，起身一看，却是两躲雨少年。余天锡由此认识赵与莒并将其推荐给史弥远。宋宁宗驾崩后，史弥远矫诏废太子赵

---

① 《二十四史·宋史（上）》（第 8 卷），天津古籍出版社 2000 年版，第 119 页。

竑,拥赵昀为帝,此即宋理宗。史弥远死后,理宗亲政,成为一位"享国久长"并有所作为的皇帝。宋理宗正是一位从大运河中走出来的皇帝。当年余天锡与理宗兄弟相会之处,被后人称为会龙堰,其上所建之桥称为会龙桥。会龙,即会见真龙天子之意。

水乡绍兴另一个独特文化标志是乌篷船。"十里纤塘碧波涌,一叶乌篷入画来。"这是绍兴古城流水行船、掩映成辉的美景写照。运河水系是古城绍兴灵动的经脉,形形色色走船就是流动着的精魂。绍兴造船历史久远,据载吴越争霸时越国战舰就多达300艘。绍兴所制木船工艺精湛,形制精美,且种类繁多。历史上绍兴曾有100多种形制各异、用途有别的船,大致分为白篷、乌篷、画舫三类。白篷用于运货、生产,乌篷用于载人,画舫则相当于高档游船。特别是乌篷船,类型更多,小到脚划船、梭飞、三明瓦,大到装饰屏风、雕龙画凤、花窗铜门的六明瓦、七明瓦,是绍兴船文化的集中代表。乌篷船是绍兴水乡最为独特的交通工具,在漫长岁月中,承载了人们深厚的记忆和浓浓的乡情。如现代作家绍兴人周作人在其书信体散文《乌篷船》中所作描述:"乌篷船大的为'四明瓦',小的为脚划船亦称小船。但是最适用的还是在这中

绍兴水乡乌篷船

间的'三道',亦即三明瓦。篷是半圆形的,用竹片编成,中央竹箬,上涂黑油;在两扇'定篷'之间放着一扇遮阳,也是半圆的,木作格子,嵌着一片片的小鱼鳞,径约一寸,颇有点透明,略似玻璃而坚韧耐用,这就称为明瓦。三明瓦者,谓其中舱有两道,后舱有一道明瓦也。船尾用橹,大抵两支,船首有竹篙,用以定船。船头着眉目,状如老虎,但似在微笑,颇滑稽而不可怕,唯白篷船则无之……小船则真是一叶扁舟,你坐在船底席上,篷顶离你的头有两三寸,你的两手可以搁在左右的舷上,还把手都露出在外边。在这种船里仿佛是在水面上坐,靠近田岸去时泥土便和你的眼鼻接近,而且遇着风浪,或是坐得少不小心,就会船底朝天,发生危险,但是也颇有趣味,是水乡的一种特色。"① 现代作家、绍兴人鲁迅在小说《社戏》中同样给人留下难忘的乌篷船记忆:"……最惹眼的是屹立在庄外临河的空地上的一座戏台,模糊在远处的月夜中,和空间几乎分不出界限,我疑心画上见过的仙境,就在这里出现了。这时船走得更快,不多时,在台上显出人物来,红红绿绿的动,近台的河里一望乌黑的是看戏的人家的船篷。"②

乌篷船之所以是乌篷,因为绍兴文化崇尚黑色,船篷搭好后,用烟煤粉、桐油调合成的乌黑涂料涂刷,晾干后就成了乌篷。乌篷船、乌毡帽和乌干菜被称为"绍兴三乌",成为绍兴民俗与风情的独特体现。

"白玉长堤路,乌篷小画船。"绍兴古运河畔,与小桥、乌篷船相伴而存的还有历经了千年沧桑的古纤道。古纤道是古越一带独创的一种路桥组合道路,初名运道塘、官塘,俗称纤塘路,它主要用于人们行舟背纤,同时也用于往来船只躲风避浪。绍兴古纤道始建于唐元和十年(815年),由浙东观察使孟简

绍兴运河古纤道

---

① 周作人著,张菊香编,《周作人散文选集》,百花文艺出版社 1987 年版,第 2 页。
② 鲁迅著,《鲁迅全集》(第 1 卷),人民文学出版社 1981 年版,第 562 页。

主持建造，初为泥塘，明弘治年间改铺青条石、青石板，路宽约 1.5 米，绵延近百里，其中又以顾家荡村至泾口村全长 7.7 千米的一段纤道迄今保存最为完整。古纤道修筑，设计精巧，或单面临水，与岸坎浑然一体；或两面临水，半铺水中，凌波而筑。古纤道堪称江南一绝，是中国运河史上的孤例，被誉为"活着的文化孤本"。

水乡泽国绍兴，湖泊星罗棋布，主要湖泊有 30 多个，其中又以鉴湖最有名气。鉴湖，位于绍兴城西南 1.5 千米处，属运河水系的人工湖。原称镜湖，相传因黄帝在此磨镜而得名，北宋时因避太祖赵匡胤先祖名讳，改称"鉴湖"。鉴湖始建于东汉顺帝永和五年（140 年），时会稽郡太守马臻纳山阴、会稽两县 36 源之水，兴建此湖，灌溉农田 9000 余顷，"民享其利甚巨"。马臻发动民众兴修水利，造福一方，却因此得罪地方豪绅，被诬告致死。会稽百姓感激他，想方设法将其遗骸运回，葬于鉴湖之畔，并建墓立庙，以永久祭扫。北宋宋仁宗赐封马臻"利济王"，因此墓又称"利济王墓"。鉴湖北堤属人工湖堤，是对原山阴故水道的筑高，并增设了涵闸等设施，湖的南端是稽北丘陵，东西两端分别与曹娥江、钱塘江相通。浙东运河穿越绍兴城，进入鉴湖，再东流连通姚江、甬江，最终汇入大海。鉴湖对浙东运河水系有重要调节作用，南宋诗人王十朋就此指出："东坡谓杭州之有西湖，如人之有眉目；王梅溪谓越之有鉴湖，如人之有肠胃，可谓贴对。"① 鉴湖是中国东南地区最大、最古老的一项水利工程。

"悠悠鉴湖水，浓浓古越情。"鉴湖的名气，不仅仅在其历史久远，景色宜人，更因其成就了享誉古今、蜚声中外的绍兴黄酒。"汲取门前鉴湖水，酿得绍酒万里香"，说的正是绍兴黄酒与鉴湖两者的紧密关系。鉴湖因其独一无二的优异水质，成为制作绍兴黄酒的唯一水源。所谓"唯一"，亦即不可替代性。

绍兴酿酒历史悠久，早在春秋时期，古越大地已普遍有酿酒、饮酒习俗，酒在社会生活中占据十分重要的地位。如据《国语·越语》中记载，越国为增加人口补充兵力和劳力，曾采取一系列奖励生育的举措，"令壮者无取老妇，令老者无取壮妻；女子十七不嫁，其父母有罪；丈夫二十不娶，其父母有

---

① 朱国桢撰，王根林校点，《历代笔记小说大观·涌幢小品》，上海古籍出版社 2012 年版，第 255 页。

绍兴黄酒酿造

罪。将免者以告,公令医守之。生丈夫,二壶酒,一犬;生女子,二壶酒,一豚;生三人,公与之母;生二子,公与之饩",①这就是"壶酒兴国"典故由来,可知那时人们即把黄酒作为生儿育女这一重要社会责任的奖励举措。另据《吕氏春秋·季秋纪》中的有关记载:"越王苦会稽之耻,欲深得民心,以致必死于吴。身不安枕席,口不甘厚味,目不视靡曼,耳不听钟鼓。三年苦心劳力,焦唇干肺,内亲群臣,下养百姓,以来其心。有甘肥不足分,弗敢食;有酒流之江,与民同之",②最终一雪前耻。这是在中国家喻户晓的越王勾践卧薪尝胆的故事,也是"箪醪劳师"典故的由来。所谓醪者,即醇酒,亦即绍兴黄酒前身。今绍兴城南的投醪河也是因此得名。绍兴酿酒历史之久,由此可见一斑。南北朝时,绍兴黄酒更是美名天下,成为皇家贡酒。如南朝梁元帝萧绎在《金缕子》一书中就说:"吾小时,夏日夕中下绛纱蚊绹,银瓯一枚,贮山阴甜酒。"③山阴即今绍兴,这大概是用绍兴地名来命名美酒的最早记载。

春秋时起绍兴酿酒风气日盛,明文学家、公安派代表人物袁宏道在《初至绍兴》诗中写道:"家家开老酒,只少唱吴歌。"④且绍兴黄酒品质卓越,广受赞誉。清童岳荐在其所著《调鼎集》一书中赞称:"像天下酒,有灰者甚多,饮之令人发渴,而绍酒独无;天下酒甜者居多,饮之令人体中满闷,而绍酒之性芳香醇烈,走而不守,故嗜之者为上品",强调绍兴酒"味甘、色清、气香、力醇",天下第一。⑤清代袁枚在《随园食单》中也说:"绍兴酒如清官廉吏,

---

① 上海书店编,《国语》,上海书店出版社1987年版,第230—231页。
② 高诱注,《吕氏春秋》,上海书店出版社1986年版,第87页。
③ 王志邦著,《浙江通史·秦汉六朝卷》(第3卷),浙江人民出版社2005年版,第405页。
④ 袁宏道,钱伯城笺校,《袁宏道集笺校》(上),上海古籍出版社1981年版,第361页。
⑤ 童岳荐,张延年校,《调鼎集》,中国纺织出版社2006年版,第242页。

不参一毫假，而其味方真又如名士耆英，长留人间，阅尽世故而其质愈厚。"①
绍兴黄酒之所以酒美，首先是用当地所产优质糯米为原料，经过筛米、浸米、蒸饭、摊冷、落作、土发酵、开耙、灌罐后醇、榨酒、澄清、勾兑、煎酒、灌罐陈酿等一系列复杂而独特的工艺酿造而成。此外，还得益于绍兴得天独厚的地理环境、气候条件和运河水系所带来的优质水源，天时地利人和，酿出的美酒澄黄清亮、醇厚甘甜，千古流芳。

绍兴黄酒种类繁多，其中又以元红酒、加饭酒、善酿酒、香雪酒四者最为著名。元红酒又称状元红，因过去所装酒坛外壁涂红而得其名，酒味醇和，色泽透明，气味芳香。加饭酒是在元红酒酿造基础上添加原料（糯米或糯米饭）酿制而成，酒味鲜甜醇厚，香气芬芳浓郁，素有"酒中独步""中华第一味"之美称。善酿酒是以贮存 1—3 年的元红酒代水酿造，属双酿酒一种，酒味甜美，香气浓厚。香雪酒则是以糟烧白酒代水，采用淋饭法酿制，亦属双酿酒一类，所酿之酒色白如雪，甘甜柔和，芳香幽雅。

作为酒文化一种，绍兴酒伴随悠悠岁月，"酿造"出一个又一个令人回味无穷的历史故事、民间传说。在绍兴，如女儿红的故事可谓家喻户晓。绍兴花雕酒又名女儿红、状元红，是经过长期储藏的陈年老酒，因装酒器皿外通常雕有龙凤、花草、鱼鸟等图案，通常称"花雕酒"。女儿红历史悠久，如晋代上虞人嵇含在《南方草木状》中即有关于此酒的记述："南人有女，数岁即大酿酒。既漉，候冬陂池水竭时置酒罂中，密固其上，座于陂中，至春涨水满，不复发矣。女将嫁，乃发陂取酒，以供宾客，谓之女酒，其味绝美。"②之所以取名"女儿酒"，还有一个动人传说：从前，绍兴有个裁缝师傅，娶了妻子就想要个儿子。一天，他发现妻子怀孕了，十分高兴，便兴冲冲地赶回家，酿了几坛酒，准备得子时款待亲朋好友。不料，妻子却生了个女儿，裁缝师傅垂头丧气，就将几坛酒埋在后院桂花树下。光阴似箭，转眼女儿长大成人。女儿生得聪明伶俐，把裁缝手艺都学得非常精通，还习得一手好绣花，裁缝店生意因此越来越兴旺。裁缝十分高兴，于是决定把女儿许配给自己最得意的徒弟。成亲之日，摆酒请客，裁缝喝酒喝得高兴，忽然想起十几年前埋在树下的几坛

---

① 袁枚撰，别曦注译，《随园食单》，三秦出版社 2005 年版，第 280 页。
② 嵇含撰，《南方草木状》，中华书局 1985 年版，第 3 页。

"书圣"王羲之

酒,便挖出来请客,没想到,一打开酒坛,顿时香气扑鼻,喝到口中,酒醇味甘,极为可口。于是,大家就把这酒叫作"女儿红",又称"女儿酒"。此后,四邻八舍,远近乡亲,生女儿时就酿酒埋藏,待女儿嫁时就掘酒请客,渐成一方风俗。再后来,生男孩子时,人们也照此办法,不过埋酒的目的是盼儿子中状元时畅饮庆贺,故酒又有"状元红"之说。

绍兴美酒和稽山、鉴湖的隽美景色,古往今来,吸引无数文人墨客慕名前往。他们沿着运河,泛着小舟,一路高歌来到古越大地,或驻足山水,或以酒会友,或和诗作赋,在文坛史上留下一段又一段佳话。

王羲之和兰亭修禊的故事可谓历久弥香。中国自古有修禊风俗,即每年季春三月上旬(后固定为三月三日),人们到水边聚集嬉游,用香草蘸水洒在身上,感受春意,消灾祈福,渐成文人墨客雅聚的一种范式。兰亭,位于绍兴西南的兰渚山麓,是时任会稽内史大书法家王羲之的园林住所。东晋永和九年(353年)三月初三,王羲之邀请谢安、孙绰、许询、支遁等42位亲朋好友到兰亭修禊,举办了一场别开生面、曲水流觞的诗歌盛会。曲水流觞是修禊仪式中一种娱乐活动。依照习俗,王羲之等人列坐兰亭清溪两侧,将盛满酒的觞放

王羲之的代表作品《兰亭集序》

置溪中，任其顺流而下，经过弯弯曲曲溪流，觞在谁面前打转或停下，谁就要即兴赋诗并饮酒。结果，有11人各成诗两首，有15人各成诗一首，有16人拾句不成，各罚酒三觞。后王羲之将此37首诗汇编成集，并乘酒兴挥毫作序，成就一篇324字的序文，这就是被誉为"天下第一行书"的《兰亭集序》。

脍炙人口的曲水流觞让天下文人雅士竞相效仿。唐永淳二年（683年），"初唐四杰"之一的王勃曾率浙东诗人在绍兴云门寺王子敬（即王献之）山亭举行一次模仿王羲之兰亭雅集的修禊活动，并仿《兰亭集序》作《修禊云门献之山亭序》，堪称"兰亭集序"第二，同样成就文坛一段佳话。

实际上，有唐一代沿着浙东运河慕名而至的诗人，可谓络绎不绝，李白、杜甫、白居易、贺知章、孟浩然、王维、元稹、王绩、方干、张乔等，有名有姓者多达400余人，都曾到过此地，由此形成一个流芳千古的文化记忆——浙东唐诗之路。绍兴，正是这条诗路的中心地段。诗人们到此，就是为了一睹江南秀景，畅饮名扬天下的古越佳酿。而美景、佳酿又极大激发诗人们的创作灵感，留下一首首流芳百世的诗赋美文。

浪漫主义大诗人李白，是诗仙，也是酒仙，一生与酒相伴，他曾在《月下独酌》一诗中写道："天若不爱酒，酒星不在天；地若不爱酒，地应无酒泉"，① 真切表达出对美酒佳酿的喜爱。诗人贺知章，绍兴人氏，素好酒，与李白、李适之、李琎、崔宗之、苏晋、张旭、焦遂并称唐朝"酒中八仙人"。他和李白既是挚友、忘年交，又是酒友，还对李白有知遇之恩。贺知章告老还乡后，寓居"鉴湖一曲"，饮酒自娱，纵情山水。李白曾专程去越州拜访贺知章。然而，到了以后方知贺知章刚刚驾鹤西去，不免深感悲憾，伤感之余挥笔写下《访贺监不遇》（原题《重忆一首》）一首："欲想江东去，定将谁举杯；稽山无贺老，却棹酒船回。"② 诗人怅然感叹，既然会稽山已经没有知己贺老，能对饮畅谈的人已不复在，缘何徜留此地，还是掉头回去吧。李白正是以绍兴佳酿作话，深深表达对贺知章老的缅怀和感激之情。

元稹和白居易是中唐两位著名诗人，友谊甚笃，时称"元白"。据《旧唐

---

① 周振甫主编，《唐诗宋词元曲全集·全唐诗》（第4册），黄山书社1999年版，第1268页。
② 同上书，第1272页。

书·元稹传》载:"稹聪警绝人,年少有才名,与太原白居易友善,工为诗,善状咏风态物色,当时言诗者称'元白'焉。"①唐穆宗三年(823年),元稹受命出任越州刺史兼御史大夫、浙东观察使,白居易则在杭州任刺史。杭州、越州两地虽有钱塘江相隔,二人却隔江唱和,兴趣盎然,宛如近在咫尺。二人唱和方法别致,是将写好的诗文放置竹筒内,交渡船递送,往来酬唱,互通章讯。这一段佳趣雅事,白居易在《与微之唱和来去常以竹筒贮诗陈协律美而成篇因以此答》一诗中加以描绘:"拣得琅玕截作筒,缄题章句写心胸。随风每喜飞如鸟,渡水常忧化作龙。粉节坚如太守信,霜筠冷称大夫容。烦君赞咏心知愧,鱼目骊珠同一封。"②同时元、白二人都好绍兴黄酒,所以往来唱和自然少不了美酒佳酿助乐,酒带给他们是友情与欢乐。元稹在《酬乐天喜邻郡》一诗中写道:"老大那能更争竞,任君投募醉乡人。"③白居易则在《和微之〈春日投简阳明洞天五十韵〉》中和道:"醉乡虽咫尺,乐事亦须臾。"④两人心有灵犀、不约而同将绍兴喻作了"醉乡",从此绍兴"醉乡"美名天下远扬。白居易在《醉封诗筒寄微之》一诗中还进一步描述二人美酒微醺、互赠诗筒的情景和厚谊:"一生休戚与穷通,处处相随事事同。未死又怜沧海郡,无儿俱作白头翁。展眉只仰三杯后,代面唯凭五字中;为向两州邮吏道,莫辞来去递诗筒。"⑤这便是文坛千古流香的"诗筒传韵"佳话。

正如绍兴黄酒六味聚融,酒赋予人们的情感体验同样是丰富、多元的。就像陆游和唐婉的爱情故事,因为酒而更哀婉缠绵。陆游是南宋著名爱国诗人,越州山阴人(即绍兴),一生忧国忧民,却始终壮志难酬,临终前留下的绝笔《示儿》,深深表达他对抗金大业未就的遗恨和坚定期待。陆游抗金大业是个悲剧,个人爱情婚姻也是个悲剧。陆游前妻唐婉,系陆游表妹,是一位美貌多情的才女,两人志趣相投,情深意笃,结为琴瑟之好。但陆母担心儿子沉溺儿女情长耽误功名和仕途,硬生生拆散了他们。后两人各自婚娶。此事对陆游打击很大,长久难以纾怀。更未曾想,分手十年后两人却在绍兴"沈氏园"游园时

---

① 元稹著,《元稹集》,山西古籍出版社2008年版,第76页。
② 周振甫主编,《唐诗宋词元曲全集·全唐诗》(第8册),黄山书社1999年版,第3260页。
③ 同上书,第3000页。
④ 同上书,第3294页。
⑤ 同上书,第3258页。

绍兴沈氏园

不期而遇。征得丈夫同意，唐婉向陆游赠食，并以所携黄酒相待。陆游几杯老酒下肚，顿时多少往事涌上心头，微醉之后，唏嘘泪流，情不能已，在园中影壁挥毫泼墨，留下千年来广为传咏的《钗头凤》一词："红酥手，黄縢酒，满城春色宫墙柳。东风恶，欢情薄，一怀愁绪，几年离索。错！错！错！春如旧，人空瘦，泪痕红浥鲛绡透。桃花落，闲池阁，山盟虽在，锦书难托。莫！莫！莫！"①陆游以此表达自己纷纭杂乱、无比伤感却又难以言述的情感世界。据说后来唐婉重游沈氏园，见壁上陆游所题之词，同样不胜伤感，沿用前调和词一首："世情薄，人情恶，雨送黄昏花易落。晓风干，泪痕残，欲笺心事，独语斜阑。难、难、难。人成各，今非昨，病魂常似秋千索。角声寒，夜阑珊，怕人寻问，咽泪装欢。瞒、瞒、瞒。"②往事如酒，回味悠长，这就是绍兴黄酒带给人们的文化魅力。

　　古越大地由于独特的地理、气候条件，形成特殊的地质环境和土壤成分，

---

① 周振甫主编，《唐诗宋词元曲全集·唐宋全词》(第4册)，黄山书社1999年版，第1272页。

② 同上书，第2613页。

也由此成为青瓷的发祥地。早在2000多年前的东汉,在绍兴一带龙窑诞生了中国最早的青瓷。"龙窑"是中国古代窑炉形制一种,多建于江南坡地,因依坡而建,自上而下,呈长条状,似蛇又似龙,故名"龙窑"。唐时各地窑制开始冠以地名,古越国称越州,"龙窑"亦称越窑。对瓷器而言,青瓷历史地位十分重要,因为青瓷是由陶而瓷演变中最早出现的一种瓷器,又因青瓷最早在龙窑中烧制,故越窑青瓷被尊为"母亲瓷",并有"万瓷之宗"美誉。

  东汉以后,绍兴越窑规模不断扩大,数量众多,其中仅上林湖一带就有龙窑百座。所烧制的青瓷种类繁多,五花八门,如碗、盘、钵、盏、盒、执壶、瓶、罐、碟、炉、盂、枕、扁壶、八棱净瓶、圆腹净瓶、盏托等,遍及日常生活各个方面。随着技术发展,瓷器外饰也日益美化。最初是以光素为主,逐渐增加了划花、刻花、堆贴和镂空等纹饰,装饰上花草、鱼鸟、龙凤、云鹤、人物等图案,且线条简洁流畅,形象生动逼真。器物造型更是出现千姿百态、琳琅满目。其中一些成了传世精品。如青瓷鸡首壶和青瓷虎子等。鸡首壶亦称鸡头壶、天鸡壶,因壶口如鸡首状而得名,是晋至唐时最流行的一种瓷壶。其外部造型通常是深盘口、细颈、鼓腹、平底,鸡首昂立于肩部,器柄粗壮有力,造型别致新颖。又因"鸡"与"吉"谐音,故数百年间广受人们喜爱,历久不衰,人们正是借此表达对美好生活的祈愿。青瓷虎子是越窑青瓷另一种造型代表。虎子以其形似卧虎而得名。虎子的形态又千姿百态,不少器形构思精巧,匠心独运,令人叹为观止、拍案叫绝。如浙江曾出土的一青瓷提梁虎子,整器呈伏虎状,背按曲形绳纹提梁,两腹刻画飞翼,"虎头上仰,口鼻张扬,虎牙外露,环眼暴珠,双耳挺竖,须毛刚劲,面有斑纹,短颈缩项",整个造型神态逼真,惟妙惟肖,充分展示古越人民的聪明智慧。

  及至隋唐,越窑青瓷烧制技艺日臻纯熟。这一时期发明出将陶胚盛于匣钵之中与火分离的烧制技法,所制青瓷,器形端正,胎骨薄轻,釉色晶莹,并烧制出号称天下一绝的秘色瓷。秘色瓷又叫秘瓷、秘色越器,最早见称唐朝诗人陆龟蒙《秘色越器》一诗:"九秋风露越窑开,夺得千峰翠色来。好向中宵盛沆瀣,共嵇中散斗遗杯。"[①] 这首诗不仅最早提出秘色瓷一说,并且最早提及越窑与秘色瓷的关系,也正因此诗,"越窑秘瓷"名扬四海。而所谓"秘

---

① 周振甫主编,《唐诗宋词元曲全集·全唐诗》(第8册),黄山书社1999年版,第4683页。

色",实际上并非全指器色稀有,更主要是指其秘而不宣的釉料配方和独特的烧制技艺。据康熙朝《绍兴府志·器》中所载:"今人秘色器,世言钱氏有国日,越州烧进为供奉之物,臣庶不得用之,故曰秘色",并指出:"上林湖烧秘色瓷器颇佳,宋时置官监窑"。① "秘色瓷"烧制极为不易,又以上林湖地区烧制的秘色瓷最佳,北宋时余姚县令谢景初曾描述上林湖越窑青瓷烧制情形:"作灶长如丘,取土深于堑。踏轮飞为

越州秘色瓷

模,覆灰色乃绀。力疲手足病,欲憩不敢暂。发窑火以坚,百栽一二占。里中售高贾,门合渐收敛。持归示北人,难得曾冈念。几用或弃朴,争乞宁有厌。鄙事圣犹能,今予乃亲觇。"(《观上林垍器》)② "发窑火以坚,百栽一二占",也就是说,即便如此小心谨慎、精工细作,一百件里也只能出一两件精品,由此可见秘色瓷的稀缺、珍贵与绝世之美。

唐、五代是越窑青瓷发展顶峰。越窑成为官窑、贡窑,列全国六大青瓷名窑之首。越器秘瓷也与金银、宝器、丝绸、珍品并列,成为生活的奢侈品,朝廷贡物、皇家专用。越窑青瓷品质优异,唐朝陆羽曾在《茶经》中与其他窑器进行对比:"碗,越州上,鼎州次,婺州次;岳州上,寿州、洪州次。或者以邢州处越州上,殊为不然。若邢瓷类银,越瓷类玉,邢不如越一也;若邢瓷类雪,则越瓷类冰,邢不如越二也;邢瓷白而茶色丹,越瓷青而茶色绿,邢不如越三也……瓯,越州上。口唇不卷,底卷而浅,受半升已下。越州瓷、岳瓷皆青,青则益茶,茶作白红之色。邢州瓷白,茶色红;寿州瓷黄,茶色紫;洪州瓷褐,茶色黑;悉不宜茶。"③ 精于茶道的陆羽认为,泡茶之器有讲究,而越窑瓷器"茶碗"当属"天下第一"。随着岁月发展,越窑青瓷烧制及其艺术表现更加完美结合,不少青瓷堪称艺术精品,成为人们欣赏、怡情的雅物。因此

---

① 俞卿修,周徐彩纂,《绍兴府志·卷十一》,清康熙五十八年(1719年)刻本。
② 孔延之辑,《会稽掇英总集·卷十三》,山阴杜氏浣花宗塾,清道光元年(1821年)刻本。
③ 陆羽著,《茶经》,云南人民出版社2011年版,第14页。

古往今来，不少文人、雅士纷纷写诗赋词，歌以咏之，赞美青瓷。如陆龟蒙的"九秋风露越窑开，夺得千峰翠色来"算是其中最经典的一首，因此人们常用"千峰翠色"来代称青瓷。此外，还有唐朝海盐画家顾况在《茶赋》一文中对青瓷的夸赞："舒铁如金之鼎，越泥似玉之瓯"；① 唐朝大诗人孟郊在《凭周况先辈于朝贤乞茶》一诗中赞美青瓷："蒙茗玉花尽，越瓯荷叶空"；② 唐朝诗人皎然在《饮茶歌诮崔石使君》一诗中盛赞道："青瓷雪花漂沫香，何似诸仙琼蕊浆"；③ 晚唐诗人韩偓则以《横塘》一诗中夸赞青瓷："蜀纸麝煤沾笔兴，越瓯犀液发茶香"。④ 而唐朝诗人施肩吾的"越碗初盛蜀茗新"，许浑的"越瓯秋水澄"，郑谷的"茶新换越瓯"，宋人余靖的"江水对煎萍仿佛，越瓯新试雪交加"等，也都是对越窑青瓷的歌咏赞誉。

精美实用的越窑青瓷，自诞生时起就沿着古运河以及陆上、海上丝绸之路源源不断输送四方，行销海外，广受人们追捧。但北宋以后，因北方官窑兴起和其他种种原因，越窑在经历一段辉煌之后渐趋寂寥，到南宋初年终至停烧。虽然风光不再，但越窑的历史影响却历久弥深。其烧制工艺亦为浙江龙泉窑全盘继承，并对江苏宜兴均山窑、安徽歙县辣口窑、陕西铜川耀州窑、江西景德镇黄泥头窑等南北著名瓷窑产生重要影响。数千年来越窑青瓷带给人们的文化想象和审美享受，就像古河流水，滔滔千年，经久不息。

绍兴古城，历史底蕴深厚，古往今来，名人辈出。有为治洪水"劳身焦思，居外十三年，过家门不敢入"的传说人物大禹；有"卧薪尝胆""十年生聚，十年教训""三千越甲终吞吴"的越王勾践；有"刚肠疾恶，轻肆直言，遇事便发"的"竹林七贤"嵇康；有其作品"飘若游云，矫若惊龙""天质自然，丰神盖代"的一代"书圣"王羲之；有"少小离家老大回，乡音无改鬓毛衰"自号"四明狂客"的大诗人贺知章；有"集中十九从军乐，亘古男儿一放翁"的爱国诗人陆游；有"病奇于人，人奇于诗，诗奇于字，字奇于画"，一生桀骜不驯的"明代三才子"之一徐渭；有"金瓯已缺总须补，为国牺牲敢惜身"，别号"鉴湖女侠"的革命家秋瑾；有"寄意寒星荃不察，我以我血荐轩

---

① 董浩等编，《全唐文》（第 6 册），上海古籍出版社 1990 年版，第 5365 页。
② 周振甫主编，《唐诗宋词元曲全集·全唐诗》（第 7 册），黄山书社 1999 年版，第 2795 页。
③ 周振甫主编，《唐诗宋词元曲全集·全唐诗》（第 15 册），黄山书社 1999 年版，第 6030 页。
④ 周振甫主编，《唐诗宋词元曲全集·全唐诗》（第 13 册），黄山书社 1999 年版，第 5063 页。

辕"被赞"骨头是最硬的"大文学家鲁迅……真是名家辈出,灿若星辰。

而历史上,绍兴还出现过一个很特殊的群体,他们曾代表了中国大地一种绝无仅有的地域文化现象,即"绍兴师爷"。

"师爷"是古代官署中的幕友,周朝已有,"周王之官"称为"幕人",后相沿成习,人们将在军政官署帮办事务、操刀捉笔、出谋划策之人通称"幕友""幕僚"。汉代,幕僚制度基本成型。清时,民间开始兴起"师爷"称谓,渐成一说。"师爷"是一种以智立身的职业,但作为一个群体呈现,确实十分罕见。而从明时起,绍兴人就有入幕为僚习惯,并出现了一些闻名于世的幕僚、幕客。如嘉靖年间,"明朝第一大才子"徐渭就曾被总督胡宗宪招至幕府,为进剿倭寇出谋献策。据史书记载:"渭知兵,好奇计,宗宪擒徐海,诱王直,皆预其谋",① 故深受器重。清朝初年,"绍兴师爷"开始作为一个群体呈现,活跃在王朝政治舞台,日益兴盛,以至于"无绍不成衙",为世人所瞩目。

绍兴师爷为数众多,遍及京城内外。对此,晚清官员绍兴人氏李慈铭在其《越缦堂日记》中就指出:"吏皆四方游民无籍者充之,而吾越人更多。"② "越人"即绍兴府人。清时京师诸多衙门,书吏之职几乎尽被绍兴人所把持。金安清在《水窗春呓》中称:"六部胥人皆绍兴籍。"③ 夏仁虎在《旧京琐记》中也记述道:"都中土著在士族工商而外有数种人皆食于官者,曰书吏……其原贯以浙绍人为多,率拥厚资,起居甚侈。"④ 说绍兴师爷不仅数量多,而且大多地位甚隆,生活奢侈。另外,清时一首竹枝词也反映绍兴师爷的"盛况":"部办班分未入流,绍兴善为一身谋。得钱卖缺居奇货,门下还将贴写收",⑤ 词称绍兴籍书吏最善谋划,最善弄钱。书吏多绍人,这一现象实由明朝延续而来,起始于万历年间朱赓辅政。朱赓,绍兴府山阴人,时为内阁首辅。清人昭梿在《啸亭续录》中说:"各部署书吏,尽用绍兴人,事由朱赓执政,莫不由彼

---

① 徐渭著,《四声猿》,上海古籍出版社1984年版,第191页。
② 李慈铭著,《越缦堂日记补》(8),商务印书馆1936年版,第27页。
③ 金安清著,《水窗春呓》,中华书局1984年版,第59页。
④ 夏仁虎著,《旧京琐记》,北京古籍出版社1986年版,第41页。
⑤ 杨米人等著,路工编选,《清代北京竹枝词(十三种)》,北京古籍出版社1982年版,第35页。

滥觞，以至于今，未能已也。"① 朱赓利用其职权引用很多绍兴籍书吏。这些书吏又互相牵引，互为党援，最终形成蔚为大观的"书吏绍兴帮"或"绍兴籍胥帮"。

绍兴师爷作为一个群体兴起，实与古城绍兴特殊地域环境、人文传统和社会背景分不开，也和运河文明潜移默化的影响息息相关，可以说是运河文明又一种表现形式。回首历史，遥想当年，无数绍兴师爷正是沿着浙东运河、京杭大运河，离开古越大地，奔赴四方，他们怀揣着"穷则独善其身，达则兼善天下"的古训，勇闯天下，以智立身，成就了运河文明一个绝无仅有的文化奇观。

五、大运河与宁波城市文化

浙东运河作为京杭大运河的自然延伸部分，其最南端在宁波。宁波既是京杭大运河的最终点，又是中国古代海上丝绸之路的起点，具有运河城市与海港城市双重性。

宁波历史悠久，很早就有先民在此繁衍生息，留下了许多重要远古遗存。如余姚河姆渡遗址，充分反映了新石器时期长江下游流域母系氏族情况，被视为中华文明重要源头之一。宁波在夏时即有"鄞"之称谓，春秋时为越地，秦朝属会稽郡，唐时叫明州。唐长庆元年（821年），州治迁三江口，并筑内城，这是宁波建城之始。明洪武十四年（1381年），为避"明"之讳，同时下辖定海县，故取"海定则波宁"之意，改明州为宁波，沿用至今。宁波简称"甬"，周朝已有此称。"甬"为象形字，形同古代大钟，因鄞县、奉化等地山峰多状如覆钟，故称甬山，河水穿山而过称甬江，这一带也就称为"甬"地。

宁波段大运河属古代浙东运河一部分。春秋时期，古越一地已开凿人工运河，即"山阴故水道"。西晋惠帝时，为满足灌溉需要，会稽内史贺循利用"山阴故水道"，开凿一条西起西陵（今西兴）东至舜江（今曹娥江）的人工河即西兴运河，使之与上虞以东运河及姚江、甬江自然水道相接，直达宁波。唐宋时期，统治者对浙东运河十分看重，不断进行疏浚、整修，浙东运河遂得以全线贯通，成为南北交通又一条黄金水道。

---

① 昭梿著，何英芳点校，《啸亭续录·卷五》，中华书局出版社1980年版，第512页。

大运河宁波段西起杭州西兴镇，东至宁波三江口，所谓三江口即甬江、姚江、奉化江三江交汇口，这也是宁波港最早港埠所在地。浙东运河全线贯通后，内河航船与海船在三江口转接，宁波因此成为河运、海运的交通枢纽、物流中枢，具有东出大海，西连江淮，转运南北，港通天下之地利。唐开元二十六年（738年），明州（即宁波）正式开港。唐天宝十一年（752年），日本遣唐使船首抵明州，由此掀开宁波1200余年对外开放史。借河之利，明州物产、贡品、外来珍稀，一路北向，运抵长安；而内地各种货物，瓷器、蚕丝、绸缎、铁器、茶叶等，也常常转辗明州，行销海外。如经明州开辟的"陶瓷之路"，北到高丽，东至日本，南达菲律宾、马来西亚、泰国、缅甸等，最远抵埃及开罗。这一时期明州港内，帆樯耸立，商舶云集，人头攒动，十分繁盛。

两宋时期，由于经济重心南移，社会经济发展以及造船和航海技术进步，明州港内外贸易更加兴盛，"海外杂国，时候风潮，贾舶交至"①，明州港的地位开始超越扬州，成为与广州、泉州并列的三大外贸港口。由于明州港对外贸易地位日益突出，北宋政权在明州专门设立市舶司，加强贸易管理，如市舶司曾发布规定，商人出海须"陈牒请官给券以行"，否则"没入其宝货"。盛况空前的内外贸易以及四通八达的交通便利带来明州持续的繁华与富庶，诗人陆游写诗盛赞道："唯兹四明，表海大邦……万里之舶，五方之贾，南金大贝，委积市肆，不可数知。"（《明州阿育王山买田记》）②

唐宋时期，热闹非凡的宁波古运河上，络绎往来的不仅有商贩、货物，还有一路载酒扬帆、探幽访古的文人墨客。李白、孟浩然、杜甫、白居易、刘长卿、孟郊、贾岛、杜牧、皮日休、陆龟蒙、卢照邻、骆宾王、贺知章、元稹、罗隐、王安石、曾巩、史浩、陆游等，都曾到宁波游历，并留下许多精美诗文。如杜甫《壮游》一诗描绘了宁波剡溪的清灵俊秀："剡溪蕴秀异，欲罢不能忘。归帆拂天姥，中岁贡旧乡。"③李白游历四明山留下大气势磅礴的壮美诗句："四明三千里，朝起赤城霞。日出红光散，光辉照雪崖。"（《早望海

---

① 胡矩修，方万里、罗浚等纂，《宝庆四明志·卷六》，清光绪五年（1879年）刻本。
② 陆游著，《陆游集》（第5册），中华书局1976年版，第2148页。
③ 周振甫主编，《唐诗宋词元曲全集·全唐诗》（第4册），黄山书社1999年版，第1588页。

霞边》）① 王安石27岁时到宁波赴任，刚至溪口便迫不及待去游览千丈岩，在饱览千丈岩风光之后写下千古流芳诗句："拔地万重青嶂立，悬空千丈素流分。共看玉女机丝挂，映日还成五色文。"(《千丈岩瀑布》）② 宁波东钱湖，素有"西子风光，太湖气魄"美誉，是到鄞文人一定要去探访的胜地。唐朝大诗人贺知章晚年就在东钱湖边寓居。南宋著名政治家、词人史浩即是鄞县东钱湖人，史氏家族在宁波一带极负盛名，"一门三宰相，四世两封王"，史浩为史氏家族第一位宰相，他对家乡特别是东钱湖美景始终深爱有加，多次游历，先后写下许多著名的诗词。如他的《江城子》一词给人们描绘了一个似梦似幻的湖水仙境："片帆初落甬勾东，碧湖空，满汀风。回首一川，银浪飐孤篷。且驾两橡烟雨里，凭曲槛，泡空蒙。闲移扛杖上晴峰，莫匆匆，伴冥鸿。笑指家山，萍叶藕花中。脚力倦时呼小艇，归棹稳，月朦胧。"③ 他的诗作《游东钱湖》，不仅描绘了东钱湖美景，还提及贺知章老的旅居往事："行李萧萧一担秋，浪头始得见渔舟。晓烟笼树鸦还集，碧水连天鸥自浮。十字港通霞屿寺，二灵山对月波楼。于今幸遂归湖愿，长忆当年贺监游。"④ 陆游也曾到过宁波，虽次数不多，但他一到宁波立刻就喜欢上这个景色宜人、闲适恬静的运河美城，他在《明州》一诗中写道："丰年满路笑歌声，蚕麦俱收谷价平。村步有船衔尾泊，江桥无柱架空横。海东估客初登岸，云北山僧远入城。风物可人吾欲住，担头菘菜正堪烹。"⑤ 在陆游想来，如果能够长住如此美妙的地方，不失为人生一大快事。

  运河滔滔，奔流不息。明时宁波更加富庶、繁盛。朝鲜官员崔溥曾在其《漂海录》中真实记录这一时期宁波运河两岸的风土人情，城市的繁华与兴盛。崔溥一行海难获救后是从宁波乘船取道运河一路北上，书中记述了穿行宁波的完整经过：沿南塘河到宁波城南长春门入城，出西门到西塘河，由西塘河到大西坝，由大西坝至小西坝，进入慈溪县境内，经车厩驿、姚江驿、江桥，至

---

① 周振甫主编，《唐诗宋词元曲全集·全唐诗》(第4册)，黄山书社1999年版，第1256页。
② 黄宗羲著，《黄宗羲全集》(第2册)，浙江古籍出版社1986年版，第303页。
③ 周振甫主编，《唐诗宋词元曲全集·唐宋全词》(第3册)，黄山书社1999年版，第1055页。
④ 徐兆昺著，《四明谈助》(下)，宁波出版社2003年版，第1327页。
⑤ 陆游著，《剑南诗稿校注》，上海古籍出版社1985年版，第1383页。

宁波东钱湖丽景

余姚县，到下新坝，过通明坝，挽舟逆上至上虞江。除饱览运河两岸沿途风光，在行经宁波府城时，崔溥更被这座城市的宏伟、壮观震撼。他在文中写道："棹至宁波府城，截流筑城，城皆重门，门皆重层，门外重城，水沟亦重。城皆设虹门，门有铁扃，可容一船。棹入城中，至尚书桥，桥内江广可一百余步。又过惠政桥、社稷坛。凡城中所过大桥亦不下十余处，高宫巨室，夹岸联络，紫石为柱者，殆居其半，奇观胜景不可殚录。"①出了内城，又记录运河两岸的繁华："自府城至此十余里间，江之两岸，市肆、舸舰坌集如云。"②码头林立，商贾云集，舟车辐辏，景色壮丽，这就是一个外国人眼中的宁波府。

《漂海录》还详细记述宁波段运河沿途建筑以及大量水利设施，包括城镇、衙署、官仓、会馆、寺庙、驿站、桥梁、渡口、水闸、堰坝等，给人们展示出一幅多姿多彩的建筑文化画卷。作为运河城市，宁波拥有众多的水利设施，如西横河闸、斗门、慈江大闸、姚江大闸、压赛堰、大西坝、小西坝、

---

① 葛振家著，《崔溥〈漂海录〉评注·域外汉籍》，线装书局2002年版，第75页。
② 同上书，第76页。

宁波水则碑

通济桥、高桥、湖塘江纤道、水则碑（亭）等。其中的水则碑可说极具特色。"水则"即水尺、水志，古人是通过设置水则来衡量水位高低、水量大小，以预防洪涝灾害。宁波水则碑始建于南宋宝祐年间，碑上筑有小亭，立于四明桥下，取适中之地，测量水势，碑上镌一"平"字，城外诸楔闸视"平"字而启闭，水没"平"字当泄，出"平"字当蓄，人们以此来引导灌溉，调剂交通，保民无旱涝之忧。水则碑设立后一度成为"四明水利之命脉"。对此，清学者全祖望在《湖语》中感叹道："政成民乐，半黑半丝之发，忧晴忧雨之心，觞咏其中。甘棠之蔽芾，其谁与共？"①宁波水则碑创意独特，是目前我国城市古水利遗存中仅有的实例。

除各种水利设施，在宁波，运河沿线还先后兴起因河而生的芸芸聚落——古城、古镇、古村等，历史悠久，为数众多。如余姚、慈溪、鄞县、镇海四大古县，沿运河一字排开，布局合理，各自担负运河不同航段的功能与作用，从而形成从内河航运到河海转运的一整套运作体系，确保了上千年来运河航运的畅通无阻。各古县下属的那些别具特色的江南古聚落，更是令人啧啧称奇。如慈城镇是江南地区唯一保存较为完整的古县城，至今仍保留唐代的街巷格局以及大量的传统建筑，如书院、藏书楼、药铺、庙宇、官宦宅地、陌巷民居、考棚、孔庙、县衙等，触目所及皆是无声的历史，被誉为"江南第一古县城"。宁海县前童镇也以古建筑群闻名于世。前童镇始建于宋末，兴盛于明清，至今仍保存一千多间各式古建民居。整个古建筑结构奇特，按"回"字九宫八卦式布局，走进古镇，即给人无穷的遐想。凝视建筑细处，更可看出，精工细作，处处匠心，许多建筑集砖雕、木雕、石雕于一体，美不胜收。"家家有雕梁，户户有活水"，以及随处可见的粉白墙黛青瓦，这就是前童呈现给人们的一幅

---

① 全祖望撰，《全祖望集汇校集注》（上），上海古籍出版社2000年版，第89页。

古韵浓厚的浙东风俗画。

宁波澥浦镇郑氏十七房同样保存完整的明清古聚落。但和慈城、前童不同，郑氏十七房不是镇而是村落。据说南宋时为躲避战乱，郑氏先祖一支沿浙东运河一路南迁，最终转辗来到择山，世居于此。后家族兴旺，子孙繁衍，不断扩居，到第六世孙郑铨时，分居至十七房村，这就是十七房的来历。另据清人郑德容《明处士东沧公传》所载："以旧宅不敷居处，乃于旧宅之西北隅，别营新宅，东沧公名郑铨，以公行十七，遂名其宅居为十七房。"① 郑氏十七房古建筑除少数属于明代，绝大部分为清时建造，整个村落呈棋盘形，并将南北建筑风格融合一体，故十七房建筑既有北方合院的大气，又有江南水乡秀气，融南秀北雄于一体。宅屋四周墙河围绕，家家有埠，处处有桥，宅中有街，街中有市，建造风格十分别致。郑氏十七房被誉为国内现存规模最大、保存最为完整的明清古建筑村落之一，对清代建筑史研究具有极其重要的价值，是继唐、宋、元、明建筑之后，中国封建社会民宅建筑的最后一个高潮。郑氏十七房水系发达，沿村河可直达宁波府内城，进而走四方，通大海。正因如此，郑氏十七房成为日后赫赫有名的宁波商帮的最早发源地之一。

宁波的城市文化谱系中，坐落在海曙区月湖之畔的天一阁是其藏书文化的重要代表。天一阁是中国现存最古老的私人藏书楼。提起藏书，这一文化现象在中国可谓历史久远。就私人藏书而言，早在春秋战国时期即已出现。由于兴办私学、"百家争鸣"等，图书成为需要，私人藏书首先在先秦诸子中兴起。此后，随着纸张出现，印刷术发明，图书数量大增，藏书更加便利，私人藏书风气日盛一日。到明清之际，藏书之风达到高潮，出现一大批闻名天下的藏书家和藏书楼，其最盛处就在江浙东南地区，其中原因，多少和京杭大运河、浙东运河的影响分不开。

天一阁是明清时期私人藏书的典范，始建于明朝嘉靖四十年（1561年），为兵部右侍郎范钦藏书之所。范钦，鄞县（今宁波）人氏，酷好读书、藏书，所藏各类图书典籍多达7万余卷。范钦辞官归乡后，首先建一藏书楼，因其名号"东明"，故名之"东明草堂"。后因藏书日多，草堂已不能容，遂在住宅东面复建一藏书楼，即天一阁。天一阁之名，取义汉郑玄《易经注》中"天一生

---

① 宁波日报理论评论部编，《学苑文萃》，宁波出版社1998年版，第369页。

天一阁藏书楼

水"之句,因藏书楼最怕火,火的克星为水,故范钦将藏书楼取名"天一阁"。不仅如此,造天一阁时,还在楼前建一天一池,池中蓄水,以备火患。清康熙年间,范钦后人开始对天一阁周边环境进行整饬,叠砌假山,修亭建桥,种花植竹,建成了一座极具江南特色的私家园林,自此天一阁"春秋多佳日,山水有清香"。如前所述,乾隆三十七年(1772年),乾隆下诏修撰《四库全书》,命天下献书,范钦八世孙范懋柱所献藏书多达638种,为全国捐书最多四家之一,受到皇帝褒奖。而天一阁的藏书之道同样引起乾隆皇帝的浓厚兴趣,他命人细察天一阁,取其阁式,作为《四库全书》贮之所。其后著名的南北七阁均参用其式。天一阁更由此名扬天下。天一阁蕴含了深厚的文化意韵。当代学者余秋雨曾在《风雨天一阁》中对此作了精辟论述:"自明至清数百年广阔的中国文化界所留下的一部分书籍文明,终于找到了一所可以稍加归拢的房子……我们只向这座房子叩个头致谢吧,感谢它为我们民族断残零落的精神史,提供了一个小小的栖脚处",天一阁,"不错,它只是一个藏书楼,但它实际上已成为一种极端艰难、又极端悲怆的文化奇迹"。①

依江傍海,江海相通,作为运河城市、海港城市,宁波城市文化因此呈现出南北相汇、中外交融,以及开放、包容、创新等一系列鲜明特征。而宁波优秀的地方文化也借助江河湖海源源不断地向四方流播。

如宁波保国寺的大殿建造技艺。保国寺位于宁波西北灵山之麓,是江南地区现存最古老、保存最完整的木结构建筑群。保国寺始建于东汉世祖时期,初名灵山寺,唐重建时改称保国寺。保国寺主体为北宋时所建大雄宝殿,其建造工艺极为独特。整个殿宇全木结构,不用一钉,虽历经千年,现如今依然巍然屹立、恢宏壮观,且有着"虫不蛀,鸟不入,蜘蛛不结网,灰尘不上

---

① 余秋雨著,《文化苦旅》,知识出版社1992年版,第115页。

梁"的神奇现象,令人叹为观止。保国寺大殿建造工艺与宋建筑巨著《营造法式》所规定的技术规范十分接近,却比《营造法式》成书早90年,成为《营造法式》一个重要的实例见证。保国寺大殿建造手法在江浙地区有着广泛影响,而大殿营造时又正值宁波海上丝绸之路兴盛之际,故其建造技艺连同宗教信仰一起向海外传播,对日本、高丽等国佛教建筑产生极大影响,如同一时期日本、高丽寺院的木构建筑工艺,都深深烙上保国寺大殿的印记。

宁波保国寺殿顶木构造

文化输送功能在庆安会馆同样得到体现。庆安会馆又名"甬东天后宫",位于宁波三江口,是清道光、咸丰年间由甬埠北洋船商捐资兴建的一组建筑。庆安会馆既是海运舶商联络情感、聚会议事场所,又是祭祀海神妈祖的重要殿堂,因此会馆内分别建有祭祀妈祖和行业聚会演戏用的两个戏台,是十分罕见的融天后宫与会馆为一体的古建筑群。妈祖即天后、天妃、天上圣母,民间俗称妈祖,是汉民族最重要的民间信仰和崇拜之一,特别是沿海地区,民众通过祭拜妈祖祈求福祉,庇佑顺安。在宁波,妈祖信仰源远流长,影响甚广。据称最早是唐时由福建商人将妈祖信仰带到宁波。北宋时,宋徽宗为妈祖钦赐"顺济庙额",妈祖信仰得到朝廷认可,随即由宁波远播北方各地,成为沿海民众公认的航海保护神。据有关考证,明州妈祖信仰向北方传播大体有两条线路:一是沿运河北上,二是沿海漕北上,因此对北方运河城市、沿海地区产生了深远影响。如在天津,至今仍流传民谚"先有娘娘庙,后有天津卫",说的是古时天津卫开发与妈祖信仰分不开。古城宁波是运河文明传播的重要驿站。

当然,庆安会馆最主要的功能还是商人聚会与交流,也因此见证了宁波商帮的辉煌而灿烂。宁波商帮在中国近代工商业史上赫赫有名,影响巨大。所谓

宁波庆安会馆

庆安会馆天后宫戏台

宁波商帮，通常指旧宁波府所属鄞县、镇海、慈溪、奉化、象山、定海六县在外经营工商业的宁波人，明末清初初具规模，近代以来发展迅速，成为近代中国最大的一个商帮。宁波商帮作为一个地域群体，他们身上表现出共同的品质与精神：不怕吃苦、敢于冒险、义利兼备、儒商一体……对中国近代工商业发展做出了重大贡献。特别是19世纪90年代后，宁波商帮以上海为中心，在航运、金融、工商等领域迅速扩张，创造众多中国第一：购买第一艘民用轮船，创办第一家机器制造厂、第一家机器轧花厂、第一家西药房、第一家进口布料批发店、第一家煤铁专营商店、第一家五金商号、第一家民营华资轮船公司、第一家西服店、第一家内河轮船公司、第一家中资银行、第一家中资保险公司、第一家毛纺织厂、第一家毛巾厂、第一家国货公司、第一家牙膏厂、第一家医疗器械厂、第一家皮鞋店、第一家电影公司、第一家华商交易所、第一家信托公司、第一家灯泡制造厂等；还涌现出一批"大王"，如"五金大王"叶澄衷、"广告大王"王万荣、"化工大王""国货大王"方液仙、"火柴大王"刘鸿生、"鱼翅大王"张尊三、"制药大王"项松茂等；此外，宁波人还拍摄、执导中国第一部电影故事片《难夫难妻》，制作中国第一套西服，为中山先生设计、制作第一套中山装——后来成为中国国服……宁波商帮所创造的成就令人肃然起敬。

宁波商帮的兴起绝非偶然。在众多因素中，大运河的影响和作用不容忽视。运河是人类改造自然、优化环境的结果，而运河的开凿又反过来深刻影响人的生存与发展。在宁波，运河流通，江海连通，商贸畅通，使闭塞、落后的古甬大地不断走向开放、进取、务实，并逐渐形成耕读传家、商儒并重，"田家有子皆习书，士儒无人不织麻"的浓厚社会氛围，这正是大运河与宁波古风碰撞的必然结果。而兴起后的宁波商人，又借助滔滔运河、碧波大海，不断向外拓展，由此推动宁波商帮日益兴起、发展壮大。如在上海，早在1797年就出现第一个宁波人同乡团体"四明公所"。到1920年，上海公共租界有华人68万，其中宁波人就占40多万，成为最大的地方群体。近代上海的发展、繁荣，离不开宁波商帮的巨大贡献。还有许多宁波商人沿着京杭大运河，一路向北，来到杭州、天津、北京等地，安身立命，创业发展，成就一番了不起的事业。如京城老字号同仁堂，由宁波乐氏家族创办，最早乐氏是在宁波从事中草药行业，明永乐年间，乐氏家族第26世乐良才沿着京杭大运河转辗来到京城，起初也只是走街串巷行医卖药，经过多年艰辛打拼，最终成就了国内最负盛名的中药行业的老字号。

运河文明博大精深，丰富多彩。在运河古城宁波的文化大观园中，还有许多值得一书的文化景观。

如宁波的学术、思想流派，包括四明学派、阳明学、浙东学派、浙东史学派等，个个都有丰富的内涵和真知灼见，并产生泽被后世的深远影响。其中，以黄宗羲为代表的浙东学派，在中国学术史上具有十分重要的地位。所谓浙东学派，就一般意义而言，是指发端于宋，兴盛于明清，以余姚、鄞县、绍兴、萧山等地为中心的学术流派，因其主要代表人物黄宗羲、万斯大、万斯同、全祖望、邵廷采、章学诚、邵晋涵等均系浙东人士，其学术活动空间也主要集中于这一地区，故名。浙东学派兼治经学和史学，偏重史学，提出"六经皆史"等命题。浙东学派继承和发展了浙东学术史一些优良传统，博纳兼容，"贵专家"，富创新，倡导"经世致用"，主张学术研究为社会服务。

浙东学派发端于黄宗羲，最具代表性人物也是黄宗羲。黄宗羲，浙江余姚人，世称梨洲先生。他学识渊博，思想深邃，和顾炎武、王夫之并称"明末清初三大思想家"，并有"中国思想启蒙之父"誉称。黄宗羲于康熙二年（1663年）即54岁时开始设馆授徒，集中讲学，地点主要在余姚及周边地区，如语溪（今浙江桐乡）、海昌（今浙江海宁）、越城（今浙江绍兴）、甬上（今浙江宁波鄞州）等。位于宁波海曙区西郊的白云庄则是黄宗羲甬上讲学时间最长、影响最大的处所。黄宗羲曾在此创办"甬上证人书院"，前往求学者甚众。其讲学情形之盛，全祖望在《梨洲先生神道碑文》中回忆道："问学者既多，丁未（康熙六年），复举证人书院之会于越中，以申蕺山之绪。已而东之鄞、西之海宁，皆请主讲，大江南北，从者骈集，守令抑或与会。已而抚军张公以下，皆请公开讲，公不得已应之，而非其志也。"① 黄宗羲甬上讲学，培养弟子数以百计，涌现出诸如全祖望、万斯同、万斯大、郑梁等一大批学术精英。浙东学派虽是一地域性学术流派，却有全国性的重大影响，除学派思想及其代表人物自身因素外，大运河的载道、传播功能至关重要。浙东运河沿岸城镇是浙东学派活动的主要空间，学人们沿河乘舟，转辗各地，或传道或授业或解惑，而学有所成者又沿运河奔赴四方，或科举，或入仕，或授徒，使浙东学派不断发扬光大，成为一个有深远影响的地域学术派别。

宁波的地方戏曲如甬剧、越剧、姚剧、四明南词、宁波走书等，也都在运河沿岸城乡孕生，又随着运河四处流播，同样是宁波城市文化的重要组成部分。

---

① 黄宗羲著，《黄宗羲全集·附录》（第22册），浙江古籍出版社2012年版，第7页。

甬剧早期称"客串",是用宁波本地方言演唱的一种民间艺术,至今已有近200年历史。甬剧产生于田头山歌,伴随江河湖网在宁波周边传播,后又沿运河传到上海,成为最早进入上海的外来戏曲之一。在上海,甬剧被称作"宁波滩簧",其浓郁的乡音受到同乡热捧,在上海成功立足。甬剧曲调丰富,约有90种,表现手法生动活泼,内容则多取材现实生活,表现"小人物"市井生活,是一种"接地气"具有鲜明地域色彩的戏曲艺术。

宁波走书也是深受市井百姓喜爱的地方戏曲。"南词唱华堂,走书下农庄,评书进茶坊",道出宁波走书的草根性、大众性。在宁波乡村,百姓最爱的就是走书表演。宁波走书原称"莲花文书",又叫"犁铧文书",形成于清末光绪年间,最初在余姚乡村生成,后沿着水陆诸道传入宁波城厢及周边地区,以方言演唱,先是"坐唱",后为"走唱",即走动表演,这就是"走书"之名的由来。由于演员少,通常只有一至两人,走书表演融"说、表、唱、噱、演"于一体,集"生、旦、净、末、丑"于一身,并通过语言、动作和神情,来表现故事情节和人物情感,其表演形式简单,艺术形象生动,唱腔铿锵有力,具有鲜明的艺术特色。"一桌一椅一堂木,一人一口一折扇,无限风情在其中",[①]这就是接着地气,让人喜闻乐见的宁波走书。

运河流长,海通天下,造就宁波钟灵毓秀,文化灿烂,让古甬大地春色满园,生机勃勃。

---

① 鹤幸著,《心曲——一个孤独的甬剧守望者》,上海三联书店2015年版,第77页。

后 记

《大运河传奇——京杭大运河与中华优秀传统文化》终于付梓,长吁之余,感慨系之。

五年前,南京大学马俊亚教授和蔡宏俊博士两"俊"杰策划"水文化"丛书时,邀在下加入。无法推辞而看了初步选题后,即提出:选题涉及中国的淮河、黄河、洪泽湖等主要水系及其相关文化,但还应有能将各部分贯通融合的载体,从空间视角来看,前者大体属于东西横向,后者则应为南北纵向,此载体当属大运河。大运河在其诞生后的两千多年中,衍生出了"雅"与"亚"这两种文化。"雅文化"是各种优秀传统文化的集大成,"亚文化"则由帮会等文化作为主要内容。这一拙见得到了"两俊"和出版社方面的认同并迅速落实,但由于各种原因,"亚文化"无疾而终,而硕果仅存的"雅文化"只能由自己和周竞风教授来完成了。

为了较全面勾勒出大运河与中国优秀传统文化的关联、互动,本书从大运河与中国古代诗文、小说、戏剧、曲艺、科技、南北文化交流、中外文化交流、城市等不同侧面进行解剖。其分工基本为:在确定全书基本架构后,主要由周竞风搜集材料并撰写部分初稿,前七章由谢世诚执笔、梳理,后二章由周竞风执笔。在注释方面,高盛蕾和夏黎明都给予很大帮助。

经五年多艰辛,结果虽不尽如人意,但勉强可以交卷。必须指出,这是各方协力的结果:在写作过程中参与者精诚合作,蝇头微利、蜗角虚名根本不在考虑中。蔡宏俊和出版社各位同仁也给予了大力帮助和指导,对此由衷感谢。

当前,对大运河的研究、开发、利用已上升至国家战略的层面。希望本书能抛砖引玉,对相关工作有所裨益。同时,我们也决心将这一研究继续深入下去。

谢世诚
2021 年 2 月